KB175455

제주의 용암 숲

곶자왈의
인문지리

제주학연구센터
제주학총서 69

제주의 용암 숲

곶자왈의
인문지리

정
광
중
著

한그루

책을 펴내며

이 책은 주로 인문지리학적 관점에서 제주 곶자왈의 존재방식, 곶자왈 내 생활문화자원의 다양성 그리고 곶자왈 경관의 특성과 학습에 대한 내용을 중심으로 구성되었다. 오늘날 곶자왈의 존재는 전국적으로 널리 알려졌지만, 20여 년 전만 하더라도 곶자왈은 제주도민들에게조차 생뚱맞은 용어에 지나지 않았다. 이 점은 필자에게도 마찬가지였다. 어느 시점에선가 곶자왈에 관한 관심이 증폭되고 본격적인 조사를 시작하면서 제주의 동서지역에 넓게 분포하는 곶자왈이 제주도민들과는 떼려야 뗄 수 없는 생활상의 소중한 공간이었음을 깨달을 수 있었다. 그래서 이 책은 곶자왈에 대한 제주도민들의 삶의 궤적을 좇아가는 타임머신과 같은 성격을 지닌다.

이 책은 필자가 10여 년에 걸쳐 곶자왈을 조사하고 분석한 내용을 담고 있다. 어느 정도 조사가 심화된 곶자왈만을 대상으로 한 권의 책을 만들려 하다 보니, 여러 가지 어려움에 봉착하게 되었다. 먼저 한 가지는 다소 시점이 다르기는 하나, 동일한 곶자왈을 대상으로 수차례 조사하여 정리하다 보니 내용상 중첩되거나 유사한 내용이 껴들어 갈 수밖에 없었다는 점이다. 더불어 내용 서술과 함께 분석과정에서 필수적으로 등장해야만 하는 도표도 곳곳에서 중복적으로 제시할 수밖에 없는 상황이 되고 말았다. 그렇다고 해서 어느 한 장(章)에서 중복되는 내용이나 도표를 삭제해 버리면, 개별 주제의 구성이 흐트러지고 동시에 큰 주제를 관통하는 내용을 이해하는 데도 무리가 따를 듯하여 그대로 살릴 수밖에 없었다. 이 점은 이 책을 구성하고 편집하는 과정에서 가장 오래 고민했고 어려웠던 부분이다.

또 다른 한 가지는 필자가 직접 조사한 곶자왈만을 대상으로 책을 엮다 보니, 어쩔 수 없이 제주도 내 다른 곶자왈의 색채가 전혀 드러나지 않아서 끝내 마음 한구석이 편치 않았다는 점이다. 그래서 제대로 조사하지 못한 곶자왈을 고려한다면, 책 출판을 너무 서두른 것이 아닌가 하는 자괴감이 앞선다. 당연한 얘기지만, 아직 실행하지 못한 곶자왈 조사는 앞으로의 과제로 남겨두고자 한다.

어떤 내용이 되었든 간에, 한 권의 책으로 꾸며 세상에 내놓는다는 것은 큰 용기가 필요하다. 더욱이 곶자왈에 대한 다소 심층적이고 전문적인 내용으로 구성하다 보니, 일반 대중들에게는 다소 이해하기 어려운 부분도 있어서 책을 집필하는 처지에서는 마음 부담이 큰 것도 사실이다. 하지만 연구자는 일단 어느 정도의 시간이 흐른 시점에서는 그간의 연구 결과를 세상에 공표하는 것이 하나의 불문율처럼 여겨지고 있어서, 결국 필자도 마음먹고 용기를 내야만 하는 시점에 이르게 되었다. 따라서 이 책은 한 인문지리학자가 곶자왈을 조사하면서 얻어낸 소박한 결과와 함께 앞으로도 계속 풀어나가야 할 중요한 과제들을 정리한 것으로 이해해 주었으면 한다. 더불어 이 책을 통하여 대한민국의 모든 사람이 제주 곶자왈에 대한 보다 깊은 관심을 가질 수 있고, 동시에 곶자왈이 제주의 보물에 그치지 않고 대한민국과 전 세계의 보물로 자리매김할 수 있도록 모든 사람이 협심하여 보전하는 데 일익을 담당할 수 있기를 간절히 바라고 있다.

이 책을 만드는 과정에서 여러 사람의 도움을 받았다. 특히 제주도 내의 곶자왈을 늘 동행하며 같이 조사했던 강창화 박사, 부혜진 박사 및 강성기 박사에게는 공동 연구자로서 특별히 감사의 말씀을 드리고자 한다. 이 책에서 중요하게 구성된 일부 내용에는 세 연구자가 중심이 되어 작성되고 발표된 원고도 들어 있다. 소중한 원고를 공동 연구자의 한 사람인 필자가 활용할 수 있도록 아량을 베풀어준 점에 대해 진심으로 감사한 마음을 전한다. 난대아열대산림연구소에도 감사의 말을 전하고자 한다. 여러 해 동안 곶자왈 연구를 진행하면서 난대아열대산림연구소의 재정적 지원을 많이 받았다. 특히 당시 소장님으로 근무하시던 김찬수 박사님을 비롯하여 실무에 열정을 쏟고 계시던 최형순 박사님 그리고 지금은 고인이 되신 현화자 박사님께는 새로운 곶자왈의 주제 설정과 함께 여러 곶자왈에 대한 다양한 정보를 제공받았다. 이분들의 도움이 없었다면, 분명히 이 책의 주요 부분은 완성되지 못했을 것이다.

한그루의 김영훈 대표와 김지희 편집장께도 고마운 마음을 전하지 않을 수 없다. 제주 곶자왈에 관한 책을 출판하고 싶다는 이야기를 전했을 때 다소의 머뭇거림도 없이 승낙하면서 한번 멋지게 만들어 보자며 특유의 웃음을 보여주셨다. 한그루의 분위기가 그런 것인지 모르나, 긍정의 힘을 서슴지 않는 두 분의 모습에 늘 감동한다.

이 외에도 제주지역을 연구하는 주위의 많은 지인의 도움을 받았다. 일일이 거명할 수는 없으나, 평소 제주지역에 대해 서로 토론하고, 논쟁을 벌이고, 자문하는 과정에서 충실한 안내자 역할을 담당해준 지인들이 많다. 돌이켜보면, 언제나 한결같이 연구하는 제주지역 연구자들이 곁에 있었기에 나 자신도 발전할 수 있었고, 그 결과로 이 책이 나올 수 있었다고 생각한다.

필자에게 주어진 몇 번의 기회가 그러했듯이, 이 책의 대부분은 이미 개별적인 주제를 바탕으로 여러 지리학 관련 학술지와 제주학회 학술지에 발표했던 논고들로 채워져 있다. 그러다 보니, 앞에서도 고백한 것처럼 곳곳에서 매끄럽지 못한 소주제의 구성과 부분적인 내용 중복, 용어의 통일성 결여 등 부족한 점이 한두 가지가 아니다. 처음부터 한 권의 책으로 만들려고 작성했던 논고들이 아니었기 때문에 전체적으로 하나의 틀로 엮고 보완하는 데는 한계를 드러낼 수밖에 없었다. 그런 이유로, 이 책을 읽으시는 독자 여러분께는 죄송스러운 마음이 앞선다. 그나마 아직 곶자왈에 대한 지리학적 성과물이 출판되지 않은 시점이기에, 모처럼 한자리에 인문지리학의 정보를 모아 놓은 것으로 위안을 삼고자 한다. 끝으로, 이 책을 쓰는 옆에서 매번 이 일 저 일 도우미를 자처했던 아내에게 고마움을 전하며 마치고자 한다.

2023년 10월
가을이 무르익는 어느 날에 **정광중**

제주의 용암 숲

곶자왈의
인문지리

제1부

곶자왈의
이해

제주의 용암 숲, 곶자왈의 인식과 이용
곶자왈의 과거, 현재 그리고 미래

제주의 용암 숲,
곶자왈의 인식과 이용

들어가기

제1부에서는 과거 전통사회에서 제주도민(濟州島民)들이 곶자왈을 어떻게 인식하고 있었으며, 그 인식 정도에 따라 일상생활에서 곶자왈을 어떻게 이용해 왔는지 그리고 미래의 곶자왈은 어떤 모습으로 자리 잡아야 하는지에 대해서 살펴보고자 한다. 제주도민들의 곶자왈에 대한 인식 정도는 곧 곶자왈을 얼마나 적극적으로, 또 어떤 방식으로 이용해 왔는지를 판가름하는 바로미터가 될 수 있다. 이와 관련하여 저자는 제주도민들이 전통사회의 삶 속에서 곶자왈을 어떻게 이용해 왔는지를 개략적으로 분석한 바 있다(정광중, 2004: 41-65). 그러나 그것은 이 글에서 추구하는 곶자왈의 단계별 이용 형태나 자연생태계에 미치는 임팩트(impact)를 전제한 논의와는 다른 것이었다.

제주도민들은 마을을 설촌하는 과정에서부터 곶자왈의 존재를 인식하고 있었음은 물론이고 오랜 세월 동안 일상생활 속에서 의도적이든 의식적이든 곶자왈을 이용하고자 하는 사고를 지녔을 것으로 판단된다. 그러나 제주도민들의 곶자왈에 대한 인식 정도는 곶자왈을 끼고 있는 마을이나 주변에 위치하는 마을의 경우와 그렇지 않은 마을, 즉 곶자왈로부터 멀리 떨어져 있는 마을의 경우와는 상당한 차이가 존재할 것으로 생각된다. 결국 이러한 차이점은 곶자왈의 위치와 마을의 위치 또는 주거지와의 물리적 거리와도 깊은 연관성을 지닌다고 볼 수 있다.

이 글에서는 곶자왈과 주거지의 위치적 관계나 제주도민들이 이동해야만 하는 물리적 거리, 그리고 시대의 흐름에 따른 곶자왈의 활용도를 배경에 두고 곶자왈의 이용실태를 1차적 이용(소극적 이용), 2차적 이용(적극적 이용) 및 3차적 이용(파괴적 이용)으로 구분하여 비교·검토하고자 한다. 여기서는 곶자왈의 인식 정도에 따른 이용 역사를 밝히는 것이 주요한 목적이지만, 그 이전에 가장 기본이 되는 곶자왈의 개념과 분포가 지리학계에는 아직 보고된 바가 없어서 이에 대한 논의를 추가하여 정리하고자 한다.

곶자왈의 개념과 분포

곶자왈의 개념[1]

먼저 곶자왈의 개념에 대해 정리해보자. 곶자왈이란 용어는 송시태·고기원·윤선(1996: 68)이 학술대회용 발표 자료집에서 처음으로 사용한 것으로 파악된다. 뒤이어 당시 제주도가 국토개발연구원에 의뢰한 '중산간지역 종합조사'(제주도, 1997: 156) 보고서에서도 곶자왈이란 용어가 등장한다. 이들 중 전자는 정식 논문이 아닌 학술대회용 발표 자료집에서 곶자왈을 사용한 사례이고, 후자는 제주도라는 행정기관에서 곶자왈 용어를 처음으로 사용한 사례로 대비된다. 그러나 제주도가 의뢰한 보고서에서는 곶자왈의 개념에 대한 정의를 내리지 않고 사용한 반면, 송시태·고기원·윤선의 학술대회용 초록집에서는 곶자왈의 개념을 구체화하여 제시하고 있다. 그렇다고는 하나, 송시태·고기원·윤선이 학술대회용 초록집에서 사용한 곶자왈 용어를 공식적으

---

1) 이 글에서 곶자왈의 개념은 2012년 4월 시점까지 발표된 여러 연구물을 바탕으로 정리한 것이기 때문에, 시기적으로 2012년 5월 이후에 발표된 연구 결과는 포함되지 않았음을 밝힌다. 그 이유는 이 글의 최초 발표 시점이 2012년 6월 말이었기 때문이다. 더불어 곶자왈의 개념에 대해서는 2012년 5월 이후에도 여러 연구자에 의해 논의되어 왔는데, 아래에 정리한 것들은 그 대표적인 사례들이라 할 수 있다.

① 전용문·안웅산·류춘길·강순석·송시태(2012: 433): 용암의 조성 및 성인에 상관없이 암괴들이 불규칙하게 흩어져 분포하고 있으며, 독특한 생태계가 유지되고 있는 보존가치가 높은 지역.

② 한국지질자원연구원·제주발전연구원(2013: 113): 지형 지질 측면에서 보면 토양이 거의 없거나 그 토층의 심도가 낮으며, 화산 분화 시 화구(오름)로부터 흘러나와 굳어진 용암의 크고 작은 암괴가 요철 지형을 이루고 있고, 식생 측면에서는 다양한 종류의 양치식물과 함께 나무(자연림)와 가시덩굴이 혼합 식생하고 있는 자연 습지.

③ 박준범·강봉래·고기원·김기표(2014: 438): 토양이 거의 없거나 그 표토층의 심도가 다른 지역에 비해 상대적으로 얕으며, 화산 분화 시 화구(오름)로부터 흘러나와 굳어진 용암의 크고 작은 암괴가 요철 지형을 이루고 있는 곳.

④ 제주특별자치도 곶자왈 보전 및 관리 조례(2014년 4월 제정, 2016년 7월 시행): 제주도 화산활동 중 분출한 용암류가 만들어낸 불규칙한 암괴지대로 숲과 덤불 등 다양한 식생을 이루는 곳.

⑤ 전용문·김대신·기진석·고정군(2015: 240): 화산암괴들이 불규칙하게 널려있는 지대에 형성된 숲이며, 다양한 동식물이 공존하면서 독특한 생태계가 유지되는 공간.

⑥ 김효철·송시태·김대신(2015: 29): 크고 작은 암괴 용암류에 형성된 숲이나 덤불 지대.

로 사용한 최초의 사례로 인정할 수 있을지에 대해서는 판단하기가 다소 어렵다. 2000년 시점에 이르러서는 송시태(2000)가 자신의 학위 논문에서 곶자왈의 개념을 적극적으로 도입하면서 보편적인 사용에 확실한 발판을 마련하였다.

곶자왈은 표준어에는 나타나지 않는 순수한 제주어로서, 일반적인 국어사전에서는 그 의미를 파악할 수 없다. 제주도에서 발행한《제주어사전(濟州語辭典)》(개정증보판)에 따르면, 곶자왈은 "나무와 덩굴 따위가 마구 엉클어져 수풀같이 어수선하게 된 곳"이라 정의하고 있으며(제주도, 2009: 83), 흔히 축약해서 사용하는 '자왈'도 똑같은 의미로 풀이해 놓고 있다(제주도, 2009: 729-730). 제주도민들은 흔히 곶자왈을 '곶'과 '자왈'의 두 용어로 나누어 사용하기도 하는데, 같은 문헌에서 '곶'의 의미를 확인해 보면 "'숲' 또는 '산 밑의 숲이 우거진 곳'"이라 하여 '고지'와 같다고 설명하고 있다(제주도, 2009: 83).

위의 사전적 정의에서 확인할 수 있는 곶자왈의 의미는 사람들이 가시적으로 확인할 수 있는 초목경관(草木景觀)과 수목경관(樹木景觀)에 중점을 두고 해석하고 있음을 알 수 있다. 사전적 의미를 바탕으로 한층 진전된 곶자왈의 개념은 지리학 분야의 송성대가 제시한 사례에서 찾을 수 있다. 송성대는 "곶자왈은 가시덤불과 나무들이 혼재한 곶(洞藪, 磊林)과 토심(土深)이 얕은 황무지인 자왈(磊野)이 결합된 의미"로 해석하고 있다(송성대, 2000: 93-101). 이처럼 지리학적 측면에서 논의되는 곶자왈 개념은 아직 온전하게 정착되지 않았지만, 곶자왈에서 파악되는 식생과 토양의 두 가지 자연 요소가 바탕이 되고 있음을 알 수 있다.

한국지질자원연구원과 제주발전연구원이 공동으로 발간한《제주도의 지질여행》(박기화 외, 2006)에서는 곶자왈의 개념을 구체적으로 언급하지는 않았지만, 내용상으로는 곶자왈의 개념을 이해하는 데 크게 도움이 된다. 주요 내용을 살펴보면, "제주도 지표의 70%는 아아 용암(aa lava)에 의해 형성된 암석으로 덮여 있으며, 이처럼 아아 용암에 의해 만들어진 암석에는 두꺼운 클링커 층(clinker layer)이 형성된다. 이 클링커 층이 지표에 노출된 지역은 빗물의 투수가 잘되기 때문에 제주도에서는 곶자왈이라 부른다. 이런 클링커 층은 지하에도 많이 분포하는데, 여기에는 다량의 지하수가 들어 있다."고 정리하고 있다(박기화 외, 2006: 43). 이처럼 지질적 특성을 전제한 곶자왈의 설명에서는 제주도를 형성한 용암류의 종류와 성질에 초점을 맞추어 해석하려는 경향이 강하게 드러난다.

곶자왈의 개념을 보다 학술적인 차원에서 명확하게 정리한 연구자는 위에서 지적한 송시태·고기원·윤선이다. 이들은 "곶자왈 지대는 토양의 발달이 매우 빈약할 뿐만 아니라 크고 작은 잡석과 잡목 및 가시덩굴이 한데 어우러져 있어, 경작지로 이용하기 곤란한 쓸모없는 토지(지대)를 지칭하는 말"이라 이해하면서, 곶자왈의 지질적 특성을 더욱 부연 설명하는 과정에서는 "곶자왈 지대의 잡석들은 대부분 자갈에서부터 암괴 크기에 이르는 스코리아(scoria), 화산탄 및 화산자갈로 이루어져 있으나, 부분적으로는 소규모의 용암류도 포함되어 있으며 잡석들은 다공질이고 매우 각지지(very angular) 않으며 부분적으로는 로피(ropy) 또는 꼬인(twisted) 구조를 하고 있다. 이와 같은 점으로 볼 때 〈곶자왈 지대는 스코리아류(scoria flow) 또는 화성쇄설류(pyroclastic flow)에 의해 운반된 자갈과 더불어 화구로부터 방출된 화산탄 및 화산자갈이 뒤섞여 쌓인 각력층〉"이라고 지적하고 있다(송시태·고기원·윤선, 1996: 68). 나아가 송시태는 제주도에서 속칭 곶자왈이라 부르는 지대는 암괴상 아아용암류의 특징이 잘 나타나기 때문에, 아아

용암류라는 용어 대신에 '곶자왈 용암류(gotjawal lava flow)'라는 용어를 사용하고 있다(송시태, 2000: 18).

이처럼 세 연구자가 내린 곶자왈의 개념 정의는 지질학적 지식과 정보를 바탕으로 시도되었음을 알 수 있다. 따라서 앞에서 검토했던 사전적인 의미나 지리적 특성을 전제한 개념 정의에 비해서는 특히 용암류의 성질과 특징을 적극적으로 반영한 해석으로 이해할 수 있다.

최근 제주특별자치도는 환경 관련 단체와 시민단체가 오랫동안 곶자왈 지역의 개발 반대와 보전 운동의 필요성을 제기해 온 배경을 발판 삼아, 곶자왈 보전·관리 조례(안)를 제정하는 단계에 이르게 되었다. 이 조례(안)에서는 곶자왈을 "용암의 암괴들이 불규칙하게 얽혀 있고 다양한 동·식물이 공존하며, 독특한 생태계가 유지되고 있는 보존 가치가 높은 지역"이라고 정의하고 있다(김효철, 2011: 92, 재인용)[2]. 또한 2007년에 설립된 곶자왈공유화재단에서는 곶자왈을 "제주도 중산간 일대에 점성이 큰 암괴상 용암들이 널려있는 지대에 형성된 숲으로 식생이 양호하고 하부는 수십 겹의 용암층이 시루떡처럼 쌓여 있어 지하수 함양에 중요한 역할을 하는 지역"으로 정의하고 있다(곶자왈공유화재단, 2012). 이들 개념 정의에서는 지질학적·식물학적 특성을 전제하면서도 생태적 중요성을 가미하여 정리하고 있음을 확인할 수 있다.

그렇다고 하면, 이상에서 정리한 곶자왈의 개념과 특성을 전제로 할 때 곶자왈의 구성요소를 어떻게 설정할 수 있을 것인지를 생각해 보자. 곶자왈의 구성요소를 설정하는 작업은 곶자왈이 제주도 자연경관의 일부분을 점유한다는 관점이나 제주도의 특이한 생태적 환경

---

2) 이 조례안의 곶자왈 정의는 실제로 제정되는 과정에서 다시 바뀌게 되었는데, 바뀐 곶자왈 정의는 주 1)의 ④번을 참고하기 바란다.

을 이루고 있다는 관점에서 볼 때 매우 중요한 사안이라 할 수 있다.

여기서 한 가지 분명한 것은 곶자왈이 제주도라고 하는 한정된 지역 안에서도 〈화산활동에 의해 형성되었는데 매우 특이한 지형적·지질적 조건을 지닌 공간적 범위〉인 것만큼은 틀림없다는 점이다. 그렇기 때문에 1차적으로는 지질적 조건 또는 지형적 조건과 관련된 요소가 필수적이고, 2차적으로는 그러한 조건을 토대로 해서 나타나는 토양적 조건 혹은 식생적 조건과 관련된 요소가 뒤따를 것이다. 더불어 흔히 곶자왈이라고 통용할 때 가시적으로 명확하게 구분할 수 있는 경계는 모호하지만, 특정한 공간적 범위를 가리키는 것은 분명하기 때문에, 광의적으로는 곶자왈에 속해 있는 인위적(인공적) 조건을 지닌 부차적 요소(이것을 3차적 요소라 할 수 있음)까지도 포함해야 할 것으로 판단된다(표 1).

이상과 같은 조건과 배경을 토대로 하여 곶자왈을 구성하는 요소는 다음과 같이 정리할 수 있다. 먼저, 1차적 구성 요소인 지형적·지질적 요소는 용암류(아아용암류, 파호이호이용암류, 전이용암류), 화산력(화산자갈, 2~66mm), 스코리아, 화산탄(10~30cm), 숨골, 투물러스, 궤(바위굴), 습지(물웅덩이 포함), 용암동굴, 오름, 작은 지류 및 계곡[3] 등이며, 2차적

---

3) 곶자왈에는 기본적으로 하천이나 그로 인해 형성된 큰 규모의 계곡은 존재하지 않지만, 제주도에서 흔히 접할 수 있는 건천(준용하천)의 중류나 상류에서 분기된 소규모의 지류성 소하천은 간혹 나타난다. 그리고 실제로는 훨씬 규모가 작아서 지류의 부류에도 속할 수 없을 정도의 것도 존재한다. 따라서 큰비가 내릴 때만 일시적으로 물줄기(細流)가 형성되어 흐르게 되는데, 이런 경향을 띠면서도 지형적 특성상 한쪽 사면이나 양쪽 사면이 깊게 팬 소형 계곡이나 협곡처럼 형성돼 있는 곳들이 종종 나타난다. 곶자왈 안에서도 그런 장소에는 특이한 습지성 식물들이 자생하는 경우가 많다.

구분		구체적 사례
1차적 구성 요소 (지형적·지질적 요소)		용암류, 화산력(화산자갈, 2~66mm), 스코리아, 화산탄 (10~30㎝), 숨골, 투물러스, 궤(바위굴), 습지(물웅덩이 포함), 용암동굴, 오름, 작은 지류 및 계곡 등
2차적 구성 요소 (토양적·식생적 요소)	토양 요소	화산회, 낙엽층, 부식토
	식생 요소	이끼류, 초지 식물, 가시덤불, 양치류, 화초류, 관목류 및 교목류
3차적 구성 요소(인위적 요소)		일부 초지 및 목장, 경작지(산전, 강못) 등

출처: 필자 작성.

구성 요소 중 토양 요소에는 화산회(火山灰)와 낙엽층, 화산회토(火山灰土)가 포함될 수 있다. 그리고 식생 요소로는 이끼류를 시작으로 초지 식물, 가시덤불, 양치류, 화초류, 관목류 및 교목류 등이 포함되며, 3차적 구성 요소인 인위적 요소에는 일부 초지 및 목장, 경작지(산전, 강못) 등이 포함된다.

이처럼 곶자왈을 구성하는 다양한 요소들은 1차적으로는 화산활동의 결과 자연적으로 형성된 환경이라는 측면이 반영되면서 2차적으로는 풍화과정과 토양 형성과정이 바탕이 되어 식물이 터 잡는 환경을 조성하게 되며, 오랜 시간이 흐른 뒤에는 3차적으로 인간(제주도민)이 활용하는 단계를 밟아가는 구조를 띠게 되는 것으로 볼 수 있다. 따라서 곶자왈 내의 여러 요소는 개별적으로 존재하는 것이 아니라 항상 상호의존적인 관계를 유지하며 존재한다고 생각할 수 있다. 결과적으로 곶자왈에서는 다른 지역에서 볼 수 없는 독특하고 다양한 생태계 환경이 유지되고 있는 것이라 말할 수 있다.

곶자왈의 분포

그렇다면, 이상에서 정리한 곶자왈의 개념과 특성을 전제할 때 제주도 내에서 곶자왈의 분포가 어떠한지를 검토해 보자. 〈그림 1〉은 제주도 내의 곶자왈 분포도이다(송시태, 2000: 20). 이를 토대로 대략적인 분포범위를 정리해보고자 한다.

2000년대로 들어서기 전까지만 해도 곶자왈은 주로 중산간지역에만 분포하는 것으로 알려져 있었지만, 실제로는 해발 20~800m 사이의 해안지역을 비롯한 중산간지역과 산간지역까지 넓은 면적을 차지하는 것으로 밝혀졌다. 단지, 해발 600m 이상의 산간지역에서는 분포범위가 아주 작게 나타나고 있는 것만큼은 분명한 사실로 확인되고 있다(송시태, 2000: 20). 그리고 곶자왈이 차지하는 면적은 총 110km²이

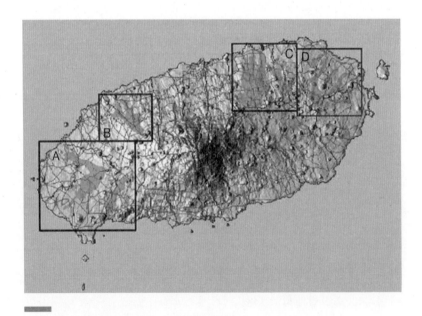

〈그림 1〉 제주도 내 곶자왈의 분포 출처: 송시태(2000: 20).

〈사진 1〉 선흘곶자왈 내 수목경관

며, 이 중 제주시에는 52km², 서귀포시에 58km²가 분포하는 것으로 파악되고 있다(곶자왈공유화재단, 2012).

제주도 내에 분포하는 곶자왈을 지역적으로 보면, 크게 구좌-성산곶자왈(그림 1D), 조천-함덕곶자왈(그림 1C), 애월곶자왈(그림 1B) 및 한경-안덕곶자왈(그림 1A) 등 크게 4개 지역으로 나눌 수 있다. 이들 중 구좌-성산곶자왈과 조천-함덕곶자왈은 동부지역에, 그리고 애월곶자왈과 한경-안덕곶자왈은 서부지역에 분포하는 것으로 서로 대비된다. 이들 곶자왈은 용암류의 흐름 방향에 따라서 다시 구좌-성산곶자왈은 종달-한동곶자왈, 세화곶자왈, 상도-하도곶자왈 및 수산곶자왈로 나눌 수 있으며, 조천-함덕곶자왈은 함덕-와산곶자왈, 조천-대흘곶자왈,

선흘곶자왈로 나눌 수 있다. 또한 한경-안덕곶자왈은 월림-신평곶자왈과 상창-화순곶자왈의 2개 지역으로 구분할 수 있다.

이들 곶자왈 중에서도 특히 월림-신평곶자왈은 총 길이가 12.5km로 제주도 내에서 가장 길게 확인되는 곶자왈이다(송시태, 2000: 21-31)[4]. 또 제주도지방기념물(제10호)인 동백동산이 위치하는 선흘곶자왈은 세계자연유산으로 지정된 거문오름(454m, 조천읍 선흘2리 소재)에서 흘러나온 용암류에 의해 형성되었는데, 그 규모가 거문오름에서부터 폭 1~2km를 유지하면서 북쪽으로 7km 정도의 범위에 걸쳐 형성된 것으로 보고 있다(제민일보, 2003, 사진 1).

제주 선조들의 곶자왈 인식

현세대의 도민이 아닌, 제주도의 땅을 먼저 살다간 선조들은 곶자왈을 과연 어떻게 인식하고 있었을까. 이를 검토하는 작업은 어렵게 생각하면 무척 난해할 수 있지만, 반대로 작은 길 하나를 찾아낸다면 의외로 쉽게 풀릴 수도 있다. 제주의 선조들이 곶자왈을 제대로 인식하고 있었다면, 그 뒤를 잇는 후세들의 인식은 두말할 여지도 없을 것으로 생각된다. 일상생활을 영위해 가는 데 절대적으로 필요한 주변 환경에 대한 사고와 인식체계는 선조로부터 후세들에게 끊임없이 학습되며 전승되는 것이기 때문이다.

---

[4] 이와 관련된 내용은 제민일보가 특별 기획물로 다룬 '곶자왈 대탐사'(2002년 12월 31일자) 기사에서도 확인되고 있다(곶자왈 대탐사: 프롤로그-곶자왈은 무엇인가).

구좌읍 김녕리에는 해녀들에 의해 전승되는 민요 중 '해녀 노 젓는 소리'가 있다. 이 민요의 노랫말 중에는 "노가 부러지면 선흘곶에 곧은 나무가 없을쏘냐?"라는 구절이 등장한다. 이 노랫말을 해석해보면, 해녀들이 물질할 때 타고 나가는 배의 노가 부러지더라도, 선흘곶자왈에 가면 얼마든지 새로운 노의 재료를 구할 수 있다는 의미이다. 오늘날의 해녀들은 대부분이 여성들이다. 여성들의 '물질' 행위는 때에 따라 목숨을 건 위험한 행위이기도 하다. 그렇기 때문에 물질을 위해 먼바다까지 타고 나가는 배의 노가 부러지더라도, 곧은 나무들이 많은 선흘곶자왈에 들어가서 새로운 노의 재목감을 구해오는 것은 물질에 비하면 '식은 죽 먹기'라는 의미로도 확대하여 해석할 수 있다. 물론 그 전제는 선흘곶자왈에 언제든지 노를 만들 수 있는 크고 곧은 나무가 있다는 사실이다. 이처럼 민요가 후세대에 계속 학습되며 전승되는 문화의 산물이라면, 노랫말을 통해서도 먼저 살다간 선조들의 곶자왈 인식체계의 일 단면을 살펴볼 수 있다.

《신증동국여지승람(新增東國興地勝覽)》(1530년)에는 제주목(濟州牧)의 산천(山川)을 소개하는 내용이 있는데, 여기에는 짐녕곶(金寧藪, 김녕곶, 제주성 동쪽 55리에 위치, 둘레 50여 리), 고마곶(尒馬藪, 제주성 동쪽 79리에 위치, 둘레 20리), 개리모살곶(介里沙藪, 제주성 서쪽 75리에 위치), 궷드르곶(怪叱坪藪, 제주성 동남쪽에 23리에 위치), 맞가리곶(末叱加里藪, 제주성 동쪽 31리에 위치) 등의 곶자왈 관련 지명이 등장한다. 또 같은 책에 정의현(旌義縣)의 산천을 소개하는 내용에서는 한도리곶(大橋藪, 정의현 동쪽 17리에 위치)과 한곶(大藪, 정의현 남쪽 4리에 위치)이 등장한다. 이들 지명은 대부분 오늘날의 곶자왈이거나 곶자왈 주변에 위치하는 숲으로 이해할 수 있다. 곶자왈과 관련한 이러한 지명들은 《신증동국여지승람》뿐만 아니라, 이원진의 《탐라지(耽羅志)》를 비롯한 《남환박물(南宦博物)》(이형상, 1704년), 《탐

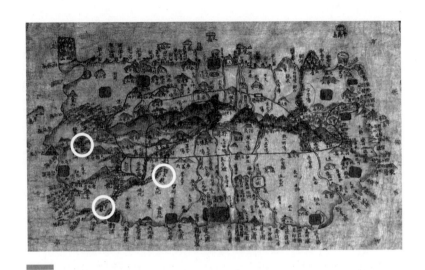

〈그림 2〉〈한라장촉〉에 표현된 곳자왈

라지초본(耽羅誌草本)》(이원조, 19C 중반) 등 여러 종류의 탐라지에도 등장
한다. 이처럼 탐라나 제주를 기록한 여러 고문헌에 곳자왈이나 그 주
변 숲 지명이 등장한다는 사실 자체는 일면 곳자왈에 대한 제주도민
들의 인식 정도를 반영해 온 것으로 생각할 수 있다[5].

　〈그림 2〉는 《탐라순력도(耽羅巡歷圖)》(1702년) 내의 〈한라장촉(漢拏壯
囑)〉이라 명명된 제주 고지도이다. 이 고지도에도 곳자왈을 시사하는
지명과 구체적인 지역이 표시되어 있다. 먼저 지금의 조천읍 조천·선
흘·와흘·교래리, 구좌읍 송당·세화리, 성산읍 수산리 등 주변 지역이

---

5)　과거의 지리적 지식과 정보를 기록한 탐라(제주)의 '지리지'에서는 곳자왈 관련 지명이 다
　　수 등장한다. 그러나 후대에 이어지는 지리지의 내용은 앞선 시대의 지리지 내용(곳자왈
　　관련 지명)을 그대로 베끼는 사례도 많다. 또 한편에서는 누락되거나 새로 추가되는 곳
　　자왈 관련 지명도 있음을 이해할 필요가 있다.

여러 오름과 함께 한라산 방향에서부터 해안 저지대까지 거대한 숲으로 연결되어 있음을 알 수 있다. 이들 마을이 자리한 곳은 말하자면, 조천-함덕곶자왈과 구좌-성산곶자왈 지역의 일부를 나타내고 있는 것이다. 이들 지역 내에 곶자왈과 관련되는 지명을 살펴보면, 저목수(楮木藪, 닥남곶, 제주시 회천동), 우수(芋藪, 우진곶, 조천읍 선흘2리), 고마수(尻馬藪, 고마곶 또는 고막곶, 구좌읍 종달리) 등이 확인된다. 이들은 모두 일정한 지점에 숲이 형성되어 있음을 보여주는 명백한 증거라 할 수 있다. 이와는 반대로 한림읍 금악리, 한경면 저지·조수리, 안덕면 덕수·동광·서광·광평리 등지에도 주변의 여러 오름과 더불어 검은 숲이 대상(帶狀)으로 연결되어 있음을 확인할 수 있다. 이들 지역은 말하자면, 한경-안덕곶자왈 지역을 표현한 것으로 이해할 수 있다.

〈그림 3〉은《해동지도(海東地圖)》내의 〈제주삼현도(濟州三縣圖)〉(1750년경)인데, 이 고지도에서도 곶자왈과 관련된 여러 지명을 발견할 수 있다. 즉, 오늘날의 조천읍 선흘2리의 우장수(芋長藪, 우진곶)를 비롯하여 구좌읍의 저목수(닥남곶), 김녕수(짐녕곶), 묘수(猫藪, 궷드르곶, 구좌읍 한동리), 고마수(고막곶), 부수(腐藪, 썩은곶, 한경면 조수리 부근) 및 세수(細藪, 세미곶, 대정읍 일과2리) 등의 지명이 등장한다.

이처럼 여러 고지도에 곶자왈과 직접적으로 연관되는 지명을 표현하거나 커다란 숲(곶자왈)을 연결된 형태로 표현한 것은 비록 관(官)에서 제작된 특별한 용도의 (고)지도라고는 하나, 제작과정에서는 제주도민들의 일정한 지리적 정보가 밑바탕이 되고 있었음을 지적하지 않을 수 없다. 다시 말해, 주민들의 일상생활에서 다양한 자원을 취득하기 위해 자주 이용하는 곶자왈의 존재를 표현해야만, 관에서 행하는 목마장 경영이나 각종 자연자원을 특산물로 수집하는 데 유리할 수 있기 때문이다. 특히 목마장 경영과 같은 국가적 대사업의 경우에

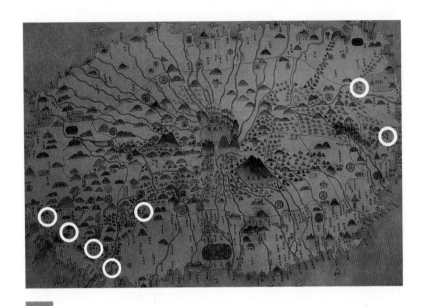

──

〈그림 3〉〈해동지도〉에 표현된 곶자왈

는 민간 농경지에의 피해나 삼림으로 인한 우마의 손실을 고민하지 않을 수 없다. 따라서 이러한 점을 고려해본다면, 곶자왈과 같은 큰 숲의 존재는 현지 주민들이 평소 인지하고 있는 지리적 정보가 반드시 필요한 것이라 지적할 수 있다.

곶자왈의 이용

제주도민들의 곶자왈 이용은 앞서 지적한 것처럼, 기본적으로는 곶자왈과 마을과의 거리적인 요인을 근간으로 연간 이용 횟수나 이용 실태가 다르게 나타날 수 있다. 곶자왈을 끼고 있는 해안마을이나 중산간마을의 주민들은 연간 이용 횟수가 당연히 많아지고 동시에 다양한 이용 실태를 취하는 데 반해, 곶자왈을 끼고 있지 않은 해안마을이나 중산간마을 주민들은 1년 중 특별한 목적이 있을 때만 이용하며 동시에 상대적으로 이용 실태도 비교적 단순한 특징을 띤다.

이러한 배경은 해안마을과 중산간마을 주민들 사이에서 연안 바다를 이용하는 차이와도 견줄 수 있다. 여기서는 이상과 같은 사실을 배경에 두고, 제주도민들의 곶자왈 이용에 대한 차이를 고려하여 세 가지로 이용 실태를 구분·정리해보고자 한다. 물론, 이들 세 가지 이용 실태 중 소극적 이용과 적극적 이용은 제주도민들이 주로 자연에 의지하던 바가 크던 시절, 즉 전통사회가 유지되던 시기인 1970년대 이전의 이용 실태로 볼 수 있으며, 파괴적 이용 실태는 1980년대로 돌입하면서 개발의 회오리가 휘몰아치기 시작한 이후의 이용 실태를 전제로 구분한 것임을 밝혀둔다. 아울러 이 글에서 강조하는 곶자왈의 소극적 이용, 적극적 이용 및 파괴적 이용을 구분하는 근거는 곶자왈에 대한 충격(impact) 정도, 곶자왈 내의 자원 활용도, 이용 주체의 성격(개별적 또는 집단적, 생업적 또는 기업적), 이용하는 곶자왈의 면적 등이다. 그리고 이러한 곶자왈 이용에 대한 배경에는 과거 시점과 지금 시점이 깔려 있음을 이해해야 한다.

1차적 이용: 소극적 이용

곶자왈의 1차적 이용(소극적 이용)은 전통적 사회가 유지되던 시기의 대표적인 사례들이 포함된다[6]. 먼저 곶자왈의 1차적 이용 실태를

---

6) 여기의 1차적(소극적) 이용은 필자의 연구(2004, 〈곶자왈과 제주민의 삶〉,《제주교육대학교 논문집》33, 41-65)에서 53-57의 내용을 일부 첨삭하여 재정리한 것임을 밝힌다.

검토하기 위해서는 전통적인 생활양식을 유지하던 과거 시점으로 거슬러 올라갈 필요가 있다.

1970년대 이전 제주도의 일반 가정생활은 어떠했을까. 단 한시라도 자연에 의존하지 않고 일상생활을 유지할 수 있었겠는가. 당시의 시대적 상황을 고려한다면, 제주시나 서귀읍(1981년 7월 1일에 서귀포시로 승격)을 비롯한 일부 도시적 생활을 유지하던 지역 이외의 농어촌 지역에서는 대부분 생활자원(生活資源)을 자연으로부터 획득하여 사용할 수밖에 없었다. 이러한 사실은 어느 지역이든 간에 사회가 발전하면서 농어촌 지역이 도시적 생활을 영위하기 전까지는 필연적으로 밟아야만 하는 과정이라고 말할 수 있다.

곶자왈을 포함한 주변지역에서 행하는 1차적 이용은 가장 초보적이고 친환경적인 활동과 관련된다. 예를 들면, 집안에서 늘 사용하는 땔감을 비롯하여 우마(牛馬) 사료용 꼴, 농사용 도구와 어로용 도구 등 집안의 일상 용품(정낭, 대문, 정지문, 마릇바닥, 남방아, 절굿공이 등)이나 농어업 활동과 관련된 각종 재료(쟁기, 따비, 뗏목 및 배 수리용, 노, 자리돔 잡이용 사둘 등)의 확보, 그리고 먹거리용 산나물(고사리, 두릅, 양하, 달래, 으름 등)이나 약용식물(구기자, 오미자, 칡, 하눌타리 등) 등의 채취 활동이다. 말하자면, 자연(곶자왈)에 의존하지만 자연을 훼손하는 강도는 극히 미미한 이용사례라 할 수 있다. 여기서 지적한 이용사례 외에도 그 수와 행위는 이루 다 말할 수 없다.

앞서 열거한 자원 중에는 마을의 위치나 시기에 따라 곶자왈이 아니더라도 제주도의 해안지역이나 중산간지역의 들녘이라면 어디서든 얻을 수 있는 것들이 있는 반면, 특별한 장소가 아니면 구할 수 없는 것들도 많다. 이러한 상황을 고려한다면, 곶자왈에서 구할 수 있는 것들은 특별한 용도로 사용할 재료인 경우가 많다. 그것은 곶자왈이 지니는 특별한 환경적 특성 때문이기도 하다. 몇 가지 이용사례를 정리해보기로 하자.

먼저 전통적인 제주도의 일상생활에서는 무엇보다도 중요한 것이 땔감을 구하는 일이다. 하루 세끼의 식사 준비를 하는 과정에서는 물론이고, 겨울철 온돌(굴묵)용 땔감과 우마를 기르는 집안에서는 간혹 우마의 여물을 만드는 과정에서도 상당량의 땔감이 필요했다. 그래서 집안마다 항상 땔감 마련에 고심해야 했고, 때에 따라서는 어린 고사리 손으로도 가까운 곳에서 땔감용 솔방울이나 솔잎, 혹은 말라죽은 나뭇가지나 썩은 나무뿌리를 주우러 가야만 했다(정광중, 2006: 91-94).

그런데 해안마을에서는 해안변이나 가까운 들판에 위치한 야산 혹은 임야로 땔감을 하러 가는 경우가 많았지만, 중산간마을에서는 주로 인근에 있는 임야는 물론이고 오름 주변이나 곶자왈로 들어가 마련하는 경우가 많았다고 할 수 있다[7]. 그래서 해안마을에서도 겨울 채비용 장작이나 집안의 대소사(大小事)를 위한 특별 용도의 땔감이 필요할 때면, 집안의 어른들은 도시락까지 준비하여 이른 새벽부터 중산간지역의 숲속이나 곶자왈로 들어가 작업을 하곤 했다.

집안의 대소사 시에는 특별히 많은 땔감이 필요했다. 일시에 많은 양의 음식을 만들어야 함은 물론이고 일단 만들어 놓은 음식을 식지 않도록 하기 위해서도 땔감을 지속적으로 소비해야만 한다. 특히, 집안 대소사 시에는 땔감 중에서도 많은 양의 장작(薪炭)을 필요로 하는

---

7) 곶자왈 안이나 주변에는 곶자왈의 지형과 지질을 형성하는 데 일등 공신인 여러 오름(기생화산)이 포함된다.

데, 이런 배경에서 장작은 필요 시에 상품과 같이 판매되기도 했다(사진 2)[8].

여기서 중요한 것은 많은 양의 장작은 아무데서나 구할 수 없고, 중산간지역의 임야나 곶자왈에서 주로 마련했다는 것이다. 1929년 조선총독부(朝鮮總督府)에서 조사·발행한 자료를 보면, 장작과 목탄(炭) 등도 취사용이나 우마 사료 끓이기용 혹은 온돌용으로 사용했다는 배경을 이해할 수 있는데(善生永助, 1929: 135; 우당도서관 역, 2002: 110), 아마도 이들 장작과 목탄의 많은 양은 중산간지역이나 곶자왈에서 충당했을 것으로 생각해 볼 수 있다.

곶자왈에서는 각종 산나물이나 약용식물 혹은 야생 열매를 채취하는 예도 많았다. 비가 온 후, 곶자왈의 여러 곳에는 일시적으로 물웅덩이를 형성하거나 습기를 머금는 장소가 많이 존재한다. 따라서 그런 장소에는 식용 고사리, 고비, 양하 혹은 달래 등이 집단으로 자라는 경우가 많다(사진 3~4). 봄철에 뜯어온 이들 산나물은 가정마다 한 가지 정도는 반드시 식탁에 오르곤 했다. 특히, 이들 산나물은 많은 양을 채취했다가 오일장 등에서 팔거나 집안의 제사 등에 긴요하게 사용하기도 했다.

곶자왈에는 영지버섯을 포함한 각종 버섯류, 칡, 오가피, 더덕, 하눌타리, 인동초 등 약용으로 사용되는 식물들도 많이 자생한다. 이것

---

8) 장작은 '바리(駄)'라는 단위로 팔고 사는데, 대개 1바리는 장작 30개를 가리킨다. 그리고 '바리'는 마소 한 마리에 실어 나를 수 있는 양을 의미한다. 1바리에서 장작의 규격은 경우에 따라 다소 다르지만, 한 사례를 제시하면 굵기는 어른의 팔뚝 정도이고 길이는 1자 반(약 45cm) 정도이다. 아울러 장작의 판매 사례를 보면, 1974년 애월면 신엄리에서는 1바리 당 3,000원에 판매했다는 제보를 접할 수 있었다(2004년 2월 15일(일), 성○추(71세, 여) 씨와의 인터뷰 결과임).

〈**사진 2**〉 장작 시장 출처: 제주도(1996: 137).

들은 해안지역의 임야나 일부 특정 장소에서도 많이 발견되는 것이기는 하나, 곶자왈 내에서도 평소에 사람들이 많이 다니지 않는 장소는 채취량이 그다지 많지 않기 때문에 훨씬 크고 굵은 것들을 발견할 수 있는 좋은 환경이 된다.

곶자왈은 이들 외에도 계절에 따라 찔레 순, 청미래덩굴 순, 두릅나무 순 등 식물의 줄기와 순, 그리고 모람, 맥문동 열매, 상동나무 열매, 산딸기, 으름, 보리수 열매, 오미자, 구기자, 시로미 등 상당히 많은 식물의 열매를 거두어들일 수 있는 환경을 제공한다.

한편, 곶자왈은 비록 대대적인 농사를 지을 수 없는 황무지이거나 숲 지역이기는 하나, 주변에 자생하고 있는 식물들은 우마의 먹이가 되었을 뿐만 아니라 나무들이 우거진 초입부의 수림(樹林) 지구는 가축들이 풍우설(風雨雪)을 피할 수 있는 장소로서도 훌륭한 기능을 담당

〈사진 3〉 고사리 꺾기(애월곶자왈 초입부)

〈사진 4〉두릅(월림-신평곶자왈 초입부)

했다. 따라서 이러한 차원에서 보면, 곶자왈은 방목공간으로서도 중요한 의미를 띠고 있었다고 지적할 수 있다(강만익, 2001: 63). 그러나 종종 풀을 뜯던 우마들이 곶자왈 내부 깊숙한 곳까지 들어간 후에 길을 잃고 주인에게 돌아가지 못하는 사례가 발생하여 재산상의 큰 손해를 입기도 하였다.

이상과 같이, 곶자왈의 1차적 이용은 제주도민들이 '있는 그대로의 자연'을 개별 가구나 혹은 개인 단위로 적절하게 활용하는 지혜가 담겨 있으며, 곶자왈이나 그 주변 지구에 미치는 영향도 지극히 미미한 형태의 이용이라 할 수 있다. 정리해서 말하자면, 곶자왈의 1차적 이용은 가장 초보적인 이용이자 소극적인 이용이며, 가구 단위나 개인 단위로 주로 이용하는 사례라 할 수 있을 것이다. 더불어 곶자왈 내의 자원 활용도도 비교적 저급 수준에 머무르는 것으로 평가할 수 있다.

2차적 이용: 적극적 이용

곳자왈의 2차적 이용은 1차적 이용에 비하면 다소 진전된 이용 사례라 할 수 있으며 그런 의미에서 곳자왈을 적극적으로 이용하는 형태이자, 아울러 가구 단위나 개인 단위가 아닌 복수적 혹은 집단적 이용이라는 특징을 가지고 있다. 동시에 곳자왈 내의 자원 활용도에서도 더욱더 적극적인 중급 수준의 이용 실태라 지적할 수 있다.

2차적 이용 실태의 사례로서는 숯 굽기, 옹기 제작, 화전 경영, 피난 장소로서의 이용 등을 들 수 있다. 물론 이러한 곳자왈의 2차적 이용도 앞서 정리한 1차적 이용과 더불어 1960년대 이전에 대부분 종식된 이용 형태로서, 지금은 그 흔적만을 남긴 채 제주도민들에게도 희미한 기억으로 존재할 뿐이다. 더불어 2차적 이용의 중심은 중산간지역에 위치하는 마을이거나 곳자왈 주변부에 위치하는 마을 주민들이 주로 이용했다는 점에서 1차적 이용과는 다소 다른 면모를 보인다.

여기서는 모든 사례들을 모두 열거하여 논의할 수 없기 때문에 대표적인 세 가지 사례 즉, 숯 굽기와 화전 경영, 그리고 제주 4·3사건(이하 4·3사건) 당시 피신처로서의 이용 실태를 정리해보고자 한다. 먼저 숯 굽기는 곳자왈에서 제주도민들이 활발하게 전개한 이용 방식 중 하나로 주목할 수 있다. 숯 굽기 작업이 곳자왈 내에서 활발하게 행해진 주된 이유는 크게 두 가지로 생각할 수 있다. 하나는 숯을 만드는 데 중요한 자원인 목재(특히 참나무류)를 곳자왈 내에서 손쉽게 구할 수 있다는 점이고, 또 다른 하나는 숯을 굽는 데 있어 다른 사람들의 눈

〈사진 5〉 선흘곶자왈 내 숯가마

에 들키지 않고 작업을 수행할 수 있기 때문이다.

따라서 숯을 굽는 숯가마[9]는 재료나 연료 취득의 특성상 곶자왈 내에 축조하는 것이 중요했다. 즉, 숯의 원료가 되는 참나뭇과의 수종(종가시나무·졸참나무·개가시나무 등)을 비롯하여 구실잣밤나무, 보리수나무 등이 많이 자생하는 곶자왈이 숯가마를 만드는 데 최적의 장소였기 때문이다. 이런 점에서 보면 선흘, 교래, 함덕, 대흘, 신평, 저지, 청수, 상창, 서광, 상도, 세화리 등 곶자왈을 끼고 있는 마을이나 그 주변 마을은 숯 굽기의 흔적을 고스란히 간직하고 있는 대표적인 마을

---

9)   숯가마는 한 차례 구워낸 후 해체하는 '1회용 숯가마'와 여러 차례 구워낼 수 있는 '돌숯가마(또는 곰숯가마)'로 나눌 수 있다.

들이다(정광중, 2010). 실제로 이들 마을의 주민들을 만나 인터뷰해보면, 과거에 숯 제조 작업에 관한 내용을 쉽게 들을 수 있다. 이처럼 곶자왈을 주변에 끼고 있는 마을 주민들이 숯 제조를 행했던 데는 나름대로 이유와 배경이 존재한다.

다시 말해, 전통사회가 유지되던 시기에 제주도에서의 연료 취득은 육지부보다 훨씬 어려웠으며, 따라서 모든 가정에서는 1년을 통틀어 주기적으로 일정량을 확보해 두지 않으면 안 되는 상황이었다. 그나마도 숯은 집안의 대소사나 특별한 날에만 활용하는 고급 연료에 속하였다. 숯을 전문적으로 굽는 주민들은 숯 만들기 자체가 생계유지의 주요 수단이기도 했으며, 일단 확보한 숯 대부분은 해안마을이나 오일장을 통해 판매하든지 혹은 보리와 조, 콩, 팥 등 다양한 농산물과 물물 교환하였다.

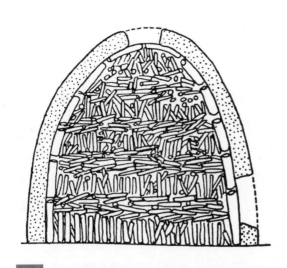

〈그림 4〉 숯가마 내 재료 쌓기 출처: 泉 靖一(1966: 91).

제주도의 숯가마는 육지의 그것과 비교하면 다소 규모가 작았다. 외부 형태는 지면에서 현무암으로 둥글게 쌓아 올린 아치형을 취하며 나무 재료를 넣고 숯을 꺼내는 출입구와 천장 혹은 출입구 반대편 하단에 배연시설을 갖추고 있었다. 그리고 가마 내부는 고운 진흙으로 매끈하게 발라 열기가 밖으로 빠져나가지 못하도록 고안하였다(사진 5, 그림 4). 설명으로는 아주 간단해 보이지만, 숯가마를 축조하는 데는 나름대로 주변의 지형을 이용해야 하고, 또 돌과 고운 흙이 있어야 하기 때문에 축조 자체가 결코 쉬운 일은 아니었다. 때에 따라서는 가마 내부에 바를 고운 흙과 돌들을 일정한 장소에서 구한 후 가마를 축조하는 지점까지 손수 날라야 하는 번거로움도 뒤따랐다.

최근에 필자를 포함한 3명의 조사자는 선흘곶자왈의 현장답사를 통해 2기의 숯가마를 발견했는데[10], 이들은 약 150m의 거리를 두고 떨어져 있었다. 이들 중 1기는 목재를 넣고 빼내는 출입구와 상층부 일부가 허물어진 상태이지만 다른 부분은 거의 온전한 것이었고(사진 5), 또 다른 1기는 거의 원형 그대로 남아있는 것이라 할 수 있다. 조사 시점에서 볼 때 1기의 숯가마는 내부에 몇 개의 돌멩이가 흩어져 있을 뿐, 아직은 내부 구조도 말끔하여 붕괴의 조짐도 없는 것으로 판단되었다. 단지 한 가지 문제가 되는 것은 숯가마의 상부나 주변에 자생하는 나무들이다. 숯 제조의 기능을 다한 지 50여 년 이상이나 지났기 때문에 여러 종류의 나무들이 숯가마의 상부와 인접 부위에 자생하며, 숯가마의 붕괴를 부추기는 직접적 요인으로 작용할 것으로

---

10) 이들 숯가마는 2012년 4월 28일(토), 필자를 포함한 강창화 박사(당시 제주고고학연구소 부소장)와 현문필 선생(당시 제주도 문화재전문위원) 등 3명이 선흘곶자왈을 5일간 조사한 끝에 발견한 것이다.

<사진 6> 종달-한동곶자왈 내의 화전 흔적

보였다.

  한편, 숯 제조 작업은 혼자서 행하기보다는 2~3명, 4~5명 또는 10 여 명이 공동으로 참여하는 형태로 이루어졌다. 선흘곶자왈에서 숯 제조에 동참했던 한 주민의 말에 따르면, "숯 100가마를 구워내려면 5명이 15일 동안 나무를 해서 1주일을 구워야 했다."고 한다(제민일보 곶자왈특별취재반, 2004: 26). 그리고 숯을 만들기 위해서는 숯가마에서 약 24시간 정도 나무를 태운 다음 가마 내부에서 열기를 식히는데 약 24~48시간 정도를 기다려야만 했다. 숯을 굽는 사람들은 숯가마 1기 당 2~3명이 작업을 행한 후에 먹등구미(멩탱이)를 단위로 서로의 몫을 나누었다(송시태 외, 2007: 141-142). 이처럼 숯 제조 작업에서는 협업체제 가 필수적이었다.

곳자왈에서의 숯 제조 작업은 많은 양의 목재를 필요로 했다. 숯의 원료인 수종은 나뭇결이 단단한 양질의 것을 찾아야 하고, 또 여러 명이 공동 작업으로 이루어지기 때문에 각자가 필요한 만큼의 몫을 나누어야 했다. 더불어 일주일 이상이나 곳자왈에서 생활해야 하기 때문에, 취사와 함께 추운 한기를 피하는 데도 많은 땔감이 필요했다.

곳자왈에서 화전(火田) 경영은 어떻게 이루어졌을까. 제주도의 중산간지역을 돌아다니다 보면, 화전 경영의 흔적을 적잖게 확인할 수 있다(사진 6~7). 제주도의 화전은 잡목지에 불을 넣고 나무를 태운 다음, 타고 남은 재(灰)를 이용해 메밀을 비롯하여 보리, 조, 피, 콩 등을

〈사진 7〉 수산곳자왈 내의 화전 흔적

심어 수확하는 형태이다. 화전 경영의 단점은 지력이 매우 약하기 때문에 매년 농작물을 심어 수확할 수 없다는 점이다. 화전 경영은 보통 육지부와 마찬가지로 장소 선정-삼림 제거-불 넣기(火入)-재배-휴경 등 5단계로 이루진다(진관훈, 2006: 202). 따라서 제주도의 화전 경영에서도 가장 중요한 것은 장소 선정이다. 장소 선정에서 고려해야 할 사항들은 의외로 많다. 곶자왈 내에서도 키가 큰 수목들이 우거지지 않은, 작은 잡목들이 많은 장소를 선택해야 한다. 동시에 경작지에 씨앗을 뿌리고 농작물을 재배하여 수확한 후 집까지의 이동 거리를 고려하면, 곶자왈 내에서도 이동에 편리한 숲길이나 소로(小路)가 있는 장소를 선정해야만 한다. 물론 이들 숲길이나 소로는 사람들의 화전 경영으로 인해 만들어지기도 한다.

결국 곶자왈에서도 화전 경영을 할 수 있는 장소는 삼림이 우거진 중심부가 아닌, 초입부나 키 작은 잡목들이 연결되어 나타나는 주변부에서 행해지는 사례가 많았다. 특히 곶자왈 중심부에는 용암류가 서로 엉켜 있는 바위들이 많아 화전 경영에는 적당치 않았다. 이러한 사실 자체는 가능한 한 노동력을 줄이면서 효율적으로 농작물을 생산하기 위한 조치에서 비롯된 것이라 지적할 수 있다. 아래 인용문은 곶자왈에서 화전 경영을 했던 교래리의 한 주민의 화전 경영 사례를 정리한 것이다[11].

곶자왈지대 인근의 주민들은 예로부터 산전(山田)을 일구며 살았다. 곶자왈지역과 목장의 경계 주변 일대(저자 주: 조천-대흘곶자왈)는 일

---

11) 인용문 중에서도 저자가 필요한 부분만을 연결하여 정리하였음을 밝힌다.

제시대까지 오랫동안 경작지로 활용돼 왔고, 곶자왈 중심지역은 워낙 바위투성이라 밭을 일굴 엄두를 내지 못했지만, 곶자왈 주변에서는 손바닥만 한 크기의 밭을 일굴 수 있었다. 따비 등을 이용해 돌을 일구고 가시덤불을 태워버린 다음 팥이나 피 같은 작물을 심었다. 그때는 거름이나 비료 같은 것을 쓸 여유가 없었던 때였지만, 오랫동안 나뭇잎이 쌓인 곳은 그나마 곡식을 키울 만했다. 한 2~3년 동안 농사를 짓고 나면 다시 장소를 옮겨 새로운 밭을 일궈야 했다.

(제민일보곶자왈특별취재반, 2004: 87)

위의 인용문에서 드러난 사실을 정리하면, 화전 경영은 곶자왈 주변에 거주하는 많은 주민이 행하고 있었다는 점, 시기적으로는 일제강점기까지도 화전 경영을 하고 있었다는 점, 곶자왈의 중심부보다는 키 작은 나무들이 자생하는 초입부나 큰 용암 바위들이 없는 장소를 선정하여 이루어졌다는 점, 그리고 팥과 피 등의 농작물을 심으며 2~3년 단위로 이곳저곳을 옮겨 다니며 농사를 지었다는 점 등이다. 이와 같은 화전 경영 사례에서 또 한 가지 주목해야 할 점은 항상 농사를 짓기 위한 일정한 면적이 필요하다는 사실과 곶자왈 주변의 많은 사람이 동시다발적으로 행하고 있었다는 사실이다. 이러한 사실을 배경에 두면, 곶자왈에서의 화전 경영은 집단적이며 자원약탈이나 자연 손상도 비교적 넓은 범위에서 이루어졌다고 말할 수 있다.

안덕면 화순리에는 구진ㅁ루화전, 구시화전 및 월래화전이라는 지명이 있다(화순리, 2001: 162). 이러한 사실은 화순리 주민들도 오래전부터 곶자왈에서 화전 경영을 했던 경험이 있음을 알려주는 것이다. 화순리 내의 화전 지명들이 위치하는 지구는 상창-화순곶자왈의 남쪽 지구에 해당한다.

이어서 4·3사건 당시 곶자왈을 이용했던 구체적인 사례를 살펴보자[12]. 곶자왈에는 그것을 구성하는 요소인 숲, 오름, 궤(바위굴), 용암동굴, 계곡, 습지 등이 산재하고 있으므로, 곶자왈 그 자체는 일시적으로든 장기적으로든 몸을 숨길 수 있는 좋은 환경을 제공한다. 이 중에서도 곶자왈 내에 위치하는 궤와 동굴은 주변 지역의 주민들도 정확히 몇 개가 존재하는지 알 수 없을 정도로 그 수가 많다. 정보 소통이 제대로 이루어지지 않던 1948년을 전후한 시점이라면, 그것들의 정확한 수는 더더욱 파악하기 어려웠을 것으로 판단된다.

피난 장소로서 곶자왈의 이용 사례는 한경-안덕곶자왈 중 월림-신평곶자왈과 상창-화순곶자왈 사이에 자리 잡은 동광리의 사례가 주목된다. 동광리(東廣里)는 안덕면 북쪽에 위치하는 마을로 4·3사건 발생 당시에는 삼밭구석(麻田洞, 당시 45호), 무등이왓(舞童洞, 당시 130여 호), 조수궤(당시 10여 호), 간장리(당시 10여 호) 및 사장밭(당시 3호) 등 5개의 자연마을이 있었다(제주도·제주4·3연구소, 2003b: 123). 마을의 북서쪽으로는 돌오름(도너리오름, 439.6m)을 기점으로 하여 월림-신평곶자왈이 전개되고, 동남쪽으로는 상창-화순곶자왈이 전개된다. 이와 같은 자연 환경적 특성 때문에 주민들이 4·3사건 당시 난리를 피해 곶자왈로 피신하는 데는 매우 유리한 상황이었다. 다음의 내용을 참고해 보자.

간장리의 10여 호를 불태운 군인들은 간장리 서쪽에 있는 삼밭구석을 둘러보지도 않고 내려갔으므로 삼밭구석에는 아무런 피해가 없었

---

12) 4·3사건 당시 곶자왈의 이용 실태는 필자의 연구(2004, 〈곶자왈과 제주민의 삶〉,《제주교육대학교 논문집》33, 41-65)에서 57-61의 내용을 일부 첨삭하여 재정리한 것임을 밝힌다.

다. 하지만 삼밭구석 사람들은 거의 대부분이 이미 마을을 떠나 도너리오름(돌오름) 근처의 곶자왈 속에 숨어 있었다. 동광리의 맨 위쪽에 있던 마을인 조수궤에 살던 사람들은 모두가 인근에 있는 터진궤에 숨었다. 터진궤는 40여 명가량이 들어갈 수 있는 넓은 굴이었는데, 높은 지형에 자리하고 있긴 하였지만 입구가 드러나지 않았기 때문에 그전에도 피난처로 삼았던 것이다. 그 터진궤에는 조수궤 사람들만이 아닌 무등이왓 사람들도 와 있었다.

(강태권, 1998: 59)

큰넓궤에 있었던 120여 명의 사람은 더 이상 갈 곳이 막연해졌다. 게다가 그해 겨울은 유난히도 추웠고 눈이 많이 내렸다. (중략) 큰넓궤 근처의 곶자왈에서 희생된 사람은 임흥선(林興善, 당시 67세) 혼자였다고 한다. 곶자왈에서 죽어 그를 묻을 수 없으니 눈 위에서 굶주린 개들이 시신을 뜯어먹었다는 얘기들이 마을 사람들에게 소문으로 떠돌았으나, 사실을 확인하지는 못하였다. 대부분의 사람들은 큰넓궤를 나와서 돌오름 근처의 초기밭(표고버섯 재배지)으로 갔다.

(강태권, 1998: 94-95)

위의 두 인용문에서도 분명히 확인할 수 있듯이, 동광리 주민들은 4·3사건 당시 화(禍)를 면하기 위하여 곶자왈을 이용하고 있었다. 인용문에서 등장하는 '도너리오름'과 '큰넓궤'는 크게 보면 월림-신평곶자왈에 속하며, '터진궤'는 상창-화순곶자왈의 북쪽으로 이어지는 곳에 자리 잡고 있다. 이들 중에서도 특히 '큰넓궤'는 동광리 주민들 120여 명이 50~60일 동안이나 숨어 지내던 작은 용암동굴로서, 발굴 시점에서는 사건 당시 사용했던 생활 용기들이 동굴 내부 여기저기에

<사진 8> 다랑쉬굴(피난 장소)

널려 있었다고 전해진다(김동만, 1999).

　〈사진 8〉과 〈사진 9〉에 보이는 다랑쉬굴과 대섭이굴도 세화곶자
왈과 선흘곶자왈 내에 위치하는 소형 용암동굴로서 4·3사건 당시 피
신처로 사용했던 장소이다. 특히 다랑쉬굴은 구좌읍 세화리의 중산
간지역에 위치하는 동굴(약 30m)인데, 이곳은 지역 주민들 11명이 토
벌대에 의해 희생당한 슬픈 역사를 간직하고 있다. 1992년 발굴 당시,
동굴 내부에서는 11구의 유골과 함께 항아리, 가마솥, 질그릇, 물허벅,
요강 등의 생활용품과 낫, 곡괭이, 도끼 등 농기구가 발견되었다[13]. 대

---

13)　다랑쉬굴 앞에 세워져 있는 안내판 내용에 따른 것이며, 안내판에는 오영호 시조 시인의
　　'다랑쉬굴'이라는 시가 함께 쓰여 있었다.

〈사진 9〉 대섭이굴(피난 장소)

섭이굴은 선흘리 주민들이 일시적으로 몸을 숨기는 장소로 자주 이용하였지만, 입구가 넓은 용암동굴이어서 장기간 피신하는 장소로서는 활용할 수 없었다. 따라서 선흘곶자왈 내에 위치하는 다른 용암동굴인 도틀굴이나 목시물굴 등에서는 대규모 희생이 뒤따랐지만, 대섭이굴에서는 큰 피해가 없었다고 한다(제주도·제주4·3연구소, 2003a: 427).

이처럼 곶자왈은 4·3사건과 관련하여 뼈아픈 추억을 간직한 곳이기도 하다. 그렇기 때문에 여기서 분명히 확인할 수 있는 사실은, 4·3사건 당시 곶자왈이라고 하는 자연생태계를 마을 주민들은 일정 기간 집단으로 이용하고 있었다는 것이다. 그만큼 곶자왈을 끼고 있는 마을 주민들은 위급 시에 가족들을 데리고 수풀이 우거진 곶자왈로 피신하고자 하는 적극적인 사고를 지니고 있었으며, 결국 곶자왈은 그들에게 일시적으로나마 안식처로서 소중한 기능을 담당했다는 배경을 인식할 수 있다.

이상과 같은 숯 굽기, 화전 경영 및 피난 장소로서의 이용 등 세 가지 시각에서 정리한 곶자왈의 2차적 이용 실태는 1차적 이용보다는 매우 적극적이고 집단적이며, 이용 시간이나 기간도 비교적 길게 나타난다. 더불어 이용 횟수도 일회성에 그치는 것이 아니라 여러 회에 걸쳐 중층적으로 나타나는 특징을 보인다고 말할 수 있다.

3차적 이용: 파괴적 이용

곶자왈의 3차적 이용은 특히 1980년대 중반 이후의 이용 실태로서, 곶자왈을 반영구적으로 이용하면서 곶자왈이 지니는 본래의 속성을 완전히 빼앗아버리는 파괴적인 이용 형태라 할 수 있다. 이러한 3차적 이용의 사례로 대표적인 것은 도로 건설, 송전탑 건설, 골프장 건설, 대규모 건물의 건축, 골재 채취장 건설 등을 들 수 있다. 그리고 이 파괴적인 이용은 현시점에서도 끊임없이 행해지고 있으며 제주도민 전체의 삶의 질을 위협하는 사례로 드러난다.

가장 먼저 도로 건설의 사례를 보기로 하자. 〈사진 10〉은 함덕-와산곶자왈을 가로지르며 제주시에서 표선리까지 연결되는 1137번 지방도(번영로)이다. 이 1137번 지방도는 왕복 4차선 도로로 제주시 중심부와 동남부 지역의 물류 수송과 함께 제주도민들의 지역 이동에 있어 주요 교통로의 기능을 담당하고 있다. 그러나 곶자왈이라고 하는 하나의 독립된 생태계는 완전히 단절되어 험악한 몰골을 드러내고 있다. 곶자왈을 가로지르는 도로는 비단 이곳만이 아니다. 교래곶자왈을 가로지르는 1118번 지방도(남조로), 상창-화순곶자왈을 가로지르는

〈사진 10〉함덕-와산곶자왈을 가로지르는 지방도

1135번 지방도(번영로) 등 제주도 내 곳곳에 있다.

이들 지방도처럼 도로는 긴 선(線)의 형태를 유지하며 일정 지역으로 이어지는 특징을 지닌다. 따라서 도로 건설로 인해 식물 자생지의 파괴는 물론, 동물들의 왕래도 단절되는 부작용을 낳는다. 그 결과가 우리의 삶에 어떤 영향을 미칠지는 오랜 세월이 흘러야만 나타날 것이다.

〈사진 11〉은 세화곶자왈에 설치된 송전탑이다. 다랑쉬오름과 아끈다랑쉬오름을 배경으로 매우 빼어난 생태계를 유지하는 곳임에도 불구하고, 송전탑은 여지없이 한가운데를 가로지르며 연결되어 있다. 송전탑은 도로나 건축물, 골프장 등과 같이 특정 장소에 대규모의 면적을 필요로 하는 시설은 아니나, 그렇다고 해서 곶자왈을 가로지르

며 송전 시설을 해야 할 것인지에 대해서는 많은 의문점이 제기된다. 한 번 더 〈사진 11〉에 주목해 보자. 곶자왈 주변은 모두 오름과 삼나무림, 잡목림, 그리고 일부 농경지 등이 전개되며 중산간지역의 빼어난 경관미를 자랑하고 있다. 바로 이런 지역에 인공 구조물인 송전탑이 버젓이 들어서 있는 것이다. 한눈에 보아도 송전탑은 이질적이고 부자연스러우며 더불어 파괴적이라는 생각을 하게 한다. 이미 송전탑 건설 문제는 제주 사회의 주요 현안으로 부각된 지 오래며, 제주환경운동연합이나 제주참여환경연대 등 지역의 많은 환경단체와 시민사회단체들이 기회가 있을 때마다 지중화(地中化)를 거론하며 강력히 주장해 왔다. 그러나 그 이후에도 곶자왈 내의 송전탑 시설은 오히려 증가할 뿐이었지, 철거하거나 지중화된 사례는 찾아볼 수 없었다.

곶자왈 내의 골프장 건설 문제는 제주지역사회를 완전히 뒤흔드

〈사진 11〉 세화곶자왈에 설치된 송전탑

<표 2> 제주도 내 골프장 현황(2009년 12월 말 현재)

구분 / 업종별	업소 수 (개소)	면적 (m²)	시설 규모	보험 가입 업소 수	지도자 배치(명)			
					계	1급	2급	3급
합계	39	32,363,189	홀수: 690홀	39	30	-	1	29
회원제	25	27,531,848	홀수: 567홀	25	29	-	1	28
정규대중	-	-	홀수: - 홀	-	-	-	-	-
일반대중	14	4,831,341	홀수: 123홀	14	1	-	-	1
간이	-	-	홀수: - 홀	-	-	-	-	-

출처: 제주특별자치도청 홈페이지, 스포츠산업과 자료(검색일: 2012년 5월 16일).

<사진 12> 월림-신평곶자왈에 입지한 골프장 출처: Daum 위성사진.

는 현안으로 부각되어 등장한다. 골프장 건설은 곶자왈뿐만 아니라 중산간지역 전체를 파괴하며 제주도민들의 삶의 근간을 뒤흔드는 파괴적인 행위로 부각된 것이다. 그럼에도 불구하고 현시점에서는 곶자왈의 생태계 보전등급이 3등급으로 지정된 곳이 많아, 개발의 여파를 피해갈 수 없는 상황에 놓여 있다. 최근에 곶자왈을 포함하여 중산간지역에 들어선 골프장 수는 가히 폭발적이라 아니할 수 없다. 현재

<사진 13> 선흘곶자왈에 입지한 드라마 촬영장
출처: Daum 위성사진.

제주도에서 운영하고 있거나 향후 운영할 예정인 것들을 포함한 골프장 수는 〈표 2〉에서 보듯이 총 39개소에 이르며, 이들 중 2012년 5월 현재 운영 중인 것은 28개소, 승인된 것은 3개소, 절차 이행 중인 것이 2개소, 예정자가 지정된 곳이 1개소 등으로 나타난다. 현재 운영 중인 골프장 중에서 곶자왈 내에 건설된 것만도 10여 개소에 이른다(사진 12).

더불어 앞으로 이들 골프장 외에도 곶자왈이나 중산간지역에 들어설 예정인 골프장은 몇 개 더 있다. 이처럼 몇 년 후에는 제주도가 골프장 천국이라는 기가 막힌 명예를 짊어지게 될 운명에 놓여 있다.

골프장 건설은 단순히 곶자왈의 파괴에 따른 동물 서식지와 식물 자생지의 파괴나 중산간지역의 경관적 가치의 저하만을 의미하지 않는다. 골프장은 부수적으로 도로 건설이나 관련 부대시설(연습장, 골프텔 등)의 건축, 다량의 농약사용 등으로, 식수원의 오염을 비롯한 공기 정화 기능의 저하, 도시부와 산간부와의 완충 기능 저하, 조망권 침해 등 두고두고 제주도민들에게 큰 피해를 가져올 수 있는 지뢰로서 잠재되어 있는 것이다. 많은 제주도민이 곶자왈이나 중산간지역에 들어서는 골프장 건설을 반대하는 이유도 바로 거기에 있는 것이다. 결국 골프장 건설이 제주도민들의 삶의 질 향상과는 반비례한다는 생각이 깊게 깔려 있다고 말할 수 있다. 이런 시각에서 접근할 때, 곶자왈을 파괴하는 주범은 말할 것도 없이 골프장이라 아니할 수 없다(송시태 외, 2007: 173).

최근에 이르러 곶자왈 내에 각종 건축물이 들어서는 경우도 적지 않게 확인된다. 우선 면적이 작은 건축물은 차치하더라도, 대규모의 면적을 뽐내며 조성되는 사례로서, 파크써더랜드(태왕사신기 촬영지, 선흘곶자왈의 일부), 돌문화공원(함덕-와산곶자왈의 일부), 영어교육도시 및 신화역사공원(월림-신평곶자왈의 일부) 등이다(사진 13). 이들 대규모 교육·위락 시설들은 국가기관이나 지방 행정기관이 앞장서서 추진(허가·승인·개발)하는 시설이라는 점에서 쓴웃음이 나올 수밖에 없는 상황이다.

이상과 같이 몇 가지 사례를 통해서 본 곶자왈의 3차적 이용은 한마디로 곶자왈을 원상 복귀 불능의 상태로 만들며, 또한 대규모로 형질을 변경·이용한다는 관점을 고려해 볼 때 파괴적 이용이라 할 수 있다. 이 파괴적 이용은 관(官)이 허가·승인하고 또한 개발에 앞장서고 있다는 관점에서 관 주도적 파괴라고도 할 수 있다. 이러한 곶자왈의 파괴적 이용 실태는 현재적 시점에서 제주도 내 곳곳에서 행해지고 있음을 염두에 둘 필요가 있다. 앞으로 얼마만큼의 곶자왈이 더 파괴될 것인지 두고 볼 일이다.

마무리하기

현시점에서 생각할 때, 제주도의 동서지역에 주로 분포하고 있는 곶자왈의 중요성을 인식하지 못하는 제주도민은 거의 없을 것이다. 최근에는 영어교육도시와 인접한 곶자왈을 도립 공원화하는 계획도 추진 중이다. 여러 가지 문제점은 내포돼 있지만, 곶자왈을 도립 공원화한다는 계획은 그만큼 제주도민들의 인식도가 높아졌고, 동시에 도민들이나 행정기관이 곶자왈의 가치를 인정했다는 사실이 반영된 것이라 할 수 있다.

따라서 그러한 시각에서 생각해 볼 때, 곶자왈은 더는 그대로 방치해서도 안 되며, 파괴적인 이용으로 치달아서는 더더욱 곤란하다. 그 배경은 분명하다. 곶자왈은 제주도민뿐만 아니라 대한민국 모든 국민의 소중한 보배이자 자산이기 때문이다. 나아가 후세들의 삶의 질과도 직결되는 미래형 자연자원이기도 하다.

이 글에서는 곶자왈의 이용 실태에 초점을 맞추어 논의를 전개하였는데, 중요한 논점은 곶자왈을 과거 선조들이 이용했던 방식인 1차적 이용(소극적 이용)과 2차적 이용(적극적 이용), 그리고 현세대들이 중심이 되어 이용하는 방식인 3차적 이용(파괴적 이용)을 비교·검토함으로써 제주의 자연생태계에 미치는 강도에 현격한 문제가 있음을 제기하는 데 있다.

결론적으로 여기서 강조하여 지적하고자 하는 사실은 이미 분명해졌다. 곶자왈의 이용 방식은 3차적 이용인 파괴적 이용보다는 2차적 이용인 적극적 이용으로, 그리고 1차적 이용인 소극적 이용으로 진전되는 과정이 바람직한 방향이라 할 수 있다. 다시 말해, 적어도 논리상으로는 소극적 이용 방식인 1차적 이용의 범주를 벗어나지 않아야 제주도의 곶자왈이 온전하게 유지될 수 있다는 것이다. 끝으로, 과거를 살다간 대다수 제주도민의 전통적인 곶자왈 이용 실태를 생각해 보고, 앞으로 곶자왈을 어떤 방식으로 이용하는 것이 덜 파괴적이고 친환경적인지 우리 스스로가 정답을 가려내야만 한다.

곶자왈의 과거,
현재 그리고 미래

들어가기

전통사회가 제대로 유지되던 시기에 곶자왈은 제주도민들의 생명선(life line)이나 다름없었다. 곶자왈 자체는 제주도민들의 일상생활과 연계된 소중한 생활공간으로서 다종다양한 자원을 공급하던 공간이었기 때문이다(정광중, 2004: 53-57; 송시태 외, 2007: 101). 이러한 제주도민들의 생활공간이 1970년대부터 1990년대까지 약 30여 년 동안 '쓸모없는 땅', '버려진 토지'로 인식되며, 개발의 대상으로 전락하는 수모를 겪어왔다. 그러나 2000년대로 들어서면서 곶자왈은 '제주의 허파', '생태계의 보고', '지하수의 주요 함양지' 등으로 다시 주목받으며, 제주도 내외로 널리 알려지기 시작했다. 불과 한 세대가 흐르고 나서 곶자왈에 대한 평가가 180°로 바뀌며 아주 귀한 대접을 받기에 이른 것이다.

이러한 상황 속에서 최근 제주도민은 물론이고 관광객들이 많이 방문하는 주요 장소로 곶자왈이 활용되고 있는 데 반해 곶자왈에 관한 연구는 아직도 미진한 부분이 너무도 많다. 이 배경에는 곶자왈에 관심을 두는 연구자들이 의외로 소수이고, 더욱이 제주도 내 연구자들의 수는 매우 한정적이라는 사실이 내재되어 있다. 더불어 많은 연구자가 곶자왈에 관심을 갖기 시작한 시점도 2000년 이후이기 때문에, 시간적으로도 곶자왈 연구에 몰두할 수 있는 시간이 얼마 되지 않았다는 사실이 존재한다. 그렇지만 한편으로 생각하면 15년이란 결코 길지 않은 시간 속에서도 지형과 지질, 식물과 식생, 인문(문화)자원 등 일부 주제에서는 괄목할 만한 성과를 거두고 있는 것도 사실이다. 그러나 아직도 인문지리학, 고고학, 기후학, 토양학, 생태학, 민속학, 수문학 등 여러 학문 분야에서 단독적 혹은 통합적 관점에서 곶자왈에 숨겨진 비밀을 풀어야 할 과제는 산적해 있다. 따라서 이번 장의 목적은 '곶자왈의 자원 이용과 보전'이라는 인문지리학의 관점에서 곶자왈의 과거, 현재 및 미래에 대하여 서설적인 구조로 정리함으로써, 앞으로 인문지리학 분야를 포함한 인접 학문 분야에 일정한 자료를 제공하는 데 있다. 더불어 이 글에서는 제주도 내의 여러 곶자왈 중에서도 저자가 조사했던 마을 단위의 곶자왈, 즉 선흘곶자왈을 비롯하여 저지, 청수곶자왈, 무릉, 산양곶자왈 등 일부 곶자왈을 염두에 두고 검토·정리하되, 또 일부 관련 주제에 대해서는 전체 곶자왈을 대상으로 분석하고자 한다.

곶자왈의 과거:
과거 시점의 자원 이용 방식

전통적인 지리학의 위상을 강조하는 수식어 중의 하나는 '자연과 인간과의 관계'라 할 수 있는데, 이 수식어의 중요성은 인간의 모든 삶이 기본적으로 자연환경을 바탕으로 이루어진다는 배경이 깔려 있기 때문이다. 말하자면 '자연과 인간과의 관계'라는 수식어에서는 모든 지역의 주민들은 주어진 자연환경 속에서 자신들이 필요한 자원을 얻고 다시 자연으로 되돌려 놓는다는 소박한 사고를 전제로, 인간은 항상 자연과 교감하면서 자연 친화적인 삶의 방식을 취해야 한다는 등식을 강조하고 있는 것이다.

이처럼 지리학의 위상을 표현하는 '자연과 인간과의 관계'를 전제할 때, 과거 시점에서 제주도민들이 곶자왈의 자원을 어떻게 이용해왔는지에 대해 점검해 보는 것은 큰 의미가 있을 것으로 판단된다. 따라서 여기서는 먼저 과거 시점(주로 1970년대 이전 시기)에서 제주도민들이 곶자왈을 대상으로 한 자원 이용 방식을 정리해 보고자 한다.

1970년대 이전 제주도민들의 곶자왈 내 자원 이용 방식을 개략적으로 정리해 보면 〈표 1〉과 같다. 이 자료에 의하면, 제주도 내 여러 곶자왈은 전통사회의 일상생활과는 떼려야 뗄 수 없는 불가분의 관계를 맺고 있었으며, 제주도민들은 다양한 자원을 곶자왈로부터 취득하며 생활을 영위하고 있었음이 드러난다(정광중, 2012: 16-17).

이들 곶자왈에서 주민들의 경제활동을 보면, 연료 취득을 위한 숯 생산 및 신탄·땔감 채취, 가정용 그릇 공급을 위한 옹기류 생산, 재산 증식은 물론 효율적인 농경을 위한 우마 사육, 식량작물의 생산을 위한 산전·화전·수전 경영, 동물성 지방분과 가죽 등을 얻기 위한 노루, 오소리, 꿩 등의 사냥 활동, 가정의 다양한 가구류와 목기류, 농기구 등의 획득을 위한 생활용구 제작, 아이들의 간식용 열매나 식재료 혹은 약재 획득을 위한 식용·약용식물의 채취, 꿀을 얻기 위한 양봉 등 그 내용은 상당한 범주에 이른다(정광중 외, 2012).

〈표 1〉 1970년대 이전에 행해진 경제활동별 곶자왈 자원의 이용 실태

이용 구분	자원 이용 실태	대표적 사례 곶자왈
1. 숯 생산(가마 축조)	참나무류 등 숯 재료 수종의 줄기, 숯 생산 관련 평지	선흘, 교래, 함덕, 저지, 청수, 산양, 구억, 화순곶자왈 등
2. 옹기류 생산(가마 축조)	땔감용 수종의 줄기 및 뿌리	산양, 무릉곶자왈 등
3. 목축업*	초지, 야생 식물의 줄기 및 열매	교래, 저지, 청수, 상창, 화순, 상도, 수산곶자왈 등
4. 산전(山田, 화전), 수전(水田) 경영	일부 평지 및 습지	선흘, 저지, 청수, 무릉, 세화, 수산곶자왈 등
5. 사냥 활동	노루, 오소리, 꿩 등 야생동물	모든 곶자왈
6. 생활용구 제작	참나무류, 느티나무, 벚나무 등 다양한 생활용구용 수종의 줄기	모든 곶자왈
7. 신탄 및 땔감 채취	소나무, 멀구슬나무 등 신탄 및 땔감용 수종의 줄기 및 뿌리	모든 곶자왈
8. 야생 열매, 식용 및 약용식물 채취*	꾸지뽕나무, 섬오갈피, 둥굴레 등 식용·약용식물의 열매, 줄기 및 뿌리	모든 곶자왈
9. 양봉업*	때죽나무, 솔비나무, 산벚나무 등 양봉용 화목류의 꽃	선흘, 화순, 저지곶자왈 등
10. 임시 피난처(제주 4·3사건)	궤(바위굴) 또는 용암동굴(소형)	선흘, 교래, 저지, 무릉, 신평 곶자왈 등
11. 일본군 군사시설	일부 평지와 경사지	선흘, 화순곶자왈 등

* 표시는 현재도 소규모로 행해지는 자원 이용 방식임.
출처: 제민일보곶자왈특별취재반(2004), 정광중 외(2012), 강창화 외(2014)의 자료 등을 토대로 작성.

물론 제주도민들이 벌여왔던 이상의 경제활동은 시기마다 지역(또는 마을)마다 다소 차이가 존재할 수밖에 없고 또 활동 범위도 곶자왈에 따라 다르게 나타날 수밖에 없다. 그렇다고는 하나, 제주도민들은 중산간마을이든 해안마을이든 가정에서 필요한 많은 것들을 주변에 위치한 곶자왈에서 충당하고 곶자왈 내의 특정 장소를 활용하여 소기의 목적을 달성했다는 것이다. 예를 들면 우마의 방목을 위해서는 곶자왈을 끼고 전개되는 넓은 초지가 필요했고, 산전과 화전, 수전을 일구기 위해서도 곶자왈 내의 일정한 면적이 필요했다. 또 숯을 생산하거나 옹기류를 생산하기 위해서는 특정 장소에 숯마가와 옹기가마를 축조하고 곶자왈 내에서 많은 재료나 땔감을 얻어야만 가능했다. 이뿐만이 아니다. 야생노루나 오소리, 꿩 등의 사냥 활동은 곶자왈 내의 넓은 지역을 돌아다녀야만 가능하고, 양봉은 곶자왈에 피어나는 다양한 꽃들이 존재해야만 꿀벌들이 꿀을 채취하는 데 용이했다. 결국 이들 활동은 곶자왈에 따라서 지형·지질적 특성은 물론이고 수종의 다양성, 동식물의 서식밀도 등에 의해 차별화될 수밖에 없는 것이다.

〈표 1〉에서 확인되는 것처럼, 곶자왈로부터 제주도민들이 얻는 자원의 종류는 실로 다양하며, 1년을 통틀어 자원 이용 방식도 독특하게 나타난다. 〈사진 1~2〉는 위에서 정리한 곶자왈의 자원 이용에 대한 일부 사례를 나타낸 것이다. 선흘곶자왈 내부에는 돌숯가마(1기)를 비롯하여 1회용 숯가마[1](12기), 숯막(1기), 머들(33기), 머들+돌담(경계용,

---

1) '1회용 숯가마'라는 용어는 이후부터 필요에 따라 '1회용 숯가마 터'로 다소 표현이 바뀌기도 한다. 그것은 숯을 생산한 이후에 해체해 버리는 숯가마의 특성 때문이다. 따라서 숯을 생산한 이후에 남게 되는 흔적으로서 생활문화자원의 관점에서 논의할 때는 당연히 '1회용 숯가마 터'가 될 것이다.

8개소), 노루텅(야생노루 잡이용 석축함정, 3기) 등 다양한 생활문화자원이 밀집된 지구가 있다(강창화·정광중, 2014: 169). 이 생활문화자원 밀집지구는 1960년대 이전까지 주로 선흘리 주민들이 숯 생산, 산전 경영, 사냥 (야생노루) 등을 행하던 장소이다. 시기적으로는 조선시대 말부터 숯 생산(백탄의 소량생산)이 이루어졌고, 일제강점기를 거치면서 산전 경영과 사냥 활동 등이 행해졌으며, 해방 이후에는 보다 진전된 형태의 숯 생산(검탄의 대량생산) 등이 행해졌다(정광중 외, 2013; 강창화·정광중, 2014). 결과적으로 볼 때 선흘곶자왈이 주는 자연자원을 십분 활용한 결과가 특정 장소에 각인되어 존재하고 있는 것이라 말할 수 있다. 1960년대 중후반부터는 삼림 보호정책 등에 의해 선흘곶자왈의 자원 이용도 거의 소멸 상태로 접어들게 되었고 오늘날에는 울창한 상록수림으로 존재하고 있는 것이다.

그런 과정에서도 선흘리 주민들은 곶자왈의 자원을 이용하면서도 숲을 보호하기 위한 노력, 즉 산불방지나 개인적인 이용금지 등의 보호 관리를 게을리하지 않았다. 그만큼 선흘리 주민들은 곶자왈이 주는 자연의 혜택이 얼마나 큰 것인지를 충분히 이해하고 있었다. 이러한 사실은 비록 현세대의 주민들에게만 한정된 것이 아니라 선조 대대로 곶자왈 자원의 이용과 보전이라는 인식체계로 자리 잡아 왔음은 두말할 여지도 없다.

〈사진 1〉은 선흘곶자왈에 가장 잘 남아 있는 '노루텅'으로서 2012년 이전까지만 해도 공식적으로 알려지지 않았던 생활문화자원이다. 노루텅은 선흘곶자왈 내에서 사냥 활동이 본격적으로 이루어졌던 사실을 알려주는 증거로서 이용 시기는 돌숯가마와 거의 동일하게 조선시대 말부터 일제강점기 이전으로 추정된다(강창화·정광중, 2014: 167). 따라서 현세대의 고령자들도 선흘곶자왈에 잔존하는 노루텅으로 야생

〈사진 1〉 선흘곶자왈 내 노루텅의 외부와 내부

노루를 포획했던 경험은 없는 것
으로 파악된다.

현무암을 쌓아 올려 야생노루
가 빠지도록 고안한 이 석축함정
은 그저 단순한 구조물로 평가할
수도 있지만, 100여 년 전 곶자왈
내의 자원 이용을 알려주는 중요한 지표로서 보전가치가 높다고 말할
수 있다. 현재까지 선흘곶자왈 내에서 확인된 노루텅은 7기 정도인
데, 2~3기는 이미 원형을 잃어버릴 정도로 많이 훼손된 상태이다.

청수-저지곶자왈을 포함한 주변 지역에서는 주로 저지리와 청수
리 주민들이 숯을 생산하였다(정광중, 2015: 95). 그리고 이 지역은 저지
리와 청수리 주민들이 숯 생산이 끝나는 1960년대 중반부터는 우마
사육을 위한 방목지로도 널리 이용되었다. 특히 청수-저지곶자왈을
포함한 주변 지역에는 저지오름, 마중오름, 새신오름, 돌오름, 문도지
오름, 남송악, 당오름 등 많은 오름이 산재하고 있다. 이들 오름과 곶
자왈 지역은 주변 마을 주민들의 일상생활과 관련된 주요 활동 범위
라 할 수 있다. 따라서 1950~60년대에 일시적으로 행해졌던 숯 생산
과 더불어 그 이후 1970년대까지는 방목지로서, 그리고 다양한 생활
용구와 신탄 및 땔감 공급지로서, 또 여러 가지 식재료와 약용식물 등

을 채취하는 장소로서 마을 주민들이 선호할 수밖에 없는 환경적 조건을 두루 갖추고 있었다. 결국 청수-저지곶자왈과 그 주변 지역에서는 저지리와 청수리 주민들은 물론이고 산양, 서광, 금악, 신평, 구억리 등 인접한 여러 마을 주민이 곶자왈 내의 자원을 이용해 왔음을 쉽게 이해할 수 있다.

〈사진 2〉는 산양곶자왈 초입부에 위치하는 옹기가마이다[2]. 이 옹기가마는 속칭 '노랑굴'(노란색 옹기류를 생산하는 가마)이라 하여 허벅을 비롯한 술병, 간장병, 항아리 등을 생산하였으며, 축조 시기는 조선시대 말까지 거슬러 올라간다. 제주도의 일반가정에서 쓰는 옹기류는 노란색 옹기류를 생산하는 노랑굴과 검은색 옹기류(시루, 검은 항, 대접 등)를 생산하는 '검은굴'에서 만들어 냈는데, 이들 두 가마는 형태와 굽는 방식에 따라 옹기류의 표면에 나타나는 색깔이 서로 달랐다. 이와 같은 제주식 옹기류를 생산하던 마을은 주로 신평, 구억, 산양, 무릉, 청수리 등 제주도 북서 지역의 곶자왈 주변에 위치해 있는 중산간마을들이었다.

〈사진 2〉의 옹기가마는 바로 주변부에 속칭 '조롱물'이라 부르는 봉천수(奉天水)가 있는데, 이 물과 가까운 지점에 위치한다는 데서 주민들 사이에서는 '조롱물 노랑굴'이라고도 불렸다.

이러한 사실은 옹기류를 만드는 데는 당연히 흙도 좋아야 하지만, 또 물이 없으면 결코 옹기를 만들어 낼 수 없다는 배경을 의미하는 것으로 이해할 수 있다.

조사 시점(2013~14년)에서는 화구(아궁이)와 천장의 후면부 그리고 연

---

2) 옹기가마 입구의 안내판 내용에 의하며 현장답사는 2013년 6월과 2014년 4월에 행하였다.

〈사진 2〉 산양곶자왈 내 옹기가마

정면

측면

소실, 굴뚝 등 일부가 훼손된 상태이나 전체적인 외부 형태는 그런대로 잘 보존돼 있었다. 옹기가마의 굴뚝 후면으로는 울창한 종가시나무 숲이 이어지고 있어서, 과거에 옹기류를 생산하는 데는 많은 연료가 필요했음을 직감케 한다. 다시 말해 옹기류를 생산하는 데 필요한 땔감이 풍부하지 않다면, 굳이 곶자왈이나 그 초입부에 옹기가마를 축조할 이유가 없다는 사실이다.

이상과 같이 과거 곶자왈의 자원 이용 방식은 지역이나 마을에 따라서, 주민들의 경제활동에 따라서 혹은 곶자왈을 이루는 지형적 특징이나 식생 구조 등에 따라서도 양식을 달리해 왔다. 그러나 과거 곶자왈의 자원 이용 방식에는 한 가지 중요한 사실이 내포되어 있다. 그것은 곶자왈의 지질과 지형 특성이나 동식물의 안식처인 숲의 구조(생태계)를 완전히 변형시키거나 영원히 사라지게 하는 형태의 자원 이용 방식이 아니었다는 것이다. 결과적으로 과거 우리의 선조들은 항상 곶자왈의 생태계가 유지되고, 더불어 지질적·지형적 특징도 그대로 보존되는 상황 속에서 필요한 만큼의 자원만을 이용해 왔다는 것이다.

곶자왈의 현재:

현시점의 이용 실태와 문제점

현시점에서 곶자왈의 이용 실태

위에서 정리한 바와 같이, 전통사회가 유지되던 시기에 제주도민들은 곶자왈의 자원을 곶자왈에 그다지 큰 위협이나 충격을 가하지 않는 상태로 이용해 왔음을 확인할 수 있었다. 여기서는 지금까지 행해진 곶자왈 파괴의 주범과 사례를 토대로, 현시점의 곶자왈 이용 실태를 점검해 보고자 한다.

〈표 2〉는 2013~14년 시점의 곶자왈 이용 실태를 정리한 것이다. 이 자료를 참고하면, 현시점에서 곶자왈이 어떻게 이용되고 있는지가 적나라하게 드러난다. 먼저 개략적인 관점에서 곶자왈의 이용 실태를 보자. 최근 시점에서 볼 때 전체 곶자왈 면적[3]에서 다양한 형태로 이용되고 있는 면적은 20.6km²로 파악된다. 따라서 이 면적은 제주도 내 전체 곶자왈 면적(92.56km²)의 22.3%를 이용한 것이며, 또 제주

---

3) 지금까지 알려진 제주도 내 곶자왈 면적은 109.86km²(곶자왈공유화재단, 2014)이지만, 최근 제주녹색환경지원센터(2014)의 연구 보고에서는 92.56km²로 파악되고 있다. 이 두 곶자왈 면적에서는 약 17.30km²의 차이가 나타난다. 이들 수치를 기준으로 할 때, 곶자왈공유화재단에서 주장하는 곶자왈 면적은 제주도 전체 면적의 5.9%, 그리고 제주녹색환경지원센터가 연구한 곶자왈 면적은 제주도 전체 면적의 5.0%를 차지하는 것으로 확인된다. 이 연구에서는 기본적으로 제주녹색환경지원센터가 주장하는 곶자왈 면적(92.56km²)을 활용했으나, 일부 사유지 비율에서는 곶자왈공유화재단 등이 활용하는 곶자왈 면적을 사용했음을 밝힌다.

도 전체 면적(1,849.3km²)에서는 1.1%를 이용한 것으로 확인된다. 제주도 전체 면적의 비율에서는 곶자왈의 이용 면적이 비교적 낮게 나타나지만, 곶자왈 전체 면적에서는 무려 1/5 선을 초과하는 이용이 이루어졌음을 알 수 있다. 따라서 〈표 2〉에 제시된 용도별 이용 실태는 앞으로의 곶자왈을 보전하고 활용하는 측면에서 볼 때 결코 간과할 수 없는 사안들이라 할 수 있다.

오늘날의 곶자왈 이용 실태 중에서도 가장 두드러진 것은 골프장으로의 전용이다(사진 3~4). 2014년 5월 현재 제주도 내의 골프장(운영 중)은 30개소로서, 이들 중 곶자왈을 개발하여 위치한 골프장 수는 무려 10개소나 되며(정광중, 2012: 25; 제주녹색환경지원센터, 2014: 126), 이들이

〈표 2〉 2013~2014년 시점의 곶자왈 이용 실태

이용 유형	면적(천m²)	비율(%)	이용 개소	비고
골프장	7,887	38.2	10	에코랜드, 블랙스톤 등
관광시설	6,035	29.2	8	신화역사공원, 세화·송당 온천관광지구 등
택지(도시) 개발	4,222	20.5	15	영어교육도시 등
채석장	668	3.2	4	세창, 성일 채석장 등
도로개설	554	2.7	50	번영로, 평화로 등
잡종지	385	1.9	14	야적장 등
공장	358	1.7	19	농공단지 등
공공용지	278	1.3	16	공공건물, 체육시설, 한전시설 등
농업용지	115	0.6	10	축사, 유리온실 등
종교시설	43	0.2	3	법당, 선교사 기념관 등
창고용지	42	0.2	5	농협 창고 등
기타	52	0.3	3	사회복지시설, 휴양림, 유스호스텔 등
계	20,639	100.0	157	-

출처: 제주녹색환경지원센터(2014: 127-137).

차지하는 면적은 무려 788.7ha에 이른다. 이 면적은 단순히 비교해 볼 때 여의도 면적의 2.7배, 축구장(국제연맹 국제경기 기준) 면적의 1,105배의 규모나 된다[4]. 이처럼 수치로 비교해 볼 때 골프장 건설로 파괴된 곶자왈 면적은 상상할 수 없을 정도로 넓은 면적임을 실감케 한다.

이어서 10개 골프장을 곶자왈 파괴 면적이 높은 순으로 정리해 보자. 가장 넓은 곶자왈 면적을 차지하는 골프장은 에코랜드(조천읍 대흘리)로 274ha이고 이어서 블랙스톤(한림읍 금악리) 154.7ha, 라온(한경면 저지리) 133.4ha, 테디벨리(안덕면 서광리) 105.5ha, 한라산(제주시 오등동) 51.1ha, 제피로스(조천읍 와흘리) 32ha, 제주힐(제주시 용강동) 19.7ha, 레이크힐스(서귀포시 중문동) 14.7ha, 봉개프라자(제주시 회천동) 3ha, 해비치(남원읍 신흥리) 0.6ha 순으로 확인된다(제주녹색환경지원센터, 2014: 127-129). 이들 10개 골프장의 면적은 훼손된 곶자왈 전체 면적의 38.2%를 차지하면서 곶자왈 파괴의 주범이라는 지적이 무색하지 않은 상황이다.

골프장에 이어 두 번째로 넓은 곶자왈을 차지하는 이용 유형은 관광시설이다(사진 5~6). 공립과 사립 관광시설을 합하여 8개소에 603.5ha의 면적을 차지한다. 이 면적도 여의도 면적의 약 2.1배에 해당하는 것이며 파괴된 곶자왈 전체 면적의 29.2%를 차지한다. 여러 관광시설 중 곶자왈을 넓게 차지하는 순으로 살펴보면 신화역사공원(안덕면 서광리 등) 400.1ha을 시작으로 세화·송당 온천관광지구(구좌읍 세화리) 143.6ha, 라온 더마파크(한림읍 월림리) 20.2ha, 제주돌문화공원(조천읍 교래리) 18.6ha, 제주조각공원(안덕면 덕수리) 9.2ha, 소인국테마파크

---

4) 우리가 통상적으로 이야기할 때, 여의도 면적(윤중로 제방 안쪽 기준 면적으로 289만 7,118㎡)은 축구장 면적(7,140㎡)의 406배로 알려져 있다.

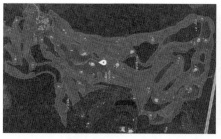

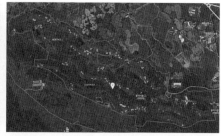

〈사진 3〉골프장 건설 사례(에코랜드)
출처: Naver 위성사진.

〈사진 4〉골프장 건설 사례(블랙스톤)
출처: Naver 위성사진.

〈사진 5〉관광시설 입지 및 도시개발 사례(신화역사공원 및 영어교육도시 개발 중) 출처: Naver 위성사진.

〈사진 6〉관광시설 예정지 사례(세화·송당 온천관광지구)
출처: Naver 위성사진.

(안덕면 서광리) 4.9ha, 세계자동차박물관(안덕면 상창리) 3.4ha, 유리의성 (한경면 저지리) 1.7ha, 방림원(한경면 저지리) 0.9ha, 매직아일랜드(조천읍 교래리) 0.9ha 등으로 파악된다(제주녹색환경지원센터, 2014: 127-129).

　이상과 같이 관광시설의 이용 실태에서는 이미 전도적으로 또는 전국적으로 알려진 신화역사공원과 세화·송당 온천관광지구와 같은 공공적 대규모 관광지구 개발 사례가 엄청난 면적의 곶자왈을 파괴하는 것으로 나타난다. 이처럼 공공부문(기관)에서의 곶자왈 파괴는 제주지역의 정체성을 스스로 파괴하는 것이나 다름없다고 말할 수 있는데, 너무도 황당하고 어처구니없는 일이 아닐 수 없다.

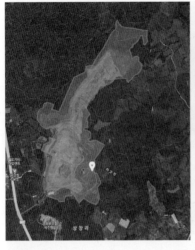 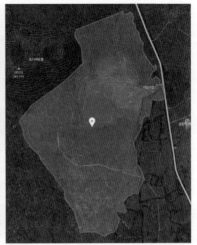

〈사진 7〉 채석장 입지 사례(C기업)
출처: Naver 위성사진.

〈사진 8〉 채석장 입지 사례(S기업)
출처: Naver 위성사진.

　세 번째로 곶자왈을 넓게 파괴하는 이용 실태는 택지 개발이나 도시 개발에서 확인된다. 특히 도시 개발에 의한 곶자왈의 파괴는 최근 몇 년 사이에 급속도로 진행되고 있는 영어교육도시 조성사업(379.7ha)과 관련된다. 택지 개발은 주로 개인이나 법인(단체) 등에 의한 것이어서 상대적으로 곶자왈의 파괴 면적은 소규모에 그치고 있으나, 영어교육도시 개발과 같은 대규모의 곶자왈 파괴는 제주도의 개발정책과 맞물린 공공부문의 파괴라는 점에서 크게 대비된다. 따라서 앞으로 곶자왈 파괴 대 도시 개발이라는 대비 등식은 현세대 제주도민들의 입장에서 두고두고 심각하게 고민해야 할 중대한 사안으로 부각된다.

　네 번째는 채석장의 입지로 인한 곶자왈의 파괴적 이용 실태를 들 수 있다(사진 7~8). 곶자왈을 채석장으로 이용하는 사례는 현재 4건에 불과하지만, 이들 4건에 의해 파괴되는 곶자왈의 면적은 무려 66.8ha

로 결코 작은 면적이 아니다. 가장 넓은 곶자왈 면적을 파괴하는 채석장은 'C기업'으로 39. 2ha이며, 이어서 'S기업' 22ha, 'D기업' 4ha, 'I기업' 1. 6ha 순으로 파악된다(제주녹색환경지원센터, 2014: 127). 이들 중 일부 채석 관련 기업들은 〈사진 7~8〉 상에서 볼 때, 앞으로도 허가받은 곶자왈 지구를 야금야금 좀먹듯 넓혀갈 개연성이 엿보인다.

다섯 번째는 도로 개설에 의한 곶자왈의 파괴적 이용 실태를 들 수 있다(사진 9~10). 도로 개설은 제주도를 국제관광지로 육성하기 위한 혹은 제주도민의 생활상의 편리를 위한 공공적 이익 추구를 전제한 것으로 볼 수 있으나, 도로 개설 역시도 공공기관에 의한 곶자왈 파괴의 대표적인 사례로서 향후에도 지속성을 띨 수 있다는 점에서 주목해야만 한다.

곶자왈 내 도로 개발과 관련해서는 지역별 또는 읍면별로 정리된 자료가 없어서인지, 단지 번영로를 대표 사례로 전체 면적(55.4ha)만이 제시된 상황이다(제주녹색환경지원센터, 2014: 129). 그러나 실제로 제주도 내 이곳저곳을 돌아다니다 보면, 평화로의 일부 구간(동광 4거리~대정 방향)을 비롯하여 교래, 산양, 저지리 등 여러 곶자왈 사이로 시군 도로

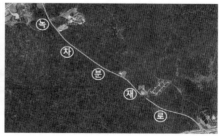

〈사진 9〉 도로 개발 사례(번영로 주변)
출처: Naver 위성사진.

〈사진 10〉 도로 개발 사례(녹차분재로)
출처: Naver 위성사진.

가 개발된 구간을 쉽게 만날 수 있다(사진 9~10).

이상과 같이 비교적 넓은 면적을 차지하는 곶자왈의 파괴적 이용 실태에 대한 다섯 사례를 소개했다. 이 밖에도 〈표 2〉에 제시된 것처럼 곶자왈은 개인이나 법인단체, 공공기관 등에 의하여 비교적 작은 면적이지만 잡종지(야적장 등)를 시작으로 공장용지(농공단지 등), 공공용지(공공건물, 체육시설, 한전시설 등), 농업용지(축사, 유리온실 등), 종교시설(법당, 선교사 기념관 등), 창고용지(농협 창고 등), 기타 용지(사회복지시설, 휴양림, 유스호스텔 등) 등 다양한 파괴적 이용 실태를 보이고 있다.

현시점에서 곶자왈 이용의 문제점

앞에서 정리한 곶자왈 이용 실태의 문제점은 과연 무엇인가. 여기서는 다소 개괄적이기는 하나, 이용 실태에 따른 문제점에 초점을 맞추어 진단해 보기로 한다. 그렇지만 곶자왈 이용에 따른 세부적인 문제점들은 다소 지양하고 거시적인 관점에서 구체적으로 거론할 수 있는 문제점만을 간추려 정리하고자 한다[5]. 가장 먼저 거론한 골프장 건설에 따른 문제점을 살펴보자.

골프장 건설에서 가장 중요한 것은 넓은 부지의 확보이다. 따라서 제주에서 골프장 건설은 대부분 마을이 형성된 해안지역을 벗어난 지역에 추진될 수밖에 없고, 결국은 중산간지역과 일부 산간지역을 선택해야만 하는 당위성으로 귀결된다. 잘 알려진 바와 같이, 곶자왈에 전체 혹은 일부 지구를 끼고 있는 10개의 골프장은 중산간이나 일부

---

5) 곶자왈 이용의 또 다른 문제점과 관련해서는 이미 발표된 필자의 연구(정광중, 2004; 정광중, 2012)와 김효철(2006)의 연구에서도 부분적으로 다루고 있기 때문에 참고할 수 있다.

산간지역 경관의 단순화(單純化)를 초래하는 요인이 될 뿐만 아니라 해안지역과 산간지역의 완충 기능까지도 약화시킨다.

더더욱 중요한 것은 토양 오염과 지하수 오염의 최대 주범이라는 사실이다. 지금까지 여러 시민단체와 환경단체가 주장해 온 것처럼, 곶자왈에 위치한 골프장의 농약 사용으로 나타나는 토양 오염과 지하수 오염은 제주도민 전체의 건강을 위협하는 배경으로 작용할 수 있다는 점에서 그 심각성은 말로 표현하기조차 어렵다. 따라서 이들 골프장의 농약 과다 사용이나 금지 농약 사용 등에 대한 보다 엄격한 기준 강화는 물론 철저한 사후 관리·감독을 지속적으로 행하는 것은 전체 제주도민의 생명과 건강의 질을 담보하는 것이라 할 수 있다.

곶자왈 내 관광시설의 입지에서는 어떠한 문제점을 도출할 수 있는가. 현시점에서 생각할 때, 제주도가 국내는 물론이고 국제적으로 한층 더 지명도를 높여 하와이나 괌, 홍콩 및 싱가포르와 같은 세계인들이 즐겨 찾는 국제적 관광지로 성장·도약하기 위한 노력을 이해하지 못하는 것은 아니다. 그러나 곶자왈 내에 신화역사공원이나 세화·송당 온천관광지구와 같은 대규모 관광시설 내지는 오락시설을 갖춘 관광개발은 최근 전 세계적으로 통용되는 생태관광 또는 녹색관광의 개념과는 너무나도 동떨어져 있다는 점을 지적하지 않을 수 없다. 세계적인 관광의 새로운 트렌드를 읽지 못한 공공부문의 관광개발이 결국 생태관광과 녹색관광의 보고인 곶자왈을 스스로 파괴하는 상황을 연출하고 있는 것이다.

곶자왈에 들어선 관광시설도 골프장 못지않게 많은 문제점을 안고 있는 것은 두말할 여지도 없다. 골프장과 마찬가지로 한번 들어선 관광시설은 곶자왈의 기반을 완전히 파괴하는, 말하자면 지형적·지질적 구조 자체의 변경을 초래한다. 결국 한번 관광시설이 입지했던 지구는 두 번 다시 곶자왈로 원상 복원시키는 과정이 불가능하다. 더욱이 관광시설의 입지는 지상은 물론이고 지하 공간(주차장 및 지하 실내 공간, 상하수도 시설, 전신·전화시설 등)까지도 활용하는 형국으로 확대되어 곶자왈의 흔적을 완전히 제거하는 상황에 이른다.

이러한 관광시설의 입지에 따른 문제점은 대도시 개발이나 택지 개발의 측면에서도 마찬가지다. 도시 개발이나 택지 개발의 규모가 커지면 커질수록 곶자왈의 파괴는 양적·질적인 측면에서 돌이킬 수 없는 심각한 후유증을 남길 수밖에 없다. 더욱이 도시 개발이나 택지 개발의 여파는 주변 지역으로 다시 확대시키는 기준점 역할을 한다는 사실에서 앞으로 곶자왈을 대상으로 한 도시 개발이나 택지 개발은 엄격하게 금지되어야만 한다. 그렇지 않으면 도시에서 도시로, 택지에서 택지로 공간적인 범위가 확산되거나 점적(點的) 혹은 선적(線的)으로 연결될 경우에 현존하는 곶자왈은 누에가 뽕잎을 갉아 먹은 형태로 모자이크화가 될 것이 분명하다.

곶자왈 내 채석장의 입지도 상당한 문제를 동반한다. 채석장의 기본적인 문제는 채석하는 과정에서 소음과 분진(粉塵)의 발생으로 많은 동식물에 직접적인 피해를 줄 뿐만 아니라 지상의 수목 제거와 함께 지하의 지질구조를 파괴하는 작업이 동반되기 때문에 곶자왈의 원래 형태는 찾아볼 수도 없는 상황으로 만든다는 것이다. 다시 말해 소음과 진동으로 야생동물들에게 엄청난 스트레스를 주는 것은 물론이고 주변 곶자왈로 분진이 분산되면서 수목의 고사에도 큰 피해를 안기게 된다. 더욱이 채석한 장소는 곶자왈의 지질적 구조와 식생 구조가 완전히 바뀌면서, 여름철 호우나 태풍에 의한 토사 붕괴, 암반 붕괴 등 2차적인 피해를 초래할 가능성도 매우 커진다. 더불어 채석이 완료된 시점에서는 복구 문제도 심각한 현안으로 부상하게 된다.

곳자왈 내 도로 개설도 생태계의 단절이라는 관점에서 볼 때 문제가 심각한 수준이라고 지적하지 않을 수 없다(김효철, 2006: 189). 현시점에서는 도로 개발에 따른 곳자왈의 파괴 상황, 즉 정확한 지점과 도로별 파괴 면적 등 구체적인 실태 파악이 어려운 상황이다. 그러나 분명한 사실은 〈사진 9~10〉에서 확인되는 것처럼 번영로와 평화로를 시작으로 여러 지역의 지방도를 개설하는 과정에서 기회만 되면 곳자왈이 파헤쳐지고 있다는 것이다. 도로는 면적(面的)인 형태라기보다는 선적인 형태로 길게 이어지는 특성을 내포하고 있다. 결과적으로 도로 개발은 곳자왈을 2개 지구 혹은 그 이상의 여러 지구로 쪼개어 '작고 고립된' 숲으로 만든다는 것이다. 이것은 생태학적으로 말하면 단편화(fragmentation) 현상이다(김준호, 1992: 58). 이런 점을 고려할 때 도로는 동일한 곳자왈 내 식물 서식지의 파괴와 더불어 식물구(植物區)의 단절, 야생동물의 생태적 이동 등을 차단하는 부작용을 낳을 수밖에 없다. 곳자왈을 제주도 내의 귀중한 동식물 보호구역으로 상정한다면, 도로 개설이 그 보호구역을 파괴하거나 장애가 돼서는 절대적으로 곤란하다. 재차 강조하자면, 곳자왈을 생물종 다양성을 유지하는 데 최고의 기능과 가치를 지닌 숲으로 인정한다면, 도로는 종 다양성을 가로막는 최대의 적이라는 사실을 인지해야만 한다.

이상과 같이 곳자왈의 이용 실태에 따른 다양한 문제점을 지적하였는데, 요약하면 다음과 같다. 곳자왈의 다양한 용도별 이용은 결과적으로 토양 오염, 지하수 오염, 곳자왈 경관의 단순화, 해안지역과 산간지역 완충 기능의 저하, 녹색관광 및 생태관광자원의 감소, 소음과 분진 발생으로 인한 동식물의 피해, 호우나 태풍 등에 의한 토사 붕괴 및 암반 붕괴 등 2차적 피해의 초래, 그리고 동물의 이동성 차단, 식물 서식지의 붕괴 및 식물구의 변이화(變異化)에 따른 생물종 다양성의 파괴 등이다. 결국 이러한 문제점들은 제주도민들의 건강과 행복한 삶의 질을 저하시키는 것은 물론이고 제주를 찾는 많은 방문객의 관광 욕구나 관광의 질도 한층 더 저하시키는 배경으로 작용할 수밖에 없다는 사실이다. 나아가 장기적인 관점에서는 녹색관광 또는 생태관광자원의 절대적인 감소로 인하여 제주지역의 관광경제가 침체하는 상황으로 이어질 수도 있다.

곳자왈의 미래:
보전과 활용의 관점

제주 곳자왈의 미래는 앞으로 곳자왈을 어떻게 보전하며 또 어떻게 활용하는 것이 바람직한가에 대한 문제로 귀결된다. 이상의 2가지 현안인 곳자왈의 보전과 활용을 위한 관점은 연구자마다 얼마든지 다른 의견이나 제안을 내놓을 수 있을 것으로 판단된다. 필자는 우선 제주녹색환경지원센터(2014: 149)가 분석한 곳자왈의 SWOT 분석을 바탕으로 보전과 활용 방안을 모색해 볼 수 있을 것으로 판단한다. 〈표 3〉에 제시한 곳자왈 SWOT 분석의 결과는 여러 가지 측면에서 보전과 활용 문제와 밀접하게 연관된 속성을 지닌다고 말할 수 있다. 다시 말해, 4가지 중점요소인 강점(Strength)과 약점(Weakness), 기회(Opportunity)와 위협(Threat) 요소 중 강점과 기회 요소는 보전과 활용 2가지 관점 모두와 연관성이 있으며, 또 약점과 위협 요소는 활용보다는 보전의 관점과 밀접하게 연관시킬 수 있다고 판단된다. 또한 경우에 따라서는 4가지 요소가 서로 상반된 관점으로도 작용할 수 있는 요소들임에 유념할 필요가 있다.

〈표 3〉 곶자왈에 대한 SWOT 분석(2015년 6월 시점)

강점(Strength)	약점(Weakness)
- 곶자왈 용어의 특이성이 존재 - 독특한 지질 구조적 특성 - 특이한 식생 구조에 따른 생태적 가치가 높음 - 일반적인 숲과는 차별화되는 특이한 경관 창출 - 지하수 함양에 중요한 역할 - 공기 정화기능에 중요한 역할 - 기후 온난화 연구를 위한 대표적 장소 - 자연 체험, 힐링 및 치유, 환경교육 장소, 생태관광자원 등으로의 활용가치가 높음	- 곶자왈 용어의 정의가 미정립 - 곶자왈 용어의 법적·학문적 지위가 확고하지 못함 - 사유지가 많아 소유권 변동이 심하고 곶자왈 공유화 또는 공적 자산 의식이 약함 - 종합적인 연구 미진에 따른 곶자왈 가치의 저평가 - 보전·관리·이용에 관한 법적·제도적 대책 미흡 - 곶자왈(지형·지질·식생·생활문화자원 등) 설명 안내판 미흡 - 교육·학습 프로그램의 미흡 - 홍보 부족으로 국내외적인 인지도가 낮음
기회(Opportunity)	위협(Threat)
- UNESCO 자연과학 분야 3관왕으로 제주의 자연환경 가치가 재조명 - 2012년 WCC 총회에서 의제로 채택 - UNESCO 세계지질공원 대표명소로 확대 지정 (2014년 3월) - 보전 필요성에 대한 제주도민들의 공감대가 형성 - 제주특별자치도 곶자왈 보전 및 관리 조례안 제정 (2014년 4월) 완료 - 정부의 녹색관광 활성화 정책과 부합 - 세계환경수도 조성을 위한 제주도의 의지가 강함 - 곶자왈공유화재단의 설립(2007년 7월) 운영 - 곶자왈도립공원으로의 지정(2011년 12월)	- 파괴적 이용 형태의 개발 압력이 강함 - 사유 재산권 제한에 따른 갈등 문제의 존재 - 지역주민들의 소득 창출 연계 문제 미흡 - 생태관광 활성화에 편승한 무분별한 탐방로 개설 가능성 잠재 - 탐방객 증가에 따른 자원의 부분적 훼손 가능성 잠재 - 탐방객의 안전성 문제 미흡 - 최근 중국 자본의 유입 등으로 곶자왈 지가 상승 (보전을 위한 곶자왈 매입 곤란)

출처: 제주녹색환경지원센터 자료(2014: 149)와 김범훈(2014: 51) 자료를 토대로 추가 수정 및 보완.

아울러 곶자왈의 보전과 활용에 대한 문제는 김찬수(2011: 87-104), 박진우(2014: 63-74), 문영희(2014: 77-85) 등의 개인 연구, 정광중 외(2012: 136-140)와 제주녹색환경지원센터(2014: 146-164, 202-234)가 연구한 보고서에도 심층적으로 논의되어 있기 때문에, 이 글에서 다루지 못한 내용은 이들의 연구 결과를 참고할 수 있다.

곶자왈 보전의 관점

곶자왈의 보전과 관련된 가장 보편적인 관점은 이미 많은 연구자가 주장해온 것처럼, 법적·제도적 장치로 보전지역을 명확히 설정하고 치밀하게 관리하는 가운데, 지역주민과 시민단체·환경단체 등의 감시 활동과 보호 활동이 철저하게 뒷받침될 때 온전하게 보전하여 후세대로 전승할 수 있다는 것이다. 더불어 제주도민들이 지속 가능한 삶을 영위할 수 있으려면 도민들 스스로가 '곶자왈이 어느 개인의 소유물이 아닌 공공자산 또는 공유화 자산'이라는 시민의식이 전제되어야만 한다. 결국 법적·제도적 장치가 미약하고 제주도민들의 시민의식이 개선되지 않는다면, 곶자왈은 어느 시점에 이르러 엄청난 면적이 파괴되거나 훼손될 가능성이 크다. 앞에서 살펴본 이용 사례에 따른 파괴 실태만 전제하더라도, 가까운 미래에 처하게 될 곶자왈의 운명은 충분히 예견해 볼 수 있다.

곶자왈을 보전해야만 하는 배경은 〈표 3〉의 강점 및 기회 요소에 적시된 내용만으로도 충분한 근거가 될 수 있다고 판단된다. 다시 말하면 곶자왈은 제주지역에만 존재하는 특이한 용암 숲이라는 점, 지하수 함양과 공기정화 기능이 매우 탁월하다는 점, 기후 온난화와 관련된 종 다양성 및 인간의 삶의 질 관련 연구에 절대적으로 필요하다는 점, 자연 체험을 비롯한 힐링과 치유의 공간, 환경교육 장소, 생태 관광자원으로도 필요하다는 점 등은 바로 곶자왈의 보전 필요성과 직결되는 강점 요소이다. 이러한 사실을 배경으로 선흘곶자왈은 2014년 3월에 이미 세계지질공원의 대표명소로 추가 지정(2014년 3월)되었고, 제주특별자치도 곶자왈 보전 및 관리 조례가 제정(2014년 4월)되었으며, 정부가 추진하는 녹색관광 정책과도 부합된다는 점 그리고 곶자왈공유화재단의 설립(2007년 7월)과 곶자왈도립공원으로의 지정(2011년 12월) 등의 기회 요소는 그만큼 곶자왈의 보전과 관리가 절대적으로 필요하다는 배경을 반영하는 것이라 할 수 있다.

그런데 여기서 한 가지 중요한 문제는 곶자왈을 어떤 근거와 방법으로 보전할 것인가에 대한 것이다. 이 점은 최근 제주도가 추진하고 있는 '곶자왈 경계 조사' 사업이 의미 있는 현안으로 받아들여진다. 이 사업은 곶자왈 용어의 개념[6]에 따라 곶자왈 경계선을 명확히 설정한 후 지형·지질적 특성, 식생 구조와 희귀식물의 분포, 생활문화자원의 분포밀도를 고려하여 핵심지역, 완충지역, 전이지역 등 3등급으로 구분함으로써 엄격한 개발 제한과 함께 부분적인 이용 허가에 대한 내용을 담으려고 한다[7]. 물론 이 작업은 생각만큼 간단하지도 않고, 사

---

6) 제주특별자치도 곶자왈 보전 및 관리 조례 중 제2조(정의)에 명시된 개념으로, "곶자왈이란 제주도 화산활동 중 분출한 용암류가 만들어 낸 불규칙한 암괴지대로 숲과 덤불 등 다양한 식생을 이루는 곳"을 말한다.

7) 이 책의 원고를 준비하는 시점에서는 제주특별자치도가 새로 설정한 곶자왈 정의에 따라 곶자왈 전체 면적이 다소 수정된 것으로 파악된다. 제주특별자치도가 새로 설정한 곶자왈 전체 면적은 95.1km²이고, 이 중 보호지역은 33.7km²(35%), 관리지역은 29.6km²(31%), 원형 훼손 지역은 31.7km²(33%)로 확인된다. (제주특별자치도 기후환경국 자료, 2023년 9월 12일 담당자와의 통화 내용)

유 재산권의 침해 등 논란의 소지도 적지 않은 것이 사실이다. 그렇지만 현존하는 여러 곶자왈 중에서도 어느 지역을 선정하고, 얼마만큼의 면적을 대상으로, 또 어떤 근거를 토대로 개발을 제한하고 보전하며 이용할 것인가에 대한 개략적인 윤곽은 드러날 수 있다고 판단된다. 이런 점에서 앞으로 제주 도정이 발주하는 사업의 결과가 매우 주목된다.

그렇다면 구체적으로 곶자왈은 어떤 방안을 토대로 보전해야 할 것인가. 이 물음에 대한 해답은 연구자마다 각기 다른 제안들이 쏟아져 나올 것이 분명하다. 이 시점에서 곶자왈 보전방안과 관련하여 몇 가지만 제안하고자 한다.

먼저 하나는 곶자왈의 특정 지역을 설정하여 국립공원화하는 방안이다. 여기서 한 가지 분명하게 지적해 두고 싶은 것은 제주도 내의 모든 곶자왈을 국립공원화하자는 것이 아니라는 점이다. 곶자왈의 국립공원화는 종합적인 학술조사를 통해 자연생태계, 생물자원, 경관의 현황과 특성, 지형과 토지 이용 상황 등 지정에 필요한 사항을 조사한 후 여러 가지 조건에 합당한 지역을 범위로 설정해야 하기 때문에(자연공원법, 제4조 2항), 궁극적으로 모든 곶자왈이 국립공원이 될 수는 없다. 더욱이 국립공원은 국유지나 도유지 면적에 비해 사유지 면적이 적은 곳이어야 하고, 자연공원법에 명시된 많은 단서를 충족시켜야 하며 특히 사유 재산권의 침해, 지역주민과의 협의 과정, 또 핵심지역으로의 출입 통제 등 복잡 미묘한 문제들과 충돌될 수 있기 때문에 결코 쉬운 문제는 아니다. 그러나 후세대들의 먼 미래를 생각한다면, 대승적인 차원에서 깊게 고민해 볼 필요는 있다고 판단된다.

다른 하나는 현재의 '제주곶자왈도립공원'(대정읍 보성, 구억, 신평리 일원)을 확대하여 지정하는 방안이다. 2015년 5월 현재, 제주도에는 한라산국립공원(153km²)과 함께 6개 도립공원(208km²) 등 총 7개 자연공원이 있다. 이들 6개 도립공원 중에서도 가장 최근에 지정된 곶자왈도립공원은 1.55km²(155ha)의 면적을 가지고 있다[8]. 따라서 현재의 곶자왈도립공원은 결코 넓은 면적이라 할 수 없으며, 따라서 곶자왈 중에서도 독특한 지질 특성이나 식생 구조 혹은 소중한 생활문화자원이 존재하는 곶자왈은 도립공원으로 확대하여 지정할 필요성이 대두된다. 물론 대전제는 곶자왈 종합조사를 체계적으로 진행한 이후에 지정해야 한다는 사실이다.

도립공원은 국립공원보다는 다소 격(格)이 낮은 건 사실이지만, 지정 절차나 자연생태계의 상대적 조건 그리고 제주도민들의 활용도를 고려한 측면에서는 국립공원보다 도립공원으로 확대 지정하는 방안이 또 다른 대안이 될 수 있다고 생각한다.

이 외에도, 곶자왈은 제주녹색환경보전센터(2014: 209)가 제안하는 것처럼 유네스코 생물권보전지역으로 지정하여 보전하는 방안도 유효하다고 판단된다. 제주도에는 이미 2002년에 한라산을 중심으로 효돈천·영천 주변 지역과 문섬·범섬·섶섬을 잇는 지역이 유네스코 생물권보전지역으로 지정되어 있기 때문에, 곶자왈도 유네스코가 지향하는 취지와 목적에 맞는 공간적인 범위를 설정하여 지정하는 방안이 효과적인 보전 방안이 될 수 있다고 판단된다.

---

[8] 제주곶자왈도립공원의 면적 중에서도 국유지는 0.02km², 도유지는 1.04km², 사유지는 0.49km²의 면적을 보인다.

곶자왈 활용의 관점

곶자왈 활용의 전제조건은 정광중(2012: 16-26)이 주장하는 '파괴적 (3차적) 이용이 아닌 소극적(1차적) 이용', 문영희(2014: 80-81)가 주장하는 '보전적 활용', 자연녹색환경지원센터(2014: 151)가 주장하는 '선 보전 후 이용', 박진우(2014: 67)가 주장하는 '곶자왈의 지속 가능성' 등을 아우 르는 상황으로 전개되어야 한다는 사실은 명백하다.

그리고 곶자왈 활용에서 또 하나의 전제조건은 가능한 한 모든 자 연 요소가 자연의 법칙에 따라서 순환되며 안정화될 수 있는 범위 내 에서 이루어져야 한다는 것이다. 이 점은 생명이 있는 동식물, 생명이 없는 토양이나 암석(암반, 용암류) 모두가 포함된다. 다시 말해 곶자왈 내에 존재하는 모든 자연 요소들을 아무 의미도 없는 것으로 평가 절 하하여 풀과 나무를 베어내고, 암반을 파헤치고 메꾸고, 돌과 작지(자 갈)를 이곳저곳으로 옮기면서 생태계를 교란하는 활용은 곤란하다는 것이다. 이러한 상황을 전제한다면, 사실상 곶자왈 내에 탐방로를 개 설하는 것조차도 매우 조심스러워야 할 것이다. 그런데 현실은 제주 도민의 여가선용과 복지향상, 관광객들의 자연 체험, 생태관광, 힐링 과 건강 증진 등의 이유로 곶자왈마다 무차별적인 개설을 자행하고 있다.

그렇다면, 앞에서 지적한 곶자왈 활용의 관점은 어떤 방향으로 설 정하는 것이 바람직한가. 이미 개설되거나 조성된 탐방로 또는 생태 체험장(청수곶자왈 생태 체험장, 교래자연휴양림, 화순곶자왈 생태 체험장, 산양곶자 왈 생태 체험장, 한라생태숲) 등은 말 그대로 제주도민과 관광객들이 희망 하는 목적을 달성하는 데 활용한다고 하더라도, 앞으로 본격적이고 장기적인 관점에서는 곶자왈을 활용 목적에 따라 단계별로 계획을 수

립하여 활용하는 것이 바람직하다고 판단된다. 이 배경에는 곶자왈을 방문하는 관광객이나 탐방객은 매년 빠른 속도로 증가하는 반면에, 아직도 제주도 내 전체 곶자왈에 대한 종합적인 학술조사는 실행되지 않았다는 사실이 숨어 있다. 따라서 제주도민은 물론이고 관광객들이 곶자왈 내부를 무분별하게 혹은 무차별적으로 탐방하는 것은 현시점에서는 결코 바람직하지 않다는 것이다. 물론 이 상황에서는 개인이 소유하고 있는 사유지의 경우도 마찬가지라 할 수 있다[9]. 개인 소유의 곶자왈이라고 해서 소유주가 마음대로 지목 변경을 통해 새로운 형태의 토지 이용을 자행한다면, 곶자왈은 그야말로 '죽어버린 토지' 혹은 '쓸모없는 땅'으로 전락할 수밖에 없다. 이런 상황과 관련해서는 무엇보다도 행정기관(제주시, 서귀포시 또는 제주도)의 적극적인 조율 기능이 작동돼야만 한다.

곶자왈 활용의 관점은 일차적으로 제주도 내에 분포하는 전체 곶자왈에 대한 기본적인 학술조사가 마무리되고 그에 따른 동서지역의 곶자왈 특성 혹은 특정 곶자왈 내의 지구별 특징 등을 전제로 활용 목적과 활용 계획을 수립해야만, 위에서 지적한 파괴적 이용을 탈피하는 형태의 보전적 활용이 가능하고 동시에 현세대와 후세대의 지속가능한 활용, 나아가 선 보전 후 이용이라는 원칙이 적용될 수 있다.

이상과 같은 곶자왈 활용의 관점이 관철되기 위해서는 무엇보다

---

9) 제주녹색환경지원센터가 연구한 보고서에 따르면, 곶자왈 전체 면적(109.86km²) 중에서 국·공유지(국유지 및 시도 소유지)는 44.16km²(40.1%), 사유지(개인, 단체, 법인, 곶자왈 공유화재단)는 85.70km²(59.9%)로 사유지가 많은 것으로 파악된다(제주녹색환경지원센터, 2014: 142). 그리고 제주특별자치도가 새로 설정한 곶자왈 전체 면적(95.1km²)에서는 사유지가 72.8km²(77%), 국·공유지는 22.3km²(23%)로 파악된다. (제주특별자치도 기후환경국 자료, 2023년 9월 12일 담당자와의 통화 내용)

구분		활용 방안
등급별 (권역별)	핵심지역	원형보전을 원칙으로 하며 비파괴적인 조사, 연구, 교육목적 외의 이용 제한 및 보전(절대적 보전)
	완충지역	토지 형질 변경을 동반하지 않는 환경교육장, 생태관광자원, 탐방로 등(제한적 활용)
	전이지역	완충지역의 이용에 필요한 편의시설(화장실 등), 전시 공간, 주차장 등(부분적 활용)
유형별 (구성 요소별)	숲	생태교육장, 탐방로, 에코힐링장, 곶자왈 특산식물 재배지
	초지	목장 문화체험장, 초지 생태교육장, 초지 경관 관광자원
	오름	오름 생태교육장, 오름 트레킹, 오름 생태 관광자원
	습지	습지 생태교육장, 생활문화 교육장, 습지 경관 관광자원
	훼손지	훼손지 환경교육장, 지질 환경교육장, 식생 복원 체험교육장
목적별 (가치 지구별)	생태적 가치 지구	곶자왈 에코 루트, 환경교육 루트, 곶자왈 해설사 양성 루트
	지질적 가치 지구	곶자왈 지오 루트, 환경교육 루트, 곶자왈 해설사 양성 루트
	경관적 가치 지구	생태 체험 관광 루트, 힐링·산책 루트
	역사·문화적 가치 지구	역사·문화 교육장 및 탐방 루트, 곶자왈 해설사 양성 루트

출처: 제주녹색환경지원센터(2014: 153)의 자료를 일부 추가하여 수정.

도 제주도민들의 적극적인 협조가 절대적으로 필요하다. 이미 개설된 탐방로나 관광과 휴양, 건강 증진을 목적으로 조성된 자연 생태숲 등은 얼마든지 자유롭게 활용하더라도, 그 외의 곶자왈은 가급적 탐방이나 기타 목적(야생식물 또는 약용식물 채취, 희귀 암석의 수집 등)의 방문을 자제할 필요가 있다. 더욱이 사유지인 곶자왈도 소유주에게는 곶자왈이 지니는 미래 가치를 먼저 생각하고 또 후세대를 위한다는 배려와 협력이 절실히 요구된다고 하겠다.

아울러 이 글에서는 곶자왈의 구체적인 활용 방안에 대해서는 세부적으로 논의하지 않는다. 다만, 최근에 제주녹색환경지원센터가 연구한 보고서에 곶자왈의 등급별(권역별), 유형별(구성 요소별), 목적별(가치 지구별) 활용 방안이 잘 정리되어 있어서, 여기서는 이를 바탕으로 일부 수정 보완하는 것으로서 대신하고자 한다(표 4). 〈표 4〉에 제시된 활용 방안을 바탕으로 한 가지만 덧붙이자면, 앞에서도 지적한 바와 같이 제주도 내 전체 곶자왈에 대한 학술조사를 조속한 기간 내에 완료하고, 그 연구 결과를 수렴할 수 있는 종합적인 활용 방안을 마련했으면 하는 바람이다. 곶자왈의 종합학술조사에 따른 활용 방안은 연구자들이 개별적으로 제시하는 단기적이고 단편적인 활용 방안이 아니라 곶자왈의 특성을 제대로 살린 지구별(장소별), 자원별, 계절별, 세대별, 교육활동별(학교교육, 사회교육, 평생교육 등)로 세분된 장기적이고 종합적인 활용 방안이기를 기대해본다. 이 과정에서 가장 핵심적인 역할을 담당해야 할 기관은 두말할 여지도 없이, 제주특별자치도와 국립산림과학원 난대·아열대산림연구소(서귀포시 상효동 소재) 등 지방 행정기관과 국가기관이라 할 수 있다.

마무리하기

지금까지 제주 곶자왈에 대한 과거 시점의 이용 방식, 현시점의 이용 실태와 문제점 그리고 미래를 향한 보전과 활용의 관점을 중심으로 논의하였다. 아래의 글에서는 본론의 핵심 내용을 요약하기보다는 제주 곶자왈에 대한 제반 문제를 육하원칙에 따라 정리함으로써, 곶자왈의 가치 재정립과 미래세대를 위한 곶자왈의 존재 방식을 정리하는 것으로 마무리하고자 한다.

첫째로, '누가' 곶자왈을 파괴하지 않고 지켜야 하는지에 대한 물음의 답이다. 곶자왈은 당연히 제주도민들이 지켜야 할 몫이다. 그리고 이어지는 질문인 '무엇 때문에('왜')' 그리고 '누구를 위해서'란 물음의 답은 곶자왈의 무궁무진한 미래 자산적 가치와 제주 땅을 살아갈 후세대를 위해서이다. 행정기관인 제주특별자치도나 곶자왈을 조사·연구하는 국립산림과학원(난대·아열대산림연구소)과 연구단체, 곶자왈 보전을 위해 앞장서는 곶자왈공유화재단, 시민단체나 환경단체 등이 존재하지만, 궁극적으로 곶자왈을 지켜야 할 주인공은 제주도민이다. 따라서 제주도민들에게는 곶자왈을 보전하기 위한 수준 높은 시민의식이 요구된다고 하겠다.

두 번째로 '언제'부터 곶자왈을 지켜야 하는지에 대한 물음의 답이다. 곶자왈의 보전은 '지금, 이 순간부터'라는 대응 전략이 필요하다. 곶자왈은 해를 거듭할수록 엄청난 면적의 파괴가 진행되고 있음을 인식해야만 한다. 더불어 제주 도정이 발주한《곶자왈 보전관리를 위한 종합계획 수립》보고서도 이미 완성되었다. 따라서 행정기관은 행정기관대로, 시민단체와 환경단체는 그들 나름의 전략을 토대로, 지역주민들은 현명한 시민의식을 바탕으로 지금이라도 당장 곶자왈 보전운동을 대대적으로 확산해 나가야만 한다.

세 번째로, '어디서'부터 곶자왈을 보전하고 활용해야 하는지에 대한 물음의 답이다. 이 물음의 답은 다소 난해할 수도 있다. 보전의 문제에 초점을 맞춘다면, 주민들이 거주하는 '마을 주변의 곶자왈부터'가 답일 수도 있고, 더 넓게 생각한다면 현시점에서도 그나마 '남아있는 곶자왈'이 될 수도 있다. 또 활용의 문제에 초점을 맞추자면, 현재 개설된 곶자왈 탐방로나 생태 체험장을 위주로 다양한 주민용(학생용,

일반 시민용 등) 프로그램과 관광객용 프로그램을 구안하여 적극적인 활용을 모색할 수 있어야 한다.

네 번째로, '무엇을'에 해당하는 물음의 답이다. 이 물음을 더 적극적인 차원에서 생각한다면, 곶자왈을 구성하는 자연 요소(초지, 나무, 습지, 생물, 오름, 암석, 용암류, 궤, 용암동굴 등)와 인문(문화) 요소(숯가마(터), 노루텅, 숯막, 물텅, 산전 터, 강못, 머들, 경작지용(또는 경계용) 돌담, 목장 터, 제터, 바위 그늘 집자리 등)를 잘 보전하고, 또 미래에는 가능한 범위 내에서 그것들을 활용하자는 목적과 부합된다. 곶자왈을 구성하는 자연 요소와 인문 요소는 곶자왈을 빛나게 하는 자연자원이자 인문자원이다. 이 자원들을 제대로 지켜내지 못한다면, 곶자왈은 그야말로 빈껍데기밖에 남지 않는다.

다섯 번째로, '어떻게'라는 물음에 대한 답이다. 궁극적으로 곶자왈을 보전하는 방안은 앞에서 3가지 안을 제안했듯이, 국립공원이나 도립공원 혹은 생물권보전지역 등으로 지정하는 방안을 강구할 수 있다. 물론 이외에도 다양한 제안을 할 수 있다. 그러나 무엇보다도 중요한 것은 곶자왈의 가치와 중요성을 전제로 미래세대를 위한 최적의 보전 방안이 무엇인지를 제주도민들의 합의를 통해 결정할 수 있다면 그보다 더 좋은 방안은 없다고 판단한다.

여섯 번째로, '왜'라는 물음에 대한 답이다. 이 물음에 대한 답은 이미 앞에서 '누가'라는 질문과 연관 지어 정리하였다. 그렇지만 여기서 곶자왈의 보전 및 활용과 관련된 다소 확장된 물음은, 왜 곶자왈이 파괴되고 있는가 또는 왜 곶자왈이 파괴돼서는 안 되는가로 이어질 수 있다. 이에 대한 답은 이미 여러 연구자와 시민단체·환경단체 등이 주장해 온 것처럼, 제주도민들이 그동안 곶자왈의 중요한 기능과 소중한 가치를 전혀 인지할 수 없었던 시기가 존재했다는 사실과 관련된다. 다시 말해 곶자왈은 '농사지을 수 없는 땅'이고, 그래서 '버려진 땅'으로 인식되던 시절이 분명히 존재하고 있었다. 그래서 한동안 곶자왈은 불필요한 것이라는 착각에 빠졌던 탓에 곶자왈은 1990년대로 들어서면서 급속도로 잠식되며 파괴의 길로 치달았던 것이다. 덩달아 곶자왈의 기능과 가치를 모르던 시절에는 엄청나게 싼값으로 사고팔 수 있는 곳이라는 재산적 가치 절하도 한몫했다고 말할 수 있다.

그러나 시간이 흐르고 제주 섬 자체가 도시문화로 젖어 드는 가운데, 곶자왈은 중요한 기능과 가치를 지닌 자연의 일부임을 깨닫게 된 것이다. 이와 관련된 구체적인 사항은 〈표 3〉에 잘 정리되어 있기 때문에, 여기서는 다시 논의하지 않는다. 결국 현시점에서는 곶자왈의 파괴가 제주도민들의 삶 자체를 파괴하는 단계로 이행될 수 있다는, 다소 늦었지만 나름대로 소중한 결론을 얻게 된 것으로 생각할 수 있다.

제2부

곶자왈 내 다양한
자원 특성과 활용

선흘곶자왈 내 생활문화자원의
유형과 평가

들어가기

제주의 선흘곶자왈은 생활문화자원의 보고라고 할 만하다. 이러한 사실은 이미 강창화·정광중의 연구(2014)에서 상세히 밝힌 바 있으며, 또 정광중의 연구(2012)와 정광중 외의 연구(2013)에서도 선흘곶자왈에 분포하는 일부 생활문화자원에 대해 존재적 가치와 특성을 논의한 바 있다. 이 장에서는 기존에 밝혀진 연구 성과를 바탕으로 선흘곶자왈이라는 숲속에 잔존하는 생활문화자원들을 일정한 기준에 의해 유형화하고, 또 앞으로의 활용도를 전제로 가치를 평가해 보고자 한다.

그래서 연구단계는 선흘곶자왈 내의 생활문화자원을 3가지 유형으로 먼저 구분하여 자원별 속성을 분석하고, 이어서 4가지 평가 지표를 바탕으로 자원별 가치를 평가하는 순서로 진행한다. 이와 같은 생활문화자원의 유형별 구분에 따른 속성 분석이나 평가 지표의 설정에 따른 자원 가치의 평가과정은, 궁극적으로 향후에 이들 자원을 어떤 관점과 방향에서 활용할 수 있을지를 점검하는 중요한 디딤돌로 작용할 수 있다.

이 글에서 다루는 선흘곶자왈 내의 생활문화자원은 2012~13년에 걸쳐 이미 정밀히 조사하여 보고된 것이다[1]. 연구지역의 생활문화자원을 조사하기 위한 현지조사는 2년간 봄과 여름(4~9월) 동안 주로 토·일요일에 행해졌으며 조사내용은 유형별 자원 수, 유형별 자원의 위치와 분포 밀도, 유형별 자원 특성(기능, 크기, 규모) 등과 관련된 것들이다.

제주 곶자왈에 대한 연구는 아직도 초보적인 단계이기는 하나, 최근 10여 년 동안 곶자왈의 개념과 구조적 특성에 관한 연구(송시태, 2000; 송시태·윤선, 2002; 송시태, 2006; 전용문 외, 2012)를 시작으로 곶자왈 내의 식생 분포와 특징(신정훈, 2012; 이경미 외, 2012; 김대신·김봉찬·송시태, 2008), 곶자왈의 개발에 따른 보전과 환경문제(양수남, 2003; 김효철, 2006; Hong-Gu Kang, Chan-Soo Kim and Eun-Shik Kim, 2013), 또 곶자왈의 민속과 생활경제 등에 관한 연구(정광중, 2004; 송시태 외, 2007; 정광중, 2012; 정광중 외 2013) 등이 꾸준히 진행되고 있다. 이런 상황 속에서도 현시점까지는 지역별 곶자왈 내 자원의 분포나 자원 가치에 대한 평가 작업은 행해진 바가 없다. 따라서 이 연구의 결과는 향후 제주 곶자왈 내의 자원 유형을 분류하고 활용을 위한 가치 평가의 한 본보기가 될 것이라 확신한다.

---

1) 이 보고서는 2012~13년간 국립산림과학원 난대아열대산림연구소(서귀포시 상효동 소재)의 일반연구 사업의 일환으로 행해진 결과물이다. 이 연구 과제를 수행하는 과정에서 같은 연구소의 김찬수·최형순 두 분의 도움을 많이 받았다. 두 분의 도움에 대해 진심으로 감사드린다.

선흘곶자왈은 제주도 내 여러 곶자왈 중에서도 제주시 조천읍 선흘1리에 분포하는 곶자왈 지구이다(그림 1). 선흘곶자왈 주변에는 조천-대흘곶자왈, 함덕-와산곶자왈이 분포하고 있는데, 이들 곶자왈은 넓게는 조천-함덕곶자왈로 분류되어, 제주도 동부지역의 구좌-성산곶자왈은 물론이고 서부지역의 애월곶자왈과 한경-안덕곶자왈과도 대비되는 상황에 있다.

선흘곶자왈은 마을 주민들이 적어도 조선시대 말기부터 일제강점기를 거쳐 1960년대 말까지 숯을 생산하거나 산전을 일구어 보리, 조, 산뒤(밭벼) 등을 재배하는 무대였으며, 심지어 물이 잘 고이는 습지성 토지에다 자그마한 논(강못: 수전)을 조성한 후 논벼를 재배했던 무대이기도 하다. 또한 선흘곶자왈은 바쁜 농사활동 중에도 잠시 배고픔을 달래고 동물성 지방분을 섭취하기 위해 야생노루를 포획하던 사냥터

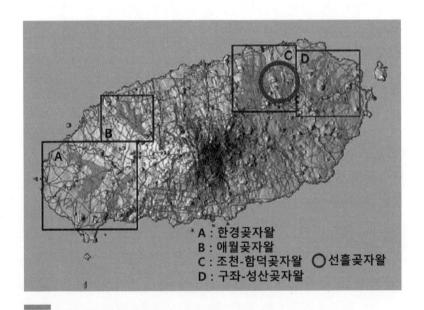

A : 한경곶자왈
B : 애월곶자왈
C : 조천-함덕곶자왈 ○선흘곶자왈
D : 구좌-성산곶자왈

〈그림 1〉 연구대상지역: 선흘곶자왈(C: 조천-함덕곶자왈의 일부) 출처: 송시태(2000)의 자료를 일부 수정.

로서의 특성도 가지고 있다.

이와 같은 장소적 특성이 있는 선흘곶자왈은 최근 몇몇 연구자들에 의해 과거로부터 마을 주민들이 적극적으로 활용해오던 마을 숲이자, 동시에 농사활동과 사냥터 등 생활무대의 일부였음이 밝혀지고 있다. 이러한 사실은 이미 앞선 연구에서 선흘곶자왈 내부에 숯가마, 숯막(움막), 산전, 강못(논), 노루텅(노루 함정), 물텅 등 다양한 생활문화자원이 분포하고 있다는 사실을 확인함으로써 비로소 입증된 것이다.

오늘날 선흘곶자왈은 생활무대로서의 영광은 뒤로하고 지하수 함양과 경관 기능체로서, 그리고 힐링 공간으로서 제주 자연의 절대적인 위치를 차지하며 탐방객들에게 큰 찬사를 받고 있다. 결국 선흘곶자왈의 선도적 활용은 제주도 내에 분포하는 곶자왈의 존재적 가치를 한층 더 높이는 근간을 제공하고 있다.

생활문화자원의
유형 구분

선흘곶자왈 내의 생활문화자원은 그것의 외형적 존재 형태에 따라 크게 3가지, 즉 점적(點的) 유형, 선적(線的) 유형 및 면적(面的) 유형[2]

---

2) 유형의 사전적 의미는 "성질이나 특징 따위가 공통적인 것끼리 서로 묶은 하나의 틀 혹은 그 틀에 속하는 것"으로 정의된다. 이 글에서는 개별적으로 존재하는 생활문화자원의 외형적 특징과 활용도를 전제하여 개별 자원의 속성을 좀 더 명확히 파악하고 활용단계에서의 문제점을 최소화하기 위한 장치로써 사용하였음을 밝힌다.

으로 구분할 수 있다(표1). 이와 같은 자원 유형화의 배경은 향후의 자원 활용도를 전제한 것이며, 동시에 개별 자원의 속성을 분명하게 파악하는 수단이 될 수 있기 때문이다.

선흘곶자왈 내의 생활문화자원 중에서도 점적 유형은 점상의 형태를 띠며 독립적으로 분포하는 유형의 자원이다. 점적 유형에는 숯가마(돌숯가마[3] 및 1회용 숯가마 터)를 비롯하여 숯막, 노루텅(통), 물텅(통), 머들(돌무더기), 궤(바위굴) 등이 포함되며, 현재 선흘곶자왈 내에서는 출현 빈도수가 가장 높고 또한 분포범위도 가장 광범위하게 나타나는 자원 유형이다. 선상으로 길게 이어진 형태로 분포하는 선적 유형은 곶자왈 내의 임야를 구획하는 경계용 돌담 또는 특정 작물을 재배하기 위해 개인별 경작지 가장자리를 두른 경작지 돌담, 그리고 지상으로는 나타나지 않지만, 일부 용암동굴이 포함된다. 선적 유형은 선흘곶자왈 내에서도 길게 이어지는 특성을 보이며 선사시대 때 일시적인 주거지로 이용되었던 용암동굴(목시물굴)을 제외하면 대부분이 곶자왈 내부 곳곳에 널려 있는 현무암으로 장식되어 나타난다. 더불어 이들은 선흘곶자왈 내에서도 과거에 목장 용지로 사용했거나 혹은 산전과 강못 등 농사활동이 행해졌던 일부 지구를 중심으로 분포하는 경향을 보인다.

일정한 공간적 범위를 지니는 면적 유형에는 농경을 위한 경작지,

---

3) '돌숯가마'는 정광중 외의 연구(2013: 37-55)에서는 '곰숯가마'로 표현하여 사용하였는데, 이것은 주민들로부터 청취한 내용을 바탕으로 당시 제조했던 숯 이름에 기초하여 명명한 표현이다. 그러나 재차 조사한 결과 '곰숯가마'라고 표현하는 정확한 의미나 배경을 찾는 데 한계가 있어서, 서로 다른 종류의 숯을 구별하는 경우를 제외하고는 가능한 한 숯가마의 축조 재료를 바탕으로 한 '돌숯가마'로 고쳐 사용하고자 한다. 두 연구에서 용어의 차이가 있기는 하지만, '돌숯가마'나 '곰숯가마'는 동일한 숯가마임을 밝혀둔다.

<표 1> 선흘곶자왈 내 생활문화자원의 유형 구분

유형 실례	실례	특징
점적 유형	숯가마(돌숯가마, 1회용 숯가마 터), 작업장, 숯막[움막], 노루텅(통), 물텅(통), 머들, 케	가장 광범위하게 분포
선적 유형	경계용 돌담, 경작지 돌담, 용암동굴	개인별 소유 경계선이 다수
면적 유형	경작지(산전, 강못), 생활문화자원 밀집지구, 점적·선적 유형 자원이 동시에 분포하는 특정 지구	복수의 점적 유형 또는 선적 유형 자원이 포함

출처: 현지조사에 의해 작성.

즉 산전과 강못이 전형적인 사례로 주목할 수 있지만, 이들 경작지 외에 점적 유형과 선적 유형을 포함하는 일정 지구 자체를 포함할 수도 있다. 따라서 최근 선흘곶자왈 내에서 확인된 생활문화자원이 다양하게 분포하는 지구(생활문화자원 밀집지구)⁴⁾는 주요 사례로서 지적할 수 있다. 면적 유형의 자원은 부분적으로 선적 유형의 자원과 동일한 공간적 범위 내에 분포하기도 한다.

이상에서 정리한 바와 같이, 이들 3가지 유형의 생활문화자원은 선흘곶자왈 내에서도 서로 분리되어 존재할 수 있는 상황이 아니다. 선흘곶자왈 내의 어느 지구를 가더라도, 이들 3가지 유형 중 2가지 유형이나 3가지 유형이 구조적으로 연결된 상황 속에서 존재하는 것이 일반적이다. 더욱이 생활문화자원이 집단적인 분포를 보이는 생활문

---

4) 생활문화자원 밀집지구는 선흘곶자왈 내에서도 약 7,500㎡(2,269평)의 한정된 면적에 숯가마(돌숯가마, 1회용 숯가마)를 비롯하여 숯막, 노루텅, 산전, 머들 등이 밀집된 지구를 말한다. 강창화·정광중의 연구(2014: 153-173)에서는 '생활문화자원 밀집지구'를 '단위생활지구'로 표현하여 사용했으나, 이 글에서는 특정 마을 주민들의 생산 활동과 문화적 배경을 강조하는 의미에서 '생활문화자원 밀집지구'로 통일하여 사용하였음을 밝힌다.

화자원 밀집지구에는 3가지 유형이 독특하게 결합된 양상을 보이는 동시에 선흘곶자왈 내 생활문화자원의 연관성과 구성적 특징을 명확히 드러낸다.

이러한 상황을 전제한다면, 3가지 유형의 여러 자원은 서로의 기능은 다르지만, 그것들의 공간적인 입지 패턴은 선흘곶자왈 내에서도 특정 지구에 많은 자원이 밀집되어 있거나 아니면 한 장소에 특정 자원(가령 산전, 강못)만이 분포하는 양상을 보이기도 한다. 결과적으로 이들 생활문화자원의 밀집 정도와 입지 패턴은 당시 주민들의 시대적 경제활동의 강약에 따라 곶자왈 내에서도 지구별 차이를 보이는 것으로 이해할 수 있다(강창화 외, 2013: 66-67).

생활문화자원의 속성

점적(點的) 유형

돌숯가마(2기)

다양한 생활문화자원 중에서도 점적 유형에는 8개의 자원이 포함되어 있으며, 총 자원 수로는 약 150여 개 이상 분포하는 것으로 확인된다. 이들 중에서도 가장 자원적 가치가 높은 돌숯가마는 2013년 10월 현재까지 2기가 발견되었는데, 하나는 거의 원형(原形)에 가깝고 다른 하나는 입구부와 정면 상단부의 일부가 파괴된 형태로 남아 있다(사진 1~2). 2기의 돌숯가마는 약 150m 정도의 거리를 두고 서로 떨어져 위치한다. 이들 중 거의 원형에 가까운 돌숯가마(1)은 장축이 550cm, 단축이 530cm로 전체적으로는 돔(dome) 형태의 구조를 취하

〈사진 1〉 돌숯가마(1) 〈사진 2〉 돌숯가마(2)

고 있다(그림 2~3). 출입구는 폭 70cm 정도로 좌우에 장방형의 현무암을 3~4단으로 쌓은 후 그 위에 비교적 평평한 돌을 올린 것으로 파악된다.

특히 〈사진 2〉의 돌숯가마는 현시점에서 볼 때 상부에 10여 그루의 나무들이 뿌리를 내리고 있어서 조만간 붕괴될 위험이 크다고 볼수 있다(정광중 외, 2013: 42). 아무튼 이들 돌숯가마 2기는 선흘곶자왈의여러 자원을 총체적으로 부각하는 일등 공신의 역할을 담당한다. 그리고 돌숯가마(1)은 해발고도 약 100m 지점에 위치하며 주변은 숲으로 뒤덮여 있다. 그리고 선흘1리 마을 중심부로부터는 약 1.15km 정도 떨어진 지점에 있는 것으로 파악된다. 돌숯가마(1)은 앞에서도 지적한 바와 같이 그 형태와 구조가 거의 완벽하게 남아 있는 보기 드문사례로 주목할 수 있으며, 따라서 보존 가치도 높다고 말할 수 있다.돌숯가마(1)을 중심으로 주변에는 거의 반쯤 허물어진 숯막 1기와 1회용 숯가마 터 3기도 입지해 있다.

2기의 돌숯가마는 조선시대 말기부터 일제강점기 이전 시기까지사용한 백탄용 숯가마이다. 따라서 현재 선흘리에 거주하는 주민들

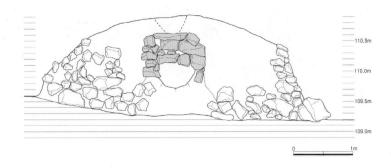

〈그림 2〉 돌숯가마(1)의 평면도 출처: 강창화·정광중(2014: 158).

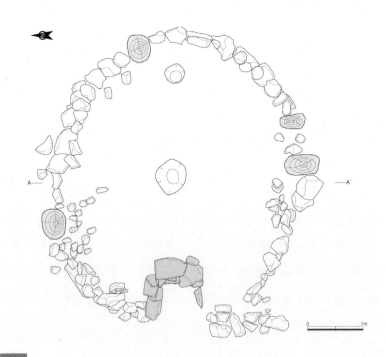

〈그림 3〉 돌숯가마(1)의 단면도 출처: 강창화·정광중(2014: 158).

중에서는 실제로 숯을 생산했던 경험자가 없으며 한 세대 앞선 주민들이 사용했던 자원으로서의 희귀성을 지닌다.

1회용 숯가마 터(다수)

1회용 숯가마 터는 주로 현세대의 선흘리 주민들이 일제강점기 이후부터 1960년대 말까지 약 20여 년간 사용해온 숯가마로서, 완전한 형태는 아니지만 선흘곶자왈 내부 곳곳에 남아 있다(사진3, 4). 1회용 숯가마 터는 선흘곶자왈 내에서도 단독으로 분포하거나 아니면, 특정 장소에 여러 개가 밀집해서 분포하는 양상을 보인다. 이런 분포 패턴은 과거에 숯을 제조하던 당시 상황과 관련지어 볼 때 숯 제조용 목재 확보와 관련하여 주변부에 분포하는 수종이나 그것의 서식 밀도 또는 숯가마 축조에 필요한 돌, 흙, 물의 확보 등과 연관되는 장소 선정과 깊게 연결된 것으로 보인다.

현장에서 확인할 수 있는 1회용 숯가마 터의 존재 형태는 매우 다양하다. 먼저 외형적으로 파악되는 숯가마 터의 존재 형태는 선흘곶자왈 내부의 특정 장소에 원형과 타원형의 가장자리에 숯가마 축조에 사용되었던 돌담이 남아 있는 흔적으로 확인할 수 있다. 숯가마 터에

〈사진 3〉 1회용 숯가마 터(소형)　　〈사진 4〉 1회용 숯가마 터(대형)

따라서는 중심부가 낮게는 20~30cm, 깊게는 100~110cm 정도의 깊이로 패어 있는 것들도 있다(사진 4). 그리고 원형이나 타원형의 숯가마 터 안쪽(돌담 안쪽)에는 숯을 구웠던 영향으로 나무들이 거의 자라지 않거나 간혹 동백나무와 참나무류 등 아주 작은 나무들이 뿌리를 내리고 있을 정도로 주변부와는 확연히 구분된다. 이러한 현상은 결국 숯을 제조할 때 뜨거운 열기가 지표층과 그 하부에 오랫동안 전달된 탓으로 나무 씨앗이 떨어져도 발아할 수 없는 환경에 있었기 때문으로 판단된다.

1회용 숯가마 터는 활용된 시기와 관련지어 볼 때, 2개의 숯가마 터가 거의 똑같은 장소에 중첩되어 나타나는 사례도 보인다(사진 4). 이것은 처음에 숯가마를 대형으로 지어 사용한 후에 다시 안쪽으로 소형이나 중형의 숯가마를 축조하여 재활용한 것으로 해석된다. 따라서 숯가마 터의 외형은 원형이나 타원형의 돌담이 이중으로 잔존하게 된다. 1회용 숯가마의 크기는 돌담의 잔존 상태를 근거로 할 때 직경 5m 이상(외부 직경)의 대형, 4~5m 정도의 중형, 4m 미만의 소형으로 구분할 수 있다(강창화 외, 2012). 특히 대형 중에는 외부 직경(장축)이 9m를 초과하는 숯가마도 있으며, 소형 중에서는 3m 내외의 숯가마도 다수 존재하는 것으로 파악되었다(사진 3).

숯막(다수)

숯막은 숯을 굽는 사람들이 일정 시간 휴식을 취하거나 때에 따라서는 수면을 취하는 공간이다(정광중 외, 2013: 50). 더불어 휴식과 식사 시간에는 내부에서 식사나 따뜻한 물을 마시기도 하기 때문에 화덕시설을 갖춘 숯막도 더러 있다(사진 6). 이처럼 선흘곶자왈 내에 숯막을 축조해야만 했던 이유는 무엇이었을까. 그 이유는 다름 아닌 숯을 제조하는 중심기간이 12~2월 사이이기 때문에 날씨가 매우 춥고, 또한 숯 제조 과정이 1~2일 만에 끝나는 것이 아니라 양이 많을 때는 무려 7~10일에 걸쳐서도 행해지기 때문에 휴식 공간이나 수면 공간이 필요하기 때문이다. 나아가 한꺼번에 많은 양의 숯을 제조할 경우에는 반드시 3~5명이 한 팀을 이루어 야간작업까지 진행해야만 한다. 따라서 숯 제조에 참가하는 구성원들이 교대로 휴식과 수면을 취하는 공간이 필요한 것이다.

숯막은 숯 제조가 행해지는 기간에만 사용하는 일시적인 거주지이기 때문에 내부에 칸 구조가 있다거나 특별한 시설을 할 필요는 없었지만, 일부 숯막의 경우 추위를 이겨내기 위한 화덕시설을 갖추고 있었다. 대부분의 숯막은 대개 돌담으로 4~5단 혹은 6~7단 높이로 쌓아 올리고, 돌담 위에는 나뭇가지를 엮어 얹은 후에 잔가지나 억새, 띠, 잡초 등으로 얽어맨 형태를 취한다. 따라서 외형은 크게 원형과 방형으로 나눌 수 있는데(사진 5~6), 조사 시점에서는 잔존하는 숯막의 돌담 형태로 볼 때 원형이 압도적으로 많았다. 숯막의 크기는 다양한데, 원형 또는 방형과 관계없이 소형-중형-대형 등으로 구분할 수 있다.

〈사진 5〉 원형 숯막   〈사진 6〉 방형 숯막

숯 제조 작업장

2013년 10월 현재까지 숯 제조를 위한 작업장이 명확하게 구분되어 나타나는 장소는 단 한 군데에 불과하다. 이 숯 제조 작업장은 앞에서 검토한 돌숯가마(1) 아궁이 앞에 위치한다(사진 7). 숯 제조 작업장의 형태는 〈사진 7〉에서 보는 것처럼, 돌숯가마 정면에 단순히 구덩이를 파놓은 형태를 취하고 있으며, 깊은 지점은 약 50~60cm, 얕은 지점은 10cm 내외로 파악된다.

그런데 돌숯가마(1) 자체도 경사진 장소에 자리 잡고 있기 때문에 돌숯가마 아궁이에서 작업장 구간도 다소 경사져 있는 상태이다. 이러한 배경에는 돌숯가마 아궁이로부터 꺼낸 숯을 재빨리 작업장으로 이동시키려는 의도가 숨겨져 있다. 다시 말하면, 일차적으로 돌숯가마 안에서 구워낸 숯을 마무리 단계에서 재빠르게 작업장으로 이동시킨 후 재와 흙으로 덮어서 공기를 차단함과 동시에 불씨를 꺼야 하기

〈사진 7〉 숯 제조 작업장(돌숯가마 1호 앞)

때문이다. 이런 과정을 거치는 이유는 돌숯가마에서 생산하는 숯이 일반적인 검탄(黔炭)이 아니라 백탄(白炭)이기 때문이다. 따라서 아궁이에서 작업장까지는 짧은 거리지만 처음부터 경사지도록 구안해 놓아야만 1분 1초라도 단축할 수 있는 것이다.

일차적으로 구워낸 숯은 공기와 접하는 시간이 길면 길어질수록 질 좋은 백탄을 만들 수 없다. 결과적으로 백탄을 제조하던 당시 사람들은 1,000℃ 이상에서 구워낸 많은 양의 숯을 수 분 내에 작업장으로 이동시켜야 하므로 엄청난 고통을 감내해야만 했다.

물텅(통)

선흘곶자왈에서 물텅은 사람들의 음용수 확보와 더불어 숯을 제조하는 과정에서도 반드시 필요한 시설이다. 또한 산전과 강못을 경영하는 데도 물이 필요하기 때문에 물 확보를 위한 물텅은 중요한 존재로서 주목받는다. 선흘곶자왈 내에는 기본적으로 '산물(生水)', 즉 용천수는 존재하지 않는다. 자연적으로 고여 있는 물을 얻거나 아니면 인위적으로 만든 물텅에서 빗물을 받아 사용할 수밖에 없다.

〈사진 8〉 자연적인 물텅(곶자왈 주변부)　　　〈사진 9〉 인위적인 물텅(곶자왈 내부)

선흘곶자왈 내에서도 자연적인 물텅은 주변 지역보다 상대적으로 낮은 장소에 주로 진흙과 낙엽이 교대로 층을 이룬 후 쉽게 물이 고여서 형성되기도 하고, 또는 숯을 제조하는 주변부의 특정 장소에서 계속 진흙을 채취한 자리에 형성되기도 한다. 이와는 대조적으로 점성이 작고 유동성이 강한 파호이호이용암류(pahoehoe lava flow)에 의해 형성되기도 하는데, 바로 이러한 배경은 곶자왈의 지형적 특징을 잘 대변하는 것이기도 하다. 실제로 선흘곶자왈 내에는 부분적으로 파호이호이용암류가 흐른 뒤 점토 성분을 띤 토양 모재들이 퇴적되거나 유수에 의해 흘러들어와 퇴적된 곳이 있어서, 결과적으로 자연적인 물텅이 조성된 곳이 여러 곳에 분포한다(사진 8).

인위적인 물텅은 말 그대로 오랫동안 특별한 목적을 염두에 두고, 특정 장소를 선택한 후 돌담을 높게 둘러 물이 고이도록 한 것이다(사진 9). 따라서 이런 물텅은 중산간마을에서 사용하는 봉천수(奉天水)와 거의 유사하다고 할 수 있으며, 단지 만드는 과정에서 물이 고이는 바닥 다짐이 정교하지 않고 규모 또한 작은 것이 차이점이라 할 수 있다. 인위적인 물텅도 애당초 자연적으로 물이 잘 고이는 장소를 선택하여 돌담을 두른 후에 조성했을 가능성이 매우 크다. 아울러 선흘곶자왈 내에 인위적인 물텅의 분포는 일정한 규칙에 따르거나 혹은 곶자왈의 전체 면적에 비례해서 조성된 것이 아니기 때문에, 현시점에서도 정확하게 몇 개가 위치하고 있는지는 확인할 수 없다. 그러나 선흘곶자왈 내에서도 상대적으로 1회용 숯가마 터가 몰려 있는 지구를 비롯하여 산전이나 강못을 경영했던 주변 지구, 또 사람과 우마가 지나다니는 소로 주변에 많이 위치하는 것으로 파악된다.

노루텅(통)

　노루텅은 선흘곶자왈에서만 볼 수 있는 특이한 시설로서 야생노루를 잡기 위한 노루 덫이다(사진 10~11). 노루텅은 돌담을 교묘하게 쌓아 올려 만든 지혜의 작품이기도 하다. 현재까지 선흘곶자왈 내에서 발견된 노루텅은 7개이지만, 앞으로도 노루텅은 심층 조사 여부에 따라 더 많은 수가 발견될 가능성이 있다.

　노루텅은 곶자왈 내 여기저기에 널려 있는 현무암을 재료로 삼아 야생노루가 지나다가 빠지도록 구안한 시설이다. 한번 노루가 빠지면 스스로 나오지 못할 정도의 면적(0.99~1.32m²/0.3~0.4평)을 확보한 후에 돌담을 상하로 높고 길쭉하게 쌓아 올린 형태를 취한다(그림 4). 가장 전형적으로 잘 남아 있는 노루텅의 규모는 장축 320cm, 단축 210cm, 깊이 200cm로 파악된다(사진 10, 그림 4). 또한 쌓아 올린 돌담

〈사진 10〉 노루텅 1(곶자왈 내부)　　　〈사진 11〉 노루텅 2(탐방로 근처)

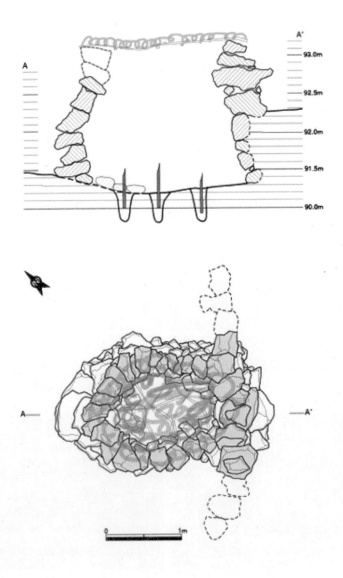

93.0m
92.5m
92.0m
91.5m
90.0m

A

A′

A

A′

0   1m

〈그림 4〉 노루텅(1) 복원도 출처: 강창화·정광중(2014: 168).

을 기준으로 볼 때는 낮은 쪽이 6단, 높은 쪽이 9단으로 축조돼 있다 (강창화·정광중, 2014: 167). 노루텅은 보통 지형의 높낮이를 교묘하게 이용하여 설치하였는데, 경사면 위에서 먹이를 쫓던 야생노루가 경사면이 낮은 아래쪽으로 떨어지도록 고안되었다. 노루텅의 좌·우측으로는 보통 외담이나 겹담이 길게 이어져 있는데, 이것은 말하자면 곶자왈 내의 경작지(산전) 안으로 야생노루가 침입하는 것을 막기 위한 수단으로 활용되었음을 의미한다.

이와 같은 노루텅의 설치 목적은 크게 두 가지로 요약된다. 하나는 곶자왈 내에 조성한 경작지 내로 야생노루가 들어와서 농작물을 망가뜨리는 것을 막기 위함이고, 다른 하나는 노루의 피와 고기를 얻기 위함이다. 따라서 노루텅은 기본적으로 곶자왈 내에 조성된 경작지 가장자리에 설치한 경우가 많으며(총 4기), 일부는 지형적인 높낮이가 아주 양호한 장소에 설치되어 있다(사진 11).

머들(다수)

선흘곶자왈 내의 머들(경작과정에서 나온 불필요한 돌무더기)은 1회용 숯가마 터처럼 아무 곳에나 존재하지 않는다. 기본적으로는 과거에 경작지(특히 산전)로 조성하여 사용했던 장소에 주로 분포하는 경향을 보인다. 경작의 주인공들은 다름 아닌 선흘리 주민들이며 전세대를 포함하여 현세대의 고령층이 실제 경험자들이다. 경작지는 갑오년(1894년)을 전후하여 1950년대 말까지 주로 개간·경작된 것으로 파악된다.

머들의 형태와 크기는 매우 다양하다. 제주도가 화산섬이라는 사실을 이해한다면, 곶자왈 내의 머들도 경작지를 조성하는 과정에서 어쩔 수 없이 불필요한 돌들이 무더기로 쌓여 있다는 배경을 쉽게 이해할 수 있다. 선흘곶자왈 내의 머들은 그것들이 위치하는 장소에 따

〈사진 12〉 머들 1(소형: 원탑형)　　　　　〈사진 13〉 머들 2(대형: 다면체형)

라 1m 높이의 낮은 것에서부터 5~7m 높이의 높게 쌓은 것까지 다양
하게 나타나며, 또한 형태도 원탑형(또는 원뿔형)을 시작으로 직사각형
혹은 다면체형이나 부정형을 띠는 것까지 온갖 형태가 등장한다(사진
12~13). 그리고 선흘곶자왈 내의 머들은 그것을 구성하는 돌 하나하나
의 크기가 비교적 크다는 것이 특징이다(강창화·정광중, 2014: 170). 이것
은 곶자왈의 용암류가 흘러 들어온 이후 그리 오랜 세월이 지나지 않
았음을 의미한다. 다시 말하면 선흘곶자왈의 용암류는 풍화과정을 덜
거친 용암류로, 현시점에서도 작은 돌조각으로 쪼개지지 않은 채 남
아 있는 것이다.

궤(바위굴)

선흘곶자왈 내에는 소형 용암동굴이나 혹은 두껍게 쌓인 용암류
가 부분적으로 파괴되면서 동굴의 입구처럼 형성된 '궤'(바위굴)가 상당
수 분포한다. 《제주어사전》(2009: 101)에 따르면 궤는 "위로 큰 바위나
절벽 따위로 가리어지고 땅속으로 깊숙하게 패어 들어간 굴"이라 정
의하고 있다. 선흘곶자왈 내부에는 용암류에 의해 형성된 높은 절벽

〈사진 14〉궤를 활용한 숯막　　　　　　　〈사진 15〉궤를 의지 삼아 조성한 마을 포제단

은 존재하지 않지만, 용암류가 두껍게 지표면을 흐른 뒤 부분적으로 파괴되면서 굴처럼 형성된, 말하자면 궤가 여러 곳에 산재하여 분포한다. 이러한 궤는 선흘곶자왈을 구성하는 중요한 자연자원이기도 하지만, 다른 한편에서는 선흘곶자왈을 이용하는 사람들에게 더없이 좋은 휴식처인 동시에 제사와 신앙의 장소로도 활용되고 있다. 더불어 시대를 거슬러 올라가면, 일부는 선사인들의 일시적인 주거지(rock shelter)로도 활용되었다.

선흘곶자왈 내에서 궤의 이용은 앞에서 지적한 것처럼, 숯을 제조하는 사람들이나 농사를 짓는 사람들의 일시적인 휴식공간인 숯막과 움막으로서, 마을제를 지내는 포제단(선흘1리 포제단) 또는 여성들의 신앙 공간인 신당(선흘1리 탈남밧일뤠당)으로 이용된 사례 등이 확인되고 있다. 사실 한마디로 궤라고 해도 그것의 형태나 규모는 매우 다양하며(사진 14~15), 동시에 활용할 수 없는 형태의 것들도 부지기수로 존재한다. 특히 마을 주민들의 입장에서는 숯을 굽거나 농사를 짓는 경작지 주변에 궤가 존재할 때 비로소 이용할 수 있는 것이기 때문에 모든 궤를 이용했다고 볼 수는 없다.

궤의 활용에서 다소 특이한 것은 1회용 숯가마가 많이 분포하는 지구 내에서도 궤에 의지하여 숯막을 축조하여 사용한 사례들이다(사진 14). 전체의 숯막에서 큰 비중을 차지하는 것은 아니지만, 적어도 10여 개소가 바로 그런 사례에 해당된다. 이들 사례에서는 일반적인 궤와는 달리 궤의 형태와 크기에 따라 원형이나 타원형 등으로 돌담을 쌓아 이용했던 것으로 판단된다. 궤와 나무를 후면에 두고 제단을 조성한 마을(선흘1리) 포제단은 현재까지도 마을의 안녕과 화합을 위해 정기적으로 제사(祭祀)를 지내는 장소로 활용되고 있다.

선적(線的) 유형

경계용 돌담

선흘곶자왈 내의 경계용 돌담은 선적 유형의 자원 중 가장 대표적이라 할 만하다. 경계용 돌담을 쌓아 올린 정확한 시기는 불분명하나 현재의 선흘곶자왈(산림청 시험림) 내의 지적(地籍)을 구분하는 배경이 되었을 것으로 생각되며 구간에 따라서는 외담과 겹담의 형태로 확인된다. 예를 들어 선흘곶자왈 내 산림청에 소속된 시험림은 지적도를 기

〈사진 16〉 경계용 돌담

〈사진 17〉 경작지 돌담(산전)

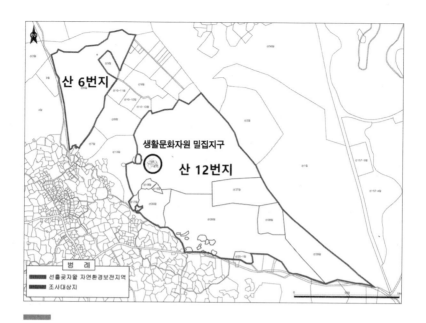

<그림 5> 선흘곶자왈 내 산림청 시험림 소유 지분의 지적도 출처: 난대아열대산림연구소 제공 자료(2012).

준으로 할 때 모두 임야(林野)로 구성돼 있는데 필지 수로는 총 11필지
로 나타난다(그림 5). 따라서 경계용 돌담의 기본은 이들 11개의 필지
를 나누는 경계선이 되었다. 오늘날 산림청이 소유하는 선흘곶자왈
의 면적을 놓고 볼 때 11개의 필지로 구성된 배경에 대해서는 여러 가
지 의문점을 제기할 수 있다. 말하자면, 전체 면적과 비교해 필지 수
가 너무나 적게 나타난다는 것이다. 이것은 최초 단계에서 선흘곶자
왈의 토지 소유가 어떤 상황에 놓여 있었는지를 가늠할 수 있는 바탕
이 되는 것이다. 말하자면 적어도 조선시대 중기까지만 해도 선흘곶
자왈 지역의 토지(임야)는 다른 곶자왈과 마찬가지로 모두가 버려지고
쓸모없는 땅으로 여겨 대다수의 마을 주민 사이에서는 토지 쟁탈전이
거의 없었음을 의미한다. 이후 근현대로 이어지는 시기에 개인이든

마을이든 토지 소유권이 분명해지는 상황 속에서 일부 토지(임야)는 여러 개의 필지로 구획되어 소유권 인정과 함께 경계용 돌담을 쌓아 올리게 되었으나, 일부 토지(임야)는 여전히 필요성을 느끼지 못한 채 큰 필지로 남게 된 것으로 판단된다.

이상과 같이 선흘곶자왈 내의 경계용 돌담은 기본적으로 소유관계를 판정하는 기준선(경계선)이 중심이라 할 수 있지만, 일제강점기 이전부터 1950년을 전후한 시기까지는 우마를 사육하는 데 필요한 목장용 돌담도 부분적으로 쌓아 올린 것으로 보인다. 이러한 목장용 돌담은 지적도상에는 거의 나타나지 않는다고 할 수 있으며, 현시점에서는 삼림 속에 가려져 있어 현실적으로 그 실체를 전부 확인하기조차도 어려운 상황이다. 그러므로 2가지 용도의 돌담 자체를 서로 구분하는 것도 사실상 불가능하다. 더불어 임야의 소유관계를 나타내던 경계용 돌담이나 우마를 사육하기 위한 목장용 돌담들은 여러 구간에서 허물어진 곳이 많아서 경계선 자체의 의미도 거의 퇴색된 상황이다(사진 16). 현재 남아 있는 경계용 돌담이나 목장용 돌담들은 기껏해야 2~4단 높이의 형태(현무암)로 남아 있으며, 구간에 따라서는 이빨이 빠져 있는 모습처럼 잔존 상태도 매우 허술한 상태이다. 결국 과거로부터 2가지 목적으로 쌓아 올린 경계용 돌담은 현시점에서 볼 때 아무런 의미가 없는 게 현실이다.

경작지 돌담

경작지 돌담은 선흘곶자왈 내에서도 경계용 돌담과는 달리, 농업적 생산활동을 위한 경작지(산전과 강못) 조성과정에서 경작지의 가장자리에 두른 돌담을 가리킨다. 선흘곶자왈 내에 분포하는 경작지는 매우 부분적으로 존재하는 것으로 파악되나, 전체 곶자왈 내에서 어느 정도의 면적을 차지하는지는 현재로선 미지수다. 따라서 이들 경작지를 둘러싼 돌담의 총 길이(연장)도 어느 정도인지 전체상을 파악하기는 사실상 어렵다.

경작지 돌담은 기본적으로 보리, 조, 피, 산뒤 등을 재배하는 산전(山田)용 돌담과 습지를 이용하여 쌀(논벼)을 생산하는 데 필요한 강못용 돌담이 있다. 두 경지의 주위를 둘러싼 돌담을 비교하면, 산전용 돌담이 비교적 낮게 쌓은 반면 강못용 돌담은 높게 쌓아 올렸다(사진 17). 이들 돌담용 재료는 주변에서 쉽게 얻을 수 있는 현무암의 자연석이고, 매우 각이 진 돌들로 구성된다는 점이 특징이다. 이것은 선흘곶자왈 내의 용암류 자체가 풍화가 덜 된 상태로 파괴된 암석들이 아직도 신선도를 유지하고 있다는 사실과 맞물린다. 이러한 경향은 선흘곶자왈 내에서도 삼림 속에 위치하는 산전용 경작지의 돌담에서 훨씬 강하게 나타난다.

또 상대적으로 볼 때 강못용 돌담은 돌담 재료에서 부분적으로 각을 제거하여 쌓아 올린 흔적이 역력하다. 쌀을 생산하려는 강못의 경우는 일단 물이 고이는 습지가 아니면 논농사를 지을 수 없기 때문에 그만큼 장소를 확보하는 것 자체가 매우 어려웠고, 마을 주민들 간 경쟁도 치열했다고 할 수 있다. 따라서 일단 논농사를 지을 수 있는 강못을 확보한 후에는 한 집안의 소중한 재산적 가치를 지닐 수 있기 때문에 경작지 돌담도 정성껏 쌓아 올린 것으로 해석된다.

용암동굴

최근까지의 조사 결과에 따르면, 선흘곶자왈 주변부에 분포하는 용암동굴은 반못굴(도툴굴), 목시물굴 및 대섭이굴 등이 확인되었다. 이들 용암동굴은 4·3사건 당시 일시적인 또는 장기적인 집단 은거지

〈사진 18〉 목시물굴 입구   〈사진 19〉 목시물굴 내부

로 사용하기도 했으며(사진 18~19), 또 시대를 거슬러 올라가면 목시물
굴 등은 신석기 시대 때 선사인들이 거주하던 장소로도 알려져 있다(강
창화 외, 2012: 50-52).

　이들 용암동굴은 숯을 제조하거나 혹은 산전과 강못에서 농사를
짓는 사람들이 이용했던 것은 아니다. 그러나 선사인들이 거주지로
사용해온 흔적이나 제주 근현대사의 최대 비극인 4·3사건 당시 주민
들의 피신처로 사용했던 장소로서 역사적인 의미를 안고 있는 인문화
된 자원임은 틀림없다. 나아가 용암동굴은 선흘곶자왈 내의 다른 생
활문화자원들과 더불어 다양성의 가치를 높이는 데 매우 중요한 역할
을 하고 있다.

면적(面的) 유형

경작지

　선흘곶자왈 내 농경지의 분포 패턴은 점상으로 드문드문 분포한
다. 이러한 배경은 선흘곶자왈 내에서도 농경지로 조성할 수 있는 장
소에 농작물의 재배를 위한 최소한의 토양이 있어야 하기 때문으로

풀이된다. 이것은 말하자면, 선흘곶자왈 내에는 상대적으로 용암류의 암반이나 암괴류가 널리 퍼져 있기 때문에 농사지을 만한 토양을 지닌 장소가 절대적으로 부족하다는 사실을 대변한다. 이뿐만이 아니다. 선흘곶자왈 내에 농경지를 조성하는 과정에서는 마을 내 거주지와의 거리나 필요에 따라 음용수나 농업용수를 구할 수 있는 주변 여건이 갖춰지지 않으면 곤란하다. 따라서 선흘곶자왈 내에서도 농경지를 조성할 수 있는 장소는 매우 한정적으로 분포할 수밖에 없는 상황이다.

현재까지의 조사 결과에 따르면, 선흘곶자왈 내의 경작지는 산전과 강못으로, 두 가지 형태가 분포하는 것으로 확인되었다(표 2). 이들 중 산전은 대략 1894년(갑오년)~1950년대 말까지 농가 단위로 조성하여 보리, 조, 피, 산뒤 등을 재배하였으며, 또 강못은 적어도 1940~50년을 전후한 일정 시기에 주로 벼를 재배하기 위해 적당한 습지를 선택하여 조성되었다(사진 20~21). 특히 강못은 선흘1리 주민들이 관리하던 알마장(주로 산 6번지 일대, 그림 5) 주변에 많이 분포한다. 규모는 10여 평에서부터 300여 평에 이르기까지 매우 다양했지만(정광중 외, 2012), 곶자왈 내의 지역 특성상 대부분 규모가 매우 작은 편이었다. 강못에서 벼농사를 통해 얻은 쌀이나 산전에서 수확한 보리, 조, 피, 산뒤 등

〈표 2〉 선흘곶자왈 내 농경지 종류와 주요 재배 작물

농경지 종류	조성 시기	재배 작물	경지화 과정의 특징
산전	1894년(갑오년) 이후 ~1950년대 말	보리, 조, 피, 산뒤 등	경지 내에 머들이 존재
강못	1940~1950년 전후	논벼(水稻)	습지 가장자리에 돌담을 두름

출처: 현지조사 및 청취조사에 의해 작성.

〈사진 20〉 경작지(산전)　　　　　〈사진 21〉 경작지(강못)

은 기본적으로 어려운 가정경제를 떠받치기 위한 목적이자 수단이었다. 특히 쌀이 귀했던 당시의 시대적 상황을 고려하면, 비록 작은 면적에서 수확한 쌀일지라도 집안의 대소사(제사, 명절, 소상과 대상, 결혼식 등)를 치르는 데는 큰 도움이 되었다.

생활문화자원 밀집지구

생활문화자원 밀집지구는 크게 2개의 지구로 분리된 선흘곶자왈(산림청 시험림) 내에서도 아래쪽 지구, 즉 산 12번지(임야) 내의 서쪽에 위치한다(그림 5). 이곳에는 산전(적어도 6필지)을 비롯하여 돌숯가마 1기, 1회용 숯가마 터 12기, 머들 약 33개, 머들 및 돌담 8개, 노루텅 3기, 숯막 1기, 토광(흙을 채취했던 장소) 1개소 등이 집중적으로 분포하는 지구이다(그림 6). 생활문화자원 밀집지구(산 12번지)는 1953년 이후 선흘리 주민들이 조직한 2개의 삼림계(상·하 삼림계)에 의해 보호되던 지구이기도 한데, 이곳은 바로 옆에 위치하는 산 17~20번지(임야)는 물론이고 그 위쪽(북동쪽)으로 넓은 면적을 차지하는 산 6번지(임야)와 함께 하동 주민들이 조직한 하삼림계의 보호구역이었다(정광중 외, 2012: 121-129). 그리고 상대적으로 동남쪽에 위치한 산 25-1번지(임야)와 산

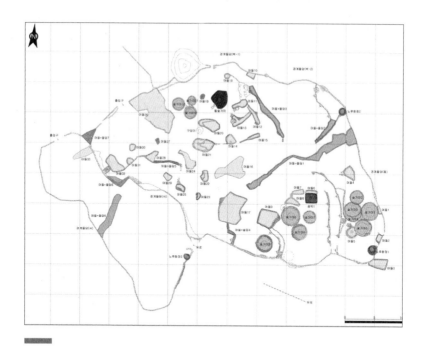

〈그림 6〉 선흘곶자왈 생활문화자원 밀집지구 내의 자원 분포도 출처: 강창화·정광중(2014: 160).

26~29번지(임야)는 상동 주민들이 조직한 상삼림계의 담당구역으로
보호되던 지구였다.

생활문화자원 밀집지구의 가장 큰 특징은 다양한 생활문화자원들
이 비교적 좁은 장소 내에 밀집돼 있다는 사실이다. 물론 이들 자원이
모두 동일한 시기에 형성된 것은 아니다. 또한 일부 자원들은 조성 시
기나 사용 시기도 중첩되는 경우가 많다.

점적·선적 유형 자원이 동시에 분포하는 특정 지구

면적 유형의 자원 중에서도 '경작지 외에 점적 유형의 자원과 선적
유형 자원이 동시에 분포하는 특정 지구'는 말 그대로 선흘곶자왈 내

에서도 2가지 유형의 자원들이 비교적 작은 지구 안에 몰려 있는 상황을 전제하여 설정한 것이다. 실제로 선흘곶자왈 내부를 답사하다 보면, 특정 지구 안에 1회용 숯가마 터와 숯막, 물텅이나 경계용 돌담 등이 동시다발적으로 분포하는 사례가 있다. 따라서 이들 두 유형의 자원이 동시에 분포하는 특정 공간은 경작지나 생활문화자원 밀집지구와는 다른 성격을 지닌 면적 유형의 자원으로 평가하여 정리함으로써, 향후에 활용 방안을 강구할 수 있도록 추가로 구분하였다.

활용을 전제한 생활문화자원의 평가

생활문화자원의 평가 시점

선흘곶자왈 내 생활문화자원의 가치는 크게 2가지 관점에서 접근하여 평가할 수 있다(표 3). 여기서 2가지 관점이란 하나는 보존 가치적 측면이고, 다른 하나는 자원 가치적 측면이다. 먼저 선흘곶자왈 내 생활문화자원의 보존 가치적 측면은 선흘곶자왈 내에 분포하는 점적, 선적 및 면적 유형의 자원들의 보존 필요성 또는 당위성과 관련된 사실을 전제한 것이기 때문에, 자원이 지니는 상징성과 역사성 그리고 제주도민들의 생활 문화상 등을 반영하는 관점이 된다. 또한 자원의 보존 가치적 측면과 관련해서는 희귀성(시대성)과 원형 유지 정도가 어느 정도 충족 조건(판정 지표)으로 작용해야 할 것으로 판단된다.

자원 가치적 측면은 여러 자원의 효용성을 전제로, 앞으로 어떻게 활용할 수 있을 것인가에 대한 관점이다. 따라서 교육 자원적 가치와 관광 자원적 가치라는 활용이 내재되어 있으며, 이를 평가하기 위한

평가 시점	관련 근거 또는 배경	판정 지표
- 보존 가치적 측면	- 보존 필요성 - 상징적 의미 - 도민 생활문화와의 관련성	- 희귀성(시대성) - 원형 유지(도)
- 자원 가치적 측면	- 교육 자원적 활용도 - 관광 자원적 활용도	- 경제성 - 접근성

출처: 자원별 속성을 토대로 필자 작성.

충족 조건(판정 지표)으로서 경제성과 접근성이 요구된다고 하겠다(강창화 외, 2013: 67).

　〈표 3〉과 같이 자원들의 평가 시점과 판정 지표를 토대로 선흘곶 자왈 내에 분포하는 3가지 유형의 자원들을 평가한 결과를 〈표 4〉에 제시하였다. 여기서 한 가지 유념해야 할 사실은 이들 자원의 위치나 기능상 서로 연계되어 나타날 수밖에 없는, 말하자면 불가분의 관계를 지닌 자원들이라는 사실이다. 가령 숯을 제조하기 위해서는 숯가마(터)는 물론이고 최종 단계에서 크고 작은 숯을 골라내며 서로 배분하기 위한 작업장, 일시적인 휴식처이자 거주지인 숯막, 숯 제조 마무리 단계에서 불씨를 끄는 데 필요한 물 저장소인 물텅 등이 양(量)과 관계없이 단 1회의 숯을 제조하는 데도 필요한 자원들이다. 또한 산전을 경영하기 위해서는 일정한 장소를 확보한 후에 경계용 돌담을 둘러야만 개인별 경작지가 확보될 뿐만 아니라 경작지를 조성하는 과정에서는 당연히 머들이 탄생할 수밖에 없는 상황이다. 그리고 야생 노루를 잡기 위한 노루텅도 산전에서 재배하는 농작물의 피해를 줄이기 위한 방책이면서 동시에 동물성 지방분을 얻기 위한 수단으로 이중적인 목적을 지니고 있는 것이다.

자원명		보존 가치적 측면		자원 가치적 측면	
		희귀성(시대성)	원형 유지(도)	경제성	접근성
점적유형	돌숯가마(1)	○	○	○	○
	돌숯가마(2)	△	△	△	○
	1회용 숯가마 터	△	×	×	○
	작업장(숯 제조)	△	△	×	○
	숯막[움막]	△	△	△	○
	물텅(통)	△	○	△	○
	노루텅(통)	○	△	○	○
	머들	×	○	×	○
	궤(바위굴)	×	○	×	○
선적유형	경계용 돌담	×	×	×	○
	경작지 돌담	○	△	△	○
	용암동굴	○	○	○	○
면적유형	경작지(산전, 강못)	○	△	○	○
	생활문화자원 밀집지구	○	○	○	○
	점적·선적 유형의 자원이 동시에 분포하는 특정 지구	×	×	△	△

○: 상(뛰어남) △: 중(보통) ×: 하(떨어짐)
출처: 현지조사 및 청취조사에 의해 작성.

따라서 선흘곶자왈 내 생활문화자원들은 궤나 용암동굴과 같이 자연적으로 형성된 자원을 제외하면 단독적으로 기능하면서 존재하는 것은 거의 없다고 봐도 무방할 것이다. 그리고 선흘곶자왈 내에 분포하는 궤나 용암동굴도 원래는 자연적으로 형성된 자연자원이기는 하나, 선흘리 주민들은 물론이고 주변 지역의 주민들이 특정 시기에 특별한 목적으로 활용한, 말하자면 인문화된 자원이라는 사실만큼은 부정할 수 없다. 이러한 사실을 전제할 때 궤나 용암동굴도 그것이 형성된 이후 인근 지역 주민들의 활용이라는 관점에서는 생활문화자원의 성격을 띠고 있다고 말할 수 있다.

선흘곶자왈 내 3가지 유형의 자원 중에서도 용암동굴을 제외한 자원 대부분은 기본적으로 선흘리 주민들이 주도적으로 경제활동을 벌인 결과 나타난 자원이라는 사실을 이해할 필요가 있다. 다시 말하면, 이들 자원 하나하나는 선흘곶자왈이라는 특수한 지역 내에서 선흘리 주민들에 의해 탄생된 경제활동의 산물이라는 것이다. 이런 시각에서 생각하면, 선흘곶자왈 내 생활문화자원이 지니는 속성과 상징성은 제주도 전체의 역사와 민속, 생활 문화상을 대표하는 측면과 비교하여 견줄 수는 없다. 따라서 선흘곶자왈 내의 생활문화자원은 제주도 동부지역의 곶자왈에 부분적으로 존재하는 생활문화자원으로서, 중산간마을 주민들의 생활경제를 유지하는 과정에서 나타나게 된 특수한 사례의 자원이라는 사실을 인식할 필요가 있다.

생활문화자원의 평가

여기서는 선흘곶자왈 내의 다양한 생활문화자원에 대한 평가 결과를 정리하고자 한다. 이러한 자원별 평가의 배경에는 유형별 자원들의 효용성을 전제로 단계적이고 구체적인 활용 방안을 마련할 수 있다는 논지가 내재되어 있다. 이와 관련된 자원별 속성은 이미 앞에서 구체적으로 정리했기 때문에, 이 절에서의 평가 결과는 앞으로 선흘곶자왈 내 생활문화자원의 구체적인 활용 방안을 마련하는 데 디딤돌이 될 수 있을 것으로 판단된다(강창화 외, 2013: 68).

선흘곶자왈 내 생활문화자원은 앞서 검토한 2가지 평가 시점과 4

가지 판정 지표를 바탕으로 〈표 4〉와 같은 평가 결과를 산출할 수 있었다. 〈표 4〉의 평가 결과에 따르면, 먼저 4가지 판정 지표에서 모두 상위로 나타나는 자원은 점적 유형 자원의 돌숯가마(1), 선적 유형 자원의 용암동굴, 그리고 면적 유형 자원의 생활문화자원 밀집지구 등 유형별로 각 1개씩 확인된다. 3가지 판정 지표에서 상위로 평가된 자원은 점적 유형 자원의 노루텅, 면적 유형 자원의 경작지(산전, 강못)이며, 2가지 판정 지표에서 상위로 평가된 자원은 점적 유형 자원의 물텅, 머들, 궤, 선적 유형 자원의 경작지 돌담 등 4개 자원이다.

　결과적으로 이들 자원은 앞으로 활용도가 높은 자원이라 말할 수 있으며, 자원별 활용과정에서의 연계성도 상대적으로 높게 나타날 수 있을 것으로 판단된다. 여러 자원 중에서도 돌숯가마(1)(2)나 노루텅은 단독으로도 얼마든지 활용이 가능하며, 특히 생활문화자원 밀집지구는 다양한 자원이 밀집된 장소적 특성을 지니고 있기 때문에, 다양한 교육활동이나 체험활동이 가능할 것으로 판단된다.

마무리하기

　이 글에서는 선흘곶자왈에 분포하는 다양한 생활문화자원을 일정한 기준에 의해 유형을 분류함과 동시에 자원의 속성을 파악하고, 앞으로의 활용을 전제하여 자원별 가치를 평가하는 데 주력하였다. 연구 결과의 주요 내용을 정리하면 다음과 같다.

　선흘곶자왈 내에 분포하는 생활문화자원은 외형적 형태를 토대로 점적 유형, 선적 유형 및 면적 유형 등 3가지 유형으로 구분할 수 있다. 점적 유형의 자원에는 숯가마(또는 숯가마 터)를 비롯하여 작업장, 숯막[움막], 노루텅, 물텅, 머들, 궤가 포함되며, 선적 유형의 자원에는 경계용 돌담, 경작지 돌담 및 용암동굴이 포함된다. 그리고 면적 유형의 자원에는 경작지인 산전, 강못, 생활문화자원 밀집지구 및 점적·면적 유형의 자원들이 동시에 분포하는 특정 지구가 포함된다.

3가지 유형의 자원들은 숯을 제조하는 데 필요한 요소, 농업 경제활동에 필요한 요소, 일시적인 거주나 휴식에 필요한 장소로 구성되며, 이들은 과거에 주로 선흘리 주민들이 생활경제를 떠받치기 위한 수단으로 축조·사용했던 특징을 지닌다. 따라서 오늘날 선흘곶자왈 내에 분포하는 다양한 생활문화자원들은 조선시대 후기부터 일제강점기를 거쳐 1960년대 후반까지 선흘리 주민들의 생활역사의 단면을 복원하고 이해하는 데 필요한 존재로서 가치성이 크게 부각된다.

활용성을 전제한 생활문화자원의 평가 작업은 2가지 평가 시점, 즉 보존 가치적 측면과 자원 가치적 측면으로 구분한 후 전자와 관련해서는 희귀성(시대성)과 원형 유지(도), 그리고 후자와 관련해서는 경제성과 접근성이라는 판정 지표를 통해 결과를 산출하였다. 그 결과 4가지 판정 지표에 의해 상위로 평가된 자원은 돌숯가마(1), 용암동굴(목시물굴) 및 생활문화자원 밀집지구 등 3개이고, 3가지 판정 지표에서 상위로 평가된 자원은 노루텅, 경작지(산전, 강못) 등 2개로 파악되었다. 그리고 2가지 판정 지표에서 상위로 평가된 자원은 물텅, 머들, 궤, 경작지 돌담 등 4개가 포함되는 것으로 확인되었다.

이처럼 2가지 이상의 판정 지표에서 상위로 평가된 자원들은 앞으로의 활용과정에서 중요한 기능을 담당할 것으로 생각된다. 따라서 선흘곶자왈 내의 생활문화자원의 활용도를 전제할 때 이 글에서 진행한 평가 결과 자체도 유의미한 기준이 될 수 있을 것으로 판단된다.

교래곶자왈 내 생활문화자원의
특성과 활용 방안

들어가기

오늘날 우리는 조천읍 교래리 주변에 전개되는 곶자왈을 마을 지명을 붙여 교래곶자왈이라 부르고 있다. 송시태의 연구 결과(2000)에 따르면, 교래곶자왈은 제주도 내의 곶자왈을 구분하는 4개 지역 중에서도 조천-함덕곶자왈에 속하며, 조천-함덕곶자왈 중에서는 다시 함덕-와산곶자왈 내의 하위 지구에 속하는 것으로 파악된다. 다시 말하면, 교래곶자왈은 조천-함덕곶자왈이라는 넓은 지역의 공간적 범위 안에서도 비교적 작은 범위로 구분되는 함덕-와산곶자왈에 포함되고, 더불어 교래리를 중심으로 주변 지구에 전개되는 더 작은 공간적 범위를 지닌 곶자왈이 교래곶자왈임을 의미하는 것이다(그림 1).

교래곶자왈을 형성하는 데 크게 기여한 용암류는 일단 교래리 산 62~63번지에 위치한 돔베오름(해발 467m)과 제주시 봉개동 산 64번지에 위치한 민오름(해발 651m)에서 분출한 것으로 추정되고 있다(김효철·

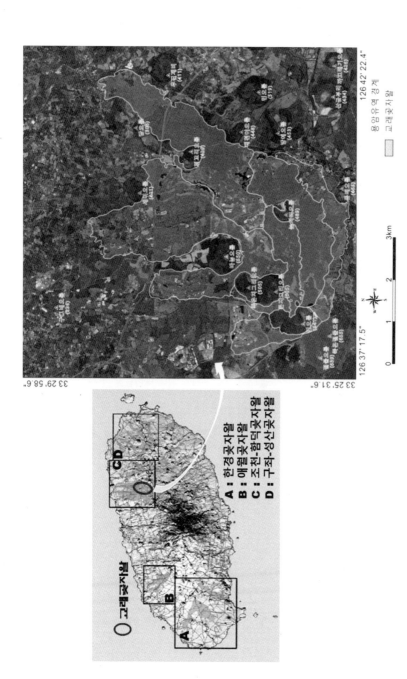

〈그림 1〉 교래곶자왈의 위치와 공간적 범위 출처: 송시태(2000: 20)와 (재) 곶자왈공유화재단·제주특별자치도개발공사(2018: 78) 자료에 의해 재구성.

송시태·김대신, 2015: 260). 이 용암류는 함덕해수욕장 방향으로 12km 정도까지 흘러가면서 곶자왈의 지형적·지질적 기반을 형성하는 데 기여했는데, 기본적으로는 2가지 용암류인 아아용암류와 파호이호이용암류가 교차적으로 혹은 국지적으로 뒤섞이면서 특이한 용암 숲의 생태계를 만들었다고 볼 수 있다.

교래곶자왈은 최대 폭이 2km가 넘는 용암 숲을 이루면서 선흘곶자왈과 함께 제주도 동부 중산간지역의 전형적인 곶자왈로 인식되고 있으며(김효철·송시태·김대신, 2015: 260), 이들 곶자왈 내부에는 과거 제주 선조들이 농목업 활동을 위한 생활공간이었음을 입증하는 증거들이 곳곳에 산재해 있다. 곶자왈 내부에 남아 있는 이들 생활유적은 결국 제주 선조들의 창조적인 사고와 지혜의 산물인 동시에 오늘날에는 후세대들에게 제주 선조들의 생활상을 전해주는 소중한 생활문화자원이 되고 있다.

따라서 여기서는 교래곶자왈(특히 자연휴양림 및 생태학습장 지구)의 내부에 잔존하는 다양한 생활문화자원을 중심으로 개별 자원의 속성과 특성에 초점을 맞추어 정리하고, 더불어 이들의 교육적 활용도를 전제한 활용 방안을 제시하는 데 주안점을 두고자 한다.

교래곶자왈의 공간적 범위

교래곶자왈은 교래리 마을에서 볼 때 서쪽과 북쪽으로 전개되면서 용암 숲 지구를 형성하고 있다. 교래곶자왈의 외형은 일차적으로 용암류의 흐름에 따라 형성된 지형에 의존하면서 오랜 시간이 경과한 이후에 숲이 들어선 모습을 취하기 때문에 거의 아메바와 같은 형태를 보인다. 교래곶자왈의 공간적인 범위는 돔베오름(교래리)에서 시작하여 서쪽 방향의 민오름(봉개동)과 북쪽 방향의 큰지그리오름(교래리)을 지나 바농오름(교래리) 주변부와 세미오름(대흘리)의 북서쪽 방향으로 전개되고, 동쪽 방향에서는 대천이오름(선흘리)과 꾀꼬리오름(대흘리)을 지나 당오름(와산리)의 북동쪽 방향으로 이어지며 펼쳐진다(그림 1).

교래곶자왈이 전개되는 지구의 해발고도는 약 350~500m 전후까지 확인되며 남서 방향에서 북동 방향으로 진행되면서 경사도가 낮아지는 형국이다. 행정구역으로 볼 때는 당연히 교래리가 중심부에 위치해 있지만 인접하는 대흘리와 와산리의 남쪽 일부 지구도 포함되고 있다.

교래곶자왈 내에서도 현재의 돌문화공원 주변, 에코랜드 테마파크 주변과 교래 마을 택지 주변(주로 서쪽과 북쪽 지구), 늪서리오름 야영지구 주변 등지는 개발로 인해 많이 훼손되어 있으며, 그 자리에는 현재 다양한 건축물과 관광·오락시설들이 들어서 있다. 그리고 큰지그리오름과 족은지그리오름 주변부는 초지로 변모한 일부 지구가 남아 있는데, 이 초지 지구도 시간을 거슬러 올라간다면 다분히 곶자왈이었을 것으로 추정할 수 있다.

따라서 현재 교래곶자왈의 외형적인 모습은 100~200년 전의 모습과 똑같다고 말할 수 없다. 자본주의 열풍에 의해 인간의 손길이 본격적으로 닿기 시작한 이후부터는 곶자왈 내의 여러 지구가 잠식(蠶食)되는 상황을 맞았을 것으로 추정되기 때문에 현재에 비하면 공간적인 범위도 한층 더 넓었을 것으로 이해할 수 있다.

곶자왈의 파괴와 관련하여 한 가지 우려스러운 점은 1990년대로 들어서면서부터 무엇보다도 행정기관에 의한 파괴 면적이 크게 증가하고 있다는 사실이다. 이러한 사실은 교래곶자왈에서도 쉽게 엿볼 수 있는데 대표적인 사례가 돌문화공원을 시작으로 자연휴양림, 골프장과 위락시설을 갖춘 에코랜드 테마파크 등이다. 교래곶자왈 내에서도 이들의 개발로 파괴된 곶자왈 면적은 294.6ha에 이른다(정광중, 2015: 21). 결과적으로 생각해 볼 때, 교래곶자왈의 공간적인 범위도 그만큼 축소되었음을 의미하는 것이다.

교래곶자왈 내 생활문화자원의 속성과 특성

현재까지 조사된 결과에 따르면, 교래곶자왈 내(교래 자연휴양림 탐방로 및 생태학습장 탐방로 주변 지구 중심)의 생활문화자원은 농업활동과 관련된 산전(山田), 목축업 활동과 관련된 방목지, 숯 생산을 위한 숯가마, 숯막, 보관용 창고시설(곡식 및 숯 저장용), 변소 등으로 구분해 볼 수 있다. 여기에서는 이들 생활문화자원을 개별적으로 다루어 그 성격과 특징을 정리해 보기로 한다.

산전

산전은 말 그대로 '산에 있는 밭'을 말하는데, 제주도에서는 곶자왈과 같이 숲속에 개간한 밭이나 야산 혹은 야산 근처에 개간한 밭을 일컫는다. 이 경우에 대부분은 지목이 임야로서 그 일부 지구를 개간하여 밭을 조성하는 것이 상례이다. 제주도의 일반적인 밭은 보통 해

〈사진 1〉 자연휴양림 내 산전과 밭담   〈사진 2〉 자연휴양림 내 산전 내부와 머들

안지역이나 중산간지역의 들판에 위치하는 것이 보편적이라 할 수 있
는데, 산전은 주로 오름 부근이나 곶자왈 내의 임야(숲)를 개간하여 일
시적으로 사용하기 때문에, 경작지의 해발고도가 높고 오랫동안 농사
를 짓기보다는 화전과 같이 약 2~3년 혹은 3~4년 단위로 농사를 지은
후에 다시 다른 장소를 선택하여 경작하는 것이 효과적이다. 그러나
제주도 내에서 산전을 일구었던 농가들이 그대로 이러한 통상적인 과
정을 적용했는지는 단정할 수 없다.

　〈사진 1~2〉에서 보는 것처럼, 제주도 내 곶자왈 내부에는 산전의
흔적을 간직한 곳이 많다. 필자는 2011년 이후부터 교래곶자왈을 시
작으로 선흘, 저지, 청수, 무릉, 화순, 애월곶자왈 등에서 이미 산전을
확인한 바 있다. 곶자왈 내에서 산전의 흔적을 확인할 수 있는 요소는
산전의 가장자리를 에워싼 경계용 밭담과 경작지 내 머들의 존재 유
무이다.

　현재 교래곶자왈의 산전은 자연휴양림 내와 생태학습장 2개 지구
에서 모두 확인된다. 먼저 자연휴양림 내의 산전은 약 500~700평 남
짓의 산전들이 탐방로 주변에서 확인되며 가장자리의 낮은 지점에는

1~2단, 높은 지점에는 4~5단 정도의 밭담이 남아있고(사진 1), 산전 내부에는 여러 개의 머들이 산재해 있다(사진 2). 현재 산전 내부에는 비교적 줄기가 얇은 나무와 가시덤불류 및 잡초들이 자생하고 있다. 머들의 높이는 약 60~100cm 내외 것이 많다.

생태학습장 탐방로 주변에서는 3개 정도의 산전이 확인된다. 그 중 하나는 면적이 약 500~600평 정도로서 밭담은 군데군데 허물어져 있지만, 견고한 겹담으로 쌓아올렸으며 낮은 지점에는 3~4단, 높은 지점에는 5~6단의 돌담으로 둘러싸여 있다(사진 3). 그리고 경계용 밭담의 높이가 약 1m 이상 되는 구간도 일부 확인된다. 밭담을 겹담으로 쌓아올린 것은 그만큼 개간한 산전을 잘 보전하기 위한 방법이라 할 수 있는데, 가령 야생노루나 우마 등으로부터 농작물을 보호하고자 하는 농가의 의욕이 강했던 것이라 할 수 있다.

이 산전 내의 머들은 상당히 많은 편이고(사진 4), 또 일부는 많이 허물어진 것들도 보이는데, 이것들은 아마도 산전 경작이 종료된 이후에 방목지로 바뀌면서 우마에 의해 훼손된 것으로 추정된다. 더불어 머들의 높이는 1m 이상인 것들이 곳곳에서 발견되는데, 이것은 그만

〈사진 3〉 생태학습장 내 산전과 밭담   〈사진 4〉 생태학습장 내 산전 내부와 머들

큼 개간 당시 내부에 돌이 많이 산재해 있었음을 의미하는 것이다. 더불어 돌을 멀리 운반하는 데는 그만큼 시간과 노동력이 많이 들기 때문에 일단은 산전 안에 쌓아올린 것이라 추정할 수 있다. 특히 이 산전의 특징은 하나의 머들에 꽤 많은 돌들을 쌓아올리면서 부피나 높이가 비교적 큰 것들이 주를 이룬다는 점이다. 머들을 구성하는 돌 하나하나에 녹색 이끼가 완연한 것을 보면, 이미 경작지로서의 산전 기능이 끝난 지 오래되었음을 추정할 수 있다.

한편 이들 산전은 어느 시기에, 어떤 사람들에 의해, 또 어떤 농작물을 주로 재배했을까. 교래 마을은 약 700여 년 전부터 화전민들이 들어와 살면서 마을이 형성된 역사적 배경을 가지고 있다(오창명, 2004: 244). 따라서 당시 마을 주민들이 교래곶자왈 주변에서 경작활동을 행했을 것이라는 추론은 쉽게 이해할 수 있다. 제주도 내 곶자왈의 산전 개간은 지역마다 다소 시기적인 차이가 있을 것으로 예상된다. 한 가지 예를 들면, 선흘곶자왈 내에서는 대략 갑오개혁이 일어난 1894년(갑오년)경부터 1950년대까지 주로 곶자왈에서 산전 개발과 이용이 이루어졌다(강창화·정광중, 2014: 167; 정광중, 2014: 15). 따라서 정확하지는 않지만, 제주도 내의 다른 지역에서도 거의 같은 시기에 산전 개발과 이용이 많았을 것으로 추정해 볼 수 있다. 이 시기는 갑오개혁과 광무개혁 및 일제의 정치적 개입 등 사회적으로나 경제적으로도 매우 불안하고 어수선한 시기였기 때문에, 제주도민과 같은 도서지역의 주민들은 사회적·경제적 불안기에 먹고사는 일이 상당히 어려웠던 것이 사실이다.

따라서 넓은 경작지를 갖지 못한 중산간지역의 소농들은 곶자왈 내에서 산전을 일구어 생활기반을 다지는 일이 너무도 당연한 것이었다. 교래 마을 주변은 넓은 초지대와 곶자왈이 전개되고 있기 때문에 경작지가 없거나 턱없이 좁은 면적의 경작지를 소유한 농가에서는 곶자왈 내 마을 소유지를 비롯하여 군유지(郡有地)나 도유지(道有地) 혹은 국유지(國有地) 등을 아무런 허가 없이 나무를 벌채하고 돌을 치워 산전 개간에 임했던 것으로 추정된다. 결국 산전을 개간하는 주된 계층은 경제적으로 부유하지 못한 소농층이 많았으며 동시에 많은 가족들을 거느리고 있지만, 마을 주변의 평지에 농사지을 경작지가 없거나 부족한 농가층이라고 볼 수 있다.

그리고 산전에서는 당시 가족들의 식량을 해결하기 위한 곡류로서 보리, 조, 피, 산뒤 등을 주로 재배하였다. 이들 곡류는 어려운 가정경제를 떠받치는 데 중요한 수단이 되었으며, 그중에서도 산뒤는 집안 내의 대소사나 조상 제사에도 많이 활용하였다. 그러나 대부분의 농가에서 개간한 산전의 면적 자체가 그리 넓지 못한 데다가 토질이 좋지 못하였기 때문에, 단위면적 당 생산량은 그리 많지 않았을 것으로 여겨진다. 특히 개간하는 산전의 면적이 작을 수밖에 없었던 이유는 곶자왈 내부는 용암류의 암반이나 암괴류가 널리 산재해 있었던 관계로, 농사에 필요한 토양을 지닌 장소가 절대적으로 부족했기 때문이다(정광중, 2014: 14).

방목지

방목지는 소나 말을 키우는 목장 용지의 개념이지만, 사실상 오늘날의 곶자왈과 같이 숲으로 뒤덮여 있는 상태에서는 방목지로서의 기능을 쉽게 상상할 수 없다. 그래서 곶자왈이 방목지로 활용된 시기는 현재로부터 약 35~40여 년 정도를 거슬러 올라가서 생각해야만 어느 정도 납득할 수 있다. 당시 곶자왈의 숲은 현재의 곶자왈과 같은 수목의 구성 밀도나 생육 상황이 전혀 달랐다는 것이다.

1970년대까지만 해도 제주도민의 일상생활은 자연에 의존하던 부분이 매우 컸다. 따라서 제주도민들은 곶자왈 내의 많은 나무를 벌채하여 다양한 용도로 사용함과 동시에 소와 말 방목을 지속적으로 행해 왔기 때문에 곶자왈 내의 수목 상태는 핵심지구를 제외하면 비교적 소밀한 상태를 보이고 있었던 것이다. 물론 곶자왈 내에도 소나 말이 좋아하는 먹이가 곳곳에 자생하고 있음은 거론할 여지가 없다. 결국 곶자왈의 초입부와 수목이 비교적 소밀한 장소에서는 오래전부터 소와 말 방목을 행해온 것이다.

교래곶자왈 내에서도 우마방목이 보편적으로 행해져 왔음은 여러 자료를 통해 확인해 볼 수 있다. 먼저 《탐라순력도(耽羅巡歷圖)》 내 〈산장구마(山場駈馬)〉를 보면 소중한 정보가 담겨 있다(그림 2). 물론 이 고지도는 남북 방향이 반대로 뒤집혀 있기 때문에 오늘날의 지(형)도와는 반대로 보아야 정상적인 이해가 가능하다. 이 지도의 하단부에는 가옥들이 줄지어 있는 교래리(橋來里)가 위치해 있고, 바로 옆인 서쪽

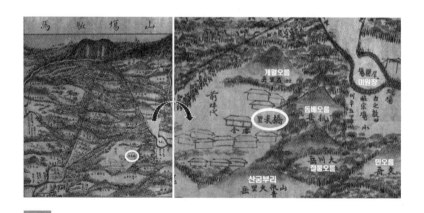

〈그림 2〉 《탐라순력도》 〈산장구마〉 및 〈산장구마〉 내 교래 마을 주변 지구 확대도

으로 돔베오름(杌岳), 북쪽으로 개월오름(竝五里岳), 남쪽으로 절물오름 (大川岳)과 민오름(文岳) 등이 위치해 있으며, 그 주변부에는 말을 최종 적으로 몰아 가두는 시설인 미원장(尾圓場)이 자리 잡고 있음을 알 수 있다(그림 2의 우측). 따라서 돔베오름 북쪽으로 이어진 지구가 현재의 교래곶자왈로 이해할 수 있다. 여기서 한 가지 분명한 사실은 교래곶 지왈의 핵심지구는 숲이 그대로 보전되고 있으며, 그 주변부에서 우 마를 방목하거나 방목 관련시설을 해 놓고 있다는 점이다.

이런 사실로 보면, 과거에도 곶자왈의 핵심지구인 숲이 울창한 장 소에서는 우마방목이 불가능하고, 그 주변부를 방목지로 활용하거나 또는 방목시설의 적지로서 활용하고 있었다는 것이다. 그 이유는 곶 자왈의 핵심지구는 울창한 숲으로 뒤덮여 있어서 우마들이 자유롭게 돌아다니면서 먹이를 뜯을 수 없고 또한 송아지와 망아지들이 뛰어놀 기가 어려우며, 어미 소와 어미 말의 입장에서는 어린 소와 말의 안전 을 확보할 수 없기 때문이다.

그러나 실제로는 우마들이 열심히 먹이를 쫓아 돌아다니다 보면 곶자왈 내의 울창한 숲속까지 들어가는 상황이 벌어지기 때문에 종종 우마들이 길을 잃어 노사(路死)하거나 몸에 큰 상처를 입는 경우도 발 생한다. 특히 시기적으로 추위가 찾아오는 늦가을에 곶자왈 주변 지 구에서의 우마방목은 다양한 사고를 불러일으키기 쉽기 때문에 우마 를 소유하는 농가에서는 심혈을 기울이지 않으면 안 되었다.

1970년대까지도 교래곶자왈과 그 주변부에서 대대적인 방목을 행 해온 것은 엄연한 사실이지만, 방목지로 가능한 지구와 불가능한 지 구의 경계가 분명하게 어디까지인지를 가늠하기란 현실적으로 매우 어렵다. 따라서 현재의 교래곶자왈 내부에 남아 있는 여러 가지 정황 (지목[초지, 임야], 목장 경계용 돌담의 유무, 주변에 물통 또는 우마 급수장의 존재 유무,

초지를 중심으로 주변 수목지구와의 확연한 차이 등)을 근거로 판단할 수밖에 없는 상황이며, 특히 마을 주민들의 제보에 의한 공간적인 범위가 방목지로서의 경계를 파악하는 데 큰 도움이 된다. 따라서 이러한 방목지 경계의 범위와 방목활동을 통한 생활사의 파악은 시간을 두고 해결해야 할 과제이기도 하다.

〈사진 5〉는 최근 교래곶자왈 내에서도 자연휴양림 내로 들어온 일부 소의 모습이다. 아마도 자연휴양림의 주변 방목지에서 방목되던 소가 길을 잃어 자연휴양림 내부까지 들어온 것으로 추정된다. 이처럼 현재도 자연휴양림 동쪽 지구에서는 소 방목이 행해지고 있으며, 소들은 아주 험악한 장소가 아니면 자유롭게 풀을 뜯는 과정에서 곶자왈 내부까지 들어오는 경우가 종종 발생하곤 한다. 결과적으로 생각해 볼 때 나무들이 빽빽하게 들어서 있는 곶자왈의 핵심지구가 아니면, 소들은 얼마든지 먹이활동을 하면서 웬만한 장소까지는 들어갈 수 있음을 알 수 있다.

〈사진 6〉은 생태학습장 내의 우마로(牛馬路)이다. 좌우로는 키 작은 나무인 상산(常山)이 가득 들어서 있는데, 가운데는 과거의 우마로가 확연하게 드러나고 있다. 이와 같이 사람과 우마들이 다니는 우마로

〈사진 5〉 자연휴양림 내의 방목활동(2013년) 〈사진 6〉 생태학습장 내 방목을 위한 마소길

를 중심으로 주변 지역은 모두가 우마를 방목할 수 있는 적지라 할 수 있다. 한 가지 주의해야 할 점은 앞에서도 지적했듯이, 과거 1970년대의 방목지는 현재와 같이 나무들이 조밀하게 들어선 상태가 아니었음을 인식할 필요가 있다는 것이다.

한편, 〈사진 7〉과 〈사진 8〉에서 확인할 수 있는 것처럼, 1970년대의 방목지는 과거에 산전을 경영하던 장소에서도 행해졌기 때문에, 이들 장소는 시기를 달리하면서 다용도로 활용되었음을 이해할 수 있다. 앞서 정리한 것처럼, 산전은 1894~1950년대까지 주로 행해졌기 때문에 대규모 방목지로서의 활용은 그 이후부터 1970년대까지로 설정할 수 있다. 물론 1950년대 이전에도 방목은 여러 지구에서 행해졌지만, 산전으로 개간된 장소에는 우마들이 들어오지 못하도록 경계용 밭담을 에워 쌓기 때문에 주변에서 방목하는 우마들의 침입을 막을 수 있었다. 결국 〈사진 7〉과 〈사진 8〉의 모습은 산전을 경영하고 난 이후에 우마방목이 행해졌던 장소임을 알 수 있다.

〈그림 3〉에서 보는 것처럼, 1960년대 이후 제주도의 소 사육은 크게 2번의 절정기를 거치며 변화하고 있다. 2번의 소 사육 절정기 중 1980년대 이후의 소 사육이 대규모의 목장기업과 전업농가에 의한 것

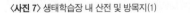

〈사진 7〉 생태학습장 내 산전 및 방목지(1)   〈사진 8〉 생태학습장 내 산전 및 방목지(2)

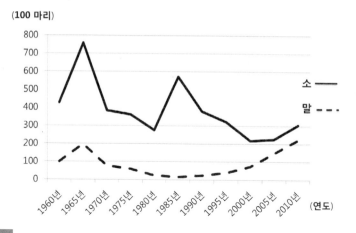

(100 마리)

〈그림 3〉 제주도 우마 사육두수의 변화(1960~2010년) 출처: 강성기(2016: 24).

이라면, 1960년대 중반경의 절정기는 주로 개별 농가가 1~2두 정도를 사육하는 필연적 상황에 따른 것임을 이해할 필요가 있다. 따라서 1960~70년대의 소 사육은 많은 농가가 참여하는 상황이었기 때문에 소를 사육하는 개별농가에서는 방목지의 확보 문제가 상당한 고민거리가 아닐 수 없었다. 이로 볼 때 제주도 내 곶자왈과 그 주변 지역은 장소의 좋고 나쁨의 차원을 떠나 소의 먹이활동을 지속적으로 행할 수 있는 방목의 적지로서 인식되고 있었던 것이 분명하다.

숯가마

숯가마와 숯막은 숯을 생산할 때 사용하는 시설이다. 제주도에서도 조선시대 중·후기부터 일제강점기를 거쳐 1960년대까지 숯을 구워 어려운 살림을 이어가고자 했던 농가들이 의외로 많았다. 당시에 숯은 집안에서 사용할 연료로서도 중요했지만, 어려운 시기에 시장에 내다팔고 주식용인 보리쌀과 생필품을 구입하기 위한 대체수단으로 많이 활용되었다.

제주도에서 일반적으로 행해지던 숯 굽기 시설, 즉 숯가마의 종류는 〈표 1〉에서 보듯이 크게 2가지로 구분할 수 있다. 먼저 하나는 주로 조선시대 말부터 일제강점기 이전 시기까지 사용하던 전통적인 숯가마로서 돌숯가마(곰숯가마)이고(사진 9~11), 다른 하나는 해방 이후부터 1960년대 중반까지 사용하던 다소 개량된 1회용 숯가마(이동형 숯가마, 파괴형 숯가마 또는 흙숯가마)이다(사진 12 및 그림 4). 대체적으로 보면, 고정형인 돌숯가마로부터 1회용 숯가마로 발전된 것으로 판단되며, 숯을 생산하는 양은 전자에 비하여 후자가 많다고 할 수 있다. 특히 후자의 경우는 숯 재료의 양적 확보에 따라 숯가마의 크기를 조정할 수 있다는 큰 장점을 가지고 있다.

돌숯가마와 1회용 숯가마는 여러 가지 관점에서 대비되는 점이 많다. 돌숯가마는 비교적 오랜 역사를 이어온 재래형으로서 주로 값비싼 백탄(白炭)을 생산하는 데 반해 1회용 숯가마는 개량형으로서 한 번

〈표 1〉 제주도 내에서 발견되는 숯가마의 종류와 숯막

숯가마 형태	사용 시기	용도	비고
돌숯가마(곰숯가마)	조선시대 말~ 일제강점기 이전	백탄 생산	선흘·교래·구억곶자왈 등지에서 주로 발견
1회용 숯가마(흙숯가마)	해방 이후~ 1960년대 중반	검탄 생산	원형 혹은 타원형의 돌담만 남아 있음
숯막(움막)	조선시대 말~ 1960년대 중반	일시적 휴식처 혹은 일시적 거주지	내부에 직방형 혹은 정방형의 화덕시설(돌)을 갖춘 숯막도 존재

출처: 강창화·정광중(2014: 161, 〈표 3〉)의 자료를 부분 수정.

에 많은 양의 숯을 생산할 수 있다는 장점은 있지만, 저렴한 검탄(黔炭)을 생산하는 데 주로 이용되었다. 이러한 차이는 숯가마의 축조기술이나 완성된 숯가마의 견고성 혹은 숯 재료와 이용처, 판매처 등에 따라 달라지는 것이며, 제주도민들이 재빠르게 숯을 생산하여 시장에 내다팔 수 있는 숯으로는 1회용 숯가마에서 생산한 검탄이 안성맞춤이었던 것으로 판단된다.

더불어 백탄과 검탄의 질적인 차이는 구워내는 온도가 다르고, 사용 시에 화력이 다르다는 점에서도 확인된다. 다시 말하면, 백탄은 보통 1,000℃ 이상의 고온에서 구워내고, 검탄은 400~700℃ 사이에서

〈사진 9〉 선흘곶자왈 내 돌숯가마

〈사진 10〉 선흘방목지 내 돌숯가마

〈사진 11〉 구억곶자왈 내 돌숯가마

〈사진 12〉 선흘곶자왈 내 1회용 숯가마 터

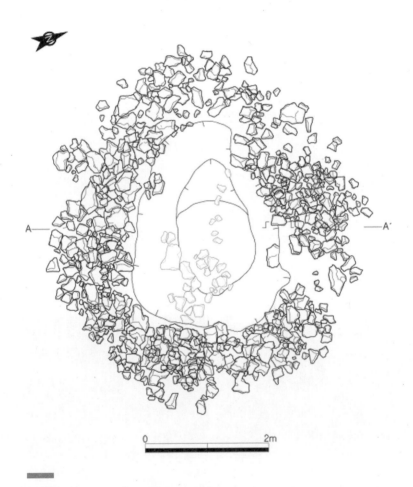

<그림 4> 1회용 숯가마 실측도 출처: 강창화·정광중(2014: 164).

구워내기 때문에, 제조된 상태의 숯의 강도가 전혀 다르다. 결과적으로 백탄은 사용 시에 한번 불이 붙으면 강력한 화력이 나타나게 되고 운반 시에도 잘 부서지지 않는 특성을 지니는 데 반해, 검탄은 상대적으로 화력이 약하고 운반 시에도 잘 부서지는 특성을 지닌다. 백탄을 생산하는 과정에서는 1,000℃ 이상의 고온 상태를 유지해야 하기 때문에 검탄 생산과정과는 달리 엄청난 양의 땔감이 필요하다. 결국 백탄을 생산하는 돌숯가마의 축조는 전문가의 숙련된 기술과 경험이 필요하다고 말할 수 있다(정광중 외, 2013: 43).

돌숯가마와 1회용 숯가마의 차이점은 숯을 생산하는 과정이나 횟수에서도 달라진다. 우선 돌숯가마에서는 한번 숯가마를 축조하면 같은 숯가마에서 몇 번이든 제조할 수 있는 데 반해, 1회용 숯가마는 단 한 번 숯을 제조하고 나면 숯가마 자체를 헐어버리는 상황이 된다. 따라서 돌숯가마는 한번 축조하고 난 후에도 재사용을 위해서는 숯가마를 헐어내지 않은 채 아궁이 쪽에서 제조한 숯을 꺼내기 때문에 숯가마 자체가 그대로 남게 되지만, 1회용 숯가마는 제조한 숯을 꺼내는 과정에서 완전히 헐어내기 때문에 숯가마의 외형은 남지 않게 된다. 결국 1회용 숯가마의 경우는 가장자리에 원형 또는 타원형의 돌무더기만 남게 되는 것이다(사진 12 및 그림 4). 오늘날 곶자왈 내에서도 온전한 1회용 숯가마를 볼 수 없는 이유가 바로 여기에 있다. 더불어 돌숯가마의 축조에는 찰흙을 사용하기는 하지만 주재료가 돌인 반면 1회용 숯가마는 쉽게 헐어낼 수 있도록 하기 위해 주로 흙을 사용한다. 물론 1회용 숯가마의 축조에도 숯가마의 바깥 부분에는 어른의 허리 높이만큼 돌을 쌓아올려 숯 생산과정에서 외형을 유지할 수 있도록 하는 것이 일반적이다. 한 가지를 더 추가하자면, 돌숯가마에서 제조하는 백탄의 재료는 주로 참나무과 계통(종가시나무, 상수리나무, 붉가시나무 등)이 중심이지만, 1회용 숯가마에서 제조하는 검탄의 재료는 참나무과 계통이 아니더라도 동백나무, 꾸지뽕나무, 단풍나무, 참식나무, 조록나무 등 주변에 자생하는 다양한 종류를 선택적으로 취할 수 있다는 점이다.

〈사진 9~11〉은 선흘곶자왈과 선흘리 방목지(마장) 및 구억곶자왈(영어교육도시 내)에 현존하는 돌숯가마들이다. 〈사진 9~10〉은 원형이 그대로 잘 남아 있는 사례이며, 〈사진 11〉은 아궁이와 정면 천장 쪽의 일부가 파손된 상태로 남아 있는 사례이다. 이 외에도 제주도 내에는 여러 지역에 돌숯가마의 존재를 확인할 수 있지만, 대부분 많이 파손된 채 발견되고 있는 것이 현실이다.

교래곶자왈에서도 위에서 정리한 돌숯가마와 1회용 숯가마가 모두 발견된다. 그러나 현시점에서 각각의 숯가마가 어느 정도 남아 있는지에 대한 정량적인 데이터의 확보는 앞으로 풀어야 할 숙제이다. 〈사진 13~14〉는 자연휴양림 탐방로에서 확인되는 돌숯가마로서, 전면부가 일부 파손된 형태로 남아 있다. 이 돌숯가마는 마지막으로 숯을 굽는 과정에서 전면부 쪽에서 완성된 숯을 꺼내면서 전면부가 파손된 것으로 추정된다. 지형적으로는 후면부 쪽이 다소 높아지는 경

〈**사진 13**〉 자연휴양림 내 돌숯가마(전면부)   〈**사진 14**〉 자연휴양림 내 돌숯가마(후면부)

사면을 이용하여 축조한 것으로 판단되며 숯가마 내부를 살펴보면 현무암이 서로 꽉 맞물린 형태로 축조되었음을 확인할 수 있다. 이 돌숯가마의 크기는 앞에 제시한 3개의 돌숯가마와 거의 비슷한 것으로 판단된다. 현재 이 돌숯가마는 후면부(배연구 쪽)와 양 측면이 비교적 상태가 양호한 데 반해 전면부가 점차 파손되고 있기 때문에, 일단 더 이상 파손되지 않도록 보호조치가 필요한 상황이다. 이 돌숯가마 주변에는 산전과 방목지로 이용되었던 장소들이 위치해 있고 탐방로 안쪽으로는 1회용 숯가마, 숯막, 창고용 시설(돌담) 등도 분포되어 있다.

생태학습장 탐방로 주변에서는 아직 돌숯가마는 확인할 수 없고, 1회용 숯가마 터 4~5기를 찾아볼 수 있다(사진 15~17). 1회용 숯가마는 앞에서도 정리한 바와 같이 숯을 제조하고 난 후에 숯가마 자체를 파괴해 버린 관계로 그 외형은 전혀 남아 있지 않고, 가장자리에 원형의 돌담만 남아 있다. 이 돌들은 숯가마의 외형을 갖추면서 동시에 숯을 굽는 과정에서는 내부가 쉽게 무너져 내리는 것을 방지하기 위한 버팀용 돌이다. 이 돌들은 주변에서 손쉽게 얻을 수 있는 것들이며, 누군가가 한번 사용하고 나면 다시 다른 사람이 사용할 수도 있기 때문에 1회용 숯가마의 흔적은 아주 불규칙적으로 교란되어 있는 경우도 허다하다. 따라서 외견상으로만 1회용 숯가마의 흔적을 찾아내기가 어려운 경우도 많다.

〈사진 15~17〉에서 확인되는 것처럼, 숯을 한번 굽고 난 장소는 장시간 높은 온도가 지면으로 통하기 때문에 웬만해서는 큰 나무들이 성장할 수 없는 상황이 된다. 그 이유는 강한 열기가 지면으로 전달되어 식물이 생육할 수 없을 정도로 토양 속 미생물의 활동을 차단해 버리기 때문이다. 그렇기 때문에 〈사진 15〉와 〈사진 16〉에서 보는 바와 같이, 큰 나무는 성장할 수 없게 되고 〈사진 17〉과 같이 이끼류와 고

사리 등 양치류만 주로 자생하는 환경이 된다. 숯가마의 규모로는 3개의 1회용 숯가마 중에서도 〈사진 15〉와 〈사진 16〉이 소형에 속하고 〈사진 17〉이 중형에 속한다고 할 수 있다. 숯가마의 소형(직경 4m 미만)과 중형(직경 4~5m 이내), 대형(직경 5m 이상)의 차이는 한 번에 구워 내는 숯의 양을 판단하기 위한 구분으로, 결과적으로 숯가마의 바닥

〈사진 15〉 생태학습장 내 1회용 숯가마 터(1)

〈사진 16〉 생태학습장 내 1회용 숯가마 터(2)

〈사진 17〉 생태학습장 내 1회용 숯가마 터(3)

면적을 기준으로 하여 어느 정도의 높이까지 숯 재료를 쌓을 수 있을지를 판단하는 기준이 된다. 〈사진 15〉와 〈사진 16〉의 1회용 숯가마는 지면에서 보통 숯 재료의 높이가 1~1.3m 내외이고 〈사진 17〉의 것은 1.5~1.8m 내외의 높이로 추정된다. 따라서 대형으로 갈수록 바닥 면적이 넓기 때문에 숯 재료도 높고 넓게 쌓을 수 있어서, 한 번에 많은 양의 숯을 제조할 수 있는 것이다.

숯막

숯막은 숯을 제조하는 기간 동안 일시적으로 휴식과 휴면, 식사 그리고 추위를 피하는 데 이용하는 시설이다(표 1). 숯막은 숯을 제조하는 기간 중에만 일시적으로 사용하는 임시 거주지이기 때문에 내부에 칸 구조나 그 외 특별한 시설이 되어 있지는 않다. 그러나 숯을 굽는 기간이 대개 11월 이후부터 다음 해 2~3월까지이기 때문에 강풍과 추위를 이겨내기 위하여 화덕시설을 갖춘 숯막도 일부 있다(정광중, 2014: 7).

숯막은 외형적으로 구분하면 원형(타원형, 사진 18)과 방형(사진 19)으로 나눌 수 있는데, 지금까지 조사된 결과로만 본다면, 전자인 원형(타원형) 숯막이 압도적으로 많다. 그리고 현재까지 숯막이 가장 밀도 높게 산재해 있는 곶자왈은 선흘곶자왈로 판단되며 50기 정도가 확인되었다(강창화·정광중, 2014: 156).

교래곶자왈 내 자연휴양림 탐방로에서도 숯막은 쉽게 찾아볼 수 있다. 탐방로를 따라서 대략 10여 기를 충분히 볼 수 있는데 거의 대부분은 원형 숯막이고, 어른의 무릎 또는 허리 높이까지 외담 형식으로 돌담이 쌓여진 것이 주를 이룬다. 〈사진 18〉에 보이는 숯막은 비교적 규모가 크고 겹담으로 축조되었으며, 또 내부에는 직방형의 화덕시설을 만들어 놓고 있다(사진 20). 따라서 이 숯막의 보존가치도 매우 높다고 말할 수 있다. 특히 이 숯막은 한번에 성인 남성 7~8명이 휴식을 취할 수 있을 정도로 내부공간이 넓고 겹담으로 견고하게 축조한 것으로 보아, 그 당시에도 연속적으로 숯을 제조했던 집단(동아리)이 축조하여 사용한 것으로 판단된다.

한편 숯막 내부에 설치된 화덕시설은 비교적 간단한 손 씀씀이로도 만들 수 있는 보온용 혹은 조리용 시설이다. 이와 같은 숯막 내 화덕시설은 지금까지 확인한 바로는 그리 많은 수는 아니지만, 형태별로는 정방형(사진 20), 직방형(사진 21) 및 원형(사진 22)이 확인된다. 〈사진 20〉과 〈사진 21〉에 보이는 정방형·직방형의 화덕시설은 현무암 판석을 이용하여 땅속에 일부를 고정한 형태이고, 〈사진 22〉와 같은 원형 화덕시설은 둥근 현무암을 단순히 지면 위에 둥그렇게 모아놓은 형태를 취하고 있다. 2가지 형태를 비교해 보면, 불씨를 보관하거나 다른 쪽으로 번지지 않도록 하는 기능적 측면에서는 정방형과 직방형이 상대적으로 안전하고 효율성이 뛰어난 것이라 말할 수 있다.

숯막은 숯을 제조하는 기간에 사용하던 임시용 거주지이기 때문에, 그 사용 시기도 길게 이어지는 것이 특징이다. 앞에 제시한 〈표 1〉에서 확인할 수 있듯이, 숯막은 조선시대 말, 즉 돌숯가마에서 백탄을 제조하던 시기에서부터 이후 1회용 숯가마에서 검탄을 제조하던 1960년대 중반까지도 보편적으로 사용되었다. 이로 볼 때 숯막은 제조하는 숯의 종류에 관계없이 숯가마와는 불가분의 관계에 있었음을 알 수 있다. 따라서 오늘날 돌숯가마든 1회용 숯가마든 숯가마가 존재하는 곶자왈 내의 특정 지구에서는 숯막도 쉽게 확인할 수 있다.

이어서 생태학습장에 위치한 숯막에 대해 정리해 보자(사진 23, 산 54-6). 현재 생태학습장 탐방로에서 숯막은 1기만 확인할 수 있다. 그

〈**사진 18**〉 자연휴양림 내 숯막(원형)　　　　〈**사진 19**〉 선흘곶자왈 내 숯막(방형)

〈**사진 20**〉 자연휴양림 내 숯막 화덕시설(정방형)　　〈**사진 21**〉 선흘곶자왈 내 숯막 화덕시설(직방형)

〈**사진 22**〉 선흘곶자왈 내 숯막 화덕시설(원형)

러나 탐방로에서 좀 더 내부로 진입하여 면밀한 조사를 진행한다면, 숯막은 물론 숯가마도 추가적으로 찾아낼 수 있을 것이라 추정된다. 생태학습장 내에 위치하는 숯막은 1평 남짓의 작은 면적을 보인다. 그리고 조사 시점에서의 잔존 형태는 크고 작은 현무암을 1~2단 정도로 가장자리에 쌓아올린 원형구조를 취하며 일부 돌담은 허물어져 있다. 숯막의 골격을 구성하는 큰 돌의 크기는 직경 약 35~40cm이고 작은 돌은 직경 약 15cm 내외이다. 숯막에 사용한 돌의 출처는 바로 인근에 있는 함몰지로 추정되며(사진 24, 산 54-6), 숯막과의 거리는 약 15m이다. 이 함몰지에는 지금도 크고 작은 돌들이 이끼를 머금은 채 돌무더기를 이루고 있으며, 거리가 가까운 이점 때문에 손쉽게 돌들을 운반하여 활용할 수 있는 상황이다.

이 숯막은 주변부가 산전으로 이용했던 지구로 확인되고 있기 때문에 사용 시기와 관련하여 산전 경영 시와의 관련성 여부가 중요한 관점이 될 수 있다. 여기서 단정 지을 수 있는 문제는 아니지만, 필자가 보는 견해로는 생태학습장 내에서 발견되는 숯가마가 1회용 숯가마이기 때문에, 이 숯막도 해방 이후~1960년대 중반 사이에 사용된

〈사진 23〉 생태학습장 내 숯막   〈사진 24〉 생태학습장 내 숯막 인근의 함몰지

것으로 판단된다. 더불어 현재 남아 있는 숯막의 돌담구조로 볼 때, 이 숯막은 생계를 위해 임시방편으로 숯을 제조하며 비교적 짧은 기간 동안만 사용한 것이 아닌가 추정된다. 숯막 내부에 화덕시설이나 그 외의 특별한 시설은 없다.

1회용 숯가마 또는 보관용 창고시설

곳자왈 내 보관용 창고시설이라고 해서 숯막이나 1회용 숯가마 터와 특별히 다른 점은 없다. 따라서 단순히 돌담구조를 전제로 창고용 시설인지, 숯막인지 아니면 1회용 숯가마 터인지를 구별해 내기란 결코 쉽지 않다. 결국, 한 가지 판단 기준은 주변부에 산재한 다른 자원(숯막, 숯가마, 산전, 방목지 등)과의 관련성에서 유추할 수밖에 없다.

예를 들어 〈사진 25〉를 보면, 이런 해석이 어느 정도 가능해진다. 교래곶자왈 내 자연휴양림 탐방로 주변에는 이미 앞에서 정리한 것과 같이 겹담으로 축조된 숯막(사진 우측)이 위치해 있고, 5~6m 거리를 두고 숯막 좌측에는 1~3단 구조의 돌담시설이 있다. 그리고 숯막으로부터 약 3m 거리에 아주 작은 공간을 이루는 돌담구조가 있는데 이것은 변소 용도인 것으로 추정된다. 따라서 이러한 상황이라면, 좌측의 돌담구조는 1회용 숯가마나 아니면 보관용 창고시설로 볼 수도 있다는 것이다. 그 배경을 이해하는 데는 숯막과 변소 및 산전 등의 돌담시설이 위치하는 지구가 전체적으로 볼 때 중산간 주민들이 산전을 경영했던 경제활동의 역사를 가지고 있다는 사실을 적용할 수 있다.

한편, 산전 경영이든 숯 제조든 동일한 시기에 여러 농가들이 동시에 경제활동을 행하였다고 한다면, 창고용 시설로 추정되는 돌담구조는 1회용 숯가마 터로도 추정해 볼 수 있다(사진 26). 현재의 탐방

〈사진 25〉 자연휴양림 내 숯막, 보관용 창고(또는 1회용 숯가마 터), 변소

〈사진 26〉 보관용 창고(또는 1회용 숯가마 터)의 확대 모습(사진 25의 좌측 돌담)

로 주변은 주로 초지성 식물이 우세하고 있어서 돌담시설 안에 특정 식물이 점거한 상태도 아니고, 동시에 그 내부에 특별히 창고용인지 숯막인지 아니면 1회용 숯가마인지를 가늠할 근거가 전혀 없기 때문이다.

만약에 여기에 제시한 돌담시설이 보관용 창고시설이라면, 이것은 수확한 작물을 일시적으로 보관해 두거나 숯가마에서 제조한 숯을 임시로 보관해두는 용도로 사용했을 것으로 추정해볼 수 있다. 특히 농작물의 수확시기에 갑자기 비가 오거나 혹은 숯가마에서 제조한 숯을 한 번에 운반하지 못하는 경우에는 임시적으로나마 보관용 시설이 필요할 수밖에 없다. 현재의 돌담시설만을 놓고 온전한 보관용 창고시설이라고 할 수는 없지만, 이전 시기나 이후 시기에 다른 사람이 사용했던 1회용 숯가마를 나중에 다른 사람이 보관용 창고시설로 사용할 수는 있다. 더불어 그 반대의 상황을 고려해볼 수도 있을 것이다.

생태학습장 탐방로 주변에서도 창고용 시설이라 생각되는 돌담시설은 여러 장소에서 확인되지만, 현시점에서는 단정 지을 만한 근거가 매우 희박하다. 따라서 이 점과 관련해서는 향후 면밀한 재조사가 필요하며, 특히 교래 마을을 중심으로 당시의 경험자들과 면담이 필요한 상황이라 할 수 있다.

변소

변소는 사람들의 배변공간이다. 현실적으로 생각할 때 곶자왈 내에서의 배변활동은 굳이 특정 장소를 선택하지 않더라도 언제 어느 곳에서든 가능할 것이라 판단되기도 하지만, 정기적으로 오랜 시간을 상주하며 농목업 활동을 하는 경우에는 변소도 특정 장소에 만들어야 할 필요성이 제기된다.

곶자왈 내부에 변소를 설치해야 하는 상황이라면 적어도 3가지 정도의 전제 혹은 이유가 있어야 설명이 가능해질 수 있을 것이다. 첫째로는 일단 곶자왈 내의 특정 지구에서 비교적 장기간 아니면 주기적으로 들어와서 경제활동에 종사하는 사람들이 있어야 한다는 것이다. 둘째로는 곶자왈의 특정 지구 내에서 경제활동을 하는 사람이 많아야 한다는 것이다. 셋째로는 곶자왈의 특정 지구 내에서의 위생적인 문제를 고려함과 동시에 농목업 활동에 따른 지장을 없앨 필요가 있기 때문이라는 점이다.

결국 교래곶자왈 내 자연휴양림 탐방로 주변에서 발견되는 변소도 위에 적시한 3가지 정도의 전제나 이유가 있어서 설치했을 가능성이 높다. 〈사진 27~28〉은 자연휴양림 탐방로 주변에서 발견되는 변소 추정의 돌담시설이다. 〈사진 27〉은 원형으로 돌을 2~3단 쌓아올려 축조한 형태이고, 〈사진 28〉은 다소 길쭉한 타원형으로 돌을 2~3단 쌓아올려 축조한 형태이나 한쪽 부분이 일부 허물어진 상태이다. 변소의 형태로만 판단해보면, 〈사진 27〉의 변소는 대소변이 바로 아래쪽 지면에 모이도록 구안된 것으로 보이며, 〈사진 28〉의 변소는 대소변이 어느 정도 모이면 어느 한쪽 방향으로 흘러들어가거나 혹은 인위적으로 한쪽에 모아 놓을 수 있도록 구안된 형태라 생각된다. 따라서 〈사진 27〉에 비하여 〈사진 28〉이 대소변 양이 많아졌을 때 임시적으로나마 한쪽 방향으로 이동시켜 처리할 수 있는 상황이 된다. 그리고 2개의 변소 바닥 지면에 요형(凹형) 구덩이를 만들었는지에 대해서는 조사 시점에선 확인할 수 없었지만, 당시 시용하는 사람 수나 그 외의 조건에 따라서는 충분히 그 가능성도 있다. 아울러 산전을 경영하는 농가에서는 저장해 둔 대소변을 비료로 사용했을 가능성이 높

〈**사진 27**〉 자연휴양림 탐방로 주변의 변소 1(추정)

〈**사진 28**〉 자연휴양림 탐방로 주변의 변소 2(추정)

다. 곶자왈 내의 토양조건은 여러 작물이 충분히 성장할 수 있을 정도로 비옥하지 않기 때문에 당시에도 인분은 매우 중요한 거름으로 인식되고 있었을 것으로 판단되기 때문이다. 생태학습장 탐방로 주변에서는 아쉽게도 변소에 가까운 돌담시설은 만날 수 없다.

경계용 돌담

곶자왈 내부에는 인위적으로 축조한 돌담이 곳곳에서 확인된다. 물론 이 돌담은 직선이나 곡선의 형태를 띠면서 길게 이어져 있는 사례도 있고 또한 중간중간에 끊겨 있는 사례, 그리고 중간중간에 끊겼다가 다시 이어지는 사례 등 다양하게 나타난다. 돌담의 높이도 각양

〈사진 29〉 생태탐방로 내 경계용 돌담(지번별 경계)

각색이다. 어떤 돌담은 1m 이상 높게 축조한 것도 있고, 또 큰 돌이 한 단으로만 길게 이어진 것도 있다. 나아가 돌담의 형태도 외담으로 쌓은 사례(사진 30)가 있는 반면, 겹담으로 쌓은 사례(사진 29, 사진 31)도 있으며, 필요에 따라서는 외담과 겹담으로 번갈아가며 축조한 사례도 있다.

이러한 돌담이 곶자왈 내의 특정 지구를 에워싸는 경계선의 기능을 담당하는 것은 분명하다. 그렇지만 곶자왈 내부가 수목으로 우거져 있기 때문에 특정 지구의 경계가 어디까지 이어지는지 파악하기는 매우 어렵고 또 정확한 용도를 가늠하기도 힘들다.

곶자왈 내부의 경계용 돌담은 크게 2가지로 나눌 수 있다. 하나는 지번(地番)을 나누는 경계용 돌담이다(사진 29). 곶자왈의 지목(토지 종류)은 거의 대부분이 임야이다. 임야에도 면적의 대소에 관계없이 지번을 붙이기 때문에 지번별로 경계용 돌담은 반드시 존재한다. 그리고 1m 이상 높게 쌓은 돌담이 아주 길게 이어지는 경우는 대부분 곶자왈 내 임야의 지번을 나누는 경계용 돌담이라 생각할 수 있다. 이 경계용 돌담은 일제강점기 초기 강압적인 토지조사사업에 의하여 구획되었거나 또는 1930년대 이후 마을 단위의 공동목장으로 불하받으면서 축조한 것들로서, 세금납입 등의 이유로 상당히 넓은 면적이 1필지로 등재된 사례가 많기 때문에 경계용 돌담도 길게 이어지는 경우가 태반이다. 또한 이들 곶자왈 내의 임야는 마을 소유인 경우도 많기 때문에 이런 경우에는 지번별로 당시의 마을 대표자(구장, 이장 등)를 비롯한 몇몇 사람들의 명의로 등재된 사례가 많다. 나아가 마을 소유 임야인 경우에는 1970년대까지도 마을공동목장으로 활용하는 사례가 많았기 때문에, 결과적으로 경계용 돌담은 특정 마을의 공동목장을 구획하는 경계로도 이용되었다.

〈사진 30〉 자연휴양림 내 경계용 돌담(산전 울타리용))

〈사진 31〉 생태탐방로 내 경계용 돌담(산전 울타리용)

다른 하나는 산전 등을 개간하면서 축조한 경계용 돌담이다. 따라서 이 경계용 돌담은 개간한 산전 면적이 비교적 작은 데다가 또 일정 지구를 에워싸는 듯한 형태로 돌담이 이어지기 때문에 한 장소 안에서도 쉽게 구분이 가능하다(사진 30~31). 보통 개간한 산전은 자기 소유의 것도 더러 있을 수 있지만, 그렇지 않은 경우가 더 많다. 따라서 특정 농가에 의하여 개간된 곶자왈 내 산전(임야)은 일제강점기 이후에 군 소유, 마을 소유 및 개인 소유 등으로 나뉘지만, 이전 시기인 조선시대 말까지는 무주공산인 곳이 허다했다.

여기서 한 가지 주의해야 할 점은 특정 농가에 의해 개간된 산전 울타리용 돌담과 일제강점기 이후 축조된 지번별(필지별) 경계용 돌담에 대한 축조 시기의 선후 문제이다. 이 점은 일률적으로 지적하기가 매우 어렵다. 산전으로 개발한 시기가 곶자왈마다 다르고 또 동일한 곶자왈 내에서도 여러 시기에 걸쳐 이용되었을 가능성이 높기 때문에, 2가지 경계용 돌담의 축조 시기는 앞뒤로 서로 얽혀 있다고 생각할 수 있다. 그러나 한 가지 분명한 사실은 시기적으로 볼 때 산전 울타리용 돌담이 지번별 경계용 돌담보다는 먼저 축조된 사례들이 존재한다는 점이다.

생활문화자원을 활용한
교육적 활용 방안

교래곶자왈 내 생태학습장 탐방로를 중심으로 한 교육적 활용 방안은 여러 가지 관점에서 목표를 설정하여 마련할 수 있겠지만, 여기서는 생태학습장 탐방로 주변에 산재하는 생활문화자원의 분포밀도를 전제로 개별적 자원의 활용 방안과 집단적 자원의 활용 방안으로 설정하여 접근하고자 한다.

개별적 생활문화자원의 활용 방안

조사 시점에서 볼 때 생태학습장 탐방로 주변에 분포하는 생활문화자원의 밀도는 그다지 높게 나타나는 상황이 아니다. 따라서 가장 먼저 생각할 수 있는 활용 방안은 탐방로 주변에 분포한 개별적인 생활문화자원을 따라 가면서 교육적 내용을 가미하여 탐방자들을 안내하며 교육하는 방안이다. 개별적 생활문화자원의 교육적 내용은 이미 앞에서 정리한 내용들을 정리하고 보완하여 활용할 수 있을 것이다.

개별적 생활문화자원의 활용 방안에서는 특별한 교육적 프로그램을 설정하여 접근할 필요성은 없다고 판단된다. 따라서 가장 보편적으로 행해지는 방식인 교육자(안내자)가 탐방자들을 인솔하여 탐방로의 순로를 따라가며 생활문화자원이 소재한 장소에서 특징적인 설명과 질의응답을 통해 교육활동을 벌이는 것으로 충분하다.

개별적 생활문화자원의 교육적 활용에서는 탐방자 수에 따른 문제가 발생하진 않겠지만, 탐방자들의 전체 탐방시간은 고려되어야 할 것으로 판단된다. 지극히 단순하게 2.1km의 탐방로 순로를 따라 산책하듯이 탐방하는 시간은 약 1시간 내외이다. 그러나 개별적 생활문화자원에 대한 교육내용이 추가된다면, 적어도 탐방시간은 1.5~2시간이 소요되기 때문에 생활문화자원에 대한 교육활동에서는 내용의 범위와 깊이를 고려해야 할 것이다.

앞에서 이미 생태학습장을 방문하는 탐방자 수가 별문제 되지 않는다는 전제를 달았지만, 탐방로의 너비(내폭 1m), 방문단체의 탐방시간, 그리고 생활문화자원이 위치하는 장소의 공간적인 범위 등을 고려할 때 매회 탐방자 수는 15명 내외 정도가 적정 수준이라 생각된다.

한편 생태학습장 내의 개별적 생활문화자원은 아래와 같이 대략 4종 8자원으로 요약할 수 있다(그림 5 참조). 기본적으로는 이들 자원을 중심으로 교육활동을 벌이는 것이 원칙이지만, 앞에서 정리한 교래곶자왈 자연휴양림 내의 생활문화자원과도 다양한 관점에서 비교하며 교육활동을 벌여나가는 것이 효과적이다. 과거에 교래곶자왈을 이용하던 중산간 주민들에게는 교래곶자왈 내부가 서로 연결되어 있는 공간이었고, 현재와 같이 자연휴양림과 생태학습장이 별도로 구분되어 있는 공간이 아니었음을 인식시키는 것도 중요한 내용이다.

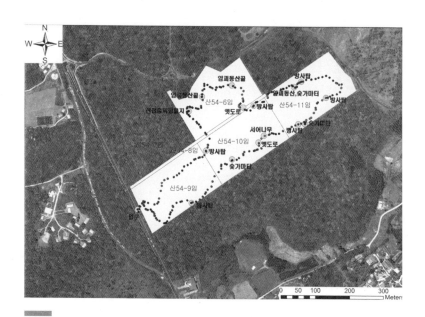

〈그림 5〉 교래곶자왈 생태학습장 탐방로 지번도 출처: 곶자왈공유화재단 제공(2016년 5월) 자료에 의함.

① 산전: 뚜렷하게 확인되는 곳은 3개소(산 54-10, 산 54-11, 산 54-6번지 내)임.

② 방목지: 일부는 산전 지구와 겹치며, 여러 곳의 함몰지나 용암 류의 암괴지구(산 54-11) 등을 제외한 전 지역(특히 과거에 방목하러 다니는 우마로가 3~4개 지점에 남아 있다는 사실에 유념).

③ 1회용 숯가마 터: 현재 3기 정도가 확인되며, 지번별(산 54-10번 지 1기, 산 54-11에 2기가 분포)로 이동거리가 꽤 있음.

④ 숯막: 1기(산 54-6번지의 산전 지구 내에 위치).

더불어 개별적 생활문화자원을 활용한 학습과정에서는 안내자가 각 자원에 대한 모델적 안내 교본(개별 생활문화자원에 대한 안내용 해설 자료 집)을 만들어 활용할 것을 제안한다. 물론 교본에 담긴 자원별 정보를 머릿속에 전부 담아낼 수 있다면, 구태여 현장에서는 활용할 필요가 없겠지만, 처음 만든 교본을 토대로 지속적으로 새로운 정보를 추가·수정하여 활용할 수 있는 근간이 되기 때문에, 자기만의 교본 만들기 는 매우 중요한 작업 중의 하나라 할 수 있다.

집단적 생활문화자원의 활용 방안

집단적 생활문화자원의 활용에서는 교육의 효율성과 함께 교육내 용의 심화를 위하여 2가지 전제가 필요할 것으로 판단된다. 먼저 생 태학습장 탐방로 주변에서도 비교적 생활문화자원이 집중된 지구를 찾아내고 특별 학습장소로 정하는 것이다. 이것은 생태학습장 전체 를 대신하는 교육장소로 선정하여 곶자왈의 개념과 기능, 특성에서부 터 과거 곶자왈의 다양한 이용 방식, 곶자왈의 지속 가능한 보전과 활용, 미래자원으로서 곶자왈의 존재 가치와 위상 등 곶자왈에 대한 전반적인 학습활동을 위한 전제이기도 하다. 더불어 이 과정은 제주의 곶자왈에 대해 주기적이고도 체계적인 교육활동을 위한 방법이라 할 수 있다.

이어서 두 번째의 전제는 집단적 생활문화자원이 입지해 있는 특정 지구가 선정되면, 해당 지구 내에 제주의 곶자왈에서 볼 수 있는 전형적인 생활문화자원 몇 가지를 추가로 복원하여 교육적 효과를 높일 수 있어야 한다는 것이다. 여기서 추가로 복원하는 생활문화자원은 별도의 논의가 필요하겠지만, 교래곶자왈에 전형적으로 나타나는 생활문화자원을 포함하여 주변 지역의 곶자왈을 빛내는 자원도 함께 고려할 필요가 있다. 궁극적으로는 탐방자들에게 생태학습장에서 제주 곶자왈의 과거와 현재 그리고 미래와 관련된 모든 지식과 정보를 제공하고 제주 곶자왈을 더욱더 홍보하고 보전하는 데 작은 힘이나마 보탤 수 있도록 시스템을 구축하는 것이 중요하다고 하겠다.

이상과 같은 2가지 전제를 토대로 생태학습장에서 집단적 생활문화자원의 활용을 통한 학습과정을 정리하면 다음과 같다. 우선 생태학습장 내에서도 생활문화자원이 복수로 분포하는 지구는 2개 지구를 정할 수 있을 것으로 판단된다. 생태학습장의 순로를 따라서 복수의 생활문화자원이 분포하는 2개 지구를 선정한다면, 산 54-6번지(그림 5 참조)에 위치하는 가칭 A지구(필요에 따라 적절한 별칭을 사용해도 좋을 것으로 판단된다.)와 산 54-10번지에는 위치하는 가칭 B지구이다.

이들 A와 B지구는 산전을 경영했던 지구로서 A지구에는 산전으로 이용했던 넓은 평지와 산전 가장자리를 에워쌌던 경계용 돌담이 있고, 또한 산전 경영 과정이나 주변 지구에서 숯을 제조할 때 사용했던 숯막(움막)이 자리 잡고 있다. 한편 B지구에는 산전으로 이용했던 일정 지구 내에 대소형의 머들이 다수 분포하고 있고, 가장자리에는 경계용 돌담이 겹담으로 둘러져 있다. 그리고 비교적 거리가 가까운 장소에 1회용 숯가마 터가 위치하고 있다. 또한 A, B지구를 포함한 주변 지구는 산전 경영이나 숯 제조가 끝난 이후에 다시 우마의 방목 활동이 이루어졌기 때문에 방목지의 존재도 무시할 수 없다.

이처럼 A, B지구의 공통점은 일정한 공간적 범위 안에 복수의 생활문화자원이 분포한다는 사실이고 거기에다 비교적 넓은 공간을 확보할 수 있어서 제주 곶자왈의 이모저모를 체험하며 학습하기에 편리하다는 점이다. 따라서 A, B지구에서는 한번에 많은 인원이 다양한 학습 프로그램을 소화하며 학습할 수 있는 장점을 가지고 있다. 특히 이런 장점은 초·중학교 학생들을 대상으로 한 집단 체험학습에 매우 유리한 상황을 제공할 것이다.

그러나 현시점에서 A, B지구에 잔존하는 생활문화자원만으로는 제주 곶자왈의 진면목을 이해하고 체험하기에는 매우 부족하다. 따라서 A, B지구에는 현재 교래곶자왈의 자연휴양림 내에 존재하는 돌숯가마, 창고용 시설, 변소 등과 주변 지역의 선흘곶자왈에 분포하는 노루텅(통), 4·3사건 당시 임시용 주거지(돌담시설), 물텅(통)(물웅덩이: 과거의 가축용 및 농사용), 화순곶자왈에 분포하는 일제강점기의 군사용 참호시설 등을 추가적으로 복원하여 체험학습에 활용할 것을 제안한다.

더불어 이들 생활문화자원을 A지구와 B지구에 각각 분산하여 복원하되, A지구에는 돌숯가마(1기)를 비롯하여 1회용 숯가마(1기), 창고용 시설(1개소), 변소(1개소) 등 일부 자연휴양림 내에 산재하는 생활문화자원을 복원하여 교래곶자왈의 특성이 묻어나는 집단적 생활문화자원을 통해 다양한 학습체험을 유도할 수 있었으면 한다. 이들을 복원하게 되면, 당시 교래 마을을 중심으로 한 중산간마을 주민들의 숯 제조, 산전 경영, 방목활동 등과 관련된 주제로 체험학습을 시도할 수 있다.

그리고 B지구에는 선흘곶자왈과 화순곶자왈에서 확인되는 생활 문화자원의 일부를 복원하되 산전의 가장자리에 노루텅(1~2기, 사진 32-A)과 물텅(1개소, 사진 32-B) 등을 복원하고 산전 내부에는 많은 머들을 몇 개 정리한 한 후에 그 돌을 활용하여 4·3사건 당시 주민들의 은거지 (1~2기)나 일제강점기의 참호(塹壕, 1기, 사진 32-C와 D) 등을 복원하면 도내 타 지역 곶자왈의 생활문화자원을 활용한 체험학습을 유도할 수 있 다. 이울러 B지구에서는 타 지역 곶자왈에서의 산전 경영과 더불어 사냥활동(야생노루 잡기), 일제강점기와 4·3사건 당시 일본군과 제주도 민들에 의한 곶자왈 이용 실태 등에 대한 주제를 전제로 학습활동을 진행하는 데 효율적이다.

위에서 복원을 제안한 교래곶자왈 자연휴양림 내의 생활문화자원 이나 도내 타 지역 곶자왈의 생활문화자원은 대부분 주재료가 돌이 다. 따라서 복원할 주재료는 생태학습장 내에서도 쉽게 얻을 수 있을 것으로 판단되나, 돌숯가마의 축조에는 찰흙과 함께 전문가의 기술적 도움이 필요할 수 있다. 나아가 복원할 개별적 생활문화자원의 규모 는 재원 확보와 장소 크기에 따라 축소하여 축조할 수도 있겠지만, 가 능하다면 이미 밝혀진 사례 하나를 모델로 선정하여 원형 크기와 똑 같은 형태로 복원하여 활용할 것을 제안한다.

다음은 집단적 생활문화자원을 활용한 학습공간을 조성하는 데 기본적으로 필요한 유의사항이기 때문에 적극적으로 참고할 필요가 있다.

〈사진 32〉 선흘곶자왈과 화순곶자왈의 생활문화자원을 복원·활용할 수 있는 사례들

① A, B지구 안에서도 학습공간을 어디까지로 설정할 것인지를 사전에 검토할 필요가 있다. 즉, 공간적인 범위를 일단 설정한 이후 생활문화자원의 복원 위치와 학습주제와의 연계성(동선 포함), 자원 활용의 효율성 등을 함께 고민할 필요가 있다.

② 학습공간이 정해지면, 학습공간 내부를 정리 정돈할 필요가 있다. 예를 들면, 산전의 가장자리에 허물어진 경계용 돌담을 가능한 한 자연스럽게 재축조하고, 학습 동선(動線)에 걸림돌이 되는 가시덤불, 불필요한 작은 나무들을 베어내고 또 안전사고를 유발할 수 있는 돌들을 정리하여 재배치한다.

③ 학습공간인 A, B지구에서는 학습과정에서 탐방자(학습자)들이 잠시라도 쉴 수 있는 휴식장소(나무 벤치, 돌 벤치, 나무 평상, 돌 평상 등 1~2개소)를 설치할 필요가 있다. 교육 프로그램에 참여하는 인원(10명, 15명, 20명 등)과 소요시간(30분, 1시간, 2시간 등) 등을 고려하여 휴식장소의 규모를 조정할 필요가 있다.

④ A, B 각 지구에 복원할 생활문화자원은 그것의 위치 선정, 규모(크기), 원형 등과 관련하여 깊게 고민해야 하며, 필요에 따라서는 학술 전문가 또는 복원 전문가 등의 자문을 받는 것이 바람직하다.

⑤ A, B지구에서 행하는 학습내용이나 주제를 탐방자들이 사전에 계획된 교육 프로그램을 통하여 학습하는 것이 바람직하다. 이와 관련하여 학습공간의 조성과 함께 교육 프로그램(탐방 프로그램 혹은 학습 프로그램)을 사전에 구안해 둘 필요가 있다. 특히 교육 프로그램은 교육대상을 전제로 일반인용과 학생용(초등학생용과 중학생용 정도)으로 구분하여 계획하는 것이 효과적이다.

마무리하기

이 글에서는 최근 교래곶자왈 내 생활문화자원을 대상으로 자원의 속성과 특성을 분석하고, 그 일부 지구에 새롭게 조성된 생태학습장이 교육적으로 활용할 수 있는 방안을 제안하는 데 노력하였다. 최근에 조성된 생태학습장과 이전에 이미 조성된 자연휴양림은 도로 하나를 사이에 두고 떨어져 있지만, 실제로는 교래곶자왈의 한 지구로 파악할 수 있다. 그렇기 때문에 2개의 지구에 산재하는 다양한 생활문화자원은 자원별로 축조 시기와 사용 시기는 다르다 할지라도, 교래 마을을 중심으로 주변부에 위치한 중산간마을에 거주하는 선후 세대의 지역 주민들에 의해 축조되어 주기적으로 사용돼 왔다는 사실만큼은 틀림없다.

교래곶자왈의 한 지구인 생태학습장에서 탐방자들을 교육시켜야만 하는 이유가 존재한다면, 그것은 교래곶자왈을 포함한 제주의 모든 곶자왈을 폭넓게 이해하고 체험하면서 제주의 상징적 자연자원인 곶자왈을 보전하는 일에 동참하게 하는 것이라 생각된다. 2000년대 초 곶자왈의 존재가 알려지기 시작한 이후에 곶자왈은 제주의 청정자연을 상징하는 독보적인 자리에 올라서 있음에도 불구하고, 한쪽에서는 곶자왈을 지속적으로 파괴시키고 있고, 또 다른 한쪽에선 곶자왈을 보전해야 한다며 아우성을 치고 있다. 곶자왈의 개발과 보전이라는 대립 관계에서 보면, 승자는 항상 돈을 앞세우는 개발 쪽이라 할 수 있을 것이다.

이러한 사실을 전제할 때 생태학습장에서의 교육활동은 미래세대까지 이어가야 할 소중한 공동자원인 곶자왈을 도 내외로, 전 세계로 알려나가는 가장 기초적 과정이자 또 다른 환경운동의 실천적 대안이라 할 수 있다. 이런 의미에서 앞으로 생태학습장을 제대로 정비하고 정돈하여 탐방자들을 교육시키는 작업은 상당히 고무적이고 의미 있는 일이 될 것이다. 앞으로 생태학습장에서 실행되는 교육활동이 제주 곶자왈의 생태교육은 물론 제주도와 대한민국의 공동체 자산으로서 보편적 가치를 전달할 수 있는 소중한 계기가 되었으면 한다.

선흘곶자왈에서의
숯 생산활동*

들어가기

제주지역에 있어서 곶자왈의 중요성은 이미 모든 제주도민이 잘
인식하고 있다. 더불어 2000년대에 들어오면서 곶자왈은 많은 시민
단체와 환경단체 등이 앞장서서 보전운동을 전개하는 가운데 더 이상
개발대상이 아닌 보전대상의 지위를 얻기에 이르렀다. 이러한 배경
속에는 2000년 이후 곶자왈에 대한 많은 연구가 크게 뒷받침된 사실
이 내재되어 있다.

지금까지 곶자왈 관련 연구는 크게 세 분야로 구분하여 정리할 수

---

* 이 글은 정광중 외에 강성기, 최형순, 김찬수 등 4인이 공동으로 발표한 연구논문(정광중·
  강성기·최형순·김찬수, 2013, 〈제주 선흘 곶자왈에서의 숯 생산활동에 관한 연구〉,《한국
  사진지리학회지》 23(4), 37-55.)의 핵심 내용이다. 이 연구의 핵심 내용을 개인 저서에 사
  용할 수 있도록 허락해 주신 세 분의 공동 연구자들께 깊은 고마움을 표한다.

있다. 첫째는 곶자왈의 자연 환경적 측면의 연구이다. 두 번째는 곶자왈의 개발에 따른 제 문제나 보전 필요성과 관련된 연구이다. 그리고 세 번째는 곶자왈의 민속과 생활경제 등을 토대로 제주도민들의 생활 자원적 이용 실태에 관한 연구이다.

곶자왈의 자연 환경적 측면 중 지형·지질과 관련해서는 송시태 (2000; 2002; 2003a; 2003b; 2003c; 2006)의 일련의 연구에 주목할 수 있다. 송시태의 연구는 지질학적인 측면에서 제주도 내 곶자왈(지대)의 구조적 특성을 밝혔을 뿐 아니라 제주도와 대한민국 사회에 곶자왈의 중요성과 보전의 필요성을 널리 알리는 단초를 제공한 일련의 연구로서 높게 평가할 수 있다. 전용문 외(2012)는 기존의 초목(草木)과 수목경관 (樹木景觀)에 중점을 둔 곶자왈의 개념을 용암의 형성과정에 따른 성인 (成因)과 관련지어 새롭게 정리함으로써 곶자왈의 특성과 공간적 범위를 설정하는 데 그간의 한계를 극복하고자 한 연구라 할 수 있다.

곶자왈의 식생과 관련된 연구로는 김대신·김봉찬·송시태(2008), 신정훈(2012)과 이경미 외(2012)의 연구를 들 수 있다. 이들 연구에서는 제주 곶자왈이 다양한 희귀식물의 분포지역이란 사실과 함께 생태적·입지적 특성을 밝히는 데 크게 기여하였다. 곶자왈 내의 습지와 관련된 연구로는 장용창·이찬원(2009)의 연구가 대표적이다. 이 연구에서는 곶자왈 내의 습지가 제주지역의 대표적인 습지 유형으로서 다양한 희귀식물들이 자생할 수 있는 생태적 환경의 최적지임을 밝히고 있다. 결과적으로 이들 식생이나 습지를 분석한 연구성과는 선흘곶자왈 내에 위치하는 다양한 습지가 람사르 습지(2011년)로 등록되는 학술적 근거가 되기도 하였다.

곶자왈의 개발에 따른 당면 문제나 보전의 필요성과 관련된 연구로는 현수남(2003)과 김효철(2008)의 연구가 있는데, 이들 연구에서는 곳자왈의 환경 보전적 측면을 제주도 전체의 개발 문제와 연관 지으면서 곳자왈 보전의 당위성과 가치적 중요성을 제시하였다.

한편 곳자왈의 민속이나 생활경제와 관련된 연구로는 정광중(2004; 2012)과 송시태 외(2007)의 연구를 주목할 수 있는데, 이들 연구에서는 제주도민들이 과거로부터 제주의 곳자왈을 어떻게 이용해 왔는지에 대한 실상을 상세히 검토하고 있다. 특히 이들의 연구는 지금까지의 곳자왈 연구가 자연 환경적 분야로부터 인문 환경적 분야로 영역을 확장했다는 점에서 이후의 연구에 큰 자극제가 되었다.

이상과 같이 곳자왈에 대한 기존의 연구 동향을 정리해보면 대부분은 곳자왈의 지형·지질적 특성을 비롯한 생태 환경적 특성, 곳자왈의 보전가치에 대한 고찰과 평가에 초점이 맞추어져 있으며, 인문 환경적 분야에서는 제주도민들이 곳자왈을 이용했던 일반적인 현황을 다루는 데 그치고 있다. 결과적으로 곳자왈에 대한 향후의 연구가 인문 환경적 분야로 더욱 확대되어 진행돼야 할 당위성이 부각된다.

제주 곳자왈에서의 숯 생산활동은 제주도민들의 부업 형태로 관여해온 특성상 재래산업 혹은 전통산업과도 맥을 같이한다고 볼 수 있다. 더불어 숯 생산과 관련된 재래산업은 지역성과 향토성이 뚜렷하게 반영되어 나타나는 특징을 지니고 있다. 이러한 측면을 고려하면, 곳자왈 지역에서의 숯 생산활동은 전통사회에서 생활경제의 일단면을 파악하는 데 안성맞춤의 연구주제가 될 수 있다.

지리학 분야에서는 그동안 사라져가는 재래산업 또는 전통산업에 대한 연구성과가 많이 축적되었는데, 그들 중에서도 특히 이청일(1991), 박양춘·이철우·박순호(1995), 조승현(2004) 등의 연구가 좋은 사례로 주목할 수 있다. 이들 연구에서는 우리나라의 대표적인 재래산업과 전통산업이 이루어지는 지역의 입지적 특성과 함께 시간적 변화과정을 고찰함으로써 재래산업과 전통산업에 대한 현대적 의미와 지역성을 밝히고 있다. 결국 본 연구에서 주목한 선흘곶자왈에서의 숯 생산활동도 거시적으로 보면 한국의 재래산업이나 전통산업의 시점과도 맥락을 같이한다고 볼 수 있으며, 결국 제주도민들의 숯 생산활동에 대한 연구 결과를 통해 전통 생활문화의 가치를 새롭게 인식할 수 있다.

따라서 이 글에서는 전통시대가 유지되던 시기에 선흘곶자왈에서 행해지던 제주도민의 경제활동 중 숯 생산활동과 관련된 실태를 고찰함으로써 인문지리학적 관점에서 잊혀가는 전통 생활문화의 가치를 높이는 데 중점을 두었다. 아울러 이 글에서는 2012년 3월부터 10월까지 여러 차례 현지조사와 마을 주민들로부터 청취조사[1]한 내용을 토대로 곶자왈에서의 숯 생산과정과 제반 활동상을 인문지리학적 관점에서 해석하고자 하였다.

한편 이 글에서는 곶자왈 내의 숯 생산과 관련된 구체적인 실태를 조사하기 위하여 제주 동부지역에 위치하는 선흘곶자왈을 연구지역으로 선정하였다(그림 1②). 선흘곶자왈을 연구지역으로 선정하게 된 배

---

1)　청취조사와 관련하여 대상자 선정과 조사 시기는 다음과 같다. 먼저 숯 생산과정과 활동에 대해서는 선흘1리에 거주하는 부○룡 씨(74세)와 고○봉 씨(75세) 2명으로 한정하여 집중적으로 청취하였고, 그외 숯 판매과정이나 당시의 마을 경제상황 등에 대해서는 5명의 마을 주민으로부터 청취하였다. 특히 숯 생산과정과 활동에 대한 조사 대상을 2명으로 한정할 수밖에 없었던 이유는 지역 주민 중 숯 생산경험을 가진 사람들이 대부분 사망하였거나 경험하고 있어도 극히 일시적인 시기의 경험을 가진 사람들만 남아있었기 때문이다. 더불어 2명의 청취조사 대상자는 당시 선흘1리 이장인 박○수 씨(59세)의 적극적인 추천이 있었다. 2명의 숯 생산 경험자들에 대한 청취조사는 부○룡 씨와는 2012년 6월 9일과 19일에 걸쳐 2차례, 고○봉 씨와는 2012년 7월 6일 1차례에 걸쳐 이루어졌다. 그리고 5명의 마을 주민과는 현지조사 시에 마을 내부에서 만난 60~70대의 남성(3명)과 70~80대의 여성(2명)들로, 2012년 5~8월 사이에 간헐적으로 이루어졌다.

경에는 선흘곶자왈이 과거로부터 제주의 최대 상록활엽수림을 보이면서 숲의 주재료인 종가시나무를 비롯하여 구실잣밤나무, 동백나무, 팽나무, 꾸지뽕나무 등이 우점하는 지역으로 1960년대 초까지만 해도 마을 주민들의 일상생활에 필요한 도구용 수종들이 풍부하게 생육하는 지역 특성과 함께(제민일보곶자왈특별취재반, 2004), 실제로 마을 주민들에 의한 숯 생산활동이 대대적으로 이루어졌기 때문이다. 이러한 사실은 몇 번에 걸친 예비조사를 통해 확인하였으며, 실제로 숯을 생산했던 장소를 토대로 인터뷰 조사가 가능했다는 배경도 중요한 요인으로 작용하였다.

제주도 내에 분포하는 곶자왈을 지역적으로 보면, 크게 구좌-성산곶자왈, 조천-함덕곶자왈, 애월곶자왈 및 한경-안덕곶자왈 등 4개 지역으로 나눌 수 있다(그림 1①). 선흘곶자왈은 제주도 북동쪽에 자리 잡고 있으며, 거문오름에서 북오름을 지나 속칭 '선흘곶'까지 약 7km에 걸쳐 이어진 곶자왈 지대를 말한다(전용문 외, 2012). 선흘곶자왈은 해발고도가 200m 이하 지역으로서, 입지적으로 볼 때 중산간지역의 주민뿐만 아니라 해안지역의 주민들도 생활에 필요한 목재 등을 구하기

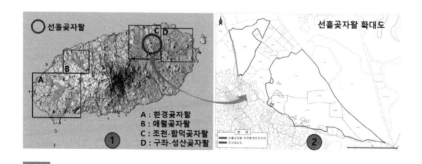

<그림 1> 제주도 내 곶자왈 분포(1-①)와 선흘곶자왈(1-②) 출처: 송시태(2000: 20)와 난대아열대산림연구소(2012)의 자료를 부분 수정.

위해 빈번하게 이용했던 장소적 특성을 지니고 있다. 또한 다른 곶자왈의 지질과는 달리 아아용암류(aa lava flow)와 함께 파호이호이용암류(pahoehoe lava flow)가 혼재하고 있는데, 이들 중 특히 파호이호이용암류의 분포는 선흘곶자왈 내에 크고 작은 습지들이 조성될 수 있는 결정적인 역할을 담당하고 있다.

더불어 선흘곶자왈에는 대규모로 종가시나무와 동백나무 등 상록활엽수림이 발달해 있으며 희귀식물인 제주고사리삼의 자생 지구도 분포하고 있다. 나아가 선흘곶자왈 내에 위치하는 동백동산은 1971년 생태적 가치를 인정받아 제주특별자치도 기념물 제10호로 지정되었으며, 또 2011년에는 람사르 습지로도 지정되었다. 특히 선흘곶자왈 내 동백동산 주변 지구는 자연을 벗 삼아 생태적 가치를 확인하려는 많은 탐방객과 초·중·고 학생들의 환경교육을 위한 중요한 학습 현장이 되고 있다.

선흘곶자왈 내 숯가마
유형별 특징 비교

선흘곶자왈 내 숯가마는 크게 두 가지 유형으로 구분할 수 있다. 하나는 아직도 원형을 유지하며 자리 잡은 돌숯가마('곰숯가마')[2]와 숯을 구웠던 터만 발견되는 1회용 숯가마[3]가 있다. 따라서 1회용 숯가마는 일정한 형태를 유지하는 숯가마의 외형은 존재하지 않으며, 단지 일정한 장소에 비교적 큰 돌로 가장자리를 둥그렇게 두른 흔적만 남아있는 상태이다.

선흘곶자왈 내에 위치하는 돌숯가마를 이용한 숯 생산과정은 지금까지 정확히 밝혀진 바가 없다. 이러한 사실은 이미 발행된 보고서나 단행본 속의 숯 굽기나 숯 생산에 대한 인터뷰 내용을 살펴보면, 주로 해방을 전후한 시기의 숯 굽기나 생산에 관한 내용이 주를 이루고 있다는 점에서 확인할 수 있으며, 따라서 앞으로 돌숯가마를 활용한 숯 생산과정에 대한 전모가 분명히 밝혀져야 할 것으로 판단된다.

그렇지만 돌숯가마에서의 숯 생산과정에 대한 해명은 그리 간단할 것 같지 않다. 그 이유는 현시점에서 그와 관련된 기록을 발견하기가 매우 어렵다는 점, 그리고 해방 이후 오랫동안 숯을 생산해오던 현 세대의 70대 이상 고령층도 돌숯가마에서 숯을 생산하는 장면을 목격하지 못했다는 점 때문이다. 다시 말해 돌숯가마에서의 숯 생산과정은 선친으로부터 단편적으로 이야기를 들었을 뿐, 직접 구워내는 장면을 목격한 일은 없다는 것이다.

---

2) '곰숯가마'로 부르는 배경에 대해서는 인터뷰(고○봉 씨)를 여러 차례 시도해 보았지만 확실한 근거를 밝혀내지 못하였다. 단지 인터뷰 내용에 따르면, 과거에 원형 숯가마에서 백탄(白炭)으로 된 잔 숯이 나와서 그것을 '곰숯'이라 불렀고, 숯가마 이름도 '곰숯가마'로 불렀다는 정도이다. 나아가 일부 주민들은 곰숯가마에서 나온 숯을 '게스미'라고도 불렀던 모양이다. 따라서 경우에 따라서는 현재의 원형 숯가마를 '게스미가마'라고도 불렀던 듯하다. 여기서 '게스미'의 의미가 제주 고유어인지 일본어인지는 확실하지 않다. 만약에 '게스미'가 일본어라 한다면, 한자로 표현했을 때 '下炭(게스미)'가 되지 않을까 생각된다. 말하자면, 숯을 굽고 난 후에 가장 밑바닥에 남은 숯 또는 가장 낮은 등급의 숯을 의미하는 것으로 상정해 볼 수 있다. 그렇다고는 하나, 오늘날 선흘리에 전해오는 '곰숯가마'의 명칭에 대해서는 앞으로 더 정확하게 밝혀져야 할 과제라 생각된다.

3) 이 글에서는 '1회용 숯가마'란 용어를 빌려 사용하지만, 차후에 용어 정립에 대한 논의가 필요할 것으로 생각된다. 더불어 현지 주민들 사이에서도 1회용 숯가마에 대해 특별히 지칭하는 용어는 없었다. 여기서는 1회용 숯가마라는 용어로 통일하여 사용하지만, 선세대가 사용했던 돌숯가마(곰숯가마)나 다른 지역에서 사용하던 숯가마와 비교하는 관점에서는 '흙숯가마', '폐기형 숯가마' 또는 '파기형 숯가마'라고도 할 수 있다.

반면에 1회용 숯가마에서의 숯 생산과정은 경험자들이 아직도 일부 생존하고 있어 그들을 통해 일반적인 특징뿐만 아니라 숯 생산과정의 전반적인 내용을 파악할 수 있었다. 따라서 여기서는 숯가마를 크게 두 가지 유형으로 구분한 후 유형별로 일반적인 특징을 비교하고자 한다(표 1). 이어서 해방 이후에 1회용 숯가마에서 숯을 생산했던 과정과 활동을 집중적으로 조명하고자 한다.

숯가마의 종류와 이용 시기의 비교

선흘곶자왈에는 외부 형태를 유지하고 있는 돌숯가마가 2기 있다. 물론 이들 2기 외에도 좀 더 세밀한 현장조사를 실행한다면 더 발견될 가능성도 없지 않다. 그러나 곶자왈 내부가 수목으로 뒤덮여 있는 상황 속에서 잔존하는 돌숯가마를 더 발견하는 데는 상당한 어려움이 뒤따를 것이 예상된다. 이들 2기의 돌숯가마는 숯을 구웠던 마을 주민들의 청취조사에 따르면, 시기적으로는 적어도 100년을 초과하는 것들이다. 이 돌숯가마는 자신의 부친 세대가 숯을 구웠던 형태의 숯가마로서 현재 선흘리에 거주하는 70대 이상의 고령층 주민들도 구두로만 전해 들었을 정도라고 한다. 이런 상황을 전제한다면 돌숯가마는 적어도 조선시대 말부터 일제강점기가 시작되기 이전에 사용했던 형태의 숯가마라 할 수 있다.

반면 1회용 숯가마는 선흘곶자왈의 내부 곳곳에 분포하고 있는데 그 수는 대략 70여 기 정도이다. 하지만 이 또한 전체적인 수가 아니라 몇 개월 동안 발견된 최소한의 숫자이다. 말 그대로 선흘곶자왈 내부에는 발길 닿는 곳마다 1회용 숯가마가 존재한다고 해도 과언이 아니다. 1회용 숯가마도 정확한 전체의 수를 파악하기 위해서는 선흘곶

구분	돌숯가마(곰숯가마)	1회용 숯가마
발견한 숯가마 수	2기	70여 기
이용 시기	조선 말~일제강점기 이전	해방 이후~1960년대
위치	선흘곶자왈 먼물깍 남서쪽 지구	선흘곶자왈 전 지역
축조재료	돌, 흙 등	돌, 흙, 띠, 짚 등
생산한 숯 종류	백탄	검탄

출처: 현지조사 및 인터뷰에 의해 작성.

자왈을 몇 개의 지구로 구분하여 차례로 접근·조사하는 방법을 취해야 할 것으로 판단된다. 또한 조사를 완료한 1회용 숯가마는 특별한 표식을 한 후에 중복적으로 카운트되지 않도록 하는 방법을 선택해야만 정확한 숯가마의 수를 파악하는 데 효과적이라 판단된다. 1회용 숯가마의 이용 시기는 1945년 해방 이후부터 1960년대까지로, 주로 선흘리 주민들에 의해 선흘곶자왈 내에 축조됐던 것으로 파악된다.

숯가마의 위치 비교

돌숯가마가 위치하는 장소는 선흘곶자왈 내에서도 속칭 '먼물깍'이라 부르는 습지의 남서쪽 지구로, 2기의 돌숯가마[4] 중 돌숯가마 Ⓐ는 이미 개설된 탐방로의 숯가마 안내판이 있는 지점에서 남서쪽으로 약 20분 거리 지점에 위치하며, 돌숯가마 Ⓑ는 돌숯가마 Ⓐ에서 동쪽으로 직선거리로 약 300여m 떨어져 있다. 특히 돌숯가마 Ⓐ는 주변

---

[4] 돌숯가마의 위치를 중심으로 상대적으로 동쪽에 위치한 것을 돌숯가마 Ⓐ라고 하고, 서쪽에 위치한 것을 돌숯가마 Ⓑ라 하고자 한다.

지역이 수목으로 뒤덮여 있기 때문에 매우 발견하기가 어려운 지점에 위치해 있다. 따라서 이들 돌숯가마를 확인하는 데 걸리는 시간은 매우 유동적이다.

돌숯가마 ⑧의 주변에는 과거 마을 주민들이 광범위하게 곶자왈을 이용했던 흔적이 아직도 남아있을 뿐 아니라 숯가마에서 약 50m 떨어진 주변에서 습지들도 발견할 수 있다. 2기의 돌숯가마는 아마도 일제강점기 동안 일제의 강제적인 삼림보호정책이 취해진 결과, 해방 이후에도 거의 원형을 유지하면서 곶자왈 숲속에 잔존하게 된 것으로 추정된다.

한편 1회용 숯가마는 일정한 패턴을 유지하고 있지는 않지만, 비교적 좁은 지역 내에 여러 개가 몰려 있는 지구가 있는 반면 서로 거리를 두고 드문드문 분포하는 지구가 있다. 이러한 배경은 숯가마 축조에 이용되는 고운 흙과 돌이 어디에 얼마나 많이 분포하느냐 하는 점과 깊은 관련성이 있는 것으로 판단된다.

숯가마의 형태와 구조 비교

돌숯가마의 형태와 구조

돌숯가마의 형태는 완만한 아치(arch)형을 취하고 있는데, 외부의 중간지점까지는 숯가마를 돌아가며 현무암을 3~4단 높이로 두르고 다시 중간지점에서 상부까지는 흙으로 마감돼 있지만, 내부는 현무암 석재로 깔끔히 마무리되어 있다. 이들 중 돌숯가마 ⑧는 가마 상부에 10~11본 정도의 수목이 뿌리를 내리고 있으며 전면부와 상부의 일부분이 파손된 상태이다. 또한 돌숯가마 ⑧는 후대에 2차적으로 숯을 굽는 사람들이 일시적인 휴식용이나 비바람을 피하는 장소로 사용하면

〈사진 1〉 돌숯가마(Ⓐ, Ⓑ)의 외부 형태 출처: 연구자 촬영 및 재구성.

서 보강한 것으로 보이는 석축시설이 전면부에 바로 이어져 있다. 따라서 돌숯가마 Ⓑ는 원래의 형태에서 전면부가 다소 변형된 형태를 취하고 있다.

돌숯가마의 외부 형태는 〈사진 1〉의 Ⓐ와 Ⓑ를 비교해보면 쉽게 이해할 수 있을 것으로 판단된다. 돌숯가마 Ⓐ는 전면부도 거의 원형 그대로 보존되고 있는 데다가 상부에 어떤 수목도 뿌리를 내리고 있지 않아 향후 지속적인 보전도 가능할 것으로 판단된다. 그러므로 돌숯가마 Ⓐ에 대해서는 한층 더 세부적인 내용을 추가·보완한 이후에 지방문화재로의 등재 여부도 고민해 볼 필요가 있을 것으로 판단된다[5]. 돌숯가마의 축조는 1차적으로 현무암을 이용하여 완만한 아치형으로 축조한 후에 2차적으로 주위를 돌아가며 중간부까지는 돌담을 3~4단 쌓아 2중으로 마감하고, 중간부에서 상부까지는 다시 흙으로 마감한 것으로 확인된다. 따라서 돌숯가마를 축조하는 데는 기본적으로 크

---

5)　2013년 6월 현재, 제주도 내에 분포하는 국가 지정 문화재나 도 지정 문화재 중 숯가마는 단 1기도 없다. 숯가마와는 달리 생활 용기를 구워내던 도요지(陶窯址)는 도 지정 문화재 중 기념물 제58호로 지정되어 있는데, 여기에는 구억리 노랑굴, 구억리 검은굴, 신평리 도요지 및 신도리 도요지 등 4기가 포함되어 있다.

고 작은 현무암과 고운 흙이 다량으로 필요한 것이 분명하다. 선흘곶 자왈 내에는 움푹 팬 지점을 여기저기서 발견할 수 있는데, 이들은 돌 숯가마는 물론이고 해방 이후에 1회용 숯가마를 축조하는 과정에서 다량의 흙을 채취하기 위한 장소였음을 인터뷰를 통해 확인할 수 있었다.

돌숯가마의 내부는 1차적으로 현무암을 이용하여 아치형으로 두른 후에 돌과 돌 사이에는 찰흙으로 메웠다. 이는 외부에서 들어오는 공기의 차단을 최대한 억제하기 위한 것이다. 그런데 두 돌숯가마의 내부를 서로 비교해보면 다소 차이가 있음을 알 수 있다. 다시 말해 돌숯가마 Ⓐ의 내부는 숯을 여러 차례 구워낸 결과 현무암과 찰흙이 높은 온도로 서로 녹아서 엉켜 있는 듯한 모습을 보이고, 돌숯가마 Ⓑ 는 내부를 두른 현무암과 그 사이를 메운 찰흙이 선명하게 서로 구분 되는 상태로 확인된다. 결과적으로 볼 때 돌숯가마 Ⓑ는 숯을 많이 구 워내지 않은 채 폐기된 것이라 할 수 있다.

이러한 사실은 숯가마 상부에 자리 잡은 수목의 생육 상태로도 이 해할 수 있다. 돌숯가마 Ⓐ는 숯을 여러 차례 구워낸 결과 상부에 덮 은 흙 자체는 완전히 죽은 상태가 되어 다양한 종류의 나무 씨앗이 떨 어져도 발아할 수 없었다. 결국 오랜 시간이 흘렀어도 숯가마 상부에 는 나무 한 그루도 자리 잡지 못했기 때문에 조사 시점까지도 숯가마 가 온전하게 유지될 수 있었던 것으로 판단된다. 그렇지만 돌숯가마 Ⓑ는 숯을 구워낸 횟수가 적기 때문에, 숯가마 상부를 덮은 흙이 완전 히 죽은 상태가 아니어서 시간의 흐름과 함께 흙의 생명력이 부활되 어 나무의 씨앗을 키울 수 있었다. 결과적으로 돌숯가마 Ⓑ의 상부에 는 여러 종류의 나무들이 자리 잡게 되어, 숯가마의 붕괴를 유발하는 원인으로 작용하고 있다.

한편, 돌숯가마 Ⓐ를 측정한 결과 높이는 160cm, 전후 길이 530cm, 좌·우측 길이 550cm, 아궁이(焚口)는 너비 70cm로 확인된다. 이로 계산할 때 돌숯가마의 대략적인 면적은 약 3평(9.9m²) 정도이다. 이것은 육지부인 강원도 인제군에서 보고된 숯가마와 비교해 볼 때, 중형 숯가마(중가마)에 해당하는 규모이다(朴敏一, 1988: 5-28). 그러나 인제군의 중형 숯가마와는 달리 높이가 약 30cm 정도 낮고 좌·우측 길이는 약 40cm가 긴 외부 형태를 취하고 있다[6]. 이로 볼 때 숯가마의 규모로는 중규모에 해당하지만, 육지부의 숯가마와는 달리 제주도의 지형이나 숯 재료에 맞는 축조방식을 채택한 결과로 해석할 수 있다.

2개의 돌숯가마를 토대로 보면, 숯가마의 주요 요소는 전면부의 아궁이와 상부(1개) 및 중간부 측면의 배연구(3개, 좌·우측 1개씩 2개, 후면부 1개)로 구성돼 있다. 아궁이는 가로변이 큰 직사각형의 형태를 취하고 있으며, 상부나 측면부의 배연구는 원형을 취하고 있다. 그리고 배연구의 지름은 약 15cm 내외이다.

1회용 숯가마의 형태와 구조

1회용 숯가마는 주로 현세대의 70세를 전후한 고령층이 해방 이후에 숯을 생산했던 형태로써, 그 이전에 축조하여 사용했던 돌숯가마와는 다른 형태를 취한다. 1회용 숯가마의 형태는 잔존하는 상황을 전제로 하면, 원형에 가까운 지면 위의 가마터만을 확인할 수 있을 뿐 그 외의 외부 형태나 구조는 확인할 길이 없다. 1회용 숯가마의 형태

---

6) 박민일은 강원도 인제군의 숯가마를 작은 가마, 중가마, 큰 가마로 세분하여 중가마는 높이가 중앙 부분 6자 반(약 195cm), 가장자리 4자 반(약 135cm), 길이는 가로 17자(3발 반, 약 510cm)·14자(2발 반, 약 420cm)로 보고하고 있다.

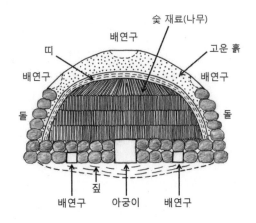

〈그림 2〉 1회용 숯가마의 복원도
출처: 청취조사에 의해 작성.

와 구조를 복원한 자료로 제시하면 〈그림 2〉와 같다.

인터뷰 내용에 따른 1회용 숯가마의 외부 형태와 구조를 간략하게 정리하자면, 숯가마는 평균 5~6평(16.5~19.8m²)을 기준으로 할 때 약 3m 높이의 둥그런 아치형으로 쌓아 올린 형태를 취하고 있었으며, 전면 부에 아궁이와 주변부에 다수의 배연구(숯가마 크기에 따라 다르나 적게는 5~6개소, 많게는 10여 개소)가 있었던 것으로 판단된다. 그러나 돌숯가마와 는 달리 1회에 굽는 숯의 양이 많기 때문에 외부의 형태가 완만한 아 치형이 아니라 다소 급한 아치형을 취했던 것으로 판단된다. 또한 재 료 부분에서는 돌숯가마가 기본적으로 돌과 흙으로 조성되었던 것에 비하면 1회용 숯가마는 돌과 흙을 기본으로 내부에 띠와 짚 등을 이 용해서 숯이 전체적으로 잘 탈 수 있도록 구안하였다.

생산한 숯의 비교

돌숯가마에서 생산하는 숯의 종류는 일단 백탄(白炭)으로 보인다. 인터뷰 내용에서는 숯가마에서 백탄의 잔 숯이 나와서 곰숯가마로도 부른다는 이야기를 접했다. 숯은 보통 검탄(黑炭)과 백탄으로 구분되는데, 〈표 2〉와 같이 검탄은 대개 400~700℃의 온도에서 구워낸 가장 보편적이고 일반적인 숯을 말하며 검은색을 띤다. 백탄은 최고 약 1,000℃ 이상의 고온을 유지한 상태에서 꺼낸 후 재와 흙의 혼합물을 끼얹어 냉각한 숯을 가리킨다(강재윤, 2011: 49-51). 따라서 백탄은 숯 표면이 재와 흙의 혼합물로 인해 회백색을 띤다. 물론 생산 공정에서 볼 때, 한 단계를 더 거치기 때문에 검탄보다는 고가로 판매되며 또한 탄화도(炭化度)가 검탄보다 훨씬 높기 때문에 화력도 오래 지속되는 것이 특징이다. 결과적으로 백탄은 1,000℃ 이상의 고온을 거치는 과정이 수반되기 때문에 숯가마를 매우 견고하게 축조하지 않으면 안 된다. 결과적으로 유추해 볼 때 2기의 돌숯가마는 백탄을 생산해 내는 데 손색이 없었을 것으로 판단된다.

1회용 숯가마에서는 주로 검탄을 생산하였다. 해방 이후 주로 선흘곶자왈을 비롯하여 산굼부리 부근이나 한라산 근처까지 숯을 구우러 다녔다는 청취자(고○봉 씨)의 말을 빌리면, 자신들이 숯을 구웠던 숯가마는 1회용이지만 규모가 돌숯가마보다도 훨씬 컸다는 지적이다. 그리고 숯을 굽는 과정에서 숯가마는 저절로 해체할 수밖에 없는 구조를 취하고 있다는 것이다. 또한 숯은 검은색을 띠는 검탄을 생산했다고 한다.

이러한 상황을 전제할 때, 돌숯가마는 비교적 작은 숯가마로서 여러 번 숯을 생산하기 위해 숯가마를 해체하지 않았음을 유추할 수 있으며, 결국 당시 숯을 굽던 사람들은 비록 생산량이 적을지라도 고품질의 백탄을 생산했던 것으로 유추할 수 있다. 이와는 반대로 1회용 숯가마에서는 숯이나 신탄(薪炭) 등의 활용도가 높을 수밖에 없었던 해방 이후~1960년대라는 사회적인 배경과 맞물리면서 값이 저렴한 검

〈표 2〉 검탄(黑炭)과 백탄(白炭)의 생산과정과 특성 차이

종류	제조 온도	마지막 주요 작업	특징	판매가
검탄	400~700℃	아궁이와 배연구를 차단한 후, 밀폐된 가마 내부에서 자연 냉각	① 검은색 ② 강도가 낮고 잘 부서진다. ③ 순간 화력은 높으나 지속력이 낮다. ④ 탄소 함량은 65~85%	중저가
백탄	1,000℃ 이상	가마 밖에서 재와 흙 또는 모래 등으로 소화한 후 냉각	① 회백색 ② 강도가 세고 쇳소리가 난다. ③ 순간 화력은 낮으나 지속력이 높다. ④ 탄소 함량은 93% 전후	중고가

출처: 강재윤(2011: 52)의 자료를 일부 보완 수정.

탄을 대량으로 생산했던 것으로 이해할 수 있다. 결과적으로 생각해 보면 일제강점기 이전까지는 돌숯가마에서 탄화도가 높은 백탄을 소규모로 생산했던 반면 해방 이후에는 1회용 숯가마에서 비록 탄화도가 낮지만 검탄을 대량으로 생산했던 것이다.

이상과 같이, 두 유형의 숯가마에서 생산한 숯의 종류는 숯가마의 형태는 물론 숯이 대량으로 소비되는 시기와 밀접한 관계가 있는 것으로 볼 수 있다. 그러나 해방 이후 선흘곶자왈에서 더는 돌숯가마를 통해 양질의 백탄을 생산하지 않고 1회용 숯가마에서 검탄을 생산하게 된 배경에 대해서는 돌숯가마의 축조기술이 후세대에게 전수되지 못했거나 숯의 소비성이 더욱 확대되어 다량의 숯을 생산해야 하는 시기적 배경이 크게 작용한 것으로 추정해 볼 수 있다.

1회용 숯가마에서의 숯 생산과정

선흘곶자왈에서 선흘리 주민들의 숯 굽기 활동은 1945년 해방 이후부터 1960년대 초반까지 보편적으로 행해졌던 것으로 알려진다. 물론 선흘곶자왈에서 숯을 굽는 사람들이 반드시 선흘리 주민만은 아니었다. 인근에 거주하는 북촌리나 동복리, 김녕리의 일부 주민들도 선흘리의 친인척을 경유하여 곶자왈 내에서 숯을 구웠던 것으로 전해진다. 선흘리 주민들은 숯을 만들러 가는 행위를 대개 '숯 묻으러 간다'라고 했다. 이는 숯 생산에 있어서 가마를 축조한 후에 숯 재료를 '태우는' 과정이 중요하다는 사실을 함축적으로 나타내는 것이라 생각된다.

여기서는 선흘곶자왈 내부에서 숯 생산과 관련된 전 과정과 단계별 활동을 정리하고자 한다. 먼저 숯 생산을 위한 장소 선정에서부터 숯 분배까지의 단계별 흐름을 〈그림 3〉과 같이 정리하였다.

숯의 생산 시기와 팀 구성

선흘곶자왈에서의 숯 생산은 주로 가을걷이 이후부터 겨울과 늦봄에 이르는 시기에 이루어졌다. 농한기인 겨울철에 행하는 것이 가장 일반적이지만, 해에 따라서는 늦봄이 되어 농사일이 바빠지기 시작하면 숯 굽는 일도 그만두었다고 한다. 따라서 월별로 보면 주로 11~5월 사이에 숯 생산이 이루어졌는데, 그중에서도 생산활동의 중심기간은 12~2월이었다. 사실 선흘곶자왈 내에서 오랫동안 숯 굽기를 하고 싶어도 숯 재료인 참나무류 등 질 좋은 재목을 구하기가 힘들어서 자주 굽지 못하는 사례도 많았다고 한다. 그만큼 당시로서는 숯을 굽기 위해 매년 참나무 수종을 중심으로 지속적으로 벌채했기 때

〈그림 3〉 선흘곶자왈 내 숯 생산과정(1회용 숯가마)

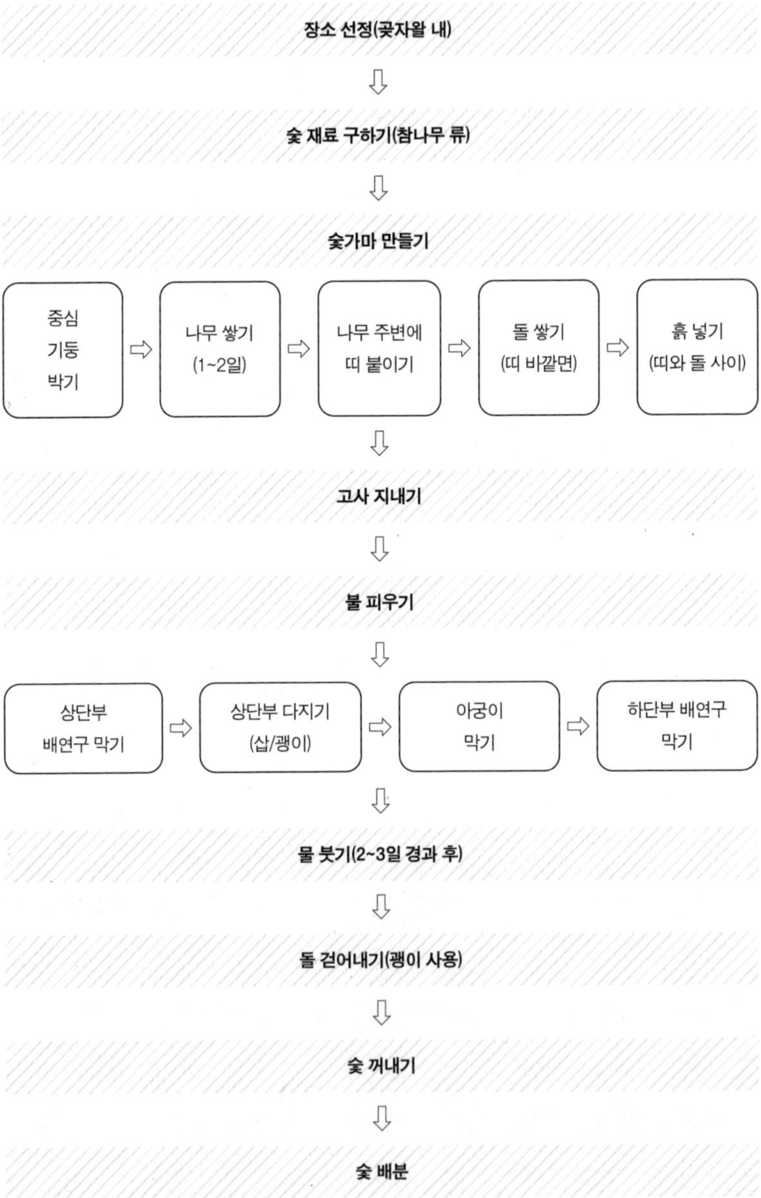

장소 선정(곶자왈 내)

⇩

숯 재료 구하기(참나무 류)

⇩

숯가마 만들기

| 중심
기둥
박기 | ⇨ | 나무 쌓기
(1~2일) | ⇨ | 나무 주변에
띠 붙이기 | ⇨ | 돌 쌓기
(띠 바깥면) | ⇨ | 흙 넣기
(띠와 돌 사이) |

⇩

고사 지내기

⇩

불 피우기

⇩

| 상단부
배연구 막기 | ⇨ | 상단부 다지기
(삽/괭이) | ⇨ | 아궁이
막기 | ⇨ | 하단부 배연구
막기 |

⇩

물 붓기(2~3일 경과 후)

⇩

돌 걷어내기(괭이 사용)

⇩

숯 꺼내기

⇩

숯 배분

출처: 현지조사와 청취조사에 의해 작성.

문에, 일정 기간이 지난 후에는 숯 재료인 재목을 구하기가 어려웠던 것으로 판단된다.

본격적으로 숯을 굽는 시기라 할지라도 날씨의 영향을 많이 받았다. 바람이 세게 불거나 눈 또는 비가 내리는 날이 지속되면, 숯 굽는 일도 당분간 보류할 수밖에 없었다. 따라서 매년 숯 굽는 시기가 가을걷이 이후 겨울철과 늦봄까지이기는 하지만, 한 해의 숯 굽기 작업은 해당 시기의 날씨 상황이나 곶자왈 내 숯 재료의 소밀(疏密) 정도에 따라 달라지기도 했다.

선흘곶자왈에서 숯을 구울 때는 단독으로 행하는 경우는 매우 드물다. 대개는 적어도 3~5명 정도가 한 팀을 이루어 숯 굽기를 하는데 이들의 모임을 '동아리'라고 부른다. 이처럼 숯을 굽는 데 팀을 이루어서 가는 배경은 충분히 이해할 수 있다. 즉, 숯가마를 만들고 숯을 굽는 과정은 혼자의 힘으로는 너무나도 버겁고 또 단계별 작업의 난이도나 노동력의 투하 정도가 다르기 때문에 팀을 이루어 행하는 것이 능률적이며 동시에 예기치 못한 불의의 사고도 막을 수 있는 것이다.

선흘리에는 일제강점기 이후에 삼림계가 조직되어 있었는데 삼림계에 속하지 않은 사람들은 숯 굽기를 할 수 없었다는 제보도 있었다. 1950년을 전후한 당시 삼림계는 상삼림계와 하삼림계로 나뉘어 있었는데, 상삼림계는 62명, 하삼림계는 40여 명으로 조직되어 있었다. 따라서 선흘리 주민들은 선흘곶자왈에서든 여타 지역에서든 같은 삼림계 소속 회원들끼리 동아리를 이루어 숯 굽기 활동을 자주 벌였다.

숯 생산과정

선흘곶자왈에서 1회용 숯가마를 이용한 숯 생산과정은 먼저 숯가마를 축조한 다음에 벌채한 나무를 넣고 숯을 굽는 것이 아니라 숯가마 축조에 유리한 장소를 선정하고 나무를 벌채하여 숯가마 안에다 세워놓은 후에 숯가마 축조 단계로 들어간다. 즉, 숯가마 자체는 숯 재료인 재목을 벌채하고 운반한 이후의 단계에서 축조하기 시작하는 것이다. 숯 재료의 확보와 숯가마의 축조는 밀접한 관련성을 지니고 있는데, 그것은 숯 재료인 나무의 양에 따라 숯가마의 크기가 결정되기 때문이다. 따라서 1회용 숯가마의 축조와 숯 굽기 과정은 단계적으로 이어지는 일련의 과정 속에서 취해지는 상황이기 때문에, 여기서는 단계별 순서에 따라 정리하고자 한다.

사전 준비: 개인 휴대품과 작업 도구의 준비

숯을 생산하기 위한 사전 준비는 동아리 팀원인 개개인이 준비하는 것이 기본이라 할 수 있지만, 실질적으로 필요한 도구들은 서로 분담하는 형태를 띠기도 한다. 따라서 사전 준비 단계에서 챙겨야 할 도구와 소지품은 곶자왈 안에서 7~12일 동안 거주하는 데 필요한 개인 소지품과 숯 재료인 나무 벌채와 운반, 숯 굽기 등에 필요한 개인 및 공용의 도구로 구분할 수 있다. 예를 들어 개인의 도구와 소지품은 추운 날씨와 우천 시를 고려한 의류, 하루 3끼를 해결하는 데 필요한 식기류, 나무 벌채와 숯 굽기 작업 시에 필요한 개인 휴대품(모자, 장갑, 손수건, 수건, 물병 등)을 들 수 있다. 숯 재료인 나무를 구하는 과정에서는 우선 벌채나 운반과 관련하여 개인용 도구인 톱, 장호미, 도끼, 나대, 역귀(자귀보다 좀 더 큰 것), 자귀, 지게 등이 필요하고, 숯 굽기 과정에서는 삽, 괭이, 곡괭이, 지렛대, 사다리, 물허벅, 큰 깡통(1말들이) 등을 개인이나 공용의 도구로서 지참해야만 한다.

장소 선정

선흘곶자왈에서 숯을 생산하는 일은 제일 먼저 장소 선정에서부터 시작된다. 숯 굽기 장소는 말하자면 숯가마를 축조하기 위한 장소로서 경험적으로 능숙한 사람이 선정하기도 하고, 동아리에서 의견을 교환한 후에 선정하기도 한다. 숯 굽기 장소 선정에서 가장 우선시되는 조건은 주변 지구에 고운 흙과 돌의 존재 여부이다. 물론 주변에 물통이나 숯 재료인 참나무류가 많이 자생하고 있다면 더할 나위 없이 좋은 조건이 된다. 이 정도의 조건이 갖춰진다면 숯 굽기에는 거의 완벽한 수준이라 할 수 있지만, 현실적으로 그런 장소를 찾기는 그리 쉽지 않다. 곶자왈 내부는 수많은 용암류가 서로 엉켜 있고 수목들이 들어차 있는데, 상대적으로 토양의 분포는 극히 미미하다. 따라서 고운 흙을 채취하는 일은 매우 어려운 작업 중 하나이다. 그렇지만 어떻게든 고운 흙은 반드시 확보해야만 숯가마 축조가 가능해진다.

흙의 쓰임새는 숯가마의 2/3 지점부터 측면부에서 상부(천장)까지 돌아가며 마감질을 하는 과정에서 필요하고, 또 숯 굽기 과정에서는 불을 넣은 후에 숯가마 자체가 부피가 줄어들면서 가라앉는 과정에서도 마감용 재료로써 필요하다. 그리고 돌의 쓰임새는 너무도 분명하다. 돌은 숯가마의 외부 형태를 유지하면서 숯가마를 축조해 가는 과정에서나 또는 숯을 굽는 과정에서 한꺼번에 무너져 내리는 것을 방지하기 위한 축대 기능을 하기 때문에 없어서는 안 될 재료이다.

물통은 빗물을 고이게 하거나 받아두는 장소로서, 자연적으로 형성된 것과 인위적으로 만든 것으로 구분할 수 있다. 특히 인위적으로 만든 물통은 크기와 돌담을 두른 방식에서 다양한 형태가 확인된다(사진 2~3). 인위적인 물통은 보통 물이 잘 빠지지 않는 장소를 선택하여 주위에 돌담을 쌓아 조성하는데, 현재도 군데군데 남아있는 것

〈사진 2〉 선흘곶자왈 내 인위적인 물통　　　　〈사진 3〉 선흘곶자왈 내 자연적인 물통

을 발견할 수 있다. 물은 숯을 굽는 기간 동안 식수용으로도 필요하지만, 숯 굽기의 마무리 단계에서도 매우 중요한 역할을 한다. 다시 말해 숯 재료가 며칠간 타고 나면, 마무리 단계에서는 불을 끄기 위한 수단으로 다량의 물이 필요하기 때문이다. 따라서 숯 굽는 장소 부근에서 물을 확보할 수 없는 경우에는 미리미리 준비해 두어야만 하는 번거로움이 뒤따른다.

　이처럼 숯 굽기를 위한 장소는 단순히 선흘곶자왈 내부라면 어디든지 좋은 상황은 아니었다. 일차적으로는 다량의 흙과 돌을 확보할 수 있는 장소가 유리하지만, 실제로 그런 장소를 언제든지 확보할 수 있는 상황이 아니기 때문에 당시로서는 비교적 숯 재료인 재목을 많이 구할 수 있는 장소에 터를 잡는 사례도 많았다. 물론 이 경우에는 다른 지구에서 다량의 흙과 돌을 확보하여 운반할 수밖에 없었다. 그리고 일단 어느 한 동아리가 흙과 돌이 많은 유리한 장소를 확보하게 되면, 다른 동아리들도 주변부로 들어와서 장소를 잡는 사례도 많았다. 이러한 경우에는 암암리에 주변부에 있는 숯 재료인 재목들은 먼저 들어온 동아리에 양보하고, 다른 지구로 이동해서 재목을 구해오는 것이 하나의 관례처럼 정해져 있었다.

숯 재료(재목) 구하기

숯을 굽기 위한 장소가 선정되고 나면, 다음의 주요 작업은 숯 재료인 나무를 구하는 일이다. 숯 재료로 사용되는 재목은 일반적으로 참나무류가 좋은 것으로 알려져 있듯이, 선흘곶자왈에서도 참나무류의 벌채를 우선적으로 행하였다. 특히 선흘곶자왈에는 종가시나무, 붉가시나무, 개가시나무 및 구실잣밤나무 등의 참나무류가 많이 자생하고 있어서 이들은 숯 재료의 재목으로 긴요하게 사용되었다(사진 4~5).

그러나 해방 이후부터는 매년 숯을 굽는 사람들이 많아짐에 따라서 이들 참나무류를 구하는 데도 한계가 뒤따랐다. 따라서 참나무 외에도 보리수나무를 비롯하여 속이 찬 수종들은 숯 재료 감으로 벌채되었다. 단지 감나무나 조팝나무 등은 재질이 너무 단단하여 피하는

〈사진 4〉 종가시나무(참나무과)

〈사진 5〉 구실잣밤나무(참나무과)

경우가 많았으나, 그 외에 웬만한 수종들은 검탄(黑炭)으로 제조하는 데는 그다지 큰 문제가 되지 않았다고 한다. 이러한 사실은 조사 시점에서 발견된 1회용 숯가마의 숫자로도 충분히 짐작할 수 있다. 일제강점기 동안 삼림보호정책으로 온갖 수종이 울창했던 선흘곶자왈은 숯을 생산하기 시작하면서 거의 모든 지구에서 숯을 구웠다고 할 수 있을 정도로, 70여 기 이상 되는 숯가마들이 작은 공간적 범위 안에서도 상당수가 무리 지어 분포하고 있다.

숯 재료의 벌채작업은 한 동아리에 속한 동료들이 동시다발적으로 여기저기에 흩어져서 하루 종일 행한다. 개인의 능력에 따라서는 많이 하는 사람도 있고 적게 하는 사람도 있다. 이런 상황은 숯을 배분하는 과정에서 얼마간 차이를 두고 배분하는 기준이 되기도 한다. 숯가마의 크기를 결정하는 것은 숯 재료인 재목의 양에 따라 결정되기 때문에, 동료들이 하루나 이틀 정도 벌채한 재목의 양이 중요한 기준이 되었다.

숯 재료인 재목을 벌채하는 데는 톱, 도끼, 나대, 역귀, 자귀, 장호미 등이 동원된다. 톱과 도끼, 역귀 등은 비교적 큰 나무를 벌채할 때 사용하며, 나대와 자귀, 장호미는 작은 나무를 벌채하거나 잔 나뭇가지를 쳐낼 때 사용한다. 재목을 벌채할 때는 숯가마까지 운반해야 하기 때문에 먼저 약 1~1.2m 정도의 크기로 잘라낸다. 벌채하는 장소는 일정 지구 안에서도 자주 이동하기 때문에, 먼저 벌채한 나무들은 일정한 양이 될 때까지 한곳에 모아놓는다. 그리고 어느 정도의 양이 되면 숯가마를 축조하는 장소까지 지게로 운반하는데, 벌채하는 속도와 벌목량에 따라서는 계속 벌채를 진행하는 사람과 운반하는 사람으로 역할 분담이 이루어지기도 한다.

숯가마 만들기

숯 생산을 위한 재목이 원하는 만큼 모이면, 이어서 숯가마를 축조하는 단계에 돌입한다. 물론 숯가마를 축조하기 전에 숯 재목 이외에 고운 흙과 돌을 미리 준비해 두는 것은 말할 필요도 없다. 숯가마를 축조하는 장소는 일단 깨끗이 주변을 정리한 상태에서 시작되는데, 가장 먼저 지면 자체에 둥그런 원형의 형태를 유지하면서 안쪽 부분을 지면에서 약 20~30cm 정도 흙을 파내어 움푹 패도록 한다(사진 6). 숯 재료가 많은 경우에는 지면에서 50~100cm 가까이 흙을 파내는 경우도 있다(사진 7). 이처럼 숯 재료를 쌓을 장소에 움푹 패도록 흙을 걷어내는 이유는 그 자리에 짚을 깔아, 숯 재료를 쌓는 도중이거나 혹은 재료가 완전히 타들어 가기 직전까지 땅속에서 올라오는 습기를 방지함과 동시에 불을 지폈을 때 아래쪽에도 잘 타들어 가도록 하기

〈**사진 6**〉 약 30cm의 흙을 걷어낸 숯가마 터

<사진 7> 약 1m의 흙을 걷어낸 숯가마 터

위함이다. 숯을 만들었던 경험자들은 숯가마 장소를 보통 '숯 구뎅이'(숯 구덩이)라 한다.

이어서 숯가마 내부에 단단하고 길쭉한 통나무인 중심기둥을 4~6개 지점에 박는다. 이 중심기둥은 숯 재료를 상부까지 몇 단으로 쌓아 올려도 쓰러지지 않도록 의지하기 위한 기둥이다. 또한 숯 재료가 타들어 가는 과정에서도 한꺼번에 무너져 내리지 않도록 방지하기 위한 수단이기도 하다. 따라서 중심기둥은 땅을 깊게 파서 고정함으로써 숯 재료가 불에 완전히 타들어 갈 때까지는 결코 쓰러지는 일이 없도록 해야 한다. 이 작업이 끝나면, 바로 숯 재료인 나무 쌓기에 들어가는데, 이 작업은 보통 1~2일이 소요될 정도로 견고하고 치밀하게 쌓아 올려야 하는 매우 어려운 작업이다. 따라서 숯가마에 나무 쌓기를 하다가 도중에 쓰러져 다시 고쳐 쌓는 경우도 허다하다.

숯가마에 재목인 나무를 쌓는 작업은 가장 경험이 많은 사람이 쌓는 게 일반적이며, 나머지 동료들은 옆에서 재목을 운반하거나 건네주는 등 보조 역할을 한다. 숯 재료는 벌채해 온 나무를 그대로 쌓는 것이 아니라, 다시 30~40cm 정도로 크기를 조절하면서 쌓는다. 나무 쌓기는 보통 숯가마 터의 중심부에서 가장자리 쪽으로 쌓아나가는 것이 일반적이며, 쌓고 나서는 밀어도 쓰러지지 않을 정도로 빽빽하고도 견고하게 쌓는 것이 핵심이다.

숯 재료의 높이는 전체의 재목량에 따라 달라지는데, 보통 숯가마 면적이 5~6평(16.5-19.8㎡) 정도라면 중앙부의 높이는 약 3m에 이른다. 따라서 숯 재료는 지면에서 중앙부까지를 기준으로 할 때 약 8~9단 정도를 쌓을 수 있다. 물론 숯가마의 주변부는 아치형을 이루기 때문에 4~6단 정도로 다소 낮아질 수밖에 없다. 숯 재료는 보통 굵기라면, 30~40cm 정도로 자른 후에 지면에서 상부를 향해 수직으로 세워나가면 되지만, 굵은 나무의 경우에는 알맞게 다시 쪼개어 세운다. 이는 나무줄기가 너무 두꺼우면, 속까지 완전히 타들어 가지 않을 수 있기 때문이다. 그리고 나무 쌓기는 제일 아래쪽에서 위쪽으로 올라갈수록 조금씩 더 굵은 나무를 세우면서 쌓아 올라간다. 가장 아래쪽에는 굵기가 다소 작더라도 많은 수의 재목을 세움으로써, 무게 중심이 흔들려 쓰러지는 일이 없도록 해야 한다. 끝으로 가장 위쪽, 즉 상단 중앙부에는 잔 나뭇가지를 쌓아 마무리한다. 숯 재료인 나무를 계속 쌓아 올라가면, 높이가 더해지기 때문에, 2m 이상 되는 지점부터는 사다리를 이용하거나 돌담을 몇 단 포개어 그 위에서 작업을 진행하기도 한다. 이 나무 쌓기 작업은 적어도 하루 이상이 소요될 정도로 시간과의 사투를 요구한다.

숯 재료인 나무 쌓기가 끝나면, 띠(茅)로 나무 주변을 골고루 두르는데, 이것은 불을 피웠을 때 나무들이 동시에 잘 타들어 가도록 하기 위한 장치이다. 띠는 적당량의 두께를 유지하면서 숯 재료인 나무에 바짝 붙여 감싸듯이 휘두른다. 이와 같은 띠 두르기 작업이 끝나면 띠를 두른 나무 바깥쪽으로 돌담 쌓기가 이어진다. 돌담 쌓기는 숯 재료인 나무와 띠 사이에 약 20~30cm 정도의 간격을 두고 쌓아 올린다. 숯가마의 축대 기능을 담당할 돌 재료는 사전에 미리 준비해 두어야 하는데, 돌 재료는 주변 지구에서 운반해 오거나 아니면 기존에 사용했던 것들을 다시 모아 재사용하기도 한다. 가장 바깥쪽의 축대 기능을 하는 돌담은 숯가마를 전체적으로 돌아가면서 쌓아야 하기 때문에 그 양이 만만치 않다. 돌담의 높이는 숯가마 전체 규모에 비례하여 높아지기도 하고 상대적으로 낮아지기도 하는데, 앞서 예시한 보통 5~6평(16.5~19.8m²) 기준의 면적에 중앙부의 높이가 3m일 경우, 약 170~180cm 정도의 높이까지 쌓아 올려야 한다. 이때 하단부 중앙에는 아궁이, 좌·우측에는 한 군데씩 배연구를 설치하는 작업도 병행된다. 하단부 중앙의 아궁이는 돌을 이용하여 사각 형태의 가로 30~40cm, 세로 40~50cm 정도 크기로 만들고, 배연구는 20×30cm 정도의 크기로 만든다. 배연구는 숯가마에 불을 지피고 난 후 어느 정도 타들어 가는 시점까지 불이 잘 번질 수 있도록 하는 데 필요한 시설이다[7].

숯가마의 전체 규모에 맞도록 일정한 지점까지 돌담 쌓기가 끝나면, 띠와 돌담 사이의 빈 공간에 마른 흙을 덮는다. 흙은 곱고 다소 찰진 흙이어야 한다. 너무 건조하거나 입자가 고르지 못하면, 불이 한참

---

7)   인터뷰 내용에 따르면, 아궁이를 '홰'라 하고, 연통인 배연구를 '덕'이라고 부른다.

붙은 후 측면부와 상단부를 두드리는 단계에서 숯가마가 무너져 내릴 수도 있다. 흙도 최소 30cm 이상의 두께로 하단부에서 상단부까지 돌아가면서 빈 공간에 쏟아 넣거나 위로 덮어가야 하므로 상당량이 필요하다. 따라서 흙을 덮는 중간에 부족해지면, 주변부에서 다시 흙을 채취한 후에 불필요한 돌멩이나 그 외의 불순물들을 골라내면서 추가해야 한다. 흙을 두껍게 덮고 나면, 돌담을 쌓은 위쪽으로 숯가마 주위를 돌아가면서 배연구를 몇 개 더 만들고, 상단부 중앙에도 배연구를 추가한다. 배연구는 구멍을 뚫어서 내부가 들여다보일 정도로 원형으로 만드는데, 상단부의 중앙에 위치하는 배연구를 제외한 주변부의 배연구는 숯가마 규모가 작을 때는 4~5개, 클 때는 8~10개까지도 만든다. 이런 과정을 거쳐서, 숯 재료인 나무 쌓기와 함께 1회용 숯가마 만들기는 일단 완성된다. 인터뷰를 바탕으로 작성한 1회용 숯가마의 형태는 앞에서 제시했던 〈그림 2〉의 복원도와 같다.

고사 지내기

숯가마 만들기가 완성되면, 불을 피우기 전에 간단하게나마 고사(告祀)를 지내게 된다. 고사 지내기는 보통 '고시(수)례한다'라고 한다. 물론 이 행위는 완전히 숯이 될 때까지 숯가마가 무너져 내리지 않도록, 또 숯 재료가 부분적으로 덜 타서 쓸모없는 숯인 '냉바리'[8]가 많이 나오지 않기를 기원하기 위함이다. 고사 지내기에 사용되는 제물은

---

8) 선흘리에서 숯을 구웠던 주민들은 제대로 타지 않은 숯을 대개 '냉바리'라 부르며, 주로 맨 밑에 세운 나무 중에서 나올 경향이 높다고 한다. 그리고 냉바리는 집으로 가지고 가서 연료로 사용하기도 하고, 다음 번 숯을 만드는 과정에서 재료로 사용하기도 한다.

쌀밥과 국, 돼지고기, 생선 및 술(소주나 탁주) 등을 올리지만, 돼지고기가 없을 때는 쌀밥과 국, 생선, 술만을 올리기도 한다. 또 경우에 따라서는 자신들이 먹기 위해 챙기고 간 밥과 술을 이용하여 숯가마 앞에 밥 한 술과 술 한 잔을 뿌리는 정도로 간단하게 지내기도 한다. 고사를 지낸 후에는 동료들끼리 둘러앉아 음복(飮福)하면서 잠시 동안 휴식을 취한다.

휴식을 취할 때는 미리 숯가마 근처에 설치한 원형이나 방형의 숯막을 이용하는데, 이 숯막은 숯을 생산하는 기간에 임시 거주지는 물론 숙식과 휴식을 취하는 겸용공간이 된다(97쪽 사진 5~6 참조).

불 피우기

이어서 아궁이에 불을 지핀다. 불을 지필 때에는 쪼갠 대나무나 잔나뭇가지를 이용하여 불이 잘 붙게 하며, 동시에 아궁이 내부로 불이 잘 옮아 붙도록 신경을 써야 한다. 불을 피우고 나서 한나절(5~6시간) 정도 지난 후에 상단부 중앙의 배연구에서 파란색 불꽃이 보이기 시작하면, 상단부의 배연구를 먼저 막고 상단부부터 다지기 작업에 들어간다. 상단부의 배연구에 파란색 불꽃이 보였다는 증거는 숯가마 내부에 불이 전체적으로 번져 숯 재료가 많이 타들어 가기 시작했음을 의미하는 것이다. 따라서 숯 재료의 부피가 단계적으로 감소하면서 숯가마 전체의 부피도 감소하기 시작한다. 이 시점에서부터 때를 맞춰 상단부와 그 주변에 덮은 흙 위를 삽이나 괭이 뒷면으로 다지기 작업을 진행한다.

상단부 다지기 작업은 2~3명 혹은 5~6명이 동시에 숯가마의 상단부 주위를 이곳저곳 돌아다니며 부지런히 두들기는데, 조금이라도 움푹 들어간 곳이 있으면 우선적으로 흙을 채우면서 다지기 작업을 해야 한다. 상단부 다지기 작업을 한시라도 게을리하면, 어느 부위에서든 먼저 무너져 내릴 수 있고 또한 어느 한쪽이라도 구멍이 생기게 되면 숯가마가 전체적으로 걷잡을 수 없는 상황으로 돌변하게 된다. 상단부 다지기 작업이 어느 정도 진전되고 나면 숯가마 가장자리에 쌓아 올렸던 돌담도 한 단씩 걷어내고, 걷어낸 주변에는 다시 흙을 채워 넣는다. 이때부터는 상단부뿐만 아니라 숯가마의 측면부로도 눈을 돌려 다지기 작업을 진행해야 한다. 만약에 상단부나 그 주변부가 무너져 내리는 일이 발생하면, 띠와 흙을 채워 넣으며 지속적으로 공기를 차단해야 한다. 그리고 일정 시간 동안 상단부와 측면부 다지기 작업이 진전된 시점에서는 정면의 아궁이를 막고 이어서 하단부의 배연구도 틀어막는다. 아궁이와 배연구를 틀어막은 이후부터는 띠와 흙을 지속적으로 보충하면서 다지기 작업을 병행한다.

아울러 숯 재료는 계속 타들어 가면서 한층 더 부피가 감소하기 때문에, 어느 부위에서든 먼저 터지거나 움푹 꺼지는 곳을 찾으면서 다지기 작업을 이어간다. 물론 숯가마 전체의 부피가 감소하는 과정에서 가장자리에 쌓아 올렸던 돌담들도 일부는 옆으로 치워지지만, 또 일부는 숯 굽기가 끝나는 시점까지 가장자리에서 숯가마의 형태 유지와 공기 차단 기능을 하는 상태로 남아있게 된다.

결과적으로, 이와 같은 작업을 몇 시간이든 계속하고 나면 흙의 두께는 전체적으로 거의 50cm 정도가 된다. 더불어 숯 재료는 공기가 차단된 상태에서 끝까지 서서히 타들어 가도록 1~2일 혹은 2~3일간 그대로 둔다.

물 붓기(2~3일 경과 후)

물 붓기 작업은 동아리에 따라 또는 숯가마의 규모나 숯가마를 만든 장소에 따라 시도하는 경우와 그렇지 않은 경우가 있는 것 같다. 예를 들어 한번에 20~30가마 정도의 숯을 생산했던 경험자(고○봉 씨의 사례)는 숯 재료가 내부에서 완전히 타들어 갔다고 생각되는 시점, 즉 불을 지피고 나서 2~3일이 지난 후에 숯가마가 많이 내려앉은 상태에서 상부에 구멍을 내고 물 붓기 작업을 한다고 했고, 주로 선흘곶자왈에서 5~6가마 정도의 적은 양을 제조했던 경험자(부○룡 씨의 사례)는 띠와 흙으로 덮으며 두들기기 작업을 한 후에 그대로 둔다고 했다.

숯 제조과정에서 물 붓기 작업은 거의 마무리 단계에 해당한다. 결국, 마무리 단계는 물 붓기를 하느냐 하지 않느냐에 따라서 크게 두 갈래로 구분할 수 있는데, 이 배경에는 숯의 양과 밀접한 관계가 있을 것으로 판단된다. 선흘곶자왈에서 비교적 적은 양을 생산했던 경험자의 경우는 띠와 흙으로만 두껍게 덮고 나서, 공기 차단만 잘하면 그대로 좋은 숯이 된다고 하였다. 따라서 숯가마를 축조한 장소나 숯가마의 규모(숯 생산량)에 따라 마무리 공정에서 약간의 차이가 있음을 알 수 있다.

물을 부을 때에는 집에서 가지고 온 허벅이나 1말들이(무게로는 8kg) 쇠로 된 통을 이용하였다. 또 물은 숯가마로부터 가까운 곳에 물통이 있으면 사전에 운반해두었다가 사용하기도 하고, 경우에 따라서는 집에서 직접 물을 길어 나르기도 했다. 또한 숯가마 축조 장소가 거주하는 집에서부터 비교적 가까운 경우에는 집에 남아있는 여성들이 운반하기도 했다. 물은 상부 구멍에 1말 정도를 쏟아 부은 후에 밑바닥에서 소리가 들리면 다시 1말의 물을 쏟아 부었다.

돌 걷어내기

숯 재료인 나무들이 완전히 타들어 가도록 숯가마의 규모에 따라

1~3일간 그대로 둔 후에, 가장 먼저 가장자리에 남아있던 돌들을 걷어낸다. 가장자리에 남아있던 돌들은 숯가마 안에서 나무들이 1~3일간 타들어 가는 동안에 온도가 지속적으로 전달되어 달궈진 상태이기 때문에 돌을 걷어내는 단계에서도 아주 뜨거운 상태로 남아있게 된다. 따라서 장갑을 끼더라도 손으로 치우거나 걷어내기에는 위험하기 때문에 주로 괭이로 걷어냈다. 돌을 걷어냄과 동시에 측면에서부터 중앙부(상부)로 접근하면서 흙을 걷어내는데, 이때는 삽과 괭이를 병행하여 사용한다.

숯 꺼내기 및 숯 배분

돌과 흙을 걷어내면 숯을 꺼내고 각자의 몫을 챙기는 일만 남는다. 이 과정은 가장 중요한 순간이기도 하다. 숯가마의 축조 장소를 정하고, 나무를 벌채하고, 숯이 만들어지는 과정까지의 약 5~6일, 때에 따라서는 8~10일에 가까운 기간 동안 고생과 노동력을 투하한 대가를 보상받게 되는 시점이기 때문이다.

숯을 꺼내면 현장에서 바로 각자의 몫을 나누는데, 당시는 보통 5통 가마니(쌀로는 80kg이 들어가지만, 숯으로는 약 50kg 정도임)로 불리는 용기에 담아 집으로 가지고 간다. 숯 생산량이 많으면 많을수록 각자의 운반량도 많아진다. 따라서 각자의 몫을 혼자서 지게로 운반하는 때도 있지만, 가족들이 같이 등짐으로 운반하는 사례도 있다. 그리고 사람에 따라서는 농업용 '구루마'(달구지)로 한꺼번에 운반하기도 하고, 구루마가 없는 사람은 구루마 주인에게 일정한 삯을 내어 운반하기도 했다.

숯 배분 과정에서는 가령 숯 굽는 기간 동안 집안에 급한 사정으로 도중에 빠지거나 아니면 1~2일 결손 일이 발생하면, 해당 날짜만큼 몫을 제외하여 나누기도 했다. 또한 1950~60년대에는 마을 삼림계에 생산한 숯의 일정량을 내기도 했다. 물론 이것은 마을에서 관리하는 산림자원을 사용했다는 일종의 사용료이다. 따라서 이 경우에는 먼저 삼림계에 제출할 숯의 양을 제외한 후에 각자의 몫을 배분하였다. 또 다른 마을 사람이 선흘곶자왈에 들어와서 숯을 생산하게 되면 반드시 정해진 양을 삼림계에 내야 하고, 중간 역할을 해준 친인척에게도 얼마간을 보상한 후에 나머지를 가지고 돌아갔다.

숯의 판매

선흘곶자왈에서 생산한 숯은 각자의 집에서 사용하는 극히 일부의 양을 제외하면, 대부분을 주변에 위치한 마을이나 제주 읍내(당시)에 내다 팔거나 물물교환용으로 이용하였다. 개인에 따라 판매처는 조금씩 다르긴 하나, 비교적 많은 양의 숯은 주로 제주 읍내로 가서 팔거나 농산물과 교환했다. 사정에 따라 일부 주민들은 선흘리를 중심으로 주변부 마을인 조천리, 함덕리 및 김녕리로도 팔러 다녔다. 이들 마을의 공통점은 당시부터 비교적 인구가 많은 마을이라는 사실이다. 따라서 같은 해안마을이라도 사람들이 많이 거주하는 마을을 찾아가 숯을 농산물과 물물교환하고자 했던 것으로 이해할 수 있다.

제주 읍내에서는 오일장이나 행인들을 상대로 판매 혹은 물물교환을 했으며, 또 경우에 따라서는 당시 제주 읍내에서 운행하던 목탄차(木炭車)의 연료로도 판매하였다. 당시 제주 읍내에 운행되던 목탄차는 원래 조개탄(oval briquettes)을 사용했으나, 그 당시 제주도에서는 조개탄을 생산할 수 없었기 때문에 주로 목탄을 이용하여 운행하였다. 숯을 팔러 제주 읍내를 비롯한 다른 마을로 나갈 경우에는 보통 등짐으로 짊어지고 나가는데, 1960년대 이후 벌채를 금하던 시기에는 워낙 단속이 심해서 숯 더미 위에다 꼴이나 마른 나뭇가지 등으로 감추어서 나가기도 했다. 이로 볼 때, 숯을 생산했어도 마음대로 판매나 물물교환이 어려운 시기도 있었던 것으로 판단된다.

숯의 판매 시세는 판매된 특정 시기나 지역(마을)에 따라 많이 달랐던 것으로 보인다. 한 경험자(부○룡 씨)는 숯 1가마니에 좁쌀 1~2말과 교환했다고 했는데, 이는 비교적 좋은 시세였다고 한다. 그러나 또 다른 경험자(고○봉 씨)는 김녕리 등에서 숯 1가마니를 주면 좁쌀 1되를 받았다고 한다. 이로 볼 때 판매된 시기나 마을에 따라 숯의 시세에 큰 차이가 있었던 것으로 이해할 수 있다. 그리고 물물교환 대상은 좁쌀 외에 보리쌀과도 교환하였다. 특히 숯의 시세가 좋을 때는 마을 내에 '숯 돈'이라는 말이 나돌 정도로 호황기를 맞은 때도 있었다. 숯 돈이란 '숯을 구워서 팔면 생기는 돈'이란 의미로서, 숯 굽기가 부업으로서는 최고라는 당시의 시대적 배경을 읽어낼 수 있는 상투어라 할 수 있다.

그러나 숯의 시세가 좋지 않아도, 어쩔 수 없이 궁핍한 가정경제를 떠받치고자 숯을 구울 수밖에 없었던 시기도 있었다. 더욱이 당시 선흘리와 같은 중산간마을에서는 농한기인 겨울철에 할 수 있는 일이 거의 없었다. 인터뷰 내용에서는 당시의 진한 애환이 묻어나오는 진술이 뒤따랐는데, 그것은 '당시 집안에는 먹을 것이 없었기 때문에 숯이라도 계속 구울 수밖에 없었다.'라는 것이다. 해방 이후에는 선흘리에서도 주로 보리, 조, 콩 등을 재배하며 생활했으나, 대부분 가정에서는 매우 궁핍하게 지낼 수밖에 없었다. 그래서 집안의 젊은 남자들은 어쩔 수 없이 숯을 구우러 다니면서 생계를 걱정하지 않을 수 없었다.

마무리하기

이 글의 목적은 선흘곶자왈에서 행해지던 마을 주민들의 경제활동과 관련하여 숯 생산과정과 활동상에 대한 실태를 구체적으로 고찰함으로써, 인문지리학적 관점에서 전통 생활문화의 가치를 제고하는 데 있다. 이 연구에서 도출된 결과를 정리하면 다음과 같다.

첫째로, 제주의 선흘곶자왈에서는 두 가지 유형의 숯가마를 확인할 수 있었다. 하나는 돌숯가마라고 부르는 아치형의 외형적 틀을 지닌 숯가마로서 조사 시점에서는 2기가 잔존해 있다. 다른 하나는 숯을 구웠던 장소(터)만 발견되는 1회용 숯가마로서 약 70여 기가 분포해 있다. 이들 두 숯가마의 이용 시기를 살펴보면 돌숯가마는 대략 조선시대 말부터 일제강점기 이전까지이고, 1회용 숯가마는 해방 이후부터 1960년대까지이다. 전체적으로 이들 숯가마의 분포는 숯의 재료인 재목이나 숯가마를 축조할 때 절대적으로 필요한 돌 재료와 흙, 물(물통) 등이 상대적으로 많은 지구에 높게 나타난다. 아울러 두 가지 숯가마의 유형에 따라 돌숯가마에서는 주로 탄화도가 높은 백탄을, 1회용 숯가마에서는 탄화도가 낮은 검탄을 대량으로 생산함으로써 근본적으로 숯의 양과 질에 차이가 있었음을 확인할 수 있었다.

둘째로, 현세대가 해방 이후에 주로 경험했던 1회용 숯가마에서의 숯 생산과정은 장소 선정→ 숯 재료 구하기→ 숯가마 만들기→ 고사 지내기→ 불 피우기→ 물 붓기→ 돌 걸어내기→ 숯 꺼내기 및 숯 배분 순으로 이루어졌다. 특히 1회용 숯가마의 크기는 숯 재목의 양에 따라 매우 유동적이었으며, 숯 생산의 전 과정은 약 7~12일 정도 걸렸다. 생산된 숯은 개개인의 집에서 사용하는 일부의 양을 제외하면, 대부분을 주변에 위치한 인구 규모가 큰 마을과 제주 읍내에 내다 팔거나 물물교환용으로 이용되었다.

셋째로, 조사 시점에서 원형을 유지하고 있는 돌숯가마(1기)는 그것이 만들어진 시기나 잔존 형태로 볼 때 지방문화재로 지정해도 손색이 없을 정도로 중요한 의미와 가치를 지니는 것으로 평가된다. 따라서 현재의 돌숯가마를 보전하기 위한 시스템 가동이 우선적으로 필요할 것으로 판단된다. 그리고 그 이후에는 단계적으로 돌숯가마의 보전문제를 해결하기 위한 관계기관들의 협의와 지원이 이루어져야 할 것으로 생각된다.

끝으로, 최근 제주 곶자왈에 대한 논의가 활발해지면서 기존에 주로 곶자왈의 지질 경관과 식생(수목) 경관 위주의 분석에 치우쳤던 연구가 곶자왈에서의 경제활동과 생활경제, 그리고 생활문화자원의 발굴 등 다양한 주제로 영역이 확대되고 있다. 이 연구도 곶자왈의 자연 생태적 가치를 근간으로, 이미 사라진 전통 생활문화 혹은 생활경제의 한 단면을 복원했다는 관점에서, 이후에 이어지는 후속 연구에 작은 디딤돌 역할을 할 것으로 기대하고 있다.

청수-저지곶자왈과
그 주변 지역에서의 숯 생산활동

들어가기

숯은 인류 문명의 발전에 있어 필수 불가결한 존재로 자리 잡아 왔다. 구석기 시대 선사인들의 불의 사용이 고대 인류의 생존과 정주에 새로운 장을 열었다면, 선사시대는 물론 역사시대로 바뀐 이후의 목탄의 사용은 현대 인류의 수명 연장과 함께 새로운 문명의 형성과 발전에 중요한 기폭제 역할을 담당해왔다.

역사시대로 접어든 이후에 숯은 다양한 용도로 사용돼 왔지만, 그 중에서도 가장 중요한 기능은 추위를 이기기 위한 보온과 취사를 해결하기 위한 가열 재료로서의 기능이라 할 수 있다. 또한 역사시대 이전이나 그 이후의 왕 무덤이나 성곽 내부에서 종종 발견되는 숯은 습기 제거를 통해 시신의 부패를 차단하고, 성곽의 무너짐을 방지하기 위한 보조적인 기능을 담당한 것으로 이해할 수 있다.

제주에서도 숯은 오래전부터 사용된 것으로 보인다. 최근에 금성리에서 발굴된 여말선초의 분묘나 조선시대 중후기(18C)의 분묘 내부에서 목탄층이 발견된 사실로부터 충분히 유추할 수 있기 때문이다. 특히 금성리의 무덤군은 방사성 탄소 연대 측정 결과 10~12C 초반에 조성된 분묘로 알려지고 있어, 제주에서도 유적 발굴로부터 확인되는 숯의 사용은 적어도 1,000년을 넘는 것으로 파악되고 있다(제주고고학연구소, 2013: 35-40; 제주고고학연구소, 2013: 83-90).

조선시대 때 제주의 일상에서도 숯을 생활연료로 사용했던 사실을 마을의 촌로로부터 심심찮게 들을 수 있다. 물론 현세대가 그들의 증조부나 증조모로부터 전해들은 숯 사용에 대한 이야기를 필자와 같은 후세대에게 전하는 것이다. 더불어 일제강점기는 물론이고 해방 이후 1960년대 말까지도 제주 중산간지역의 일부 마을에서는 숯을 생산하며 생활의 기반을 다지는 사람들이 분명히 존재하고 있었다.

그러나 숯을 생산했던 현세대의 경험자들은 시간이 흐를수록 급감하고 있는 실정이며, 동시에 그 경험의 축적 시간은 이미 50년을 훌쩍 넘기고 있기 때문에 거의 화석화되는 상황에 이르고 있다. 따라서 현재 시점에서는 제주의 숯가마 축조와 숯 생산에 따른 제반 경제활동은 물론이고 이와 연관된 당시의 생활상을 정리하는 자료 축적의 필요성이 대두되고 있다.

한편 제주에서의 숯 생산과 관련된 논의는 필자를 비롯한 몇몇 지역연구자들에 의해 진행되어 왔는데, 이들의 연구과정에서 중요하게 부각되는 사실 하나는 과거 제주에서의 숯 생산이 동서지역에 분포하는 곶자왈과 매우 밀접한 관계가 있다는 것이다. 따라서 앞으로는 동서지역에서 확인되는 곶자왈에서의 숯 생산활동이 서로 어떻게 다르게 전개되어 왔는지에 대한 연구가 필요한 시점이라 할 수 있다.

이상과 같은 배경을 바탕으로, 이 글에서는 제주도 북서지역에 위치한 청수-저지곶자왈과 그 주변 지역에서의 숯 생산활동을 포함한 당시 주변 마을 주민들의 생활상을 체계적으로 정리함으로써, 제주도 중산간지역 마을의 생활사적 자료 축적과 더불어 관련 연구 분야에 2차성 현지자료의 제공에 중심을 두고자 한다. 이러한 작업을 통하여, 앞으로 제주도민들의 숯 생산활동과 관련된 전통적인 생활방식의 이해가 한층 더 심화될 수 있으며, 나아가 제주의 전통적인 생활경제의 일 단면이 더욱 구체성을 띠게 될 것으로 판단된다.

이 글에서는 구체적인 작업을 실행하기에 앞서 문헌조사에서는 주로 《지리지》(地理誌: 官撰 및 私撰)로 불리는 고문헌을 중심으로 숯 관련 내용을 파악하는 데 주력하였다. 이것은 제주에서 숯을 사용한 구체적인 기록을 검토하고 숯가마의 축조나 숯 생산과정, 숯의 용도와 소비실태 등에 대한 내용을 살피기 위한 것이다. 그러나 의외로 여러 《지리지》에는 숯 관련 항목이나 관련 기록이 부실한 상황이어서, 조선시대 때 제주에서의 숯가마 축조나 숯 생산과정 및 소비실태 등에 대한 내용을 일목요연하게 파악할 수 없는 한계가 있었다.

숯을 생산했던 곶자왈 내부의 현지조사와 마을 주민들과의 청취조사는 2014년 4~8월간 10여 회에 걸쳐 이루어졌다. 먼저 곶자왈 내부의 현지조사는 일차적으로 1950~60년대에 걸쳐 숯을 생산했던 마을 촌로로부터 구체적인 장소 정보를 받고 동행조사를 실시하였다. 그러나 마을 촌로와의 동행조사에도 불구하고 과거에 숯을 생산했던 장소는 너무도 변화가 심하여 실제로 구체적인 흔적을 찾아내기가 어려웠다. 그 이유는 숯 생산 이후인 1950년대 중후반부터 1980년대 중반까지 주로 마을 단위 목장을 경영하는 과정에서 대부분 새롭게 정비되어 버렸기 때문이다. 결국 실제로 숯을 생산했던 장소는 대부분 흔적도 없이 사라져버렸고, 목장 용지로 전환되어 사용되다가 1980년대 중반 이후부터는 우마 사육 관행이 사라지면서 다시 넓은 지역에 걸쳐 곶자왈 숲으로만 남게 되었다. 결국 지극히 일부 장소에서만 해방 이후에 숯을 생산했던 흔적을 확인할 수 있었다[1].

마을 주민들과의 청취조사는 저지-청수-산양리의 주민들 중 과거에 숯을 생산했던 경험자를 대상으로 숯 생산과정과 숯가마 축조방법, 숯의 이용과 판매, 그리고 숯 생산 당시의 마을경제와 주민들의 생활상 등의 항목을 토대로 기록하였으며 또 청취한 내용은 양해를 구하여 녹취하였다[2]. 청취조사는 곶자왈 내부의 현지조사(2014년 4~6월)를 마친 이후 시점인 7~8월에 마을 주민들 중 숯 생산 경험자를 중심으로 진행하였다. 그러나 청취조사 과정에서 일제강점기 이전에 사용했던 숯가마[3]의 존재가 확인되면, 재차 곶자왈 내부의 현지조사를 병행하는 방법을 취하였다. 또한 일부 마을 주민들의 경우에는 청취조사 후 일부 미진한 부분에 대해 재차 전화상으로 문의하고 확인하여 자료를 보완하였다.

---

1) 보통 숯을 구웠던 장소는 2가지 외형으로 존재하게 된다. 하나는 가장자리에 숯가마를 축조했던 돌담들이 원형으로 둘러져 남아 있거나 혹은 원형의 형태로 풀이 웃자란 모습으로 남아 있다. 전자인 경우는 해방 이후에 본격적인 우마 사육으로 인하여 돌들을 걷어내 버렸기 때문에 좀처럼 확인할 수 없었지만, 후자인 경우는 숯을 구우면서 재가 남게 되어 다른 장소보다 풀이 웃자란 형태를 취하고 있었기 때문에, 가시적으로는 확인할 수 있는 몇몇 장소가 있었다.

2) 숯가마 축조와 숯 생산활동, 숯의 이용과 판매과정은 숯을 생산했던 경험자들로부터 주로 청취하였지만, 일부 주민들로부터는 숯을 생산하던 당시의 생활상과 마을의 경제상황 등에 대해 청취하기도 하였다.

3) 여기서 말하는 숯가마는 주로 숯 생산 경험자들이 선친 이전에 사용했던 것으로서, 아직도 청수-저지 곶자왈 내부에는 몇 기가 남아있을 것으로 추정된다. 이들 숯가마는 조선시대 말기부터 일제강점기 이전에 사용되었을 것으로 추정된다.

연구지역의 특성

이 글에서 다루는 공간적인 범위는 〈그림 1〉과 같이, 월림-신평곶자왈 중에서도 주로 청수리와 저지리 주변에 전개되는 청수-저지곶자왈과 그 주변 지역이다. 특히 청수-저지곶자왈 중의 일부 곶자왈(그림 내 검은색 지구)은 산림청이 관리하는 상황에 있다. 이 글에서는 청수-저지곶자왈 주변에 거주하는 마을 주민들이 과거에 숯 생산활동을 주로 전념해 온 점에 주목하여 연구범위는 청수-저지곶자왈과 더불어 그 주변 지역을 활동공간으로 이해하고자 하였다. 그럼에도 불구하고 월림-신평곶자왈 내에서도 청수-저지곶자왈 지구의 공간적인 범위만을 명확하게 구분하여 표현하는 것은 현시점에선 불가능하다. 그 이유는 곶자왈이 숲으로 뒤덮여 있어서, 경계선을 명확히 파악하기 곤란하기 때문이다.

이 연구에서 등장하는 중심마을은 저지리, 청수리 및 산양리이다. 이들 마을은 제주도 북서지역에 위치하는 대표적인 중산간마을로서,

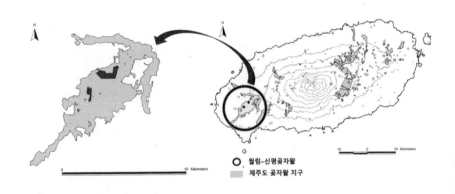

〈그림 1〉 월림-신평곶자왈 내 청수-저지곶자왈(좌측 그림 내 검은색 지구 및 주변부)
출처: 국립산림과학원 난대아열대산림연구소 자료를 일부 수정.

과거에는 밭농사(보리, 조, 콩, 고구마)와 목축(우마) 등을 행하며 생계를 유지해 왔다. 그리고 1948년 4·3사건과 1950년 한국전쟁이 이어지는 시기에는 사회적 불안기가 겹치면서 이들 마을도 생계에 허덕일 수밖에 없는 상황에 놓여 있었다. 저지-청수-산양리 등 3개 마을의 숯 생산 활동은 당시 국내의 주요 사건인 4·3사건과 한국전쟁과도 큰 관련성이 있다고 해도 과언이 아니다. 4·3사건과 한국전쟁이 연이어서 발생하는 과정에서, 제주의 거의 모든 도민들은 경제적인 궁핍과 굶주림에 허덕이며 가구마다 생계를 이을 수 있는 온갖 수단과 방법을 고민하지 않을 수 없었다. 결과적으로, 청수-저지곶자왈과 그 주변 지역에서의 숯 생산활동은 저지-청수-산양리 주민들이 굶주림으로부터 가족들을 지켜내기 위한 중요한 선택이었던 것이다.

제주에 있어서
가정연료로서의 숯

지리지를 통해서 본 숯 관련 기록

여기서는 먼저 조선시대 이후 대략 전통사회가 종료되는 1970년대까지 제주에서 숯 생산이나 숯 사용에 대한 관련 기록을 살펴보고자 탐라 또는 제주와 관련된《지리지》를 중심으로 기재 여부를 찾아보았다. 그 결과 제주에서 숯 생산이나 숯 사용에 대한 기록은 이원조의《제주읍지(濟州邑誌)》(1780~1789년)를 비롯하여《탐라지초본(耽羅誌草本)》(이원조, 19C 중반)과《증보탐라지(增補耽羅誌)》(담수계, 1953년) 등 몇 종류의《지리지》에서 관련 기록을 확인할 수 있었다[4]. 그러나 이들《지리지》에 기록된 내용의 대부분은 제주도민이 관아에 바치는 숯 세금과 관련된 것이기 때문에 여기서는 2개《지리지》의 사례를 토대로 분석하고자 한다.

〈표 1〉은《탐라지초본》과《증보탐라지》등 2개《지리지》에 기록된 내용의 번역문을 옮긴 것이다. 이들《지리지》의 내용을 볼 때, 제주에서 숯은 꿀과 땔나무와 함께 세금조로 거두어들이고 있었음이 확인되며, 동시에 숯은 주로 산촌에 거주하는 남성이 생산하고 있었음을 알 수 있다. 더불어 세금조로 납품한 숯은 제주목사와 판관 등 일부 고위층 관료들만이 사용하는 것으로 파악된다.

〈표 1〉에 제시된 2개《지리지》의 내용 중에서 담수계가 편저한《증보탐라지》의 내용은《탐라지초본》의 기록을 거의 그대로 전사한 내용이기 때문에 사실상 19C 중반 이후에는 숯 관련 기록도 많지 않았던 것으로 추정할 수 있다. 이러한 사실은 결국 조선시대 때만 하더라

---

4) 숯 생산과 숯 사용에 대한 내용의 검토는《제주풍토록》(김정, 1520-21)을 비롯하여《신증동국여지승람》(이행 외, 1530),《남명소승》(임제, 1577),《남사록》(김상헌, 1601-1602),《제주풍토기》(이건, 1628-34),《탐라지》(이원진, 1653),《남사일록》(이증, 1679),《지영록》(이익태, 1694),《남환박물》(이형상, 1704),《탐라록》(신광수, 1764),《제주읍지》(1780~1789),《제주대정정의읍지》(정조 때),《탐라지초본》(이원조, 19C 중반),《탐라지》(동경대 소장본, 19C 중반),《속음청사》(김윤식, 1887-1921),《제주도세요람》(제주도청, 1939),《증보탐라지》(1953, 담수계),《제주도》(대한지지 I, 우낙기, 1965),《제주도자료집》(석주명, 1971),《한국지지》(지방편 IV-광주, 전북, 전남, 제주-, 건설부 국립지리원, 1986)등을 대상으로 하였다. 이들 중《제주읍지》를 비롯한《제주대정정의읍지》,《탐라지초본》,《탐라지》(동경대 소장본),《증보탐라지》등 6개 관찬 및 사찬 지리지에서 숯과 관련된 기록을 확인할 수 있었다. 여기서는 이미 번역본이 간행된《탐라지초본》과《증보탐라지》의 기록만을 사례로 분석하였으며, 이외의《지리지》에 등장하는 숯 생산 및 숯 사용에 대한 본격적인 분석은 차후로 미루기로 한다.

문헌명 (편찬시기 / 저자)	관련 내용
耽羅誌草本 (19세기 중반 / 李源祚)	○ **濟州牧(徭役)** 草柴炭: 남정에게서 해마다 꼴 1바리, 땔나무 1단을 받았다. 산촌에서는 꼴 대신에 숯 5말을 거두어들였다. 대충 목사가 받는 것은 꼴 3,700바리, 땔나무 3,200단, 숯 367섬이고 판관이 받는 것은 꼴 3,000바리, 땔나무 2,200단, 숯 82섬이다. 순조 병술년(1826)에 목사 심영석은 요역이 번거롭고 무겁기 때문에 땔나무 매단의 값으로 좁쌀 6되씩 본전을 지급하여 쓰게 하였다. ○ **旌義縣(物産)** 제주목과 같다. 그러나 특별히 땔감과 새우가 난다. ○ **旌義縣(徭役)** 草柴炭: 남정에게서 해마다 꼴 1뭇, 땔나무 1뭇, 숯 4말을 거두어들였다. 대략 1년에 받는 것이 꼴은 20,580뭇, 땔나무는 1,530뭇, 숯은 80섬이다. 근래에 요역이 번거롭고 무거워서 꼴을 받는 것을 혁파하고, 땔나무와 숯의 3분의 1을 생촐로 대신 받았다. ○ **大靜縣(徭役)** 草柴炭: 남정에게는 매년 꼴 20뭇, 땔나무 1뭇을 거두어들였다. 숯은 수직하는 군졸 매명에게서 1섬을 거두어들인다. 대략 1년에 거두어들이는 것은 꼴이 10,080뭇, 땔나무가 1,400뭇, 숯이 87섬이다.
增補耽羅誌 (1953년 / 淡水契)	○ **沿革(附 舊例)** 草柴炭: 제주목은 남정에게 매년 草 1겁, 柴 1단인데 산촌은 草 대신에 炭 5두을 거두었다. 대략 목사가 거둔 것이 초 3,700겁이고, 시 3,200단이며, 탄 367석이다. 판관이 거둔 것이 초 3,000겁이고, 시 2,200단이며, 탄 82석이다. 1826년(순조 26)에 목사 심영석이 요역이 무겁다 하여 시 1단의 대가로 소미 6승을 거두게 하였다. 대정은 남정에게 매년 초 20속과 시 1속을 거두고, 탄은 직솔처 한 사람당 1석을 거두었다. 대략 1년에 거둔 것이 초 10,080속이고, 시 1,400속이며, 탄 87석이다. 정의는 남정에게 매년 초 15속과 시 1속 및 탄 4두이니 대략 1년에 거둔 것이 초 20,580속이고, 시 1,530속이며, 탄 80석이다. 중간에 요역이 무겁다 하여 폐지하고 초를 거두되 시탄 1/3로 청초를 대신 내게 하였다. ○ **觀風案: 防禦使 沈英錫** 純祖 26년 6월에 도임하고 이듬해 丁亥年 8월에 파직되어 떠났다. 각 호마다 소출하여 바치던 柴草(장작과 푸새)와 炭薪(숯과 땔나무) 등을 감하여 주고 本錢을 설치하여 州司(관청)에 맡겼다. (그에 대한 공적을 기리어) 비석을 세웠다.

출처: 《耽羅誌草本》(李源祚, 19C 중반), 《增補耽羅誌》(淡水契, 1953)에 의해 발췌.

도 제주에서는 육지부와 비교할 때 상대적으로 숯 생산이나 숯 사용
이 그다지 활발하지 않았으며, 더욱이 일반 서민 가정에서는 숯을 연
료로 사용하기에는 다소 한계가 있었음을 간접적으로 이해할 수 있는
대목이다. 그리고 《탐라지초본》의 기록에서 볼 때도 땔나무와 숯의
세금 부과(요역)가 너무 무거워서 심영석 목사 시기에 이르러 청초로
대신했다는 배경은 당시 제주에서의 숯 생산환경이 매우 열악했음을
대변하는 것으로 이해할 수 있다.

제주 가정연료의 변화

제주의 일반 가정에서는 오랫동안 우마의 건분(乾糞)은 물론이고
잡초와 나뭇잎(솔잎), 농작물의 줄기(보릿짚, 콩깍지 등), 장작 등을 주요 연
료로 사용해 온 듯하다. 이와 관련되는 오래된 기록은 아직 확인되고
있지 않지만, 일부 《지리지》의 기록을 통해 관련 상황을 유추해 볼 수
는 있다. 이형상의 《남환박물(南宦博物)》(1704) 제주목(濟州牧) 부역(賦役)
조에서는 아래와 같은 내용을 확인할 수 있다.

> "표고와 백랍은 군병에게 받고, 미역과 전복, 물고기, 게 등은 鮑漢
> 에게서 받는다. 무릇 여러 力役과 땔나무, 풀, 꿩, 닭 등의 물건은 모두
> 일반 백성에게 책임 지운다."

이상의 내용에서 알 수 있는 사실은 제주목 관아에서 사용하는 연
료(땔감)로 제주도민들에게 땔나무와 풀을 세금조로 부과하고 있었다
는 것이다. 이것은 결국 제주도의 일반 서민들의 가정연료도 거의 동
일한 것을 사용하고 있었음을 반증하는 것이다. 물론 일부 서민들은

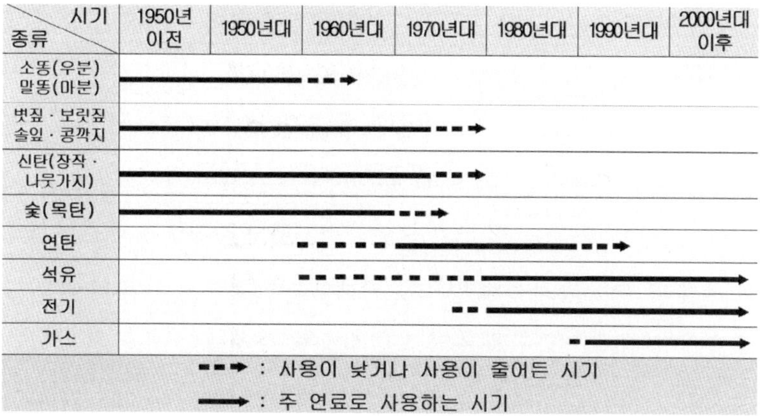

시기 종류	1950년 이전	1950년대	1960년대	1970년대	1980년대	1990년대	2000년대 이후
소똥(우분) 말똥(마분)							
볏짚·보릿짚 솔잎·콩깍지							
신탄(장작· 나무가지)							
숯(목탄)							
연탄							
석유							
전기							
가스							

■ ▶ : 사용이 낮거나 사용이 줄어든 시기
━▶ : 주 연료로 사용하는 시기

〈그림 2〉 제주도 가정연료의 이용 변화 출처: 정광중(2012: 94)의 연구 결과를 일부 수정 보완.

마른 우분(牛糞)과 마분(馬糞)도 연료로서 사용했을 것으로 추정된다. 이러한 상황은 〈그림 2〉에서 확인할 수 있듯이, 조선시대 후기와 일제강점기를 거쳐 해방 이후인 1960년대 중반까지도 그것들의 사용이 지속되고 있었다는 사실에서 확인해 볼 수 있다.

그러나 한 가지 크게 변화한 점은 특정 시점에서부터는 숯(목탄)이 관아나 가정의 연료로서도 추가되었다는 사실이다. 숯은 가정마다 생산할 수 있었던 연료가 아니었기 때문에, 보급 초기 단계에서는 관아와 대장간, 또 일부 가정에서만 연료로 사용되었을 것으로 보이며, 이런 관점에서 볼 때 1950~60년대까지만 해도 가정연료서의 숯은 매우 고급연료였다고 말할 수 있다(정광중, 2012: 94). 이러한 배경은 상대적으로 열 효율성이 뛰어난 연탄이 일반 가정에 보급되기 시작한 1960년대 초반까지만 하더라도, 제주도 내에서 생산되는 숯의 전체 생산량이 그다지 많지 않아서 가정연료로서의 보편화가 매우 어려웠을 것으로 추정되기 때문이다.

가정연료로서의 숯은 해방 이전부터 사용되기 시작한 것이 분명하지만, 각 가정마다 오랫동안 사용해온 일반적인 연료, 즉 볏짚·보릿짚·콩깍지 등의 곡물 줄기나 솔잎·나뭇가지·장작 등 목본식물의 잎과 줄기를 주로 사용하던 1970년대 중후반까지도 같이 사용된 특성을 지닌다. 그렇기 때문에, 특히 가정마다 연례행사로 돌아오는 대소사에는 곡물의 줄기나 식물의 잎과 줄기보다 상대적으로 사용이 쉽고 열효율성이 뛰어난 숯도 부분적으로 사용했을 것으로 생각된다. 따라서 특히 곶자왈을 끼고 있는 중산간마을에서는 숯을 생산하기 위하여 농한기에 개인적으로 혹은 친인척이나 같은 마을에 거주하는 동료들이 한 팀을 이루어 숯을 생산하기도 했던 것이다.

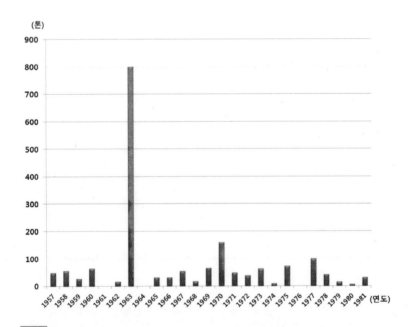

<그림 3> 제주도 숯 생산량의 변화
출처: 제주도(2006: 381-382)의 자료를 토대로 작성(일부 연도는 통계 결여).

1960년대 초부터는 제주에서도 연탄이 보급되면서 상대적으로 가정에서의 숯 사용도 많이 감소했을 것으로 보인다. 하지만 1960년대만 해도 제주의 경제상황은 녹록치 않았기 때문에 쉽게 현금을 손에 쥘 수 없었던 서민가정에서는 앞에서 지적한 볏짚·보릿짚·콩깍지 등의 곡물 줄기와 솔잎·나뭇가지·장작 등 목본식물의 잎과 줄기를 주로 가정연료로 사용하면서 또 일부 가정이나 공장에서는 숯을 겸하여 사용할 수밖에 없었다. 그것은 상대적으로 값이 저렴하고 또 오일장 등을 통해서 손쉽게 구할 수 있다는 나름대로 이점이 작용했기 때문이다.

〈그림 3〉에서는 가정연료서의 숯이 1970년대 말을 기점으로 거의 자취를 감추며 사라지는 배경을 이해할 수 있다[5]. 제주에서 숯은 한 때 800t까지 생산되었던 시기(1963년)도 있었지만, 1977년에 약 100t을 생산한 이후부터는 거의 유명무실한 정도의 생산량을 보이면서 가정연료서의 기능도 덩달아 약화되는 운명을 맞게 되었다. 그리고 숯이 차지하던 자리는 한동안 연탄과 석유가 차지하면서 1980년대 후반에 가스(LPG)가 등장할 때까지 가정연료로서 중요한 기능을 담당하였다.

그러나 1990년대 이후에 웰빙 음식과 전통적인 조리방법 등이 사회적으로 큰 선풍을 일으키면서 숯은 또 한번 그 가치를 발휘하는 시대를 맞는다. 그렇지만 이미 제주에서는 숯 생산활동이 중단된 상태이기 때문에 식당이나 공장에서 주로 사용하는 숯은 주로 반도부에서

---

5) 《제주통계연보》에서도 목탄(숯) 생산량의 항목은 1981년 이후에 완전히 사라지면서 제주에서는 더 이상 숯 생산의 의미를 가질 수 없게 되었다. 아울러 1963년 숯 생산량(800t)은 통계 집계 시의 오류일 가능성도 없지 않다. 분석 시점에서는 다른 연도에 비해 큰 차이가 발생한 이유를 명쾌하게 해석할 수 없는 상황이다.

생산한 것을 수입하는 단계로 접어들게 되었다.

제주에서 숯의 사용과 의미

제주에서도 가정에서의 숯은 다양한 방법과 용도로 이용해 왔으나, 상대적으로 육지부에 비하면 숯의 이용은 그다지 활발하지 않았던 듯하다. 이러한 배경은 민간에서 전승되는 숯 관련 민담이나 속담 등이 그리 많지 않다는 사실에서도 간접적으로나마 유추해 볼 수 있다[6].

〈표 2〉는 전통사회가 유지되던 1970년대까지 제주에서 사용하던 숯의 용도와 기능을 개략적으로 정리한 것이다. 기본적으로 숯의 성질과 특성을 전제할 때, 가정이나 공장에서 숯의 용도나 기능은 육지부에서 사용하는 정황과 거의 유사하다고 말할 수 있다. 단지 숯의 생산과 보급 정도에 따라 가정이나 공장 등에서 사용하는 사용량은 얼마든지 달라질 수 있을 것으로 판단된다.

전통사회가 유지되던 시기에 제주에서의 숯 사용은 크게 일반 가정용과 풀무나 대장간 등 전통적인 재래공업용으로 구분해 볼 수 있다. 가정용은 음식조리를 비롯하여 겨울철 난방(주로 실내), 다리미와 인두 등에 사용하는 것으로 가장 보편적인 가열과 보온 또는 항온을 유지하는 데 사용하는 것과 금줄이나 간장독, 쌀독 등에 담가 부정을 방지하거나 방충 및 정화작용을 하는 데 사용하는 사례가 대부분이다. 그리고 전통 재래공업인 풀무공예나 대장간 등에서는 쇠를 달구

---

6)   제주도의 민담이나 속담에는 '숯' 단어가 포함되는 경우가 극히 적은데, 한 가지 사례로 '소낭숯은 헤피곡 낭숯은 튼다.'(소나무 숯은 헤프고 참나무 숯은 마디다.)라는 속담을 들 수 있다(송시태 외, 2007: 165).

용도	기능	사용량	용도 구분
음식 조리	가열 및 보온	다량	가정용
난방	보온	중량	가정용
다리미 / 인두	항온 유지	소량	가정용
간장독에 담그기	정화	소량	가정용
쌀독에 넣기	방충	소량	가정용
금줄	부정 방지	소량	가정용
풀무 공예	가열 및 항온 유지	다량	공업용
대장간	가열 및 항온 유지	다량	공업용

출처: 필자 작성.

거나 녹이는 과정에서 높은 열로 가열하고 또 일정한 온도를 유지하는 데 숯을 많이 사용하였다.

이처럼 전통사회가 이어지던 시기에 제주의 여러 가정이나 전통적인 재래공장에서의 숯 사용은 어쩌면 가장 단순하고 보편적인 형태에 머물러 있었다고 해도 과언이 아니다. 그것은 육지부와 비교해 볼 때 숯을 대량으로 생산하는 기술이 늦게 도입된 점도 있을 것이고, 또 상대적으로 숯보다는 잡초나 곡물과 식물의 잎·줄기, 장작 등 주변에서 손쉽게 얻을 수 있는 여러 종류의 땔감이 항상 준비되어 있었기 때문으로 판단된다.

〈표 3〉은 1920년 후반경 조선총독부가 정리한 자료로서, 당시 제주의 가정에서 사용하는 연료의 종류와 추정 소비량을 나타낸 것이다. 이 자료를 통하여 1930년대 제주의 여러 가정에서 사용하는 연료의 종류는 물론이고 연료별 개략적인 소비량을 추정해 볼 수 있다. 당시 제주의 가정에서 사용하는 취사용 및 우마의 사료 끓이기용 연료

취사용 및 우마의 사료 끓이기용		온돌용	
연료 종류	추정 소비량(貫)	연료 종류	추정 소비량(貫)
솔잎	500,000	솔잎	500,000
장작	15,000,000	장작	800,000
잡초	5,000,000	잡초	1,000,000
곡류짚 / 깍지	10,000,000	곡류짚	2,000,000
석탄 / 연탄	2,000	낙엽	1,000,000
낙엽	1,000,000	말린 말똥	소비량 미상
목탄	400,000	합계	5,300,000
합계	31,902,000		

출처: 朝鮮總督府(1929: 134-135)의 자료를 인용.

의 종류와 추정 소비량의 비율은 장작(47%), 곡류짚/깍지(31%), 잡초 (15.7%), 낙엽(3.1%), 솔잎(1.6%), 목탄(1.3%), 석탄/연탄(0.0%) 순으로 파악 되며, 전체 연료의 추정 소비량은 3,190만 2,000관으로 확인된다. 더 불어 난방에 사용하는 온돌용 연료의 종류와 추정 소비량의 비율은 곡 류짚(37.7%), 잡초(18.9%), 낙엽(18.9%), 장작(15.1%), 솔잎(9.4%), 말린 말똥 순으로 확인되며, 전체 추정 소비량은 530만 관 정도로 파악된다[7].

결과적으로 볼 때, 당시 제주의 가정에서 사용하는 연료는 주로 도 민들이 농작물을 재배하는 과정이나 주변 지역의 자연으로부터 손쉽 게 얻을 수 있는 재료들이 대부분이라는 사실이다(정광중, 2004: 53). 더 불어 당시 가정연료의 대표 격은 장작을 비롯하여 곡류짚(깍지), 잡초,

---

7) 조선총독부가 조사한 내용에서 '곡류짚'은 보릿짚과 조짚 또는 유채 줄기 등이 포함된 것 으로 보이며, '깍지'는 주로 콩(대두) 줄기로 유추된다.

낙엽, 솔잎 등으로 요약할 수 있다. 이러한 상황이 되다 보니, 대부분의 가정에서는 매년 곶자왈을 비롯한 중산간지역과 해안지역의 야산(임야)에서 장작용 나무를 벌채하기도 하고, 또 집안의 여성들은 틈만 나면 낙엽과 솔잎 등을 채취하기 위하여 들녘 이곳저곳을 돌아다니곤 했다(정광중, 2007: 122-124).

〈표 3〉에서 확인할 수 있는 또 하나 중요한 사실은 의외로 목탄(숯) 사용량이 적다는 점이다. 목탄은 취사 및 우마용 사료 끓이기용 연료 중에서도 40만 관(≒1,500t) 정도로 상당히 미미한 수준에 머물러 있었음을 알 수 있다. 결과적으로, 1920년대만 해도 숯은 고급연료이거나 또는 귀한 연료이기 때문에 일반 가정에서 취사용이나 우마용 사료를 끓이는 연료로는 사용하지 않았다고 볼 수 있다. 결국 이러한 사실은 당시 제주에서의 숯 생산량이 얼마 되지 않았거나 또는 육지부로부터 반입량이 극히 적었음을 시사하는 것이다.

이상과 같이 과거의 자료를 통해서 본 정황을 토대로 유추해 볼 때, 일제강점기인 1920년대까지만 해도 제주에서 숯은 가정연료로서는 큰 의미를 지니지 못하고 있었음을 가늠케 한다. 이 시기에 숯이 제주의 가정연료로 정착하지 못했던 배경에는 또 다른 관점의 해석도 필요하다. 숯의 생산은 곧 수익성을 전제하여 판매로 이어지는 것이 상례라 할 수 있다. 결론적으로 1920년대까지만 해도 제주에서는 숯을 생산하여 수익을 남기기란 쉽지 않았을 것으로 사료된다. 그만큼 당시 제주의 경제상황으로는 숯을 가정연료로 사용하는 경우는 일본인 가정이나 일부 부유층 가정을 제외하면 매우 어려웠을 것이기 때문이다. 더욱이 당시 제주읍과 서귀면의 일부 도시 지역을 제외한 농어촌 지역에서는 장작을 비롯한 보릿짚과 콩깍지, 낙엽과 솔잎 등을 손쉽게 활용할 수 있었기 때문에 숯의 판매 대상은 극히 일부 계층에 머무를 수밖에 없었을 것이다. 이러한 상황을 고려한다면, 제주에서의 숯 생산활동이 활발해지는 시기, 또 판매를 통해 수익을 남길 수 있던 시기는 대략 일제강점기 중·후기로 이어지는 시기로 설정해 볼 수 있다.

청수-저지곶자왈과 그 주변 지역에서의 숯 생산활동의 실태

누가: 숯 생산의 주역들

청수-저지곶자왈 주변 지역에서 숯을 생산하던 마을 주민들은 한경면 저지리, 청수리 및 산양리 주민들이 주를 이룬다[8]. 물론 이들 마을 이외에도 청수-저지곶자왈을 사이에 두고 동서남북 방향으로 위치하던 일부 마을, 즉 안덕면 서광리 및 동광리(동쪽 방향에 위치), 대정읍 무릉리(남서쪽 방향), 대정읍 구억리 및 신평리(남쪽 방향), 한림읍 금악리(북쪽 방향)의 주민들도 숯 생산활동을 했지만, 지금까지의 청취조사에 따르면 활동의 중심은 앞에 지적한 3개 마을 주민들로 압축할 수 있다.

그렇다고는 하나 당시 마을 단위로 전체 가구 수 중 어느 정도의 가구가 숯 생산에 참여했는지는 청취조사 대상자마다 각기 다르게 제보되어 일목요연하게 통계로 정리하기에는 어려운 상황이다. 일단 3개 마을 주민들로부터 청취한 내용을 요약하자면, 마을별로는 저지리-청수리-산양리 순으로 숯 생산활동이 활발했던 것으로 판단된다

---

8) 산양리는 1953년 이전까지만 해도 청수리(당시는 한림면 청수리 2구에 소속)에 속해 있었던 마을이다(오창명, 1998: 435).

(표 4). 산양리나 청수리 주민들은 특히 '저지리 사람들이 가장 숯을 많이 구웠다.'고 말하거나 또는 '저지리 사람들은 숯장사'라 표현할 정도로 3개 마을 중에서는 저지리가 가장 숯 생산을 활발히 전개했던 것으로 판단된다[9]. 물론 저지리 출신의 숯 생산 경험자들로부터도 3개 마을 중에서는 저지리가 가장 숯을 많이 구웠다고 하는 증언을 접할 수 있었다[10]. 특히 저지리에서는 청수리나 산양리에서와는 달리 여성들까지도 틈만 나면 숯을 제조했던 것으로 조사되었다.

그렇다면 이들 마을 내에서도 어떤 가구 또는 어떤 계층이 숯 생산에 많이 종사하고 있었을까. 마을 주민들이 숯을 주로 생산했던 시기는 1950년대로 볼 수 있는데, 이 시기를 기준으로 볼 때 특정 가구나 계층으로 단정 짓기보다는 개별 가구 단위로 비교적 생활이 넉넉지 못한 가구나 식구가 많은 가정에서 숯을 자주 생산했던 것으로 보인다. 인터뷰 조사에서 '농사지을 땅이 부족해서', '먹고살기 힘들어서', '가족들을 먹여 살리기 위해서', '가족 중 사지가 멀쩡한 자신이라도 돈을 벌어야 할 것 같아서'란 답변을 많이 들을 수 있었던 사실은 전체적으로 당시의 경제상황이 좋지 않았다는 배경을 시사하는 것이기도 하다. 결국은 상대적으로 경제적 곤란을 느끼는 가구가 자주 숯을 제조하러 다녔다는 것으로 이해할 수 있다.

저지-청수-산양리 주민들은 주로 개인별로 숯을 제조하는 것이 가장 일반적이지만, 필요에 따라서는 2~3명이 팀을 이루어 숯을 제조하기도 하였다. 2~3명이 팀을 이루어 숯을 제조하는 경우에는 숯 재료

---

9) 산양리 거주 박○화 옹(남, 79세)과 청수리 거주 강○홍 옹(남, 70세)으로부터의 청취조사에 의함.

10) 저지리 거주 김○부 옹(남, 80세) 및 김○자 씨(여, 77세)로부터의 청취조사에 의함.

구분	마을	무릉2리	저지리	청수리	산양리
숯 제조 시기	해방 이전	○	○	○	○
	해방 이후	×	○	○	○
해방 이후 숯 생산 정도		×	1순위	2순위	3순위
해방 이후 숯 활동에 주로 참여한 성별		×	남자, 여자	남자	남자
해방 이후 생산한 숯의 종류		×	곰숯, 말숯 (일부 작대기숯)	곰숯, 말숯 (일부 작대기숯)	곰숯, 말숯

출처: 현지조사에 의해 작성.

를 구할 때만 서로 돕고 숯가마는 개별적으로 축조하여 제조하는 경우와 이와는 달리 숯 재료의 벌채부터 숯가마 축조까지 같이 협동하여 숯을 생산하는 경우가 있다[11]. 물론 2~3명이 같이 숯을 제조하면, 숯 양도 똑같이 배분하여 나눠 갖는다. 협업 방식으로 숯을 제조하지 않더라도, 보통 사람들이 숯을 제조하기 위하여 마을에서 곶자왈 지구 또는 마을 밖으로 나갈 때는 '숯 묻으러 가자.'라고 말을 걸고는 같이 출발하는 경우가 많다고 한다.

언제: 숯 생산 시기

저지-청수-산양리 등 3개 마을 주민들이 숯을 생산했던 시기는 주로 언제부터 언제까지일까. 이러한 점은 제주의 생활 문화사를 정리

---

11) 저지리 거주 김○봉 옹(남, 74세)으로부터의 청취조사에 의함.

해 가는 관점에서도 매우 중요한 사실로 부각될 수 있다. 〈표 5〉는 3개 마을의 청취조사자들로부터 숯을 생산했던 시기와 생산 장소, 개개인의 구체적인 경험 시기 등을 정리한 자료이다. 이 자료를 통해서 과거 3개 마을 주민들이 숯을 생산했던 시기를 어느 정도 가늠해 볼 수 있다.

〈표 5〉 3개 마을 숯 생산 경험자들의 주 생산 활동 시기 및 장소

번호	경험자	연령 (세)	거주 마을	숯 생산 활동 시기(년)	숯 생산 장소	구체적인 경험 시기
1	임○호	78	청수리	1953~1955	마진흘, 곶세왓목, 논재물, 남둥이밭 등	1950년대 초중반 약 3년간 경험
2	고○구	76	청수리	1953~1954	〃	1950년대 초중반 약 2년간 경험
3	강○흥	70	청수리	1958~1959	마진흘, 논재물 등	14~15세 때 경험
4	김○자	77	저지리	1952·1956	보남물곶 등	4·3사건으로 소개 이후 15~19세 때 경험
5	고○하	80	저지리	1950~1951	강정, 마중오름 주변, 문도지오름 주변	4·3 이후 15~16세 때 경험
6	김○봉	74	저지리	1957~1961	당오름 주변 등	17~18세부터 군 입대 전 (1962년)까지 경험
7	고○보	73	저지리	1956~1962	남송악 주변, 서광리 목장, 택지 내 우영(팟)	15~20세 넘을 때까지 경험
8	좌○하	81	저지리	1950~1955년(?)	강정, 택지 내 우영(팟)	17세 전후로 5~6년간 경험
9	박○화	79	산양리	1949~1951	새신오름 주변(큰넓곶), 택지 내 우영(팟)	4·3사건으로 소개 다녀온 이후에 1~2년 경험

주: 생산 장소는 곶자왈 내의 지명이거나 또는 그 주변부의 지명으로 일반 지도에는 표시가 안 된 작은 지명이 많음에 유의.
출처: 청취조사에 의해 작성.

〈표 5〉에서 확인할 수 있듯이, 전체적으로 개인별 숯 생산 활동 시기는 1949~62년 사이로 파악된다. 따라서 수면 위로 드러난 숯 생산 기간은 14년간이며, 실제로는 이 시기를 전후해서 일부 시기가 포함될 수 있다. 그 이유는 개인별 숯 생산 경험자들의 생산 활동 시기는 주로 개개인의 기억력에 의존하고 있기 때문에, 다소의 연도별 차이가 충분히 있을 수 있기 때문이다. 그렇다고는 하나, 여러 사람들의 숯 생산 경험을 근거로 볼 때 개략적으로 청수-저지곶자왈과 그 주변 지역에서 숯을 생산하던 주요 시기는 1950년대부터 1960년대 초반경으로 설정한다면 큰 무리는 없을 것으로 생각된다.

개인별로 숯 생산 활동 시기를 검토해 볼 때 산양리의 박○화 옹이 가장 이른 사례로 1949~51년 사이로 나타나며, 저지리의 김○봉 옹과 고○보 옹은 비교적 늦은 시기인 1961~62년까지 숯을 생산했던 것으로 대비된다. 더불어 산양리와 청수리의 경험자들이 대부분 2~3년이란 비교적 짧은 기간의 숯 생산 경험을 가지고 있는 반면 저지리의 경험자들 중 고○하 옹을 제외한 4명이 모두 5년 이상 숯 생산 경험을 가지고 있어서 당시 숯 생산의 중심지임을 입증하는 상황이 되고 있다. 청수리의 고○구 옹과 저지리의 강○홍 옹은 각각 14~15세 때에 그리고 산양리의 박○화 옹은 14~16세(1949~51년) 때까지 약 2년 동안의 경험을 가지고 있다. 오늘날과 같은 상황과 비교해 볼 때 같은 연령의 청소년이 그 어렵고 힘든 숯 생산을 할 수 있었을까 하는 의문도 들 수 있겠지만, 경험자들의 공통된 증언은 '과거 제주의 청소년들은 모두가 그렇게 지냈다, 누구든지 닥치면 다 한다.'라는 것이었다.

특히 박○화 옹의 기억은 매우 생생했다. 자신은 1948년에 발발한 4·3사건으로 인해 해안마을로 소개되었다가 다시 고향 마을로 돌아

왔는데, 막상 집안의 농사를 지으려고 했으나 씨앗 자체를 구할 수 없어, 할 수 없이 가계를 돕기 위한 수단으로 숯을 구웠다는 것이다. 당시 산양리에서도 숯을 생산했던 가구는 5~6가구에 불과했고, 숯 대신에 장작이나 솔잎 또는 나뭇잎 등을 팔아 생필품을 구입하는 가구가 많았다고 한다.

〈표 5〉에서 확인되는 9명의 숯 생산 경험자들의 사례로부터 공통적으로 지적할 수 있는 사실은 숯 생산 활동 주요 시기가 해방 이후에 4·3사건과 1950년 한국동란 등 사회적으로 가장 불안하고 힘든 시기였다는 점이다. 따라서 여러 개별 가정에서는 힘든 고난의 시기를 접하여 가족들의 생계가 가장 큰 걱정일 수밖에 없었을 것이다. 그렇기 때문에, 저지-청수-산양리를 비롯하여 청수-저지곶자왈에 인접하고 있는 주변 마을 사람들은 숯 생산을 비롯하여 장작이나 그 밖의 땔감을 판매하여 가족들의 끼니를 해결하는 데 도움을 얻고자 했던 것으로 이해할 수 있다.

한편 청수-저지곶자왈이나 그 주변 지역에서는 주로 가을 농번기가 끝나는 11월부터 다음 해 3월에 걸쳐 숯을 생산한 것으로 파악된다. 따라서 매년 숯 생산의 중심기간은 약 5개월간으로 주로 농한기인 겨울철이다. 이러한 사실은 제주도의 동부지역인 선흘곶자왈에서 숯을 생산했던 시기(11월~이듬해 5월)와는 다소 차이가 있는 것으로 파악된다(정광중 외, 2013: 44-45). 특히 새봄이 되고 나서부터는 숯을 생산하지 않았는데 그 이유는 농사일의 준비 등으로 바쁘기도 하지만, 새봄이 오는 시기에는 나무에 물이 많이 올라 숯 생산 자체가 매우 어려웠기 때문이다.

어디서: 숯 생산 장소

저지-청수-산양리 주민들이 숯을 생산하던 장소는 공간적인 범위를 넓게 잡으면 월림-신평곶자왈 지역이고, 좁게 잡는다면 청수-저지곶자왈 지구이다. 그러나 실제로 경험자들의 이야기를 접해 보면, 청수-저지곶자왈을 중심으로 한 지구 내에서도 좀 더 구체적인 장소들이 등장한다.

〈표 5〉와 〈그림 4〉에 등장하는 숯 생산 장소는 청취 조사한 경험자들이 숯을 생산하기 위하여 주로 활동했던 장소들이다. 특히 〈그림 4〉의 지도에는 〈표 5〉에 기재되지 않은 숯 생산 장소도 등장하는데, 그것은 숯 생산 장소의 지도화(地圖化)를 위해 가능한 한 많은 정보를 수집하는 과정에서 〈표 5〉에 제시한 경험자들 외에도 저지리와 청수리의 몇몇 주민들로부터 청취한 내용이 첨가되어 있기 때문이다[12].

저지-청수-산양리 주민들의 숯 생산 장소는 크게 택지 내와 택지 밖으로 구분할 수 있으며, 택지 밖은 다시 청수-저지곶자왈 지구 내와 그 주변 지역(오름 주변과 인근 마을 목장 지구)으로 구분할 수 있다. 먼저 택지 내는 〈표 5〉의 좌○하 옹과 박○화 옹의 사례에서 보는 것처럼, 우영(팟)이 숯을 생산하는 장소이다(사진 1-2). 물론 이들 사례에서 확인되는 택지 내의 우영(팟)은 비교적 넓은 면적을 소유한 경우이다. 말하자면 겨울철에 특별히 재배할 채소류가 없었거나 채소류를 재배했더라도 대부분 가내 소비가 행해졌기에 빈 공지를 일시적인 숯 굽

---

12) 주로 6~7월 마을 내 쉼터인 정자목(폭낭) 아래에서 휴식을 취하는 여러 명의 할머니와 할아버지를 대상으로 단편적인 몇몇 질문의 답변만을 얻어냈기 때문에 그들의 이름과 거주지, 연령 등에 대해서는 기록하지 않았다.

기 장소로 활용하는 것이다. 〈사진 1~2〉는 산양리 주민들 중 박○화 옹이 숯 제조에 이용했던 우영(팟)이지만, 안타깝게도 이들 우영(팟)은 조사 시점에서는 마을 공터와 과수원으로 변하여 예전의 흔적은 찾아 볼 수 없다.

택지 내 우영(팟)에서의 숯 생산은 나름대로 장점과 단점이 있다. 먼저 장점은 벌목을 단속하는 경찰이나 산감(山監: 영림서 직원) 등에게 들킬 염려가 적기 때문에 발각된 이후에 벌금의 납부나 징역의 위험 성을 피할 수 있다는 것이다. 당시만 해도 법률상 야산의 벌목은 금지 되어 있어서 경찰이나 산감과 친인척 또는 선후배 관계 등 연고가 전 혀 없는 경우에는 큰 화를 입기도 하였다 [13]. 이러한 사실은 고시홍의 연구(1998: 134)에서도 분명히 지적하는 사실이기도 하다. 따라서 숯을 생산하는 주민들은 가능한 한 경찰이나 산감의 눈을 피해서, 심지어 는 동네 사람들에게조차도 대놓고 '숯을 구우러 간다.'는 말을 하지 않 았다고 한다.

한편 숯을 본격적으로 생산하는 과정은 숯 재료인 목재를 사전에 준비해 놓는다고 하더라도 1~2일에 끝나는 것이 아니다. 특히 대량 의 숯을 한꺼번에 생산하는 과정에서는 숯가마 자체가 커지기 때문에 적어도 2~3일 동안 숯가마 안에서 목재를 태워야만 하고, 또 태우는 과정에서는 숯가마의 어느 한쪽 부분이 무너져 내리거나 혹은 구멍이 생겨 공기가 유입되면 모든 것이 수포로 돌아가기 때문에, 항상 누군 가가 숯가마 곁을 지켜야 한다. 따라서 택지 내 우영(팟)에서 숯가마를

---

[13] 실제로 산양리에 거주하는 박○화 옹(남, 79세)은 당시 경제적으로 어려운 동네 사람의 집을 짓는 데 필요한 나무를 벌채하다가 산감(저지리 거주)한테 들켜 동네 가게(점빵)에 서 술대접을 하고 무마한 경험을 가지고 있었다.

만들어 많은 숯을 생산하는 과정에서는 혼자의 힘보다는 가족이 같이 번갈아가면서 숯가마의 동태를 살필 수 있다는 것이다. 이런 점에서 택지 내 우영(팟)에서의 숯 생산은 가족들의 도움을 적극 받을 수 있다는 장점이 존재한다[14].

이와는 반대로, 단점은 숯 재료인 목재를 벌채한 후에 힘들게 집까지 운반해야 한다는 점이다. 저지-청수-산양리 주민들이 주로 벌채하는 숯 재료는 청수-저지곶자왈에 자생하는 가시낭(종가시나무), 츠낭(상수리나무), 볼레낭(보리수나무), 굿가시낭(꾸지뽕나무), 누룩낭(누릅나무) 등이었다. 그런데 가시낭과 츠낭, 굿가시낭 등 일부 수종은 다른 수종과 비교할 때 상당히 무겁기 때문에 단순히 사람의 등짐으로 운반하고자 할 때는 엄청난 고생이 뒤따른다. 더욱이 사람들의 눈을 피하여 집까지 운반하려면, 일단 도로변에 가까운 곶자왈이나 오름 기슭에 감추어두었다가 야간이나 새벽녘에 운반해야 하는 번거로움도 피할 수 없다.

한편, 택지 밖에서 행하는 숯 생산 장소는 〈그림 4〉에서 위치를 확

〈사진 1〉 과거에 숯을 생산했던 우영(팟). (현재는 마을 공터로 전환 사용)

〈사진 2〉 과거에 숯을 생산했던 우영(팟). (현재는 과수원으로 전환 사용)

---

14) 산양리 거주 박○화 옹(남, 79세)으로부터의 청취조사에 의함.

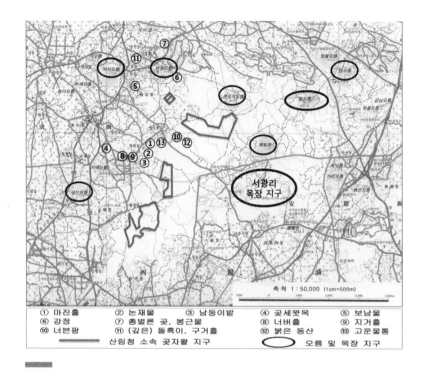

① 마진흘	② 논재물	③ 남둥이밭	④ 곳세왓목	⑤ 보남물
⑥ 강정	⑦ 총벌른곳, 봉근물		⑧ 너버흘	⑨ 지거흘
⑩ 너븐팡	⑪ (깊은) 돌흑이, 구거흘		⑫ 붉은 동산	⑬ 고운물통
━━━ 산림청 소속 곶자왈 지구			⬭ 오름 및 목장 지구	

〈그림 4〉 청수-저지곶자왈과 그 주변 지역의 숯 생산 장소 출처: 청취조사에 의해 작성.

인해 볼 수 있다. 택지를 벗어난 숯 생산 장소는 3개 마을별로 마을에서 가까운 오름(기생화산)이나 곶자왈 지구, 또 마을에서 비교적 멀리 떨어진 오름과 목장 지구로 구분할 수 있다. 전자의 사례로는 마진흘(곳), 논재물, 남둥이밭, 너버흘, 지거흘, 구거흘, 돌흑이(이상 청수리), 보남물(곳), 강정, 총벌른곳, 봉근물, 붉은 동산, 고운 물통, 너븐팡, 마중오름 및 저지오름 주변(이상 저지리), 새신오름 주변(산양리) 등이 있고, 후자의 사례로는 문도지오름(한림읍 금악리 지경), 당오름(한림읍 금악리 지경), 남송악(서광리 지경) 등 주변 지역, 서광리 목장 지구를 들 수 있다. 물론 여기에 제시된 개별 오름이나 목장 지구의 경우도 곶자왈을 끼고 있거나 숲이 우거진 지구가 대부분이다. 택지 밖의 숯 생산 장소는 3개 마을 단위로 보면, 기본적으로는 마을에 소속된 곶자왈이나 오름 지구를 선택하면서도 일부 주민들은 주변 마을에 소속된 오름과 목장 지구도 선택하여 숯을 생산했던 것으로 확인된다. 특히 이러한 사실은 저지리 사람들의 사례에서 두드러지게 나타나는데, 이것은 그만큼 저지리 사람들의 숯 생산 활동이 활발했음을 의미하는 것이다. 따라서 그들은 마을에 속한 곶자왈 지구가 거의 포화상태에 이르게 되자 숯 생산을 위해 인접 마을의 오름과 목장 지구로도 진출하게 된 것으로 해석할 수 있다. 다시 말하면, 저지곶자왈 내에서 많은 주민들이 동시다발적으로 숯 생산을 하게 되자 숯 재료가 부족해지는 상태에 직면하게 되었고, 결국은 숯 재료를 좀 더 쉽게 구할 수 있는 장소를 선택하여 이동하게 된 것이다. 일부 주민들의 입장에서 생각해 보면, 마을에 포함된 곶자왈 지구를 벗어나서 숯 생산 장소를 선택하면, 그만큼 숯 재료의 확보가 용이해지기 때문에 숯을 대량으로 생산할 수 있는 조건이 된다.

조사 시점에서 고려할 때 정확한 수를 파악하기는 곤란하지만, 저지리 주민들 중에서는 다른 마을에 소속된 오름이나 목장 지구로 진출하여 숯가마의 대형화를 꾀했던 경험자들도 존재하는 것으로 파악된다. 〈표 5〉에서 보면, 고○보 옹이 바로 그런 사례라 할 수 있다. 숯가마의 대형화는 제주도 내 숯 생산 체계의 변화를 보여주는 중요한 과정이라 할 수 있는데, 1960년대 초·중반경 숯 생산이 완전히 중단된 이후 실제 사례가 보고된 바가 없기 때문에 제주도 내 다른 지역과의 숯가마 비교 혹은 숯가마 형태의 변화 등 숯가마와 관련된 제반 요소의 변화 실태를 고찰하기는 매우 힘들어졌다.

〈표 6〉은 청수리 주민들이 주로 숯을 생산했던 마진흘(꽂) 내 숯가

마 터의 사례를 정리한 것인데, 여기에 제시된 것은 지극히 일부 사례에 지나지 않는다는 사실에 유념할 필요가 있다. 마진홀(곶)은 청수리 중심부에서 서쪽으로 약 1.7km 정도 떨어져 있는 청수곶자왈 지구 내에 위치한다. 현재 마진홀(곶)은 종가시나무를 중심으로 상록수림으로 뒤덮여 있으며, 곶자왈 내부로 깊숙이 진입하면, 햇살이 거의 비치지 않을 정도로 주변 지역과는 차별화된 특성을 지닌다. 청수리에 거주하는 많은 주민들은 주로 1950년대에 마진홀(곶)에서 숯을 생산

〈표 6〉 청수리 마진홀(곶) 내 숯가마 터의 좌표와 제원

번호 \ 구분	좌표	해발 고도 (m)	거리 차 (m)	길이 (cm)				기타
				남북 방향		동서 방향		
				외곽	내곽	외곽	내곽	
숯가마 터 1	N 33°18′02″73 E 126°15′41″72	127	-	385	220	370	230	-
숯가마 터 2	N 33°18′02″94 E 126°15′39″66	123	숯가마 터 1 에서 52m	331	233	335	227	타원형 잣담 (12m×6m×1m) 내에 위치
숯가마 터 3	N 33°18′03″51 E 126°15′39″99	119	숯가마 터 2 에서 22m	330	210	340	210	4번 숯가마 터와 인접
숯가마 터 4	N 33°18′03″88 E 126°15′40″48	119	숯가마 터 3 에서 12m	305	233	310	232	3번 숯가마 터와 인접
숯가마 터 5	N 33°18′05″02 E 126°15′40″84	119	숯가마 터 4 에서 38m	335	127	305	225	6번 숯가마 터와 인접
숯가마 터 6	N 33°18′05″05 E 126°15′40″68	119	숯가마 터 5 에서 4m	320	225	340	230	5번 숯가마 터와 인접
숯가마 터 7	N 33°18′05″06 E 126°15′41″12	119	숯가마 터 6 에서 12m	320	240	340	232	-

주: 거리 차는 방향과는 관계없이 직선거리만을 나타낸 것임.
출처: 현지조사와 실측에 의해 작성.

하였는데, 숯가마의 크기는 선흘곶자왈의 숯가마 터(1회용)와 비교해 볼 때 바깥쪽 직경이 300~400cm(동서×남북 방향)인 중형이 많이 포함돼 있다(강창화·정광중, 2014: 163).

현시점에서는 마진흘(곶) 내부에서도 숯가마 터를 정확히 찾아내 기는 매우 어려운 상황이다. 그 이유는 청수-저지곶자왈의 대부분은 숯 생산 이후에 주로 소와 말을 키우는 목장 용지(방목 용지 및 목초지)로 사용하면서 소나 말이 다치지 않도록 하기 위하여 이미 오래전에 곶 자왈 내부를 대대적으로 정리해 버렸기 때문이다[15]. 현재 마진흘(곶) 에 잔존하는 숯가마 터는 곶자왈 내부에서도 비교적 바위가 많이 몰 려있는 일부 지구에만 위치해 있다. 개별 숯가마 터에는 숯가마 축조 에 직접 사용했던 석렬(石列) 외에도 주변 지역의 돌덩이가 많이 유입 되어 상당히 교란된 상태를 보이고 있다(사진 3~6). 이처럼 숯가마 터 가 교란 상태를 보이는 것은 돌덩이로 인하여 소나 말의 발이 걸려 넘 어지거나 외상이 생길 것을 우려하여 가급적 돌덩이가 많은 쪽으로 적치해 버렸기 때문이다. 결과적으로 동부지역인 선흘곶자왈에서 나 타나는 숯가마 터와는 대조적으로 원형의 가장자리에서 확인되는 돌 덩이만으로는 숯을 생산했던 숯가마 터인지를 정확히 판단하기가 어 렵다. 따라서 원형의 가장자리를 두른 석렬을 우선적으로 확인하고, 그 내부에 적치돼 있는 돌덩이를 별도로 계산하지 않으면 마진흘(곶)

---

15) 여기에 제시된 숯 가마터는 청수리 주민들 중 숯 생산 경험자와 동행 답사를 한 후, 당시 의 정황과 더불어 숯가마 터의 잔존 상태 등에 대한 설명을 듣고 나서 제주고고학연구소 (소장 강창화 박사)와 필자가 공동으로 확인하여 실측한 것이다. 그리고 숯 생산이 활발 했던 저지리 주민들의 숯가마 터도 저지곶자왈 내에서 찾아보려고 몇 회에 걸쳐 답사를 시도했지만, 약 30여 년에 걸쳐 방목지와 꼴(촐) 재배지로 사용하면서 아쉽게도 그 흔적 은 확인할 수 없었다.

내에서는 숯가마 터의 존재를 확인할 수 없다. 그러나 마진흘(곶) 내의 경우는 대부분 한번 숯을 제조했던 장소를 여러 차례에 걸쳐 재활용 했다는 사실을 확인할 수 있었다. 그만큼 숯을 한창 제조하던 1950년 대 초·중반경까지는 장소의 좋고 나쁨을 떠나 서로가 경쟁적으로 숯 을 제조하고 있었기 때문에 우선적으로 장소 확보가 중요했던 것으로 판단된다.

청취조사에 따르면, 숯 생산 경험자들은 숯가마를 축조하는 장소 로서 우선 숯 재료인 나무(특히 참나무류)가 많아야 하고 또 주변에 흙이 많은 곳을 선호한다고 한다. 마진흘(곶) 같은 곶자왈 내부에서는 한꺼

〈사진 3〉 마진흘 내 숯가마 터 1
(숯가마 터 번호는 〈표 6〉과 일치)

〈사진 4〉 마진흘 내 숯가마 터 3
(숯가마 터 번호는 〈표 6〉과 일치)

〈사진 5〉 마진흘 내 숯가마 터 5
(숯가마 터 번호는 〈표 6〉과 일치)

〈사진 6〉 마진흘 내 숯가마 터 7
(숯가마 터 번호는 〈표 6〉과 일치)

번에 많은 양의 흙을 구하기가 그리 쉽지 않기 때문이다. 더불어 숯가
마에서 그리 멀리 떨어지지 않은 곳에 봉천수인 물통(봉천수)이 있는 곳
이라면 더욱 좋다. 예를 들면, 마진흘(꽃)을 비롯한 논재물, 강정 등은
그런 사례라 할 수 있다. 청수-저지곶자왈 내의 숯 생산 과정에서 반
드시 물이 필요한 것은 아니지만, 숯 생산 경험자들이 비상시를 대비
하는 나름의 마음자세라 생각할 수 있다. 또 일부 경험자들은 맨 마지
막 단계에서 실제로 불씨를 끄기 위해 물을 사용하기도 했는데, 그 경
우에는 주로 허벅(제주식 옹기로 물을 길어 나를 때 사용하는 용기)으로 운반하
였다 [16].

무엇을: 생산하는 숯의 종류

과거 한반도에서 생산하는 숯의 종류는 크게 검탄과 백탄으로 나
뉜다(강재윤, 2011: 49). 제주에서도 검탄과 백탄을 모두 생산하였다. 그
러나 그것들을 생산한 시기는 다소 엇갈리는 것으로 파악된다(정광중
외, 2013: 43-44). 지금까지 제주도 내의 숯 생산 과정과 체계를 분석해
본 결과, 해방 이후부터 1960년대까지 제주에서 생산한 숯은 주로 검
탄이었으며, 해방 이전 즉 조선시대 말부터 일제강점기 이전까지는 검
탄은 물론 백탄도 일부 생산했던 것으로 확인된다. 이미 밝혀진 바와
같이, 백탄은 1,000℃ 이상의 고온에서 제조하며, 최종 단계에서는 재
와 모래 등으로 불을 끄기 때문에 숯의 표면이 회백색을 띠게 된다. 이
렇게 생산된 백탄은 강도가 세고 탄화도(炭化度)가 매우 높으며 따라서
일단 불이 붙으면 아주 오래 타는 성질을 가지기 때문에, 최근에는 가

---

16)　저지리 거주 변○진 씨(남, 67세)로부터의 청취조사에 의함.

정이나 식당 등에서도 숯불구이용으로 많이 사용한다(강재윤, 2011: 51).

그러나 백탄은 고온의 숯가마에서 타들어간 숯 재료를 꺼내는 즉시 재나 모래를 뿌려서 소화해야 하기 때문에, 상당히 작업이 고되다. 또 애초부터 일정 크기로 축조된 숯가마(돌숯가마) 안에서 생산하는 것이 보통이기 때문에, 고가에 팔수는 있으나 최종적으로 얻는 숯의 양만큼은 검탄에 비해 아주 적다. 이에 비해 검탄은 숯 재료만 많이 확보된다면 숯가마 자체를 대형화할 수도 있고, 반대로 숯 재료의 확보 여부에 따라서는 소형화하여 생산할 수 있다는 이점이 있다. 더불어 마지막 공정인 고온 상태에서 재나 모래로 불을 끄는 어려운 작업도 동반되지 않는다. 결국 검탄과 백탄의 상대적인 비교에서는 숯의 양과 질, 작업공정의 난이도, 판매가 등에서 차이가 나는 것은 물론이고, 또 숯가마의 축조와 관련해서는 대형화의 가능성 여부에서도 차이가 발생한다[17].

이상과 같은 상황을 참고할 때 청수-저지곶자왈에서 생산하는 숯은 기본적으로 검탄이며, 더불어 동부지역인 선흘곶자왈에서 생산한 숯도 동일한 검탄이다(정광중 외, 2013: 44). 이러한 사실은 숯 생산 경험자들이 숯을 생산했던 해방 이후부터 1960년대 초까지 제주 서민들의 생활상을 고려해보면 쉽게 납득할 수 있다. 이미 앞에서 검토한 것처럼, 당시만 하더라도 제주 서민들의 가정연료는 장작을 비롯한 곡류짚과 콩깍지, 솔잎과 낙엽 등이 주류였기 때문에 숯 자체는 상당히

---

17) 더불어 백탄을 생산하기 위해서는 숯 재료를 1,000℃ 이상의 고온에서 태워야 하기 때문에, 숯가마 자체를 고온화할 수 있는 돌숯가마를 축조해야만 한다. 보통 한번 축조한 돌숯가마는 백탄을 여러 번 생산할 수 있는 장점이 있는 반면, 숯 재료를 아궁이로 넣고 빼내야 하기 때문에 상당한 어려움도 뒤따른다.

고급연료에 속하였다. 그렇기 때문에 당시는 백탄은커녕 검탄 생산량도 그리 많지 않았으며, 또 일반 서민들은 숯을 취사용 가정연료로 사용할 만큼 집안 살림도 넉넉하지 않았다. 더욱이 숯을 가정연료로 사용하는 데는 풍로(당시는 '간데기'라는 일본어를 사용)가 제격인데 이것도 오일장에서 별도로 구입해야만 한다. 결국 일부 지역 주민들이 생산하는 검탄조차도 관공서나 부유한 집안에서 주로 소비될 수밖에 없었기 때문에 백탄과 같이 질이 좋은 고급 숯은 생산한다고 해도 판매가 불확실했다고 말할 수 있다.

청수-저지곶자왈에서 생산하는 검탄은 숯을 굽는 방식에 따라 곰숯, 말숯, 작대기숯으로 구분된다. 그런데 이들 중에서도 작대기숯은 청수리와 저지리에서만 주로 통용되는 숯으로 이해된다. 그렇다고 해서 작대기숯이 저지-청수-산양리의 모든 주민들 사이에서 공통적으로 인식된 숯의 종류는 아닌 듯하다. 이 점은 〈표 7〉에서 보듯이, 저지리의 숯 생산 경험자들 사이에서도 일부는 작대기숯의 존재를 잘 모르고 있다는 사실에서 확인된다(표 7의 6~9번, 11~12번). 다시 말하면, 필자들이 작대기숯의 존재를 파악한 이후에 청취 조사한 숯 생산 경험자들에게 모두 확인했으나 작대기숯을 생산한 경험이 없는 사람들은 그것의 존재조차도 제대로 알지 못했다. 청취조사가 완료되는 시점까지도 작대기숯의 존재는 분명하지 않지만, 숯 제조방식은 말숯과 대동소이한 것으로 확인된다. 다시 말해 숯가마를 완성한 이후에 숯가마의 상부(배연구 겸 아궁이)에서 불을 붙이면 말숯이고, 숯가마의 하단부에 위치한 아궁이 쪽에서 불을 붙이면 작대기숯이라는 정도만 확인된 상황이다. 말하자면, 숯가마에 불을 붙이는 위치에 따라 달라진다는 것이다. 그렇다고는 하나 앞으로 작대기숯에 대한 본질적인 규명은 필요할 것으로 생각된다.

〈표 7〉 숯 생산 마을 주민들의 다양한 경험들

연번	구분 / 이름	알고 있거나 경험한 숯의 종류	판매 장소	숯막 경험	숯 판매에 따른 구입물	기타
1	양○팔	×	×	×	×	선친은 숯으로 담배와 무명을 교환했음 (1930년대)
2	임○호	말숯, 곰숯, 작대기숯	모슬포(오일장) 한림(오일장)	×	대죽쌀, 알랑미, 현금	
3	고○구	말숯, 곰숯, 작대기숯	모슬포(오일장) 한림(오일장)	×	대죽쌀, 알랑미, 현금	
4	강○흥	말숯, 곰숯, 작대기숯	모슬포(오일장)	×	?	
5	김○자	말숯, 곰숯	모슬포(오일장) 한림(오일장)	×	대죽쌀, 알랑미	
6	고○하	말숯	모슬포(오일장) 한림(오일장)	×	화폐	
7	김○봉	말숯	모슬포(오일장) 한림(오일장)	○	보리쌀, 좁쌀	
8	좌○하	곰숯, 말숯	모슬포(오일장)	○	강냉이쌀	
9	김○화	곰숯, 말숯	모슬포(오일장)	○	강냉이쌀	
10	변○수	곰숯, 말숯, 작대기숯	?	×	×	나이가 어려서 주로 심부름함
11	고○보	곰숯, 말숯	모슬포(오일장) 한림(오일장)	○	쌀	
12	변○진	곰숯, 말숯	?	?	×	나이가 어려서 주로 심부름함
13	김○화	곰숯, 말숯, 작대기숯	?	?	쌀	
14	이○헌	곰숯, 말숯, 작대기숯	?	?	?	
15	박○화	곰숯, 말숯	모슬포(오일장)	×	화폐	

주: 숯막은 숯을 굽는 기간 동안 휴식을 취하거나 임시로 거주하는 막사를 의미하며 숯막의 자세한 기능과 용도는 정광중(2013: 6-7)의 연구를 참고 바람.
출처: 청취조사에 의해 작성.

위에서 지적한 3가지 숯은 기본적으로 숯을 어떤 방식으로 구워내는가에 따른 구분인데, 궁극적으로 이들의 차이는 숯 재료나 양의 차이에 의해서 결정되는 것이다. 예를 들면, 숯 재료가 가시낭(종가시나무)이나 츠낭(상수리나무)이 아니라 굿가시낭(꾸지뽕나무), 볼레낭(보리수나무)과 누룩낭(누릅나무) 등 잡목이면서 양이 적을 때는 주로 곰숯의 형태로 굽고, 반대로 양이 많으면서 주로 가시낭과 츠낭 등 참나무류일 때는 말숯이나 작대기숯의 형태로 굽는다는 것이다. 결과적으로 말숯이나 작대기숯이 곰숯보다는 훨씬 좋은 숯이라 할 수 있다. 따라서 말숯이나 작대기숯은 구워낸 숯의 형태가 온전하고 구운 정도가 좋기 때문에 판매과정에서도 곰숯에 비해 높은 값을 받을 수 있다.

곰숯이란 명칭은 숯가마의 아궁이를 대개 '곰'이라 부르는데, 곰에서 불을 지피기 시작한다고 하여 곰숯이라는 지적과 직사면체 형태의 숯가마의 지면 중앙에 불씨가 번지도록 10cm 내외의 홈을 길게 파는데(그림 5~6), 이 홈을 통해 숯가마 내부에 쌓여 있는 숯 재료에 불을 붙인 후 숯을 제조한다고 하여 곰숯이라는 지적도 있다. 또 다른 경험자는 선조로부터 계속 직사면체 형태의 숯가마에서 제조한 숯을 곰숯이라 불러왔다고 하는 경우도 있다. 이러한 사실을 고려할 때 아직 곰숯이라는 명칭도 구체적으로 어떤 연유로 사용하게 되었는지는 정확히 알 수 없는 상황이다. 이에 대한 명확한 규명도 후일 밝혀져야 할 것으로 판단된다.

말숯은 곰숯과 대비되는 개념이기도 한데, 직사각 형태의 숯가마에서 아주 소량으로 제조하는 곰숯과는 달리 한번에 많은 양을 제조할 수 있다는 취지에서 말숯이라 부르고 있다. 따라서 말숯가마의 형태는 전체적으로 아치형의 돔 구조를 취하면서 한번에 많은 양의 숯 재료를 쌓을 수 있는 장점을 가진다(그림 6).

더불어 앞에서도 개략적인 설명을 했지만, 작대기숯이란 의미도 현 단계에서는 정확히 밝히기가 어려운 상황이다. 작대기는 대개 곧게 뻗은 나무 막대기를 가리키는데 이러한 작대기가 숯을 제조하는 데 어떤 관련성이 있는지를 밝혀야만 작대기숯이라는 명칭이 붙은 이유나 배경을 이해할 수 있다. 결국 작대기숯의 명칭 문제도 앞으로 해결해야 할 과제이다[18].

그런데 제주의 숯 생산과 관련된 용어들은 숯 생산지에 따라서도 일부는 서로 다르게 사용해온 것으로 확인된다. 고시홍(1998: 133)의 연구에 따르면, 애월읍 수산리[19]에서는 숯가마에 숯 재료를 쌓는 방식에 따라 누운 숯(곰숯), 눌 숯, 선 숯 등 크게 3가지로 구분된다고 하면서, 당시 마을 주민으로부터 청취한 내용을 바탕으로 아래와 같이 정리하고 있다.

> "'누운 숯' 또는 '곰숯'은 숯나무를 가마터 바닥에 눕혀서 뜀틀처럼 쌓아올려 흙을 덮는 형식을 말한다. 초보자들이 사용하는 숯 굽기 방식이다. 이 방식은 숯을 많이 만들 수 없고, '냉발이(냉바리)'가 많이 나온다. 탄화가 덜 된 숯, 숯이 되다 만 숯나무를 '냉발이'라 한다."

---

18) 이처럼 제주의 숯 생산과정에서 사용해온 관련 용어들은 정확한 의미를 모른 채 잊히며 사라지고 있다. 따라서 앞으로 전통산업에서 사용해온 관련 용어의 정비가 필요해 보인다.

19) 애월읍 수산리는 애월읍의 동남쪽에 위치하는 중산간마을이며, 고시홍은 수산리 주민들은 노꼬메오름(녹고악, 애월읍 유수암리 및 소길리에 위치, 해발 833.8m) 주변 지역에서 주로 숯을 생산한 것으로 보고하고 있다(고시홍, 1998: 132). 노꼬메오름은 노꼬메큰오름과 노꼬메족은오름(유수암리에 위치, 해발, 774.4m)으로 구분된다(제주도, 1997: 234-235).

"'눌 숯'은 숯나무를, '눌(낟가리)을 눌 듯이' 피라미드형으로 쌓아 흙을 덮는 방식이다. 숯을 많이 구워낼 수 있다."

"'선 숯'은 숯나무를 지면에서 수직으로 곧추세워 쌓아 흙을 덮는 방식이다. 가장 고등기술이며, 상설 숯가마에서 숯을 만드는 것은 모두 '선 숯'이다. 숯나무를 가장 많이 쌓을 수 있고 '냉발이(냉바리)'가 적어 많은 숯을 얻을 수 있다."

이상의 연구에서 지적하는 3가지의 숯 종류는 저지-청수-산양리 등지에서 사용하는 숯의 종류와 같은 것이 있는 반면, 또 앞으로 비교 분석을 통하여 명확히 밝혀져야 할 것도 있다. 위에서 지적하는 '누운 숯'은 '곰숯'과 같은 것이라 하였고 또 숯을 제조하는 방식과 함께 초보자들이 주로 사용한다는 점 그리고 한번에 많은 양의 숯을 제조할 수 없다는 설명 등으로 볼 때, 저지-청수-산양리 등지에서 생산하는 곰숯과 거의 일치한다. 그리고 '선 숯'은 숯을 세워서 제조하는 방식이나 한 차원 높은 기술이 필요하다는 점, 또 한번에 많은 양을 생산할 수 있으며, 불량품인 냉바리가 적게 나온다는 점 등을 고려할 때 필자가 조사한 '말숯'과 같은 것으로 판단된다. 그렇지만 숯 제조를 경험한 지역주민들의 표현은 분명히 다르게 나타나고 있다는 사실이 드러난다. 한편 '눌 숯'이 필자가 조사한 '작대기숯'과 같은 것인지는 장담할 수 없다. 따라서 앞으로 시간을 두고 보완적인 조사가 필요할 것으로 판단된다. 한 가지 염두에 두어야 할 것은 청수-저지리 주민들이 지적하는 작대기숯은 보통 숯 재료를 '세워서' 굽는다는 것이다. 따라서 위에서 말하는 '눌 숯'과는 다소 차이가 있을 것으로 추정된다.

어떻게: 곰숯가마 와 말숯가마[20]의 비교

앞에서 청수-저지곶자왈에서 생산한 숯은 크게 곰숯과 작대기숯 및 말숯으로 구분할 수 있다고 지적했다. 그러나 현 단계에서 작대기 숯의 실체는 분명하지 않고, 단지 숯을 굽는 방식만큼은 말숯과 거의 유사하다는 제보를 여러 주민들로부터 받았다. 따라서 여기서는 주로 곰숯과 말숯의 생산과정을 숯가마[21]의 형태와 구조, 숯가마의 축조와 생산과정에 초점을 맞추어 분석해 보고자 한다. 두 숯가마의 형태와 구조, 숯가마의 축조와 생산과정 등에서는 결과적으로 숯 재료의 질적·양적인 차이는 물론이고 숯 재료의 쌓기 방식의 차이, 숯 생산과정에서 작업공정의 차이 등이 드러나게 된다.

숯가마의 형태와 구조

곰숯가마와 말숯가마의 외부 형태는 〈그림 5〉와 〈그림 6〉에서 확인되는 바와 같이, 곰숯가마는 직사각형을 이루고, 말숯가마는 둥근 아치형을 이루고 있다. 두 숯가마의 외부 형태의 차이는 기본적으로 숯 재료의 양과 쌓는 방식에 따라 판가름 난다고 말할 수 있다. 곰숯 가마는 기본적으로 숯 재료를 많이 확보하지 못하거나 또 숯 재료가

---

20) '곰숯가마'와 '말숯가마'는 정확하게 표현하자면 '곰숯을 생산하는 숯가마'와 '말숯을 생산하는 숯가마'의 의미로서, 필자가 두 숯가마를 서로 구분하기 위해 조작적으로 정리한 용어이다. 그렇기에 저지-청수-산양리 주민들은 '곰숯가마'나 '말숯가마'라는 용어를 직접 사용하지 않는다는 점에 유념할 필요가 있으며, 특히 이들 두 숯가마는 축조하는 재료를 전제할 때는 앞에서 계속 사용했던 '돌숯가마'임을 밝혀두고자 한다.

21) 숯 생산 경험자들은 '숯가마'라는 표현은 쓰지 않고, 대개 '숯구뎅이'(숯구덩이)라는 표현을 주로 쓴다.

주로 잡목이면서 시간적으로 지체하지 않고 빨리 제조해야 하는 경우에 주로 축조되는 숯가마이다. 따라서 숯가마의 규모도 작고 숯가마 자체가 튼튼하지 못하기 때문에 저질 숯인 냉바리가 많이 생긴다. 이런 냉바리는 다음에 숯을 제조할 때 다른 숯 재료와 같이 넣어서 구워낸다. 그리고 곰숯가마에서는 숯 재료를 〈그림 5〉 및 〈사진 7〉과 같이 좌우로 눕혀서 쌓는다. 결과적으로 곰숯가마 자체는 숯 재료의 크기에 맞추어 길쭉한 직사면체 형으로 축조하게 되는 것이다. 이처럼 곰숯가마에서는 숯 재료들이 상하좌우로 엉키게 되기 때문에 타들어가는 과정에서 관리가 허술해지면 숯 재료가 완전히 타지 못한 냉바리의 발생 비율이 높게 나타날 수 있다. 곰숯가마의 경우는 불을 지피는 전면부의 아궁이와 후면부에 배연구를 설치하게 되며, 숯가마의 전체적인 높이는 최상부가 약 70~100cm이며, 너비(가장자리 기준)는 60~100cm, 장축 방향의 길이는 약 100~200cm 정도이다.

이에 비해 말숯가마는 숯 재료를 숯가마의 중심부를 중심으로 비스듬하게 세워서 제조하며, 더불어 숯 재료는 지면에서부터 보통 3~5단까지 중심부를 돌아가며 쌓기 때문에 한번에 많은 양의 숯을 생산해 낼 수 있는 구조를 취한다. 또한 숯가마 자체는 돌과 흙으로 두껍게 덮여 완성되기 때문에 완성 단계에서는 곰숯가마에 비하여 상대적으로 견고하고 단단한 구조를 취하는 것이 큰 장점이라 할 수 있다. 더불어 말숯가마의 외형적 특징은 숯 재료의 확보 여부에 따라 소형화와 대형화가 가능하다는 점이다. 따라서 숯가마의 좌우 지름은 물론이고 상단부의 높이를 얼마든지 높거나 낮게 조절이 가능하다. 따라서 숯을 생산하는 주인에 따라서, 또는 숯 재료의 확보 여부에 따라서 숯가마의 전체적인 크기는 달라질 수 있다

말숯가마의 외형적 특징 중의 하나는 숯가마 외부를 돌아가면서

돌을 쌓아올린다는 점이다. 이처럼 돌을 쌓아올리는 이유는 숯가마의 전체적인 틀을 유지하면서 숯 재료가 연소하는 과정에서 숯가마가 쉽게 무너져 내리지 않도록 방지하기 위해서이다. 또한 측면부에 흙을 두껍게 하는 과정에서 지면으로 흙이 흘러내리는 것을 방지하기 위해서도 필요한 것이다. 말숯가마의 높이는 숯 재료의 확보 여부에 따라 달라지지만 약 120~200cm 내외이고, 숯가마의 너비(가장자리 기준)는 약 305~385cm, 아궁이와 배연구는 보통 4~6개이다. 숯가마의 크기에 따라서 배연구의 수는 1~2개가 늘어나거나 줄어들 수 있다.

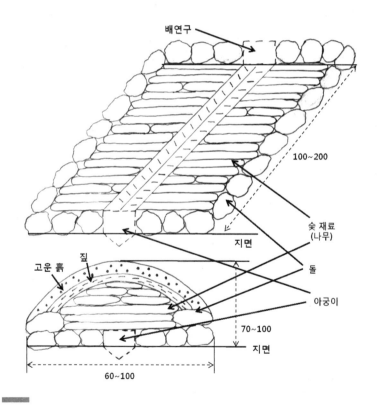

<그림 5> 곰숯가마의 개념도(평면도 및 측면도, 단위: cm) 출처: 청취조사에 의해 작성.

숯가마의 축조와 숯 생산과정

곰숯가마의 경우

곰숯가마는 주로 초보자들이 많이 사용하는 숯가마이기 때문에 축조과정도 비교적 간단하다. 곰숯가마의 축조과정은 이미 선행 연구에서 정리한 사진자료가 있어 시각적으로 이해하는 데 매우 도움이 된다(제주특별자치도·한국문화원연합회 제주특별자치도지회, 2012: 203- 205). 따라서 여기서는 제주특별자치도·한국문화원연합회 제주특별자치도지회에서 발행한《제주민속사전》속의 사진자료를 참고하여 곰숯가마의 축조과정을 세부적으로 살펴보고자 한다(사진 7).

일단 숯을 제조하려면 숯 재료인 가시낭, 추낭, 굿가시낭, 누룩낭, 볼레낭 등을 톱과 나대(나다), 낫 등으로 벌채하고 잔가지를 친 후에 숯가마까지 운반해야 한다. 물론 이때는 나무가 얇든 굵든 길쭉한 형태로 지게나 '베' 혹은 질빵²²)으로 운반할 수 있을 정도의 손질만 하게 된다. 곰숯가마를 축조하기 전에 우선 운반해온 숯 재료는 적당한 크기(30-50cm)로 자르는데 이때 숯 재료의 크기는 숯가마의 단축 방향의 너비에 맞추어야 한다. 그리고 숯 재료는 가능한 한 곧게 잘라야만 좋은 숯이 되기 때문에, 나무가 휘는 지점에서는 우선 잘라낸다. 휘는 지점에서 잘라낸 나무의 길이가 짧을 경우에는 2개의 나무를 이어서 쌓을 수 있다. 그리고 곰숯가마의 단축(좌우)의 너비나 장축(전후)의 길이는 어디까지나 숯 재료의 양에 따라 달라지기 때문에, 대부분의 경우 숯 생산자의 경험에 의해 결정되는 것이 보통이다.

---

22) '베'는 식물의 줄기로 엮어서 짐을 짊어지는 데 사용하는 긴 줄을 말하고, '질빵'은 주로 실로 엮어서 짐을 짊어지는 데 사용하는 긴 줄을 말한다.

첫째 단계에서는 곰숯가마의 하단부를 〈사진 7〉의 [1]과 같이, 지면을 약 20cm 정도 파낸 후 앞쪽의 아궁이와 뒤쪽의 배연구를 만들기 위한 크고 납작한 돌을 좌우측에 세워놓는다. 흙을 파낸 숯가마의 하단부, 즉 맨 아래쪽에는 불이 충분히 전달될 수 있도록 장축 방향의 양쪽에 지지대용으로 작은 막대기를 설치한다. 지지대는 숯 재료가 지면에 직접 닿지 않도록 하기 위한 용도로서, 궁극적으로 냉바리의 발생률을 낮추기 위한 것이다. 그리고 숯가마의 중앙부에는 장축 방향으로 10cm 정도의 V자형 홈을 파게 되는데, 여기에는 숯 재료에 불이 잘 붙도록 하는 마른 솔잎가지나 억새 또는 띠를 놓게 된다. 이 마른 솔잎가지나 억새 또는 띠를 '고수에'라 부른다. V자형 홈은 전면부 아궁이에서부터 후면부의 배연구까지 길게 이어지도록 하고, 여기에 넣는 고수에는 불쏘시개 기능을 하게 된다.

두 번째 단계는 숯가마 내부에 숯 재료를 쌓는 단계로서, 맨 아래쪽에 설치한 지지대 위로 숯 재료를 눕혀서 순차적으로 쌓아올린다. 숯 재료는 숯가마의 짧은 쪽을 기준으로 좌우로 재며 굵은 나무는 대개 3~5단 정도로 쌓아올리지만, 숯을 한창 생산하던 시기에는 굵은 나무를 구하기가 매우 어려웠고, 대부분의 경우는 굵고 얇은 나무들을 같이 구워내야 하는 상황이었기 때문에 단정적으로 몇 단이라고 정리하기는 어렵다. 경험자들의 지적에 따르면, 숯 재료를 쌓은 후에 흙을 두껍게 덮고 나면 대개 지면에서부터 어른의 허리 높이가 된다고 하였다. 결국 숯가마 상부의 높이가 약 70~100cm 사이가 된다는 것이다.

세 번째 단계는 숯가마의 외형 틀을 잡는 단계이다. 숯가마의 외형 틀을 잡는 데 중요한 것은 숯 재료인 나무 쌓기에서 길이가 짧거나 굵기가 얇은 것은 2개를 맞대어 숯가마의 단축 길이와 너비에 맞게 쌓는 요령이다. 말하자면 숯가마의 위쪽으로 올라갈수록 길이가 짧고 굵기가 얇은 숯 재료를 사용하면서 흙을 덮었을 때 숯가마가 전체적으로 작은 아치형을 갖추도록 하는 것이다. 숯 재료의 바깥쪽에는 띠나 억새, 짚 등으로 덮는데, 이것은 숯 재료의 위쪽으로도 불이 잘 붙도록 유도하기 위한 것이다.

숯가마의 표면부는 흙으로 약 10~20cm 정도를 덮고, 필요에 따라서는 숯가마의 장축 방향의 좌우측에 돌을 1단씩 쌓기도 한다. 돌을 쌓는 배경은 주변부에 채취할 흙이 다소 모자라거나 지형적인 조건으로 흙만으로는 숯가마의 내부를 완전하게 막을 수 없을 경우이다[23]. 돌과 흙으로 숯가마의 외형을 갖추게 되면, 삽이나 괭이로 숯가마의 상부와 좌우측을 촘촘하게 두들기며 다져서 공기가 통하지 않도록 마무리한다. 만약 숯가마 내부로 공기가 통하게 되면 숯 재료가 완전히 연소되어 버려 숯 만들기는 실패로 돌아간다. 물론 처음에 불을 지피는 전면부의 아궁이와 불을 지핀 이후에 어느 정도 선까지 불이 번져 연기가 배출되는 후면부의 배연구는 일단 공기가 통하도록 그대로 놔둔다.

네 번째 단계는 전면부의 아궁이에서 불을 지피는 단계이다. 숯가마가 완성된 상태에서 불을 지핀다고 해도 숯 재료가 통나무이기 때문에 한번에 불이 잘 붙지 않는다. 더욱이 숯가마 내부 깊숙한 지점까지 불이 잘 번지도록 하려면 아궁이에서 불을 때는 시간이 최소 30분에서 1시간 정도 걸려야만 한다.

---

23) 〈사진 7〉의 [3]에서는 돌 대신에 통나무를 사용하고 있지만, 숯 생산 경험자들에 따르면 원래는 돌을 사용하는 것이 원칙이라 한다. 이 사진자료는 축제용으로 사용할 숯을 시범적으로 제조한 것이기 때문에 시간과 일손을 절약하기 위한 차원이라 생각된다.

[1] 터 닦기(지면을 파고 지지대 깔기)

[2] 나무 쌓기

[3] 외형틀 잡기

[4] 불 지피기

[5] 후면부 배연구 막기

[6] 숯 꺼내기

〈사진 7〉 곰숯가마의 축조과정
출처: 제주특별자치도·한국문화원연합회 제주특별자치도지회(2012: 203-205).

　　다섯 번째 단계는 후면부의 배연구를 막는 단계이다. 아궁이에서 불을 때기 시작한 이후에 숯가마 내부에 불이 번지게 되면 후면부의 배연구에서 연기가 나기 시작하는데, 바로 이 시점에서 배연구를 틀어막는다. 배연구를 막은 다음에 어느 정도 시간이 흐르면, 전면부의 아궁이에서도 바깥쪽으로 불이 나올 정도로 타들어가게 되는데, 이때 다시 아궁이를 완전히 틀어막는다. 후면부의 배연구와 전면부의 아궁이를 틀어막은 다음부터는 숯가마 내부에서 숯 재료가 완전히 타들어갈 때까지 기다리면서 숯가마의 어느 지점에서든 구멍이 생기지 않도록 지속적으로 보토하거나 표면부의 다짐작업을 행한다. 숯 재료가 타들어가게 되면, 숯가마 내부의 부피가 줄어들면서 숯가마 자체가 조금씩 내려앉거나 어느 한쪽에 구멍이 생길 수 있다. 따라서 숯가마의 동태를 지속적으로 살피면서 흙을 추가하고, 표면부를 두드리며 다짐작업을 하여 구멍이 생기는 부분은 지체 없이 막아야 한다.

마지막으로 여섯 번째 단계는 숯가마를 완전히 해체하고 완성된 숯을 꺼내는 단계이다. 맨 먼저 숯가마 측면부의 흙과 돌부터 걷어내고 나서 상부의 흙도 걷어낸다. 완성된 숯은 일단 완전히 불씨가 꺼졌는지를 확인함과 동시에, 잠시 열기를 식힌 후에 가마니나 마대 자루에 담아 보관한다.

말숯가마의 경우

말숯가마의 숯 재료를 준비하는 과정은 곰숯가마의 경우와 동일하다. 말숯가마의 축조는 장소 선정(터 잡기)에서 시작된다. 곶자왈 내부나 혹은 그 주변부에서 숯가마를 축조하기 위해서는 흙이 많아야 하고, 가급적 숯 재료의 운반거리도 짧아야 한다. 일단 운반해온 숯 재료는 30~50cm로 자르는데, 가급적 직선 형태로 잘라낸다. 그리고 나무가 짧은 것은 가급적 숯가마의 위쪽으로 배치될 수 있게 한다. 말숯가마는 대개 숯 재료가 주로 참나무류이면서 많은 양을 확보했을 때 축조하는 숯가마 형태이다.

숯가마를 축조할 터를 잡으면, 지면을 깨끗하게 정돈하고 땅을 약간 파서 흙을 걷어낸 후 건초나 억새 등을 깐다. 물론 땅을 파내지 않고 바로 건초나 억새를 깔기도 한다. 숯 생산 경험자에 따라 또는 지형 조건에 따라 터 닦기 작업에는 다소 차이가 있는 것이다. 원형의 숯가마 터는 〈그림 6〉과 같이 너비가 대략 305~385cm 사이가 된다.

숯가마의 기초적인 터 닦기 작업이 끝나면, 숯 재료인 나무를 비스듬히 세워서 쌓아올리는 단계로 이어진다. 30~50cm로 자른 나무를 원형으로 이루어진 숯가마 내부의 지면에서부터 3~5단 높이까지 쌓아올리게 되는데, 때를 같이하여 숯가마의 중심부에서 상부까지는 직경 20cm 내외의 원형 공간을 만들어야 한다. 이 원형 공간은 숯가마 상부의 배연구 겸 아궁이까지 연결되는데, 이곳은 말하자면 숯가마가 완성된 이후에 최초로 불을 지피는 아궁이가 되기도 하고, 또 불이 잘 번지지 않을 때는 고수에를 계속 투입하는 투입구가 되기도 한다. 원형 공간은 지면에서 숯 재료를 세울 때 솔가지나 얇은 나뭇가지를 여러 겹으로 둥그렇게 엮어 중간중간에 껴 넣는다. 원형 공간을 이

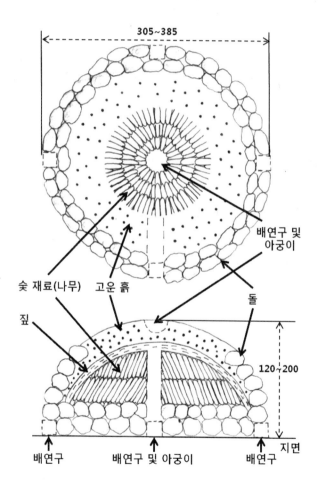

〈그림 6〉 말숯가마의 개념도(평면도 및 측면도, 단위: cm) 출처: 청취조사에 의해 작성.

루는 나뭇가지 틀은 숯 재료인 나무를 비스듬히 세우는 지지대 역할
도 겸하게 된다. 그리고 숯가마의 중심점을 이루는 원형 공간의 지면
에는 불이 잘 붙도록 고수에를 충분히 놓아둔다. 숯 재료인 나무는 원
형(나뭇가지 틀)의 중심점을 기점으로 숯가마 내부를 돌아가면서 쌓아
올려지는데, 사실상 숯 생산 경험자들도 3~5단 높이로 쌓아올리는 데
는 고도의 기술이 필요하다.

숯가마 내부에 숯 재료인 나무 쌓기 작업이 완료되면, 나무 위쪽
으로는 짚이나 억새 등으로 다소 두툼하게 덮는다. 이것은 숯 재료에
불이 번지도록 하기 위한 촉매제라 할 수 있다. 더불어 짚과 억새 위
로 덮는 흙이 숯 재료인 통나무에 직접 닿지 않도록 하는 매개체 역할
도 한다. 이어서 가장자리를 돌아가면서 돌을 1~1.2m의 높이로 쌓고
흙을 덮는다. 가장자리에 쌓아올리는 돌들은 숯가마의 전체적인 외
형을 잡는 데도 필요한 것이지만, 숯가마의 상부와 측면부에 흙을 덮
는 과정에서 양 측면부의 지지대 역할도 하게 된다. 다시 말하면, 숯
가마의 상부와 측면부는 약 10~15cm 정도의 두께로 흙을 덮게 되는
데, 특히 측면부에 흙을 덮을 때에는 흙이 자꾸 미끄러져 내려올 수
있어서 가장자리에 쌓아올린 돌담에 의지하면서 흙을 덮어야만 한다.
숯가마의 가장자리에 축조하는 돌들은 곶자왈 내부에서는 쉽게 얻을
수 있지만, 만약 곶자왈이 아닌 장소에서는 주변부로부터 운반해 와
야 하는 번거로움이 뒤따른다.

숯가마의 가장자리에 돌을 쌓아올리는 과정에서는 전후면부와 좌
우측의 배연구도 설치해야 한다. 전면부의 아궁이 겸 배연구 그리고
좌우측면과 후면부의 배연구는 비교적 넓고 편편한 돌을 양쪽에 약
30cm 간격을 사이에 두고 상하 방향의 세운 형태로 설치하게 되는데,
윗돌은 흙을 덮는 과정에서 설치한다. 숯가마의 상부와 측면부에 사

용하는 흙은 대개 물기가 없고 점토 성분이 없는 흙이기 때문에 덮는 과정에서는 빈틈이 자주 생길 수 있다. 따라서 숯가마의 표면부의 위치에 따라서는 흙의 두께가 20cm 정도가 될 수도 있다. 흙을 덮는 과정에서 무엇보다도 중요한 것은 외부와 공기 소통을 완전히 차단시켜 숯가마 내부를 밀폐시키는 것이다.

말숯가마의 축조가 완료되면 불을 지피기 시작한다. 불은 전면부의 아궁이에서도 지피지만, 상부 쪽 아궁이 겸 배연구를 통해서도 지핀다. 바로 이것이 곰숯가마의 작업공정과 다른 점이라 할 수 있다. 숯가마가 축조된 단계에서 전면부의 아궁이와 상부의 아궁이 겸 배연구로 연결되는 통로는 일단 공기가 소통할 수 있는 공간이면서 고수에를 매개체로 불씨가 동서남북 방향으로 번져나가는 기능을 띠는 공간이기도 하다.

말숯가마에서의 불 때기 작업은 곰숯가마에서의 불 때기 작업보다 시간이 오래 걸리고 작업 자체도 힘들다[24]. 전면부의 아궁이에서 불 때기 작업은 곰숯가마와도 같지만, 숯가마의 상부에서 불을 때는 작업은 일단 몸을 자유롭게 움직일 수가 없고, 또 시간적으로도 오랫동안 몸을 지탱할 수 없기 때문에 가장자리의 돌담에 의지하거나 사다리를 설치하여 작업을 이어가야만 한다. 그리고 숯가마 내부로 불이 번지는 상황을 계속 살피면서 30분~1시간가량 불을 지펴야만 한다.

숯가마 내부에서 불이 번진 후에 3~4개의 배연구를 막는 작업은

---

24) 석유가 귀했던 1940~50년대 초·중반에는 처음 아궁이에 불을 지필 때 막대기에 목화를 감고 유채 기름을 발라 사용하기도 하고 또는 띠나 억새의 잎을 막대기에 감아서 사용하기도 했다.

경험적으로 이루어지는 것이 보통이지만, 이러한 경험은 결국 좋은 숯을 만들 수 있는지의 여부와 직결된다. 불을 지핀 후 30분~1시간 정도의 시간이 흐르면, 3~4개의 배연구 중에서도 가장 빨리 불이 번져 나간 배연구에서 연기가 나기 시작한다. 이 순간부터 숯 생산자는 바빠지기 시작한다. 특히 바람이 부는 날에는 북풍 또는 남풍에 따라서 연기가 먼저 나는 배연구의 위치가 달라지는데, 연기가 난다고 해서 무조건 배연구를 막으면 실패하기 십상이다. 숯가마 내부가 본격적으로 타들어가기 전에 불이 꺼져버릴 수도 있기 때문이다. 숯가마 내부가 타들어갈 정도에 이르렀다고 판단되는 시점에서 연기가 빠지고 파란 불빛이 보이는 배연구부터 차례로 막는다. 특히 배연구를 막은 상태에서 숯가마의 상부나 좌우측 측면부에서 연기가 나오면, 흙을 보토하고 두들기면서 공기 차단을 서둘러야 한다.

아궁이와 배연구를 전부 막은 다음은 일단 숯가마의 전체적인 동태를 살피면서 공기 차단에 신경을 쓰고, 특별한 이상이 없으면 숯 재료가 1~2일, 많을 때는 2~3일간 완전히 타들어갈 때까지 기다린다. 물론 숯 재료가 완전히 연소하는 시간도 절대적으로 숯 재료의 양과 비례하기 때문에 경험에 의존할 수밖에 없다. 숯가마의 해체와 함께 숯을 확인하는 시점은 2~3일간 기다린 후에 측면부의 한 지점을 선택한 후 먼저 작은 구멍을 뚫어 숯가마 내부를 확인한 이후가 된다. 작은 구멍을 뚫은 후에 아직도 불씨가 남아 있거나 불이 타고 있으면, 재빨리 구멍을 다시 막고 숯가마의 해체 시점을 다시 조정해야 한다.

숯가마를 해체한 시점에서는 불씨가 남았는지를 일일이 확인한 후에 온전하게 잘 탄 숯과 부스러진 숯 등으로 구분하여 가마니나 마대 자루에 담고 집으로 운반하여 보관하거나 필요에 따라 당일 모슬포나 한림 오일장 등지로 팔러 나간다.

얼마나: 곰숯가마와 말숯가마의 생산량 비교

앞에서 정리한 바와 같이, 곰숯가마와 말숯가마에서 생산한 숯의 양은 당연히 차이가 있을 수밖에 없다. 그것도 질적인 차이와 양적인 차이에서 모두 나타난다. 기본적으로 곰숯가마에서 생산하는 숯의 양은 말숯가마에서 생산하는 그것보다 훨씬 적다. 달리 생각하면, 곰숯과 말숯이라는 개념 자체도 어디까지나 양적인 비교에서 명명된 숯의 종류라 할 수 있다. 그렇기 때문에 숯을 굽기 전 단계에서 숯 재료를 얼마나 확보하느냐가 중요한 관건이 된다. 숯 재료의 확보 여부는 개인별로 벌채하는 장소와 시간 투여에 따라 다르겠지만, 청수-저지곶자왈 내에서도 숯 생산의 절정기에 해당되는 1960년대 초에 이르면 참나무류는 적어지고, 잡목만이 우세한 상황이 되었기 때문에 주로 말숯을 생산하던 경험자들은 주변부의 오름 지구나 인근 마을의 목장 지대까지 발품을 팔아야 하는 상황이 발생했을 것으로 판단된다.

〈표 8〉에는 저지-청수-산양리 주민들이 숯 생산과정에서 경험했거나 또는 경험적인 사례에서 얻은 개략적인 숯 재료(나무의 양)와 숯 생산량을 정리한 것이다. 청취 조사한 숯 생산 경험자들은 이미 50년 이상의 시간이 흘렀기 때문에 증언 내용들이 아주 정교하다고 말할 수는 없다. 그러나 대략 등짐으로 숯 재료인 나무를 3짐 정도 하면 숯은 1가마니(또는 1짐) 정도가 된다고 하는 사실을 육감적으로 느끼는 것은 분명한 듯했다. 주지하다시피, 숯은 숯가마에서 연소되어 탄화도가 높아질수록 부피와 무게가 줄어들기 때문에, 이치적으로 고려할 때 어느 정도 맞는 증언이라 판단된다. 이러한 사실에서 유추해 본다면, 숯을 10가마 내외를 생산했다거나 5~6가마니 정도를 생산했었다고 하는 강○홍(저지리) 옹과 좌○하·김○하 부부(저지리)의 사례에서는

〈표 8〉 곰숯가마와 말숯가마의 경험에서 제시된 숯 재료와 숯 생산량의 사례

숯가마 종류 / 경험자	곰숯가마		말숯가마	
	재료(나무 양)	숯 생산량	재료(나무 양)	숯 생산량
강○홍(청수리)	?	1~2가마	?(30짐)	10가마 내외
고○하(저지리)	?	?	3짐	1짐(가마)
김○봉(저지리)	냉바리 및 안 좋은 나무 1짐 정도일 때만 곰숯으로 제조	?	2짐 (2짐 이상일 때만 말숯으로 제조)	1가마
좌○화·김○화 부부 (저지리)	?	곰숯은 많이 구워야 2가마니 정도밖에 안 됨	?	5가마 또는 6가마
박○화(산양리)	-	-	1졸레 (가로·세로 각 60cm 정도의 부피)	1가마

주: 시간적으로 오래된 개인별 경험적 사례이기 때문에 숯 재료의 양이나 생산량이 불분명한 경우가 많음.
출처: 청취조사에 의해 작성.

숯을 한 번에 생산했거나 아니면 여러 번에 걸쳐 생산했거나 관계없이 숯 재료는 적어도 총 생산량의 3배 정도는 확보했을 것으로 미루어 짐작할 수 있다. 특히 강○홍 옹이 증언한 내용 중에서 말숯가마의 숯 생산량이 10가마 내외라고 한 것은 말숯가마에서 1번에 제조할 수 있는 전체의 양으로 이해해도 무방할 것 같다. 결과적으로 생각해 보면, 그 이상의 숯 생산량을 확보하려면 2회 이상에 걸쳐 생산해야만 가능하다는 증언이기도 하다. 숯 생산이 한창이던 1950년대만 하더라도 숯 재료인 나무는 성인 한 사람이 1일 5짐(20~30kg) 정도밖에 할 수 없었다고 한다. 그것은 숯 재료로 사용할 적당한 나무를 열심히 찾아야 했고, 벌채한 나무를 적당히 손질한 후에 곳곳에서 벌채해둔 나

무들을 한곳으로 모으는 작업 등이 뒤따랐기 때문이다.

〈표 8〉에서도 확인할 수 있듯이 곰숯가마보다는 말숯가마를 활용한 숯 생산량이 훨씬 많았음을 이해할 수 있다. 이와 관련하여 김○봉옹(저지리)은 냉바리나 숯 재료인 나무의 질이 안 좋을 때만 곰숯으로 제조한다고 하였고, 좌○하·김○하 부부(저지리)도 곰숯은 많이 구워야 2가마니 정도밖에 되지 않는다고 했다. 결국 숯 생산량으로 보면 1회당 곰숯가마에서는 보통 1~2가마니 정도, 말숯가마에서는 3~10가마니 내외를 생산할 수 있다는 사실이 대략적으로 드러난다.

개인적으로 생산한 숯은 당시 사용하던 가마니[25]나 마대 자루를 이용하였는데, 4통 가마니 1개의 무게는 약 20kg 정도였다. 따라서 〈표 8〉에 제시된 숯 생산량 1가마니는 약 20kg 내외 정도의 무게로 추정해 볼 수 있다. 결국 2가마니(또는 2짐)의 생산량은 약 40kg 전후, 5가마니(또는 5짐)의 생산량은 약 100kg 전후가 될 것으로 판단된다. 물론 가마니에 담았을 때 숯의 무게는 곰숯이나 말숯이나 대동소이하다.

왜: 숯을 생산했던 배경과 숯의 판매과정

청수-저지곶자왈을 배경으로 숯을 생산했던 주민들은 주변 마을인 저지-청수-산양리 주민들이 대부분이었다. 그렇다면 이들 마을 주민은 왜 숯을 생산해야만 했을까. 이러한 질문은 우문일 수도 있다. 그 이유는 숯을 제조하던 당시의 시대상을 고려해 보면 너무나도 당

---

25) 당시 숯을 담는 용기로는 4통 가마니와 5통 가마니를 주로 사용했다고 하며, 4통 가마니보다는 5통 가마니가 용량이 좀 더 컸다고 한다.

연한 이치로 귀결되기 때문이다. 그들은 가난의 굴레에서 벗어나기 위해서라기보다도 그 이전 단계인 하루 세 끼니를 해결하기 위해 임시방편으로 숯을 만들었던 것이다. 특히 1940년대 후반부터 1950년대 중반까지는 4·3사건과 한국동란의 소용돌이 속에서 불안한 나날이 지속되었고, 일시적으로 해안마을로 피신했다가 다시 고향 마을로 돌아왔지만 농사지을 땅은 이미 황폐화되었고, 농사를 시작하는데 필요한 보리씨나 좁씨의 씨앗조차 없었다. 많은 식구들이 먹고살 길이 막막할 수밖에 없었다. 그나마 돈을 가진 다소 부유한 가정에서는 오일장에서 보리쌀과 좁쌀 등을 구입하여 가족들을 먹여 살릴 수 있었지만, 대부분의 가난한 가정에서는 가족들이 살아갈 길이 막막했다.

중산간마을인 저지-청수-산양리 주민들은 그나마 행운이었다. 마을 주변을 끼고 있는 곶자왈이 존재하고 있었기 때문에, 자연에 의존하며 생존할 수 있는 나름대로의 길이 열려 있었기 때문이다. 청수-저지곶자왈에서는 다양한 산나물(두릅, 달래, 고사리 등)과 약초(천남성, 부채손, 하수오 등)를 캘 수 있었고, 솔잎과 삭다리(마른 나뭇가지), 장작 등 땔감을 마련할 수 있었으며, 또 부지런한 사람들은 개인적으로 또는 2~3명이 힘을 합쳐 숯을 제조하여 오일장에 내다팔 수 있었다. 따라서 이들 3개 마을에서는 다양한 산나물과 약초, 여러 종류의 땔감과 숯을 만들어 끼니를 해결할 수 있었다. 4·3사건으로 인한 소개와 그 후유증으로 인하여 모든 개별 가구가 본격적으로 농사를 짓기 시작한 것은 1950년 중반경부터였다.

불행 중 다행으로 때마침 모슬포에는 제1훈련소(1951년 1월~1956년 4월)가 들어서게 되어 군인과 군인 가족들이 대거 입도하여 거주하고 있었다. 그 당시 군인 수는 1952년 7월 이후 10만 명 이상이 주둔하고 있었고[26], 또 피난민들은 1952년 말 기준으로 북제주군에 약 2,2000명, 남제주군에 6,500여 명이 몰려들어 있었기 때문에(제주 4·3 사건 진상 규명 및 희생자 명예회복위원회, 2003: 339), 전체적으로는 약 15만 명의 타도 인구가 제주도에 거주하고 있었을 것으로 추정된다[27].

제주도 모슬포와 화순리, 서귀포 일대에 임시로 터를 잡은 군인과 군인 가족 그리고 피난민들은 3개 마을 주민들의 입장에서 보면 '귀한 손님'이자, 세 끼니를 해결하는 데 필요한 현금과 쌀(주로 알랑미[안남미]), 잡곡(보리쌀, 좁쌀, 대죽쌀[수수], 강냉이 등) 등을 얻어낼 수 있는 유일한 희망의 전도사였다(표 7). 숯과 땔감은 군인과 군인 가족 및 피난민들에게도 없어서는 안 될 중요한 생활연료였다. 특히 육지부에서 생활하다가 어느 날 갑자기 제주로 오게 된 군인과 군인 가족들은 도서 지역인 제주에서 땔감을 하러 다닐 처지가 되지 못했다. 그들의 입장에서는 가장 손쉬운 방법이 오일장이나 이동 판매상(주로 제주도민들)으로부터 구입하는 것이었다. 군인과 군인 가족은 일단 월급을 수령하는 하사관급 이상의 계급을 가진 계층이 많았기 때문에, 제주 섬에서는 현금 생활자라는 특수한 지위를 누리고 있었다.

숯의 판매는 주로 모슬포와 한림 오일장을 통하거나 또는 개인별 행상을 통해서 이루어졌다. 3개 마을 주민들로부터 청취한 내용에 근거하면 숯의 판매는 모슬포와 한림 오일장이 주된 판매처였으며, 특히 모슬포 오일장은 3개 마을 주민들이 가장 선호하는 판매처였다(표

---

26) 서귀포시청 홈페이지(www://seogwipo.go.kr)에 의함.
27) 제1훈련소의 본부는 대정읍 상모리(모슬포)에 위치하고 있었지만, 각개 전투교장이나 숙영지 등 다양한 군 시설들은 인근 지역인 안덕면 화순리와 서귀포의 일원에도 위치하고 있었다.

7). 따라서 3개 마을에서 생산한 숯도 모슬포 오일장에서 압도적으로 많은 양이 팔려나간 것으로 추정된다.

숯을 팔러 나갈 때는 대개 사람의 등짐이나 소 등짐으로 모슬포나 한림 오일장까지 운반하였으며, 모슬포 오일장까지는 걸어서 편도 2~3시간, 한림 오일장까지는 편도 1.5~2시간이 걸렸다. 4통 가마니(약 20㎏)의 숯 1가마니를 팔면 화폐개혁(1953년 2월) 이전에는 8,000~12,000원, 그 이후에는 30,000원까지 받을 수 있었다고 한다[28]. 또 다른 증언에 따르면, 숯 1짐에 대죽쌀은 2되, 쌀은 1~2되를 받기도 하였다. 이처럼 숯의 양과 질 여부에 따라서 1가마니의 숯 값은 매우 유동적이었다. 숯을 팔면, 우선적으로 가족들의 끼니용인 보리쌀을 비롯하여 좁쌀과 대죽쌀, 강냉이 등을 구입하고 난 후에 반찬용인 생선류와 가족들의 의복, 그 외에 집안에 필요한 생필품들도 구입하였다. 특히 쌀은 주로 집안의 제사용이나 노부모의 밥상에 올리기 위한 것이었다.

한편 주로 모슬포 주변에 거주하던 군인과 군인 가족들은 가정연료로서 솔잎과 장작 등의 땔감과 숯을 많이 구입하여 사용하였는데, 특히 숯은 잘게 쪼갠 후 간데기(풍로)에 넣어서 사용하였다. 간데기는 당시 옹기를 주로 생산하던 마을인 구억리, 신평리, 신도리 등지에서 만들어 유통한 것으로 파악된다[29]. 구억리를 비롯한 신평리와 신도리 등지에서는 당시 제주형 옹기를 제작하여 전도에 판매하고 있었기 때문에, 간데기의 제작은 비교적 손쉽게 이루어졌던 것으로 판단된다.

---

28) 청수리 거주 임○호 옹(남, 80세)과 고○구 옹(남, 76세)으로부터의 청취조사에 의함.
29) 저지리 거주 강○홍 옹(남, 70세)으로부터의 청취조사에 의함.

마무리하기

이 글에서는 청수-저지곶자왈과 그 주변 지역에서의 숯 생산활동을 포함한 마을 주민들의 생활상에 대하여 주로 저지-청수-산양리 주민들의 사례를 통해 밝히고자 하였다. 연구 결과는 다음과 같이 요약하여 정리할 수 있다.

첫째로, 제주에서 숯 생산 또는 숯 이용에 대한 내용을 검토하기 위하여 조선시대에 편찬된 《지리지》와 일제강점기 및 1970년대 이전에 발행된 문헌을 중심으로 관련 기록을 살펴보았다. 그러나 제주에서의 숯 생산과 이용에 대한 관련 기록은 몇몇 《지리지》에 지나지 않았으며, 특히 숯 생산 활동과 유통 등에 대한 기록은 전무한 상황이었다. 이로 볼 때, 제주에서도 숯은 오래전부터 생산하여 사용한 것은 분명한 사실이지만, 많은 일반 서민들이 가정연료로 사용할 정도의 수준에는 미치지 못한 것으로 판단된다. 그 이유는 제주에는 숯 이외에 우마의 건분은 물론이고 보릿짚과 콩깍지 등 농작물의 줄기, 솔잎과 나뭇잎, 마른 나뭇가지, 장작 등 목본식물의 잎과 줄기를 주변 지역으로부터 손쉽게 얻을 수 있었기 때문으로 풀이된다. 이러한 사실은 일제강점기인 1920년대에 일반 가정에서의 연료소비 실태나 1950년대 후반부터 1970년대에 걸친 숯(목탄) 생산 현황, 그리고 해방 이후 현세대의 숯 생산 활동 등을 조사한 결과에서도 분명하게 드러난다. 또한 현재 청수-저지곶자왈 내부에 잔존하는 백탄용 숯가마의 형태에서도 시기를 달리하는 숯 생산 활동과 이용 정도를 가늠할 수 있다. 제주에서는 조선시대부터 일제강점기 이전까지는 탄화도가 높은 백탄과 탄화도가 낮은 검탄을 모두 생산하여 주로 관 위주의 소비가 이루어졌던 것으로 판단되며, 일제강점기와 해방 이후에는 주로 검탄을 생산하여 일부 계층(부유층, 일본인 가구, 대장간 등)을 중심으로 소비된 것으로 판단된다.

둘째로, 해방 이후에 저지-청수-산양리 주민들은 청수-저지곶자왈과 그 주변 지역에서 숯 생산 활동을 벌여왔으며, 3개 마을의 숯 생산활동의 강도는 저지-청수-산양리 순으로 확인된다. 과거의 숯 생산의 주역들은 현재 대부분 70세 이상의 고령층이 되었으며, 그들은 개별적으로 또는 필요에 따라 2~3명이 한 팀을 이루어 숯을 생산하기도 하였다.

셋째로, 해방 이후에 숯을 생산했던 시기는 청취조사에 의거하는 한 1949~62년 사이로 확인되지만, 그 중심기간은 1950년대의 약 10년간으로 이해할 수 있다. 1950년대는 4·3사건과 한국동란으로 제주도민들에게는 경제적으로나 정신적으로 상당히 피폐한 시기에 해당되며, 곶자왈을 끼고 있는 저지-청수-산양리 주민들은 곶자왈과 그 주변 지역의 자원을 활용하여 숯을 생산하면서 어려운 가정경제를 지켜왔다. 그리고 1년 중 숯을 생산하는 중심기간은 농한기인 11월부터 다음해 3월까지 약 5개월이었다.

넷째로, 저지-청수-산양리 주민들의 숯 생산 장소는 택지 내(우영팟)와 택지 외로 구분할 수 있는데, 택지 외는 다시 마을에서 거리적으로 가까운 오름과 청수-저지곶자왈 지구 내, 그리고 마을로부터 비교적 거리가 떨어진 오름과 인근 마을의 목장 지구로 구분할 수 있다. 3개 마을 주민들이 숯을 생산하던 오름은 거리의 원근에 관계없이 주변부에 곶자왈을 끼고 있거나 또는 숲이 우거진 지구가 대부분이다. 과거에 숯을 생산했던 중심지구는 대부분이 마을공동목장 지구로 전환·이용되면서 정리돼 버렸기 때문에 흔적을 찾는 데는 한계가 있으며, 실제로도 극히 일부 장소에서만 교란된 상태에서 확인할 수 있었다.

다섯째로, 저지-청수-산양리 주민들이 생산했던 숯은 숯가마에서 굽는 방식에 따라 곰숯, 작대기숯 및 말숯으로 구분된다. 곰숯은 주로 초보자들이 생산하던 숯으로, 숯 재료가 적고 잡목이 많을 때 생산했다. 숯가마는 하단부가 직사각형을 이루는 곰숯가마에서 생산했으며, 생산된 숯은 품질이 낮고 가격도 떨어졌다. 이에 반해 작대기숯과 말숯은 전문가적 기술을 가진 사람들이 생산하던 숯으로, 숯 재료가 많거나 또는 참나무류가 주류일 때 주로 생산했다. 숯가마는 하단부가 원형이고 상부가 아치형을 이루는 말숯가마에서 생산했으며, 곰숯에 비해 품질이 좋고 가격도 높았다. 그리고 숯가마의 축조과정은 곰숯가마가 비교적 단순하고 시간과 노동력이 적게 드는 반면, 말숯가마는 고도의 기술이 필요한 것은 물론이고 또 많은 시간과 노동력을 필요로 했다. 숯가마의 축조를 포함하여 숯이 완성되는 단계기까지의 숯가마 관리는 경험적으로 행해지는 경우가 대부분이며, 이러한 경험은 숯의 양과 질을 결정짓는 중요한 변수로 작용했다.

여섯째로, 숯가마에서 한번 생산하는 숯의 양은 보통 숯가마의 크기나 오랜 경험의 차이에서 달라지지만, 보편적으로 곰숯가마보다는 말숯가마가 크고, 또 오랜 경험을 지닌 사람들이 생산하는 방식이기 때문에 당연히 숯의 양도 많아진다. 저지-청수-산양리 주민들이 생산한 숯은 보통 모슬포와 한림 오일장을 통해서 판매하거나 개인별 행상에 의한 판매도 이루어졌다. 특히 3개 마을 주민들은 모슬포 오일장을 통해 많은 양을 판매했는데, 그 이유는 당시 모슬포 주변 지역에 제1훈련소가 입지하면서 그에 따른 많은 군인과 군인 가족, 그리고 한국동란으로 인한 피난민들이 대거 입도해 있어 숯을 판매하기가 쉬웠기 때문이다.

일곱째로, 저지-청수-산양리 주민들의 숯 생산은 당시 4·3사건과 한국동란으로 인해 대부분의 가정이 경제적으로 매우 어려웠던 시기에 주로 행해졌다. 따라서 이들 주민들의 청수-저지곶자왈과 그 주변 지역에서의 숯 생산은 가난으로부터 탈피하기 위한 것이라기보다는 농사활동을 제대로 행할 수 없었던 사회적 불안기에 본능적으로 가족들의 끼니를 해결하기 위한 삶의 대응방식에서 나타난 행위였다고 말할 수 있다.

이상과 같이 청수-저지곶자왈과 그 주변 지역에서의 숯 생산과정과 활동은 제주도 동부지역에 위치한 선흘곶자왈에서의 그것과는 세부적으로 다른 특성을 보인다. 이 점은 곶자왈의 내부적 특성(지형, 수종 구성, 수목 밀도 등)이나 주민들의 경지 소유 상황 그리고 당시의 사회적 조건 등이 결부되어 있는 것으로 판단된다. 따라서 앞으로도 다른 곶자왈에서의 숯 생산과정과 활동을 면밀히 조사함으로써 곶자왈에 따른 숯 생산의 지역적 차이와 그에 따른 마을 주민들의 생활상을 서로 비교·분석할 필요가 있다.

청수-저지곶자왈을 활용한
마을공동목장의 운영과 주민들의 생활상[*]

들어가기

'제주의 허파', '생태계의 보고'로 비유되는 제주도의 곶자왈은 생태적·지질적 가치뿐만 아니라 제주도민들의 삶과 역사를 지닌 공간으로서 역사적·문화적 측면에서도 중요성이 강조되고 있다. '나무와 덩굴 따위가 마구 엉클어져 수풀같이 어수선하게 된 곳'이라는 사전적 의미를 지니는 곶자왈은 1990년대 개발의 대상에서, 2000년 이후

---

[*] 이 글은 2016년에 부혜진 박사(당시 제주대학교 사범대학 지리교육전공 강사, 제1저자), 강창화 박사(제주고고학연구소 소장)와 함께 3인이 공동으로 집필한 연구논문 〈제주도 중산간 곶자왈 지대의 마을공동목장 운영과 방목활동을 통한 생활상 연구〉(《한국지역지리학회지》 22(2), 353-368.)의 핵심 부분이다. 이 글은 필자(정광중)가 교신 저자이기는 하나, 초고 작성과 더불어 논문 투고 과정은 부혜진 박사에 의해 적극적으로 이루어졌다. 귀한 원고를 개인 저서에 사용할 수 있도록 허락해 주신 부혜진 박사와 강창화 박사께 심심한 사의를 표한다.

부터는 보전의 대상으로 인식되기 시작하면서(정광중 등, 2013; 안웅산 등, 2015), 지질(전용문 등, 2015; 안웅산 등, 2015), 생태(이경미 등, 2012; 장용창·이찬원, 2009; Yim et. al., 2013), 경관(김태일, 2012), 역사문화(강창화·정광중, 2014; 정광중, 2014), 교육(고성우·홍승호, 2010), 관광(유리화 등, 2014) 등과 연관된 다양한 학문 분야에서 논의되어 왔다. 국가적 차원에서는 복합연구단지로서 곶자왈 시험림을 조성하였고, 지역적 차원에서는 곶자왈 보호를 위한 곶자왈 단체[1] 및 곶자왈공유화재단[2] 운영 등을 통하여 곶자왈의 환경적 가치도 높이고 있다.

곶자왈이 제주도 동쪽과 서쪽의 중산간지역을 중심으로 분포해 있다는 지리적 특징은 과거 중산간지역 마을의 주민생활과도 밀접히 관련되어 있음을 짐작케 한다. 실제로 곶자왈은 제주도 중산간지역의 생활사(生活史)에 있어서 중심에 있었고, 특히 생계유지에 있어 가장 필요한 경제활동의 중심무대였다는 점에 주목할 필요가 있다. 중산간마을의 주요 경제활동이었던 목축업은 곶자왈에 조성된 공동목장에서 이루어졌고[3](강만익, 2013a), 그러한 목장은 일찍이 조선시대를 거쳐 일제강점기에 대거 조성되면서 주민들의 목축생활에서 큰 비중을 차지하였다. 이 외에도 곶자왈이 생활터전이었다는 증거는 중산간지역 주민들의 다양한 생산 활동에서도 찾아볼 수 있다. 1948년 4·3사건 이후 1950년대와 60년대에 걸쳐 궁핍한 생활을 견뎌내기 위해 이루어졌던 숯 생산 활동의 중심지 역시 곶자왈이었다(정광중 등, 2013). 또

---

[1]   (사)곶자왈사람들에 대해서는 다음의 홈페이지를 참고하기 바란다. http://gotjawal.com.
[2]   곶자왈공유화재단에 대해서는 다음의 홈페이지를 참고하기 바란다. http://www.jejutrust.net
[3]   제주도 중산간지역 일대의 마을공동목장은 1930년대 조선총독부의 지시 하에 조성된 것이다.

한 중산간지역 주민들이 산전을 일구어 조와 '산뒤(밭벼)' 등을 소규모로 경작하거나 그 외의 임산자원을 획득하기 위해 이용하던 장소 역시 곶자왈이었다(강창화·정광중, 2014; 정광중, 2014). 그러한 생활사와 관련된 문화유적은 현재 사람들의 손이 닿지 않은 상태로 곶자왈 내에 잔존해 있는 상태이다[4]. 또한 지역 주민들의 주요 경제활동, 주요 소득원의 변화로 더 이상 목축업을 행하지 않게 됨으로써 일부 마을공동목장은 수풀이 무성한 곶자왈로 남겨져 있다. 때문에 곶자왈은 과거 제주도민들의 생활상을 이해하는 데 있어 매우 중요한 단초가 된다. 곶자왈의 생태적, 역사·문화적 가치에 대한 연구는 여러 학문 분야에서 실행되고 있지만, 아직까지도 초보적인 단계에 머물고 있다. 이는 곶자왈의 존재와 가치가 최근에 들어서야 재평가되고 있기 때문이고, 앞으로 곶자왈에 대한 활발한 논의를 위해서는 보다 다양한 주제와 관점에서 조사·연구되어야 할 필요가 있다.

따라서 이 글에서는 그러한 시기적·학문적 필요성에 기초하여 논의를 진행한다. 현재 곶자왈로 남겨진 중산간지역 마을공동목장에서 행해지던 방목활동에 대해 고찰함으로써, 곶자왈을 포함하는 중산간지역의 생활사적 가치를 밝혀보고자 한다.

제주도의 공동목장에 관련된 기존 연구는 해안가 저지대와 중산간지역의 전역에 걸쳐 형성된 공동목장을 대상으로 한 것으로 역사적 측면에서 목장의 설립과정을 다룬 공동목장의 형성사(강만익, 2008), 초지 개량사업을 위한 기초과제로서 공동목장의 분포와 운영 실태를 다룬 축산 연구(김형균, 1974), 공동목장의 목초 성분에 관한 분석 결과(김

---

[4]   이는 1960년대 이후 삼림보호 정책과 생활경제의 변화 등으로 대부분의 곶자왈이 숲으로 남아있기 때문이다(강창화·정광중, 2014).

문철 등, 1983) 등이 있다. 2000년대 중반에 이르러서는 마을공동목장의 해체가 갖는 생태적 함의를 논의한 연구(윤순진, 2006)와 함께 공동자원으로서 공동목장이 갖는 의미 분석(최현, 2013), 그리고 공동목장조합의 법리 연구(한삼인, 2008)와 같은 사회과학 분야의 연구결과가 주를 이룬다. 한편 목축문화에 관해서는 역사적 관점에서 상산 방목을 다룬 목축민속 연구(강만익, 2013a)와 고려시대 목축문화를 다룬 연구(전영준, 2013)가 있으며, 기타 관련 연구로는 목축경관의 현대적 활용 방안을 제안한 연구(강만익, 2013b)도 있다. 이들 연구는 공동목장의 형성과정이나 과거와 현재의 변화상을 제시하고 있어 제주도의 공동목장과 목축문화에 대한 전반적인 이해에 기여하고 있다.

그러나 아직까지 마을공동목장에서 행해졌던 방목활동을 구체적인 사례로서 논의한 연구결과는 매우 부족하고, 특히 곶자왈과의 연관성 속에서 공동목장을 다룬 연구는 전무한 상태이다. 따라서 이 연구에서는 지금까지 진행된 연구성과를 토대로 제주도 중산간지역 곶자왈에 형성되었던 마을공동목장의 조성과 방목활동을 사례연구를 통해 고찰하고자 하며, 사례 지역으로서 한경면 중산간지역에 위치한 청수-저지곶자왈 내 청수공동목장과 저지공동목장을 선정하였다.

청수-저지곶자왈에 입지하였던 마을공동목장은 4·3사건 이후부터 1970년대까지 지역 주민들의 주요 경제활동 터전이었지만, 1980년대 이후부터는 축산농가의 감소와 더불어 공동목장의 이용도 저조해지면서 일부 마을공동목장은 골프장 건설 대상지역으로 전락하는 동시에 일부는 지금의 곶자왈로 남겨지게 되었다. 그리고 현시점에서는 곶자왈이 레저와 교육, 관광목적으로 지역 주민은 물론이고 지방정부로부터도 주목받고 있다.

4·3사건 이후 청수리 및 저지리와 같은 중산간마을에서는 대다수

의 주민이 소 사육을 통하여 가계를 꾸려 나갔다고 해도 과언이 아니다. 곶자왈에 조성된 공동목장은 소 사육이 집중적으로 이루어진 목축공간이었고 공동목장의 이용 형태는 각 마을마다 차이를 보인다. 때문에 곶자왈 공동목장에서의 소 사육은 당시의 중산간마을의 주요 경제활동의 실태뿐만 아니라 마을 공동체의 공동자원 이용에 대한 이해를 넓히는 데 큰 도움이 될 것이라 사료된다. 더불어 그러한 이해는 곶자왈이 지니는 생활문화 공간으로서의 가치를 밝혀내는 중요한 근거가 될 것이라 생각된다.

중산간지역에서의 시기별 마을공동목장의 변천

제주도 공동목장의 시작은 고려시대(1276년)로 거슬러 올라간다. 고려 충렬왕 2년에 군마를 사육하기 위해 설치한 탐라목장은 이후 조선시대의 10소장과 산마장과 같은 국영목장으로 유지되었고, 1894년 갑오개혁으로 공마제도가 폐지되면서 관설목장은 해체되기에 이른다(강만익, 2011; 김경덕 등, 2013). 마을공동목장은 그 이후인 1930년을 전후한 시기에 설치된 것[5]으로 이전의 국영목장이나 관설목장과 그 맥을 같이한다. 공동목장의 명칭으로 제주도 중산간지역에 방목장이 설치된

---

5) 그러나 제주도에서 1910년대에 이미 공동목장이 존재했을 가능성도 있다. 이와 관련된 기록은 1976년 제주도 북제주군 구좌면장이 북제주군수에게 발송한 '리공동목장 산지조림계획' 문서에 남아있으며, 이 문서에는 1919년부터 송당리 213-1번지가 하도리 공동목장으로 이용되고 있음이 명시되어 있다(강만익, 2011).

것은 1930년대에 들어서부터이다[6]. 당시 제주도에서는 100여 개의 공동목장이 설치되는데, 이는 당시의 조선총독부종마장관제(朝鮮總督府種馬場官制, 1932)와 산마증식계획(産馬增殖計劃, 1933)이 시행되면서 우마 사육을 위한 목장, 종우소, 종마소가 설치되었기 때문이다(강만익, 2008). 공동목장이라는 명칭에서 '공동(共同)'이라는 용어는 전시체제 하에서 신속한 사업 추진을 위해 강조되었던 것으로, 예를 들면 공동경작, 공동판매, 공동구입, 공동저축, 공동작업, 공동어장, 공동조합 등은 바로 그러한 목적을 배경으로 만들어졌고, 공동목장 역시도 동일한 맥락에서 생겨난 것이다(강만익, 2008). 이상과 같은 배경 하에 설치된 마을공동목장에서는 소와 말이 모두 사육되었다. 1930년대의 통계자료에 따르면 당시 제주도에는 소가 40,924마리로 전국 소 총수의 30%, 말은 22,500마리로 전국 말 총수의 40%를 차지하고 있었다(고광민, 2004). 더불어 공동목장에서의 방목은 이후 1950~70년대에도 계속된다.

한편, 중산간지역 마을공동목장에서의 우마 방목은 일시적으로 쇠퇴 및 중단을 겪는다. 해방 후에도 지속되던 마을공동목장에서의 우마사육은 1948년 4·3사건의 발발로 인해 중지되고[7], 1953년에 중산간마을 복구령을 계기로 지역 주민들이 마을로 복귀하면서 재개되었다. 그러나 당시의 우마사육은 마을공동목장에서 이루어지지 않고 마

---

6) 강만익(2011)에 따르면, 우리나라에서 공동목장이라는 용어가 등장한 것은 1910년대부터로 조선총독부 식산국이 발간한 《조선농무제요》(1914)에서 확인된다.

7) 1948년에 발발한 4·3사건으로 당시 중산간지역에 소개령(疏開令)이 내려졌고, 중산간마을 주민들은 그들의 거주지를 떠나 해안마을로 이동해야만 했다. 이 과정에서는 중산간지역의 거주공간은 다른 모습으로 변모되었고, 공동체의 붕괴도 잇따랐다(김지수, 2000).

을 내에서 이루어졌을 뿐만 아니라[8] 생계유지의 곤란과 과중한 세금을 감당할 수 없어 마을공동목장의 매매[9](김지수, 2000)도 발생하였다. 1962년에 발간된《제주도통계연보》에 따르면, 1950년대 후반부인 1958년 제주도 전체의 농가 수는 47,317호로 이 중 소를 사육했던 농가는 19,712호, 말을 사육했던 농가는 4,710호이다. 따라서 전체 농가 중 소 사육 농가는 약 42%, 말 사육 농가는 전체의 약 10%를 차지했던 것으로 파악된다. 당시 사육되었던 제주도 전체의 소는 34,261두, 말은 10,168필로, 소의 경우는 농가당 약 1.7두, 말의 경우는 농가당 약 2.2필 꼴로 사육되었다[10](제주도, 1962).

1960년대 중산간지역에서의 우마사육은 1950년대와 달리 마을공동목장에서 활발히 이루어졌다. 특히 이 시기에는 소 사육이 활발하였고 중산간마을의 대다수 농가에서 소를 사육하였다. 이는 농업의 기계화가 더딘 탓으로, 대다수의 농가가 경작 및 운송을 위한 수단으로서 축력을 필요로 했기 때문이다[11]. 당시 제주도 전역에 걸쳐 방목지는 1,087개소가 설치되었고 총 면적은 39,162정(町)이었다. 이 중 마을 소유의 마을공동목장은 226개소, 면적은 8,236.3정으로 총 방목지

---

8) 청수리 및 저지리에서 실시한 인터뷰 조사에서 모든 인터뷰 대상자가 공통적으로 지적한 내용이다.

9) 김지수(2000)에 의하면, 당시 세금이 너무 과중했기 때문에 세금을 감당할 수 없었고 당장 먹고살아야 한다는 생각에 헐값에 매매하였다고 한다.

10) 한국문화원연합회 제주특별자치도지회(2007)에 따르면, 4·3사건을 계기로 중산간지역의 축산 경영 기반이 붕괴되었고 그 이후 사회적 안정이 이루어지면서 1957년부터는 한우의 사육두수가 다시 증가하기 시작하였다.

11) 이에 덧붙이자면, 경작 및 운송수단 확보를 위해서 제주도 중산간지역의 농가가 사육했던 가축은 말이 아닌 소였다. 말을 사육했던 농가도 마을 내에 더러 존재하였지만 극히 일부에 지나지 않았고, 대다수의 농가는 경작을 위해 주로 '밭가는 소'를 사육하였다.

면적의 약 21%를 차지하였다(제주도, 1963). 1960년대의 제주도 내 목축업은 농가 사육두수의 증가를 보인 1960년대 전기와 농가 사육두수의 감소에도 불구하고 대규모 기업적 목장이 등장하는 1960년대 후기로 구분할 수 있다. 먼저, 1960년대 전·후기를 통틀어서 가장 소 사육두수가 많았던 시기는 1964년으로 76,063두가 사육되었다. 당시의 축산 농가는 35,126호로 전체 농가(56,776호)의 약 62%를 차지하였다. 가구당 사육두수는 2.2두로 1950년대에 비해 약 29% 증가하였다. 한편, 이 시기의 말 사육농가는 4,997호로 19,160필의 말이 사육되었다(제주도, 1967). 그러나 1964년 이후로는 서서히 농가의 소 사육이 감소하는 한편[12] 대규모의 기업적 목장이 들어서기 시작한다. 이는 1966년 고기소 증식을 위한 초지조성 사업의 실시로(북제주군, 1987)[13], 정부가 전국의 산간지대 축산 기업농에게도 초지 개량을 위한 자금 융자와 보상금을 지급하였기 때문이었다[14](김문철 등, 1983; 뿌리깊은나무, 1983; 정창조, 1990).

---

12) 소 사육농가의 감소는 다름 아닌 당시의 한우 가격 폭락에 의한 것으로 파악된다(한국문화원연합회 제주특별자치도지회, 2007).

13) 당시 북제주군에서는 1966년부터 초지조성사업이 실시되었다. 초지조성의 1차 대상지는 군부(郡部)의 마을공동목장이었고, 그 후부터는 전업 및 기업목장에도 초지조성 융자 및 보조가 이루어졌다. 그렇게 하여 1986년까지 군내에 조성이 완료된 초지는 9,380ha에 달하였다(북제주군, 1987).

14) 《제주통계연보》(1980)에 따르면, 기업적 목장은 크게 대단위목장 4곳과 기업목장 14곳으로 구분되고, 이 중 대단위목장 4곳은 1973년부터 만들어지기 시작했다. 한편 기업목장 14곳 중 2곳(이시돌목장, 송당목장)은 그 이전부터 설치·운영되어 왔던 곳이고, 나머지 12곳은 초지조성 사업 이후에 설치된 곳으로 1968년에 2개소의 목장이 조성된 이래 1970년에 1개소, 1973년에 2개소, 1974년에 3개소, 1975년에 1개소, 1976년에 2개소, 1978년에 1개소가 조성되었다.

1970년대에는 제주도 우마사육 농가에 있어서 우마 증식에 필요
한 다양한 활동이 추진된 시기이다. 앞서 언급한 초지조성 사업[15]과
진드기 구제활동이 바로 그것으로, 이들 활동은 1960년대 후반부터
1970년대에 걸쳐 소의 증식을 통한 농가의 소득증대를 위해 계속되

〈표 1〉 제주도 목야면적 및 자급사료 생산량의 시기별 변화(1970~79년)

연도＼항목	목야면적(ha)	개량면적(ha)	자급사료 총량(M/T)	건초(M/T)
1970년	19,418	400	78,361	19,648
1975년	19,418	486	87,726	20,611
1979년	23,287	765	107,416	27,003

주: 자급사료 총량은 수확된 실제량을 의미함.
출처: 북제주군(1971, 1976, 1980), 《통계연보》에 의함.

〈표 2〉 제주도 우마사육 농가 및 사육두수의 시기별 변화(1965~79년)

연도＼분류	소				말	
	사육농가(호)	소(두수)	고기소(두수)	젖소(두수)	사육농가(호)	말(필)
1965년	35,065	75,871	714	23	6,846	19,633
1969년	22,940	44,276	698	44	4,307	10,762
1970년	-	41,835	534	46	-	-
1975년	21,491	46,209	11,560	69	3,285	5,925
1979년	29,173	38,566	29,803	1,118	2,037	3,009

주: '-'는 데이터 없음을 의미하며, '소'는 '제주한우'를 의미함.
출처: 제주도(1967, 1970, 1980), 《제주통계연보》를 참고하여 재작성.

---

15)　한국문화원연합회 제주특별자치도지회(2007)에 따르면, 제주도에 초지조성 사업이 실시
　　되던 1969년 연간 생초 수량은 10a당 723kg 정도로 400kg 정도의 양을 채취하는 타 지
　　역에 비해 상당히 많았다. 그리고 당시에는 대부분의 오름이 숲이 아닌 방목지로 이용될
　　수 있었기 때문에 활용 가능한 목초지의 면적을 충분히 확보할 수 있었다.

었다(표 1). 〈표 2〉에 제시한 바와 같이, 1979년에는 고기소와 젖소의 사육두수가 증가하는 데 반해 제주한우(소)의 사육두수는 감소한다. 그 배경에는 1970년대 체구가 왜소한 제주한우의 개량을 위해서 브라만, 싼타 거투루디스와 같은 고기소와의 교잡과 인공 수정 사업이 확대·보급되었기 때문이다(한국문화원연합회 제주특별자치도지회, 2007).

1979년 당시 고기소의 사육농가 총 11,211호 중 9,005호가 1~2마리 정도를 사육하였고, 또한 1,704호가 3~4마리를 사육함으로써 대다수의 사육농가는 소규모로 소를 사육하고 있었음을 알 수 있다(제주도, 1980). 이에 반해 말의 경우는 사육농가와 사육필수가 1960~70년대 전반에 걸쳐 모두 감소하였고, 1979년에는 3,000여 마리로 사육필수가 급감하였다. 한편, 제주도 내의 마을공동목장은 90개소 9,437ha(제주도, 1980)로 1960년대 226개소 8236.3정(약 8,168.2ha)과 비교할 때 목장은 반 이상 줄어들었지만 면적은 1,000ha 이상 증가한 것으로 파악된다.

청수-저지곶자왈 내 공동목장의 형성과 변천

제주도의 북서쪽 끝자락에 위치하며 15개의 리로 구성된 한경면은 총 인구 8,365명, 총 세대 3,833호(제주특별자치도, 2013) 규모로, 제주도의 부속 도서지역인 추자면과 우도면을 제외한 10개 읍면 지역 중 가장 인구 규모가 작은 곳이다. 한경면을 구성하는 각 마을들은 표고 30~140m 사이에 고루 분포하며 그중 6개 마을[16]은 표고 30m 이하에 입지해 있고, 3개 마을[17]은 표고 10~50m, 4개 마을은 60~75m, 나머

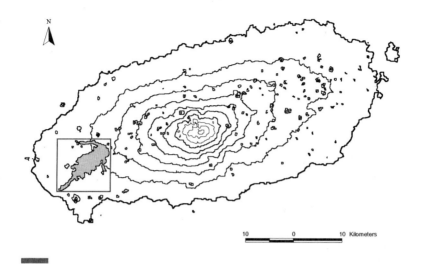

〈그림 1〉 청수-저지곶자왈의 위치

지 2개 마을은 95~140m에 위치해 있다[18] (한국문화원연합회 제주특별자치
도지회, 2007). 이들 마을 중 특히 해발고도가 가장 높은 곳에 위치한 청
수리와 저지리 마을에는 곶자왈이 포함되어 있다(그림 1).

한경면의 토지지용은 밭(약 3,000ha 이상), 임지(약 1,600ha), 초지(약
1,100ha), 과수원(약 1,000ha 미만) 순으로 나타나는데, 초지가 가장 잘 발
달된 곳은 다름 아닌 중산간지역의 곶자왈과 그 일대의 오름 지역이

---

16) 판포리, 두모리, 신창리, 용당리, 용수리, 고산1리가 표고 30m 이하에 입지해 있다(한국
　　문화원연합회 제주특별자치도지회, 2007).

17) 한국문화원연합회 제주특별자치도지회(2007)에 따르면, 금등리, 고산2리, 한원리가 표
　　고 10~50m 사이에 입지해 있다.

18) 먼저 표고 60~75m 사이에 입지한 마을은 낙천리, 조수1리, 조수2리, 산양리이고, 다음으
　　로 95~145m 사이에 입지한 마을은 청수리와 저지리이다(한국문화원연합회 제주특별자
　　치도지회, 2007).

다. 이러한 지형적 조건으로 일찍부터 한경면 청수리와 저지리에서는 마을공동목장이 조성·이용되어 왔으며(한국문화원연합회 제주특별자치도지회, 2007), 그 면적은 1986년 당시 각각 95ha와 242ha였다(북제주군, 1987).

청수리(淸水里) 마을공동목장의 형성과 분할

총 인구 586명, 총 세대 256호(제주특별자치도, 2013)로 구성된 청수리는 한경면에서도 가장 표고가 높은 곳에 위치해 있는 마을로, 현재까지도 곶자왈에 광활한 마을공동목장을 보존해 온 마을이다.

청수공동목장(이하 공동목장)은 일제강점기였던 1935년(소화 10년)에 형성된 것으로 당시의 기록문서(사진 1)에 따르면, 산 1~6번지에 이르는 282정 4,900보(≒85만 900평)의 광활한 규모였다. 산 1~6번지의 임야는 산 1번지(73정 3,000보)가 기부지(寄附地)로서 확보되었고, 나머지 산 2~6번지의 임야는 매수지(買收地)[19]였다. 당시 공동목장을 이용했던 조합원수는 201명이었는데 이는 청수리 1구와 2구의 구성원들이었다[20].

청수리 1구와 2구는 지금의 청수리 본동(1구)과 산양리(2구)에 해당하고, 1956년 청수리와 산양리가 분리되면서 공동목장의 일부인 산 6번지는 산양리로 분할시켰고, 산 5번지의 일부는 청수리와 산양리

---

19) 청수공동목장의 기록문서에 따르면, 각각의 면적은 산 2번지(45정 2,700보), 산 3번지(45정 9,200보), 산 4번지(13정 4,800보), 산 5번지(53정 9,800보), 산 6번지(50정 5,400보)이다.

20) 그러나 청수공동목장의 기록문서에는 문서를 작성할 당시 청수공동목장의 대표자가 구장 외 49명으로 되어 있다.

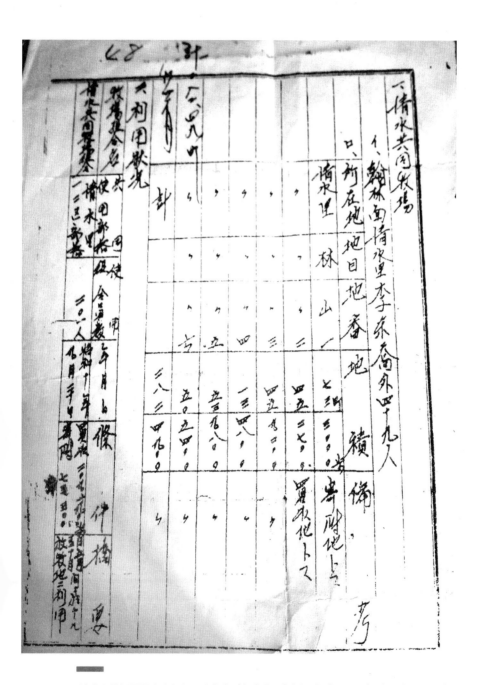

〈사진 1〉 청수공동목장 관련 기록문서 출처: 청수리 강○현 옹(82세) 제공(2015년 5월 10일, 부혜진 촬영).

주민이 공동으로 사용하도록 결정하였다. 공동목장을 유지하는 과정에서 산 1번지의 73정 3,000보의 필지는 공동목장에 관여해 온 청수리 주민들에게 매입되어 사유지로 전환되었다[21]. 따라서 현재 마을 소유의 공동목장은 산 2~5번지의 필지만 해당된다(그림 2).

공동목장이 활발히 행해지던 시기에는 현재와 같은 곶자왈이 아닌 초지대였고, 전 농가의 90% 이상[22]이 농업을 목적으로 소를 사육하고 있었기 때문에 주민들은 누구나 공동목장에 소를 방목할 수 있었다. 시기적으로 고찰하면, 1948년 4·3사건을 계기로 소 사육은 거의 전멸되다시피 하였지만, 이후 1950년대 후반부터는 재개되었다. 이어서 1960~70년대는 대다수의 농가가 공동목장에서 소를 방목한 시기로, 이때는 고기소인 야우(野牛)를 사육하는 농가들도 등장한다. 그러나 성행하였던 소 사육은 1980년대 들어서 감소하기 시작하는데, 바로 경운기와 같은 농기계가 보급·확대되면서 경작 시 더 이상 소가 필요치 않게 되었고 더욱이 기존에 농가의 주요 재배작물이었던 조, 보리, 밭벼, 고구마, 콩(대두) 등이 상품작물인 감귤로 대체되었기 때문

---

21) 청수리 강○현 옹(82세)의 인터뷰에 따르면, 산 1번지가 사유지가 된 것은 1971년에 산 1번지를 군으로 귀속시키려 했지만 군이 마을에 목장 용지를 매입하도록 권유하면서 비롯되었다. 구입 당시 저렴한 가격에 공동목장을 매입하였지만, 매입에 필요했던 자금은 차용을 했던 터라 그 차용금을 갚기 위해 청수리 주민들에게 다시 팔게 되면서 사유지가 되었다.

22) 이에 대해서는 정확한 기록이 없는 실정이기 때문에, 인터뷰 조사결과를 수용하였다. 청수리 강○현 옹(82세)에 따르면, 4·3사건 때까지는 마을 농가의 80%가 소를 사육하였다고 한다. 그리고 청수리 강○식 옹(81세)의 인터뷰에 따르면, 소 사육을 하던 농가가 가장 많았던 시기인 1970년대에 소를 사육하지 않는 농가는 4~5호 안팎이었다. 이들 농가는 독거노인이나 편모 가정으로 소를 키울 형편이 못 되는 가구였다.

〈그림 2〉 청수공동목장의 위치와 최근의 토지이용

주: 굵은 실선으로 표시된 구역이 청수공동목장의 위치를 보여주며, 산양리의 북동쪽 직선거리에 위치한 공동목장은 산 6번지로 산양리 소유임. 출처: Daum 위성사진을 이용하여 재편집.

이다[23]. 따라서 1980년대로 들어서면서부터 청수리의 소 사육은 사양길에 접어들게 되었다.

저지리(楮地里) 마을공동목장의 형성과 소멸

저지공동목장(이하 공동목장)은 1933년에 조성된 것으로 면적은 666정 2,800보에 달하여 당시 다른 목장들보다도 규모가 컸다. 공동목장의 부지는 매수지와 차수지(借手地)로 구성되어, 매수지는 전체 면적의

---

[23] 한경면에서 감귤은 주로 중산간지역에 위치한 청수리와 저지리, 산양리, 조수리를 중심으로 재배되고 있다. 그리고 제주도의 타 지역과는 감귤 도입 시기에서도 큰 차이를 보인다. 타 지역에서는 1960년대 후반부터 감귤 도입이 시작되어 1970년대에는 감귤재배 면적 및 농가수가 확대되는 데 반해, 한경면에서는 1980년대 이후 본격적으로 재배되기 시작하였다(청수리와 저지리 주민의 인터뷰 결과 및 한국문화원연합회 제주특별자치도지회, 2007).

〈사진 2〉 저지리 임야대장 문서 출처: 저지리 김○부 옹(82세) 제공(2015년 4월 25일, 부혜진 촬영).

14%를, 차수지는 86%를 차지하였다. 즉, 공동목장 용지는 당시 목장
설립에 직접 참여하는 122명으로부터 임대하여 만든 것이다(한국문화
원연합회 제주특별자치도지회, 2007). 차수지에 해당하는 필지에는 금악리
소재의 임야(산 85번지, 산 78-3번지)와 국유림도 포함되어 있었다. 저지리
임야대장 문서(사진 2)에 따르면, 공동목장의 일부인 산 29번지(159정)
는 국유지에 해당하고, 산 18번지(494정 200보)와 산 53번지(5,416보)는
당시 북제주군의 것이다[24]. 뿐만 아니라 군유지나 국유지를 제외한
공동목장의 나머지 필지는 개인명의 내지 공동명의로 기재되어 있었
다. 이 중 공동명의로 기재된 산 38번지(51정 1,600보), 산 39번지(21정

---

24) 북제주군의 소유로 전환된 때가 1967년으로 되어 있다.

2,000보)의 필지는 저지리 명리동 출신 17명의 소유이다. 명리동은 저지리마을회관이 위치한 저지리의 중심지에서부터 2.7km 정도 떨어진 곳에 위치한 자연마을로 거주지 주변 지역은 모두 곶자왈이다. 산 38~39번지의 목장부지는 이들 17명에 의해 소를 키울 목적으로 개척되었기((사)한라산생태문화연구소, 2012) 때문에[25] 명리동 주민 명의의 목장은 17명이 공동으로 사용하였고, 나머지 중동, 남동, 성전동, 수동의 주민들은 국유지 산 29번지 및 개인 소유의 목장에서 소를 방목하였다. 말하자면, 저지리에서는 자연마을 단위로 사용하는 방목지가 달랐음을 의미한다.

저지리의 소 방목지는 마을 전역에 분포하고 있는데, 그중에는 오름도 포함되어 있다는 점에 주목할 필요가 있다. 이는 저지리가 과거로부터 안고 있었던 음용수 확보 문제와 직결된 것으로, 주민들이 마시는 음용수뿐만 아니라 소가 마시는 목축용 물도 귀했기 때문에 오름 기슭에서 봉천수를 사용하거나 주민들이 직접 물통을 만들어 사용했던 것이다.

때문에 마을 전역에 물통이 분포해 있었고 방목지 주변 지구에는 여러 개의 물통이 자리 잡고 있었다(오성찬, 1991). 산 29번지 국유지는 저지리의 문도지오름 일대로, 당시에는 초지대가 형성되어 있었다. 이곳에는 공동목장의 경계인 '장담[26]'이 설치되어 있었으며, 이것 역시 공동목장을 이용하는 주민들이 '워령(동원)'되어 쌓은 것이다.

---

25) 명리동 공동목장은 이후에 사유지로서 유지되어 오다 매매되었으며(조○길 옹, 75세, 인터뷰), 현재 산 39번지의 일부는 관광지인 '유리의 성'의 부지로 전환되어 있다.

26) 저지리 김○부 옹(82세)의 설명에 따르면, 장담은 경계를 의미하는 긴 담을 말하며, 장담이 설치된 시기는 일제강점기에 토지조사사업 일환으로 세부 측량이 이루어지던 때였다.

〈그림 3〉 저지공동목장 내의 군유지 및 국유지의 위치와 최근의 토지이용
주: 굵은 실선으로 표시된 구역이 군유지 및 국유지이면서 저지공동목장으로 쓰였던 부지의 위치를
나타냄. 출처: 다음(Daum) 위성사진을 이용하여 필자 재편집.

공동목장으로 사용되어 오던 부지 중에는 1967년에 군유지로 편입된 곳도 존재한다. 이는 공동목장에 부과된 세금이 과중하였고, 이를 피하기 위해 세금을 내지 않은 채 사용하면서 빚어진 결과였다[27]. 그 전까지만 해도 의심 없이 무료로 공동목장을 사용해 왔기 때문에 주민들은 종래의 방식대로 군유지에서 건초를 마련하였고 주민 간의 토지 매매도 이루어졌다[28]. 그러나 공동목장이 군으로 귀속된 이후

---

27) 제주도의 마을공동목장이 시와 군으로 귀속되게 된 직접적인 배경은, 1961년에 시행된 '지방자치에 관한 임시조치법'과 관련이 있다. "읍·면의 일체의 재산과 공부는 그 소속 군에 귀속한다."라고 규정함으로써 마을 명의의 재산까지도 읍·면 재산으로 간주하여 시와 군으로 귀속시켰다. 이렇게 시와 군으로 귀속된 마을공동재산은 지방자치단체의 보통재산이 됨으로써 지방재정법에 따라 필요 시에 지방자치단체가 임대, 교환, 매각, 양여할 수 있게 된 반면, 마을 주민들은 귀속재산에 대해서 사용, 수익, 처분, 관리권을 잃게 되었다. 무상사용이 불가능해진 마을은 임대를 하거나 임대 능력이 없을 경우 사용이 제한되었다 (윤순진, 2006).

로는 사용이 불가능해졌고 이는 공동목장 소멸의 직접적 원인이 되었다. 당시 공동목장에서 군유지로 귀속된 토지에는 현재 라온 골프장이 들어서 있으며, 또 다른 구역은 조사 시점까지 곶자왈로 남아 있다. 최근 이곳에는 곶자왈을 탐방하는 올레길 탐방로(14-1 코스)가 만들어져 있다(그림 3).

방목활동을 통해 본
중산간마을 주민들의 생활상

청수공동목장에서의 우마방목과 그 특징

소 사육의 목적과 사육방법

농기계와 운송수단이 보급되기 전까지만 해도 청수리에서는 농가가 사육하는 소를 이용하여 밭을 갈거나 수확 후 곡식을 운반하곤 하였다. 이처럼 주로 농업과 운반을 위해 농가가 사육하는 가축은 소였고, 말을 사육하는 농가는 청수리의 400호 가구 중 4가구 정도[29]에 지

---

28) 저지리 조○길 옹(75세)의 설명에 따르면, 당시 본 구역에 대해서 세금 혹은 법적 제재가 가해지거나 관이 직접 관리하지 않았기 때문에 주민들 간에는 국유지 매매가 이루어지고 있었다. 그러나 국유지임이 알려지면서 그러한 관행은 사라졌고 매매되었던 토지도 모두 군에 반납하였다. 그런 일이 일어났던 이유에 대해 마을의 김○부 옹(82세)은, 공동목장에 대해 세금 부담이 컸기 때문에 본 필지의 토지를 마을의 공동목장으로 등록하지 않았던 점을 꼽았다.

29) 문○일 옹(74세)의 인터뷰 내용에 따르면, 어렸을 적(1950년대)에 동네에 말을 키우던 집이 4집 정도가 있었고, 각 호마다 20~30필의 말을 사육하였다고 한다.

나지 않았다. 화산회토로 이루어진 농경지에서는 조와 밭벼를 파종한 후에 수분이 증발하는 것을 막기 위해 땅을 밟는 진압농법(鎭壓農法)을 행하였는데, 그 과정에서 소는 파종 전 밭을 가는 데 이용되는 반면 말은 파종 후 농경지를 밟는 데 이용되었다. 때문에 제주도에는 종자 파종 후에 말 사육농가에 부탁하여 3~4필의 말을 밭에 들여 밟도록 하는 풍습이 자리 잡고 있었다. 소가 없는 농가의 경우는 소를 하루 정도 빌려서 썼고, 이 경우에는 대가로서 노동력을 제공하여 하루 동안 거름을 내어주는 작업을 하거나 밭가는 일을 도왔다. 한 농가에서 밭을 갈기 위해 소만 빌리는 경우에는 빌린 농가에서 성인 한 사람이 소 주인이 필요로 하는 농업활동에 대해 노동력을 제공하였고, 만약 소 주인이 자신의 소를 가지고 직접 밭을 갈아 줄 경우에는 축력을 빌린 농가가 성인 두 사람의 노동력을 제공해야만 했다[30]. 마을에서 소는 농업활동에서뿐만 아니라 일상생활에서도 이동과 운송의 목적으로 이용되고 있었기 때문에 그 가치는 상당히 높아 '반 재산'이라 불렸다. 이에 덧붙이자면, 청수리에서는 수송아지를 팔 경우에 매매가치는 작은 밭을 구입할 수 있을 정도의 것이었다[31].

그러한 목적으로 사육되었던 소는 '야우(野牛)'와 '밭가는 소(이하, 일반 소)'로 구분되어 마을공동목장에서 방목되었다. 먼저, 야우의 경우는 육우용(肉牛用)으로 사육되는 소로서 일반 소와는 달리 10~15두 이

---

30) 고○구 옹(77세)의 설명에 따르면, 소를 빌린 대가로 소 주인의 밭에 가서 함께 잡초를 제거하는 데 노동력을 제공하였다.

31) 문○일 옹(74세)과 강○식 옹(81세)의 인터뷰에 따르면, 2살 정도 된 수송아지 한 마리는 '돌랭이(150평 미만의 작은 밭)'를 살 정도였다. 강○식 옹의 설명에 따르면, 암소 3마리 정도를 기르면 1년에 '돌랭이' 1개, 소 3마리를 가지면 1~2년에 밭 하나를 사고 아이들의 학교공부도 시킬 수 있었다.

상을 마을공동목장에서 1년 내내 방목했으며, 때문에 야우에는 낙인을 찍어 두기도 하였다[32]. 야우 사육은 일반 소 사육과는 차이를 보인다. 일반 소의 경우는 여름철에만 공동목장에서 방목을 한 데 반해, 야우의 경우에는 사육농가가 매일 방목지에 가서 방목상황을 확인해야 한다. 따라서 겨울철에 눈이 쌓일 경우에는 직접 '촐(건초)'을 방목지까지 가지고 가서 야우가 먹을 수 있도록 눈 위에 뿌려 놓기도 하였다.

'밭가는 소'의 방목 형태와 그 특징

청수리에서 일반 소는 여름철에는 마을공동목장에서 방목을 하고 겨울철에는 택지 내의 '쉐막(축사)'에서 키우는 계절적 방목 형태로 사육되었다. 청수리의 계절적 방목은 두 가지 유형으로 이루어졌는데, 그중 한 가지는 개별 농가가 자기의 소만 관리하는 방법이고, 다른 한 가지는 '번쉐(윤번제)'로서 반(班)별로 소를 키우는 방법이었다. 이러한 방목 형태는 1960년대 중반에 이르러서야 정착된 것으로 4·3사건 직후에는 마을공동목장에서 소를 방목하는 것이 상당히 위험한 일로 간주되었기 때문에 청수리 주민들은 마을 내 농가 근처에 자신들의 소를 풀어놓고 키워야 했다. 당시 마을의 도로는 비포장 상태였기 때문에 주변에 풀이 무성했고 소들이 먹기에 충분하였다. 이 시기가 지나자 '번쉐'로 소를 키우는 농가도 등장하였다. '번쉐'의 도입에는 크게 두 가지 이유가 있었다. 첫째는 농가가 소를 도난당하지 않기 위한 것이었고 둘째는 농번기에 농가 일손이 바빠지기 때문이었다.

---

32) 강○현 옹(82세)의 집안에서는 낙인의 글자로 '日'자를 사용하였고, 고○구 옹의 집안에서는 '乙'자의 낙인을 찍었다고 한다.

'번쉐'는 청수리의 본동과 평화동에서 행해졌는데, 그중 청수리의 평화동에서는 약 5가구가 한 조(組)를 구성하여 소를 관리하였다[33]. 한 가구당 약 2두 정도의 소를 키웠기 때문에 총 10두 정도를 순번을 정해놓고 해당 농가의 담당자가 관리하였다. 이러한 방법은 각 가구가 5일에 한 번꼴로 소를 관리하면 되었기 때문에 가을 수확기에 조, 대두, 고구마, 밭벼, 면화를 수확하는 데 더 많은 시간을 할애할 수 있었다. 한편, 청수리 본동의 '번쉐'는 반별(班別)로 9~12가구가 한 조를 이루어 시행하였다. 약 200여 두의 소를 순번제로 관리해야 했는데, 윤번 담당자는 이른 아침에 풀이 무성한 오름 근방으로 소떼를 몰고 가서 해가 질 무렵까지 풀어 놓고 감독하였다. 한편, 특정 농가의 '번쉐'가 죽게 된 경우에는 소의 시체가 증거물로 남아 있다면 윤번 담당자의 책임은 면할 수 있지만, 아무런 증거물이 없다면 잃어버리거나 도축한 것으로 간주하여 윤번 담당자가 변상해야 하는 규칙도 있었다.

이러한 '번쉐'는 이후 마을공동목장에서 방목이 안정적으로 이루어지기 시작하면서 사라졌다. 이 시기에는 개별 농가가 소를 키우던 때로 여름철에는 공동목장에서 방목하고 겨울에는 마을로 내려와 개별 농가의 '쉐막'에서 사육하였다. 청수공동목장의 이용료는 없었으며 청수리 주민이라면 누구나 이용할 수 있었다. 마을공동목장 내에서 개별 농가가 방목하는 구역은 선점을 통해 암묵적으로 정해졌고, 대다수의 이용자가 자신이 살고 있는 동네에서 가장 가까운 구역에서

---

33) 이웃과 함께 번쉐로 소를 관리하는 경우라 해도 모든 가구가 번쉐 조에 들어갈 수 있는 것은 아니었다. 사육하는 소의 두수가 지나치게 많은 경우나 소의 성질이 고약하여 다루기 힘든 경우 그 농가는 제외하였다.

방목하였다. 마을공동목장 내에는 '진동산', '전복동산', '광덕코지'와 같은 랜드마크 역할을 하는 지형과 '본지흘', '셋공돌', '조일레'와 같은 평탄한 초지, 그리고 우마 급수용 연못[34](소학물, 너버흘물, 마진흘, 논재물, 흑속물 등)이 불규칙하게 분포하고 있었기 때문에 자연스럽게 자연마을 단위로 방목하는 구역이 구분되었다.

한편, 소를 방목하기 위해서는 개별 농가가 몇 차례에 걸쳐 자신의 소를 정해진 구역으로 데리고 가서 풀을 먹이고 가장 가까운 연못에서 물을 마시게 하는 훈련을 시켜야만 했다. 그렇게 훈련된 소는 주인이 없어도 혼자서 이동이 가능하기 때문에, 소 주인은 하루에 한 번꼴로 마을공동목장에 가서 자신의 소를 확인하는 정도였고, 일단 소를 방목한 뒤에도 하루 일과를 소화할 수 있었다.

마을공동목장에서 방목하던 소도 겨울철에는 '쉐막'에 가두어 사육하였다. 이는 겨울철에 방목지의 풀이 부족하기 때문이었고, 따라서 겨울철에 대비하여 개별 농가가 건초를 미리 준비해 놓아야만 했다. 음력 8월을 기점으로 추석이 끝나면 낮으로 야초를 베어 건초를 만들었다. 건초의 양은 각 농가마다 차이는 있지만, 소 1마리당 10~30바리(1바리는 40뭇[속]) 정도였다. 개별 농가가 소유하고 있는 '촐왓(채초지)'의 면적은 제각기 달랐기 때문에 농가들 중에서는 소유하고 있는 '촐왓'의 면적이 극히 작은 경우 다른 농가의 '촐왓'을 빌리거나, 베기 전의 '촐(꼴)'을 구입하여 건초를 마련하였다. 그러나 겨울철 '쉐막'에

---

34) 이들 연못은 모두 인력으로 조성한 것들이다. 이처럼 마을에 여러 곳의 연못이 만들어진 이유는 제주도 중산간지역이 지닌 지형적 특징에 기인한다. 해안마을과는 달리 식수를 구하기 힘들었던 중산간지역에서는 주로 물통(봉천수)를 만들어 빗물을 저장한 후에 이용하였다. 그러한 연유로 주민들이 이용하는 봉천수뿐만 아니라 우마용 급수 터도 직접 조성하여 사용하였다.

서의 소 사육 기간이 11월부터 시작해서 이듬해 방앳불을 놓는 음력 3월까지였기 때문에 건초만으로는 턱없이 부족하였고, 이를 보충하기 위하여 대다수의 농가에서는 수확이 끝나고 나면 남는 콩대, 고구마 줄기, 조짚도 말려두었다가 겨울철 사료로 활용하였다.

저지공동목장에서의 방목활동과 그 특징

임대목장에서의 방목과 그 특징

저지리에서의 소 방목은 마을공동목장에서뿐만 아니라 임대목장과 개인목장에서도 행해졌다. 또한 개인목장에서 방목하는 농가도 마을공동목장에서의 방목을 병행하기 때문에 청수리와는 다소 차이를 보인다.

저지리의 토양도 화산회토로 이루어졌기 때문에(한국문화원연합회 제주특별자치도지회, 2007) 농사를 위해서는 소가 매우 중요한 가축으로 여겨졌고, 그러한 연유로 마을 주민들 사이에서는 "소 한 마리가 죽으면 집안의 대주가 돌아간 것이나 마찬가지"라는 인식이 강하였다. 때문에 모든 가정에서 소를 사육하였으며, 마을공동목장을 비롯하여 임대목장이나 개인목장에서 방목하는 상황에 있었다.

이 중 임대목장의 경우는 소의 사육두수가 비교적 많은 수동에 거주하는 일부 농가가 마을공동목장의 방목공간이 충분치 않기에, 다른 마을의 목장을 빌려 방목한 사례이다[35]. 당시 마을공동목장은 저지

---

35) 목장을 임대할 당시 임대료는 사육하는 소의 두수만큼 지불하였다. 또한 임대 목장 사용자(10가구)를 제외한 나머지 수동의 주민(40가구)들은 사육하는 소의 수가 2~3두 정도로 소규모였기 때문에 모두 마을공동목장에서 방목하였다.

리 거주자들 대부분이 공동으로 방목을 목적으로 이용하고는 있었지만, 거리적으로는 수동보다도 본동이 접근하는 데 훨씬 더 용이했고 농가당 소의 사육두수도 2~3두로 비교적 소규모이기 때문에 본동 거주자들의 이용도가 높았다. 이러한 연유로 수동에서는 10가구가 함께 출세(出稅)하여 목장을 임대하였고, 이들 10가구에서는 총 100여 두 정도의 소를 옹포리 목장에서 방목하였다. 여기서 주목할 점은 임대한 목장에서는 저지리 외에도 다른 몇몇 마을도 임대하여 소를 방목하고 있었기 때문에, 수동 주민들은 24시간 감시자를 두었을 뿐만 아니라 '七', '文'자의 낙인을 찍어서 관리했다는 것이다[36]. 그리고 24시간 소를 지키기 위하여 소를 방목하는 구역에 작은 막사를 만들고 그곳에 간단한 조리도구를 갖추어 놓고 취사를 하며 관리하였다.

방목 담당자는 순번제로 정해졌기 때문에 개개인은 10일에 한 번 꼴로 소 관리를 맡았다. 임대목장은 마을에서 6km 정도 떨어져 있었기 때문에 소의 관리를 맡은 담당자는 매일 아침 동이 틀 무렵에 임대목장까지 약 1시간 30분~2시간 정도 걸어가야 했다. 그리고 이전의 방목 담당자와 교대한 후에는 오전 10시경 임대목장에서 약 2km 정도 떨어진 물통까지 물을 먹이러 소를 이동시켰다. 24시간 감시를 맡은 방목 담당자가 특히 소를 관리하면서 주의해야 하는 점은 소를 잃어버리거나 도둑맞지 않도록 지키는 것이었다. 그러나 보통은 방목 담당자가 매일 소를 지킨다는 사실이 주위의 다른 마을이나 인근 타 방

---

36) 저지리 수동의 이○정 옹(77세)의 설명에 따르면, 당시 함께 목장을 임대하여 사용했던 가구 중 소를 가장 많이 사육했던 이○연 씨가 사용하는 낙인 '七'자를 공동으로 사용하였다고 한다. 이 외에 함께 방목했던 가구 중에는 문씨 성을 가진 사람도 있었는데, 이 가구의 경우는 '文'자의 낙인을 사용하였다.

목지에도 알려지면서 소를 도둑맞는 일은 거의 일어나지 않았다. 이와 같은 24시간 감시활동은 결국 예방적 차원의 활동이라고 할 수 있다.

임대목장에서의 방목은 주로 계절적으로 이루어졌는데 일반적으로 행해졌던 공동목장에서의 계절적 방목과 동일한 형태이다. 소는 봄부터 늦가을까지는 공동목장에서 방목되었고 겨울에는 다시 농가에 마련된 축사에서 사육되었다. 때문에 개별 농가는 겨울철 건초를 마련하기 위해서 음력 8월경에 방목지에서 야초를 베어 건조하는 작업을 집중적으로 실행하였다. 한편 겨울철에는 가축 급수용으로 사용하는 물통도 마을 인근의 연못으로 바뀐다. 여름철에는 임대 방목지 근처의 물통을 이용하지만, 겨울에는 수동 인근의 송아오름 북쪽에 위치한 '진청왓'을 이용하였다.

저지공동목장에서의 방목과 그 특징

저지리 주민의 대다수가 소의 방목을 위해 이용했던 곳은 마을공동목장이었다. 당시 목장 이용료는 따로 징수되지 않았고, 마을 주민이면 누구에게나 마을공동목장에서의 방목이 허용되었다. 마을공동목장에서의 방목은 개별 농가 단위로 이루어졌고 농가에서는 자신의 소를 목장에 풀어놓고 하루에 한 번 또는 삼 일에 한 번꼴로 목장에 가서 자신의 소를 확인하였다. 이렇게 자신의 소를 확인할 때에는 주인들이 소에게 물을 직접 먹일 뿐만 아니라 진드기를 제거하기 위하여 소의 등과 다리, 머리 등의 부위를 긁어주기도 하였다.

마을공동목장에서의 방목은 계절적 방목이 주를 이루었다. 봄~가을철 소를 방목할 때에는 급수 터로 '강정물(사진 3)'을 이용하였다. 이곳은 마을공동목장으로부터 접근이 좋았기 때문에 소를 방목해 놓은 사람들의 왕래가 가장 많았고, 농가 주인에게는 자신의 소가 물을 마셨는지 현재 어디에서 풀을 뜯고 있는지 등과 같은 세세한 정보를 교환할 수 있는 장소이기도 하였다.

한편, 겨울용 건초를 준비하기 위해 음력 8월은 마을의 모든 농가가 바빠지는 시기로 야초를 베기 위해 모든 성인 인력이 투입되었다. 때문에 소의 사육두수가 적은 농가의 성인들은 사육두수가 많은 농가의 일손을 돕는 형태의 '수눌음'으로 야초 베기가 이루어졌고, '수눌음'의 대가는 현금이 아닌 노동력 제공으로 치러졌다. 만약 특정 농가가 '수눌음'으로 5일간 다른 농가의 도움을 받아 야초 베기를 하였다면, 그 일이 끝나면 5일간 일손을 도운 농가에 노동력을 제공해야만 했다. 건초는 소 사육두수에 따라 농가마다 준비하는 양이 달랐지만, 4~5마

〈**사진 3**〉 저지리 강정동산 인근에 위치한 강정물의 모습
주: '강정물'은 주민들에 의해 만들어진 연못으로 개발 당시 재정적인 지원을 해준 도지사의 공덕비와 재정비 공사 때 면적 확장에 필요한 토지를 기부해준 주민들의 공덕비가 함께 세워져 있다(2015년 5월 12일, 부혜진 촬영).

리의 경우 60바리 정도를 준비하였으며, 이 정도의 건초를 준비하기 위해서는 성인 7~8명이 투입되어 5일 정도의 시간이 소요되었다. 또한 이 시기에 소에게 먹일 물은 개별 농가에서 가장 가까운 급수 터를 이용하였다. 급수 터는 자연마을 단위나 또는 반별로 여러 농가가 공동으로 만든 것이기 때문에 마을 내 여러 지구에 위치하고 있었다.

아울러, 저지리 주민의 경우 국유지에 해당하는 산 29번지에 채초지(採草地)를 두었던 주민도 일부 있었다는 점이 주목된다. 이 토지는 국유지가 되기 이전부터 마을공동목장 부지로 이용돼 왔던 곳으로, 이전 세대부터 선점·개간하여 사용해왔던 관행이 그대로 이어져 온 것이다. 그러한 관행으로 국유지 내에서 밭을 개간하여 조를 경작하거나 야초를 키워 채초지로 사용하는 농가가 적지 않았고, 개별 농가가 사용하는 부지 중 일부는 매매까지 이루어지기도 했다. 그러나 국유지로 공표된 이후부터는 부지를 임대하여 마을공동목장으로 사용하기도 했으나, 소 사육 농가가 급격히 줄어들면서 결국 공동목장은 사라지게 되었다.

마무리하기

이 글에서는 1950년 이후부터 중산간지역 곶자왈에 분포했던 마을공동목장에서의 방목활동과 이를 통한 당시의 중산간지역 주민들의 생활상을 고찰함으로써 곶자왈이 갖는 생활 문화적 공간으로서의 가치를 확인하는 데 주력하였다. 제주도 중산간지역의 곶자왈은 관광지 건설 등을 목적으로 개발되어 왔지만, 최근 들어 곶자왈의 생태적 가치가 인정받게 되면서 보전대상으로서의 중요성이 강조되고 있다.

이러한 곶자왈은 제주도 중산간마을 주민들의 생활상과도 밀접한 관련이 있는 곳으로 과거에는 주민들의 주요 생활터전이었다는 사실이 매우 중요하다. 곶자왈에서는 주민들의 주된 경제활동인 농업과 목축업뿐만 아니라 사회적 불안 속에서 생계를 유지하기 위한 숯 생산 활동까지도 대대적으로 벌어졌다. 특히 중산간마을의 목축문화의 중심인 마을공동목장은 바로 오늘날의 곶자왈에 해당되며, 그러한 곶자왈에 조성되었던 마을공동목장과 방목활동은 이전 중산간마을의 생활을 이해하는 데 없어서는 안 될 중요한 경제적·문화적 자료라 할 수 있다.

　　1930년대 일제강점기 때 중산간지역 곶자왈에 설치되기 시작한 마을공동목장은 현재까지도 그 명맥을 유지해 오고 있다. 그 이전 시대에는 우수한 제주마를 키우기 위해 국영목장이 설치되어 운영되어 왔지만, 일제강점기에 설치된 마을공동목장은 전시체제 하에서 조선총독부종마장관제나 산마증식계획과 같은 정책의 일환으로 설치된 것이었다. 이후에 1948년 4·3사건의 발발로 마을공동목장에서의 소 방목은 일시적으로 중단되었지만, 사회적 안정을 되찾은 이후부터는 다시 방목이 재개되면서 1960년대의 활성화 단계를 거쳐 1970년대에는 최전성기를 맞이하였다.

　　1960년대에 방목이 활발하게 이루어진 이유는 중산간지역에 거주하는 대다수의 농가가 경작 및 운송수단으로서 소를 이용하였기 때문이다. 특히 화산회토로 이루어진 제주도의 농경지에서는 소가 필수적이었다. 1970년대의 소 사육은 비단 농업적 필요에 의해서만이 아니라 정부정책에 의해 더욱 확대되었다. 이것은 사회의 안정화와 경제개발에 따른 육류 소비가 증대되면서 정부 차원에서 육우용 증식을 위하여 초지조성 사업, 인공수정사업을 통한 개량우의 보급과 확대가 집중적으로 이루어졌기 때문이다. 이와 같은 정부의 정책적 지원은 제주도 중산간지역에 대규모의 기업적 목장이 조성되는 계기가 되었다. 그러나 1980년대에 들어서면서 농가에서의 우마사육은 농기계 보급의 확대와 상품작물인 감귤생산의 확대 및 강화로 인해 급감할 수밖에 없었다.

조사 대상지인 한경면 청수리와 저지리도 마을공동목장을 설치하여 이용해온 중산간마을이다. 청수공동목장과 저지공동목장은 크게 보면 월림-신평곶자왈에 위치하고 있는데, 이들 중 청수공동목장은 1950년대 중반 청수리에서 산양리가 분리되면서 공동목장의 분할을 맞이하게 된다. 1980년대 이후 소 사육농가가 급감하고 농가 소득 작물이 감귤로 대체되면서 마을공동목장에서의 소 방목은 사라졌고, 조사 시점에서는 숲이 무성한 곶자왈로 남겨진 상태이다.

1935년에 만들어진 청수공동목장은 1950년대 후반에 들어서야 방목활동이 재개되었다. 초창기에는 윤번제인 '번쉐'의 형태로 방목을 행하였고, 이후 1960~70년대에는 개별 농가가 방목하였다. 당시 농가의 소는 '반 재산'이라고 불릴 만큼 농가에 있어 중요한 존재였으며 매매가치 또한 상당히 높았다. 소를 사육하기 위해서 마을 주민들은 급수 터를 마을 여러 지구에 만들었으며, 겨울용 건초 준비를 위하여 '수눌음'이나 봄철 방목을 위한 방앳불 놓기 등의 공동노력도 주도적으로 행하였다. 결과적으로, 이러한 상황은 봄~늦가을에 걸친 마을공동목장에서의 공동방목, 겨울철 축사에서의 개별 사육과 같은 계절적 방목문화의 형성을 가져오는 계기가 되었다.

저지리 농가에서도 소는 "소 한 마리가 죽으면 집안의 대주가 돌아간 것이나 마찬가지"일 정도로 소중한 존재였다. 1933년에 형성된 저지리 마을공동목장은 일부 주민들의 공동명의로 된 사유지, 군유지와 국유지를 포함하고 있었다. 특히 군유지와 국유지에서 소를 사육하는 농가들은 그 점을 인식하지 못한 채 1967년까지 사용하다가 정부에 반납하게 되었다. 그 이후에는 마을공동목장의 일부가 골프장으로 개발되었고 나머지는 곶자왈로 남게 되었다.

저지리에서의 방목활동은 마을공동목장과 인근 다른 마을의 임대목장에서 이루어졌다. 임대목장은 주로 저지리 수동의 농가들이 이용했던 곳으로, 방목을 위한 낙인찍기를 비롯해 윤번제를 토대로 계절적 방목이 행해졌다. 마찬가지로, 마을공동목장에서의 방목 또한 일반 소를 대상으로 한 계절적 방목과 야우를 대상으로 한 종년방목(終年放牧)이 이루어졌다. 계절적 방목은 봄~늦가을 동안 마을공동목장에서 소들이 이용하는 급수 터와 겨울철 급수 터의 차이를 가져왔고, 마을공동목장 내에는 급수 터와 장담과 같은 목축시설들이 설치되었다. 이 과정에서는 급수 터의 조성, 장담 설치, 건초 준비를 위한 공동 협업체제의 생활문화를 형성하는 계기가 되었다.

청수공동목장과 저지공동목장은 지역 주민들의 노력에 의해 만들어진 목축활동의 중심지로, 농가의 방목활동은 마을에서 행해지던 농업과 공동체의 협업, 그리고 각 마을의 자연적 특징까지 반영된 것이라 할 수 있다. 오늘날 청수리와 저지리의 마을공동목장은 소유자와 이용 형태를 달리하며 대부분이 곶자왈로 남겨져 있는 상태이다. 이곳은 곶자왈 그 자체로서도 생태적 가치를 지니지만, 과거 마을 단위의 목축활동의 중심지로서 제주도민들에 의한 협업체제의 목축문화, 그리고 공동목축시설의 재생산, 생활공간의 확대와 축소 등을 확인할 수 있는 경제적·생활 문화적 공간으로 상당한 의미와 가치를 지닌다고 평가할 수 있다.

동·서부지역 곶자왈 내 집단적 인문자원[1]의 특성

-화순곶자왈과 선흘곶자왈의 비교 사례

들어가기

오늘날 제주지역의 곶자왈은 크게 구좌-성산곶자왈, 조천-함덕곶자왈, 애월곶자왈 및 한경-안덕곶자왈 등 4개 지역으로 구분되고 있다. 이들 곶자왈은 각각 해당 지역의 기후환경에 오랜 시간 적응한 결과 나름대로 독특한 생태계가 유지·존속되어 왔다. 여기에 지역 주민들은 다양한 형태로 곶자왈을 이용하면서 때로는 곶자왈 내부에 크고 작은 생채기를 남기기도 했지만, 동시에 시대와 사회상이 반영되면서 곶자왈을 이용했던 생활의 소중한 흔적을 남기기도 했다.

이러한 상황을 고려해 볼 때, 동서지역에 분포하는 개별 곶자왈에 대한 학문 분야별 조사와 연구도 당연히 뒤따라야 하겠지만, 이와 함

---

[1] 여기서 '인문자원'이란 앞에서 다룬 '생활문화자원'과 유사한 개념이지만, 화순곶자왈에 분포하는 일제강점기의 군사시설까지 '생활문화자원'으로 정의하기가 어려운 관계로, '인문자원'으로 표현하여 사용했음을 밝힌다.

께 동·서부지역의 곳자왈에 대한 비교연구도 반드시 수행되어야만 하는 당위성이 부각된다고 지적할 수 있다. 그만큼 동서지역에 분포하는 곳자왈의 속성과 특성, 즉 생태계 환경은 각기 다르다는 사실을 전제한 것이며, 따라서 곳자왈을 이용하는 지역 주민들의 이용 실태나 규모도 시대와 가정환경의 지역적 차이에 의해서 다를 수밖에 없다는 배경이 내재되어 있는 것이다.

이상과 같은 연구 배경을 발판 삼아, 이 장에서는 동·서부지역에 분포하는 선흘곳자왈과 화순곳자왈을 사례로 곳자왈 내 인문자원의 분포 실태를 비롯한 자원의 성격과 규모 등에 대하여 비교·논의하고자 한다. 이러한 비교·논의를 통하여 제주지역의 곳자왈에 대한 보다 심화된 정보를 축적하는 한편, 향후에 타 전공 분야와도 심도 있는 협력적인 연구가 진행될 수 있을 것으로 판단된다. 여기서 선흘곳자왈과 화순곳자왈을 비교 대상으로 삼은 배경은 2개 곳자왈에 분포하는 인문자원의 실태를 어느 정도 확인하였고, 또 미흡하지만 나름대로 자원의 성격도 개략적으로나마 파악할 수 있었기 때문이다.

이 글에서 특히 2개 곳자왈에서도 각기 일정 지구에 쏠려서 분포하는 집단적 인문자원에 대한 비교 논의에 초점을 두고자 하는 이유는 2개 곳자왈의 위치적 혹은 장소적 특성과 지형적 특성 혹은 생태환경을 고려한 활용도의 차이를 염두에 두었기 때문이다. 그렇기는 하나 이 과정에서도 화순곳자왈에 분포하는 인문자원의 용도와 기능에 대해서는 아직 완벽하게 풀지 못한 과제가 남아 있어서 차후 심층적인 조사와 분석과정이 필요한 상황이다. 나아가 2개 곳자왈에 분포하는 인문자원의 실태와 형성 배경에 대한 비교 논의가 중심이지만, 어디까지나 시론적 수준에 머물러 있음을 시인하지 않을 수 없다. 앞으로 화순곳자왈의 추가적인 조사와 연구가 진행된다면, 집단적 인문자원의 실체는 물론이고 다른 자원과의 비교 분석도 가능해질 수 있다. 또한 이를 발판 삼아 지리적 특성상 유사한 곶자왈이나 아니면 거리상 혹은 위치상 성격이 다른 곶자왈 간의 비교연구도 가능해질 것으로 생각된다.

비교연구 대상지역으로서의
화순곶자왈과 선흘곶자왈

화순곶자왈과 선흘곶자왈은 〈그림 1〉에서 확인할 수 있듯이, 화순곶자왈은 서남부지역에 그리고 선흘곶자왈은 동북부지역에 위치하면서 서로 대각선 방향으로 입지해 있다. 화순곶자왈은 상창곶자왈과 더불어 족은병악용암류에 의하여 그리고 선흘곶자왈은 거문오름

〈**그림 1**〉 상창-화순곶자왈과 선흘곶자왈의 위치 출처: 송시태(2000: 20)의 자료를 일부 수정.

용암류에 의해 형성된 곶자왈이다. 김효철·송시태·김대신(2015)의 주장에 따르면, 거문오름용암류는 30~10만 년 전에 형성되었고, 큰병악과 족은병악을 포함하는 병악용암류는 비교적 새로운 시기인 5,000년 전에 형성된 것으로 해석하고 있다. 이처럼 두 곶자왈의 형성 시기가 서로 다른 것은 제주도 내에서도 화산활동의 지역적인 차이가 존재하기 때문으로 풀이된다. 송시태의 분류(2000)에 따르면 상창-화순곶자왈은 한경-안덕곶자왈에 포함되고, 선흘곶자왈은 조천-함덕곶자왈에 포함된다(송시태, 2000: 19-20).

상창-화순곶자왈은 해발고도 380m에 위치한 병악에서 용암류가 흘러나가면서 남쪽인 화순리 방향까지 약 9km에 걸쳐 분포하는데, 용암류의 폭은 평균 1.5km 정도로 거의 산방산 주변 지구까지 이어지는 형국이다(송시태, 2000: 21). 그리고 선흘곶자왈은 해발고도 340m의 거문오름 북쪽지구로부터 흘러나온 용암류가 알밤오름과 북오름 사이를 관통하면서 해발고도 80~100m 사이를 차지하는 속칭 '선흘곶'(동백동산) 지구까지 이어지는데, 선흘곶자왈을 뒤덮는 용암류는 폭이 약 1~2km, 연장 길이는 약 7km 정도이다(송시태, 2000: 25-26).

상창-화순곶자왈과 선흘곶자왈은 모두 곶자왈 용암류가 흘러 들어간 지구의 중심마을을 바탕으로 명명된 것이다. 따라서 상창-화순곶자왈은 병악(족은병악)에서 흘러나온 용암류가 안덕면 상창리(북쪽)와 화순리(남쪽)를 경유하면서 퇴적된 용암류로서 2개 마을의 공간적인 범위 내에 분포한다는 것을 의미한다. 따라서 상창리와 화순리 주민들은 과거로부터 주변에 위치한 곶자왈에 마을공동목장을 조성하거나 다양한 임산자원을 획득하는 숲으로 이용해 왔다. 선흘곶자왈도 마찬가지로 거문오름용암류가 마을 내의 일부 공간에 퇴적된 이후에 울창한 상록수림을 자랑하는 숲으로 성장함으로써 주민들이 다양한 임산물의 채취와 함께 농경지와 숯 굽는 장소 등으로 사용하는 전기를 마련하게 된 것이다.

〈그림 2〉와 〈그림 3〉은 각각 상창-화순곶자왈과 선흘곶자왈이 표

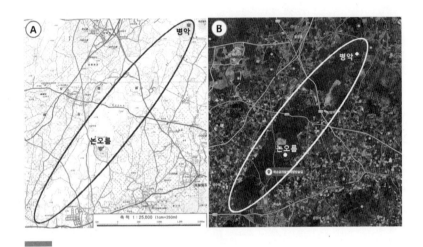

〈그림 2〉 상창-화순곶자왈 지형도(1:25,000 Ⓐ)와 위성사진(Ⓑ)
출처: 국토지리정보원 발행 '저지' 도폭(1973년 편집, 2006년 수정) 및 Naver 위성사진.

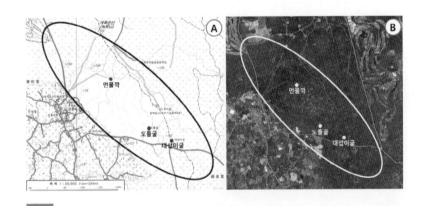

〈그림 3〉 선흘곶자왈 지형도(1:25,000 Ⓐ)와 위성사진(Ⓑ)
출처: 국토지리정보원 발행 '함덕' 도폭(2004년 편집, 2006년 수정) 및 Naver 위성사진.

현된 1:25,000 지형도 및 위성사진이다. 먼저 지적해야 할 점은 지형도상에서 곶자왈 지구를 파악하는 것이 매우 어렵다는 것이다. 그 이유는 곶자왈이 숲으로 이루어져 있어서 제각기 곶자왈을 나타내는 공간적인 범위를 쉽게 읽어낼 수 없기 때문이다. 그러나 2개 곶자왈 지구를 유심히 관찰해보면 한 가지 특이한 사실을 확인할 수 있다. 즉, 곶자왈이 분포하는 지구는 등고선이 매우 완만한 형태를 보이면서 토지 이용이 전혀 이루어지지 않은 채 하얗게 비어있는 공간으로 나타나고 있다.

이러한 상황은 〈그림 2-Ⓑ〉와 〈그림 3-Ⓑ〉의 위성사진을 각각의 지형도인 〈그림 2-Ⓐ〉와 〈그림 3-Ⓐ〉에 대비해 볼 때, 곶자왈 지구가 한층 더 분명하게 파악된다. 곶자왈 지구는 대부분 몇 개의 탁월한 수종으로 구성되거나 아니면 상록수림 혹은 낙엽수림 등으로 구성된 삼림지역이어서 위성사진에서는 진한 검은색으로 매우 도드라지게 보이기 때문이다. 지형도와 위성사진을 서로 대비해보면, 토지 이용의 차이점도 분명하게 확인할 수 있다. 이것은 지형도의 제작 시점과 위성사진의 촬영 시점이 다르기 때문이다. 특히 상창-화순곶자왈에서는 테디벨리 골프장 겸 리조트와 채석장(2개소) 및 박물관(자동차) 등이 새롭게 입지한 것을 확인할 수 있으며, 선흘곶자왈에서는 동쪽지구에 세인트포 골프장이 들어선 것을 확인할 수 있다. 이들은 1990년대 말부터 2000년대 초중반에 걸쳐 곶자왈을 파괴하며 입지한 시설들이다. 이처럼 제주지역의 곶자왈은 시간이 흐르면서 골프장과 채석, 신도시 개발 등의 목적으로 계속 파괴되고 있어서 해마다 그 면적은 감소할 수밖에 없는 애처로운 운명에 놓여 있다(정광중, 2015: 20-24).

현재 화순곶자왈과 선흘곶자왈에는 각각 탐방로가 개설되어 있어 그나마 곶자왈 내부를 들여다볼 수 있는 상황이 되었다(사진 1-2). 그런

〈사진 1〉 화순곶자왈 탐방로　　　　　〈사진 2〉 선흘곶자왈 탐방로

데 탐방로 개설 시점은 각기 다르다. 선흘곶자왈은 비교적 이른 시점인 1980년대 중후반에 탐방로가 개설되어 도내 외의 많은 사람이 탐방하는 기회를 얻었으나, 화순곶자왈은 2000년대 후반에 개설되어 아직도 일부 탐방객들만 곶자왈의 실체와 가치를 체험하고 있는 상황이다. 필자도 이들 탐방로가 개설되지 않았다면, 손쉽게 내부에 존재하는 인문자원의 실체를 파악할 수 없었을지도 모른다.

더불어 곶자왈 내부에 잔존하는 인문자원의 실태를 단독으로 모두 조사한다는 것은 현실적으로 불가능하다. 그 이유는 개별 곶자왈의 범위가 너무나도 광범위하다는 점도 있지만, 길이 없는 곳에서 단독으로 조사하기에는 너무도 위험하기 때문이다. 결과적으로 생각할 때, 탐방로를 기준으로 좌·우측의 일부 지구만을 선정하여 그 주변부에 산재해 있는 인문자원을 우선적으로 조사하는 방식을 취할 수밖에 없다. 결국 이 글에서 제시하는 인문자원의 실태도 바로 그런 한계성을 지니고 있음에 유념해야 한다.

화순곶자왈과 선흘곶자왈의
집단적 인문자원의 성격

이 글은 화순곶자왈과 선흘곶자왈의 집단적 인문자원의 성격을 상호 분석하는 것이 주목적이기는 하지만, 현실적으로 2개 곶자왈 내에 분포하는 모든 집단적 인문자원을 비교할 수는 없는 상황이다. 아직도 2개 곶자왈의 공간적 범위에 분포하는 모든 인문자원의 실태가 낱낱이 조사되지 않았기 때문이다. 따라서 여기서는 어디까지나 조사가 완료된 인문자원을 대상으로 한다는 점에 유념할 필요가 있다.

현시점에서 화순곶자왈에 잔존하거나 혹은 직접 눈으로 확인할 수 있는 집단적 인문자원은 군사적 활용에 따른 돌담시설들이 주를 이룬다. 여기서 군사적 활용이라고 해도, 주로 1945년 3~4월 이후 제주도에 주둔했던 일본군들이 일시적으로 사용한 시설로 요약할 수 있다(제주특별자치도·제주역사문화진흥원, 2008: 65). 그리고 선흘곶자왈에 잔존하는 집단적 인문자원은 특정 지구에서 주민들이 어려운 생활을 이어가기 위한 경제활동과 관련된 돌담시설로 정리할 수 있으며, 주민들이 여러 시설들을 이용했던 시기는 적어도 조선시대 말부터 1960년대 중반까지로 종류에 따라 차이가 있다.

화순곶자왈의 집단적 인문자원의 성격

화순곶자왈에 개설된 탐방로 주변 지구의 인문자원은 일제강점기 후기에 일본군에 의해 설치된 군사용 돌담시설로 압축할 수 있다. 이들 군사용 목적의 돌담시설의 수는 정확하지 않지만, 화순곶자왈 내부 곳곳에 산재하는 것으로 추정된다. 물론 그 이전에 화순리나 상창리 주민들이 사용했던 돌담시설, 즉 잣담, 숯가마 터(추정), 숯막, 경작지 등이 간헐적으로 분포하는 것도 사실이다. 아래에서는 집단적 분포 실태를 보이는 군사용 돌담시설의 종류와 분포 밀도, 형태와 특징, 규모와 용도(목적), 사용 시기 등에 대해 중점적으로 검토하고자 한다.

집단적 인문자원의 분포 실태와 특징

화순곶자왈 탐방로를 중심으로 확인되는 군사용 목적의 집단적 인문자원의 실태는 〈그림 4〉를 통해 확인할 수 있다. 먼저 〈그림 4-Ⓐ〉를 보면, 화순곶자왈 내에 개설된 생태 탐방로의 대략적인 위치를 확인할 수 있는데, 화순곶자왈 탐방로는 북동~남서 방향으로 길게 이어진 상창-화순곶자왈 내에서도 비교적 화순리에서 가까운 지점에 개설되어 있으며 마을로부터는 약 1.2~1.5km 정도 떨어진 지구이다. 전체적으로 보면 북쪽의 1136번 지방도와 남쪽의 1132번 지방도를 잇는 시·군도를 이용하여 접근할 수 있으며, 탐방로는 약 1.5km 구간

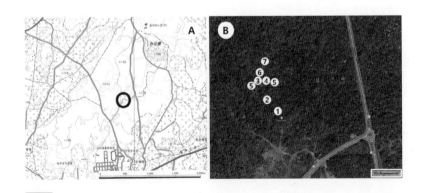

〈그림 4〉 화순곶자왈의 탐방로 위치(Ⓐ)와 탐방로 주변 집단적 인문자원의 분포 실태(Ⓑ)
출처: 1:25,000 '저지' 도폭 지형도 및 Naver 위성사진.

에 개설되어 있다. 탐방로가 개설된 지점에서 북쪽으로 약 1.2km 지점에는 비교적 해발고도가 낮은 논오름(186m, 화순리 12번지 일대)이 자리잡고 있다.

〈그림 4-Ⓑ〉에서는 화순곶자왈 탐방로 내에 분포하는 집단적 인문자원의 분포 상황을 확인할 수 있다. 이들 인문자원은 앞에서 언급했듯이 군사용 목적의 돌담시설이기 때문에, 넓은 곶자왈의 면적을 고려해볼 때 점(點)으로 표현할 수밖에 없는 한계를 지니고 있다. 〈그림 4-Ⓑ〉에 일련번호로 표시한 지점에는 1~3개의 자원이 인접하여 있음을 이해해야 한다. 더불어 자원이 확인되는 주변 지구는 〈그림 4-Ⓑ〉에서 간파할 수 있는 것처럼 수림이 빽빽한 숲을 형성하고 있어서, 미처 발견하지 못한 또 다른 자원들이 산재해 있을 가능성이 매우 크다[2]. 또한 성격을 달리하는 개별 자원들이 위치하는 지점은 길게는 50~70m, 짧게는 10m 정도의 거리를 유지하고 있으며, ①번 자원에서 ⑥번 자원까지의 거리는 대략 150m 거리 내에 입지하는 것으로 파악된다. 그리고 전체적으로 볼 때는 ⑤번 자원을 제외한 ①~④번과 ⑥번 자원은 탐방로의 역로(逆路)를 따라 순차적으로 나타나는 형국이다. 다시 말해, 이들 자원은 탐방로가 거의 끝나는 지점에 몰려서 분포하고 있다. 여기서는 일단 세 번에 걸쳐 확인된 인문자원을 〈표 1〉

---

2) 화순곶자왈의 1차 현지조사(2016년 4월 24일) 시에는 필자를 포함한 5명의 연구자가 참여하였으며, 당시 이미 밝혀진 일제 군사시설(자원) 외에도 일본군 2~5명 정도가 몸을 은닉한 채 주변을 경계할 수 있는 집단 참호 4기를 추가로 발굴하였다. 당시 이들 참호를 찾아내고 기본적인 실측 작업을 행하는 데 소요된 시간은 약 3~3.5시간이었는데, 만약에 실측 작업을 생략했더라면 또 다른 군사시설(자원)을 찾아낼 수도 있었을 것으로 판단된다. 더불어 당시 참호의 실측 작업은 (재)제주고고학연구소가 중심적으로 행하였다.

과 같이 인문자원의 종류, 수량, 입지 특성을 정리하였고, 〈표 2〉에서
는 자원의 종류에 따른 사용 시기, 용도, 규모 및 특징을 정리하였다.

〈표 1〉을 보면, 화순곶자왈 탐방로 주변의 인문자원은 방형(方形)
진지, 깔때기형 참호, 주방시설, 부엌, 텃밭, 막사시설 등 7종 10개 시
설이 확인된다. 이들 자원의 분포 특징은 첫째로 여러 자원이 거리상
으로 매우 근접하여 위치한다는 점, 둘째는 일본군들이 일정 기간에
거주하면서 어떤 목적을 수행하는 데 필요했던 시설들이라는 점을 들
수 있다. 더불어 〈표 2〉에서 어느 정도 유추할 수 있듯이, 이들 자원
의 사용 시기는 연합군과 거의 마지막 전투를 준비하는 시점, 즉 1945
년 3~4월을 전후한 시기에 설치하여 일정 기간에만 사용했음을 짐작
할 수 있다.

개별 인문자원의 입지 특성과 규모 및 용도

방형 진지

방형 진지는 탐방로의 일반경로에서 제일 먼저 나타나는 인문자
원이다(사진 3). 〈사진 3-Ⓐ〉에서 보는 바와 같이, 남서 방향으로 길게
이어지는 경사면을 이용하여 축조되었는데, 결과적으로 보면 경사면
자체의 흙과 돌을 제거한 후에 반지하 형태를 취하도록 만든 시설이
다. 진지 앞쪽으로는 진지로 진입할 수 있도록 가장자리에 2단 정도
의 돌담을 쌓았던 흔적이 보이며, 한쪽 진입로의 돌담은 조사 시점에
서도 잘 남아 있었다.

진지의 규모는 좌우 너비 170~180cm, 깊이 185cm, 길이(진지 안쪽
-바깥쪽 사이)는 약 444cm이며, 내부 가장자리는 모두 돌을 한 줄로 쌓
아 올린 모습을 취한다. 내부 돌담은 약 20~30cm 혹은 50~60cm 크

〈표 1〉 화순곶자왈 내 집단적 인문자원의 분포 현황(2016년 8월 현재)

인문자원의 종류	수량	입지 특성
① 방형 진지	1	경사면을 이용, 내부 가장자리에 돌담시설
② 깔때기형 참호	3	원통형의 내부 가장자리에 돌담시설
③ 주방시설	1	직방형의 가장자리에 돌담시설
④ 부엌	1	대형 가마솥(3개)을 얹을 수 있는 돌담시설
⑤ 텃밭	2	평지 가장자리에 돌담시설
⑥ 막사시설	1	직방형의 가장자리에 돌담시설
⑦ 직방형 진지	1	경사면과 평탄면을 이용, 내부 가장자리에 돌담시설

출처: 현지조사에 의해 작성.

〈표 2〉 화순곶자왈 내 집단적 인문자원의 사용 시기와 용도, 규모 및 특징(2016년 8월 현재)

인문자원의 종류	사용 시기	용도	규모 및 특징
① 방형 진지	1945년 3~4월 이후	탄약고 등	너비 171㎝, 깊이 185㎝로 축조
② 깔때기형 참호	1945년 3~4월 이후	주변 경계	2기는 약 1m 거리, 다른 1기는 약 10m 거리에 떨어져 있음
③ 주방시설	1945년 3~4월 이후	조리 준비	내부에는 원형 화덕을 설치
④ 부엌	1945년 3~4월 이후	조리	가마솥 3기를 좌우로 걸칠 수 있도록 돌담을 구안
⑤ 텃밭	1945년 3~4월 이후	식재료 확보	막사를 중심으로 주변 지구의 평지를 선택
⑥ 막사시설	1945년 3~4월 이후	취침	좌우로 병사들이 취침할 수 있을 정도의 너비를 확보
⑦ 직방형 진지	1945년 3~4월 이후	?	너비 60~70㎝, 깊이 80cm 정도 길게 구축

주: 일부 유적의 사용 시기와 용도는 단순 추정.
출처: 현지조사 등에 의해 작성.

〈사진 3〉 방형 진지(Ⓐ: 원경, Ⓑ: 근경)

기의 돌을 혼합하여 쌓아 올렸으며(사진 3-Ⓑ), 돌담 자체는 높게 쌓아 올린 지점이 7~9단, 낮게 쌓은 지점은 5~6단 정도이다. 이 방형 진지의 특징은 입구 우측의 돌담시설이 좌측보다 훨씬 길게 축조되었으며, 전체적으로 볼 때는 입구 쪽에서 안쪽으로 들어갈수록 돌담을 높게 쌓았다는 점인데, 이는 안쪽에 탄약이나 특수 장비 또는 무기 등을 보관하려 했던 것으로 추정된다. 더불어 조사 시점에서는 상부 천장 부분이 드러나 있지만, 당시에는 어떤 형태로든 천장을 만들어서 이용했을 것으로 판단된다.

한편 이 방형 진지 입구에서 우측으로 약 4m 떨어진 지점에는 원형의 수혈식 웅덩이가 1개 설치되어 있는데, 크기는 지름이 약 70cm이고 깊이가 50cm, 웅덩이 가장자리에는 3단 정도의 돌담이 둘려 있다. 이 돌담시설이 방형 진지와 어떤 연관성을 지니고 있는지는 차후에 심층적인 조사가 필요하다.

깔때기형 참호 3기

깔때기형 참호는 조사 시점에서 3기가 확인되었다(사진 4). 이들 참호는 주변의 평지보다 높은 지점에 위치해 있다. 참호 1은 평지보다 약 2m, 참호 2와 3은 약 1~1.2m 높은 지점에 축조된 상황이다. 그리고 참호 1은 참호 2와 약 7~8m 정도 떨어져 있으며, 참호 3은 참호 2와 약 2m 떨어져 위치한다(사진 4-①과 Ⓐ). 조사 시점에서 3개의 참호 안이나 가장자리에는 종가시나무가 1그루씩 자리 잡고 있어서 그동안 많은 시간이 흘렀음을 실감케 한다.

참호 1은 지름 170cm, 깊이 113cm를 보이며, 깔때기 모양의 내부 가장자리에는 돌로 둘려 있다(사진 4-①). 또 가장자리 상부에는 다소 거친 현무암을 활용한 점이 특이하다. 시간이 많이 흘러서인지 내부 돌담은 일부 허물어진 형태로 확인되었다. 내부 공간은 군인 한 사람이 들어가 움직일 만한 공간이라 할 수 있다.

참호 2는 지름 170cm, 깊이 115cm이고, 깔때기 모양의 내부에는 동일하게 돌담이 가지런히 상하로 쌓아져 있다(사진 4-②). 돌담은 15~30cm 크기의 돌들을 함께 사용했으며 곶자왈 내의 돌들을 그대로 활용하였다. 3개의 참호 중에서는 내부에 쌓아 올린 돌담시설이 가

〈사진 4〉 참호 3기(①~③)와 참호 간 거리(Ⓐ)

장 양호하게 잘 남아 있다.

참호 3은 지름 175cm, 깊이 136cm이고, 내부 가장자리에는 상하로 돌담이 둘러져 있는데, 일부 구간에서 다소 파괴된 형태로 남아 있다(사진 4-③). 참호 안에는 고사리를 비롯한 여러 키 작은 식물들이 자리 잡고 있고, 하단부에는 용암류 암반이 돌출된 상태로 남아 있는데 이것은 아마도 축조 당시부터 처리하지 못한 상태였던 것으로 추정된다.

주방시설

주방시설은 바로 옆으로 이어진 부엌과 함께 좌우로 함께 배치되어 있다(사진 5). 전체적으로 보면, 과거의 통행로(현, 탐방로)를 중심으로 서쪽으로 10여m 들어온 지점에 위치해 있으며, 형태는 직방형으로 가장자리에는 돌담으로 둘러져 있으나 북쪽 방향의 일부 돌담은 무너진 상태이다. 더불어 직방형의 북쪽 2/3 지점에는 통행로가 개설되어 있는데, 처음 주방을 설치하는 단계에서 개설한 것인지 아니면 후에 탐방로를 만드는 과정에서 개설한 것인지는 불분명하다. 정황적으로만 고려해 볼 때는 후자 쪽에 가깝다고 판단된다. 주방의 출

〈**사진 5**〉 주방과 주방 내의 화덕시설

입구는 남쪽 방향, 즉 가마솥을 설치하는 화덕 방향으로 개설되어 있다(사진 5-Ⓐ).

주방시설의 규모는 긴 쪽(남서-북동 방향)이 약 390cm, 짧은 쪽(동-서 방향)이 약 230cm이고, 돌담의 높이는 100~110cm 정도이다. 주방 면적은 약 4~5평 남짓이다. 주방 안에는 한 줄의 돌로 동그랗게 만든 화덕시설을 설치하였는데 규모는 직경 50cm 내외이다(사진 5-Ⓑ). 이처럼 화덕시설이 있는 것으로 보아 일본군들은 이른 봄에 화순곶자왈에 주둔하기 시작했을 것으로 추정된다. 더불어 주방의 돌담은 낮은 지점은 1~2단, 높은 지점은 4~5단으로 쌓아 올린 형태를 취한다.

부엌

부엌은 주방의 돌담에 바로 인접하여 서쪽에 위치해 있다. 주방과 거리를 두지 않고 부엌이 이어지는 것으로 보아, 주방에서 준비한 식재료를 곧바로 부엌으로 운반할 수 있도록 구안한 것으로 판단된다. 부엌 자체는 남쪽 방향으로 다소 높은 경사면을 이용하여 돌담을 설치하였는데, 불을 때는 아궁이 쪽이 다소 낮게 구안된 형태이다(사진 6). 부엌에는 가마솥 3기를 얹을 수 있도록 한쪽 면이 트인 반원 형태의 돌담이 연이어 3개 지점에 설치되어 있다. 가마솥을 얹을 수 있도록 구안된 돌담은 남쪽인 뒤쪽은 2~3단으로, 북쪽인 아궁이 쪽 좌우는 다소 큰 돌로 1단을 이루는 형태이다. 그러나 대형 가마솥을 얹으려면 수평을 맞추어야 하므로 아궁이 쪽 좌우의 돌은 시간이 흐르면서 1단 정도가 허물어진 것으로 추정된다.

가마솥 3기를 얹을 수 있는 솥덕의 규모는 실측한 결과와 연계해서 생각해볼 때 가마솥 1이 가로 105cm, 세로 187cm이고, 가마솥 2가 가로 98cm, 세로 182cm 정도이다. 그리고 가마솥 3은 가로 103cm,

〈사진 6〉 부엌(가마솥 3기를 얹을 수 있는 구조)의 돌담시설

세로 174cm이다. 이들 가마솥의 규모로 추정해볼 때, 주로 밥과 국 혹은 밥과 찌개 한 종류를 만들 수 있는 구조라 할 수 있다. 특히 부엌이 위치하는 남쪽 방향은 용암류가 두껍게 흐르면서 주변보다 2~3m 높은 지형을 형성하고 있다. 이러한 정황은 처음부터 부엌의 위치를 정할 때 바람의 영향을 의식한 것으로 판단된다. 다시 말해, 조리과정에서 바람을 막을 수 있는 지점을 찾아서 부엌의 입지를 정한 것으로 추정해 볼 수 있다.

텃밭

화순곶자왈 내에 텃밭이나 경작지로 보이는 자원은 곳곳에서 확인된다. 그렇다고 해서 이들 모두가 일본군들이 경작했던 곳이라는 증거는 없다. 그러나 주방과 부엌시설이 위치한 지점에서 비교적 가까운 곳에 위치한 텃밭이나 경작지는 충분히 일본군이 찬거리를 재배하는 공간으로 활용했을 가능성이 있다. 아무리 비상시라 하더라도, 또 절식(節食)에 절식을 거듭한다고 하더라도 눈앞에서 전투가 벌어지지 않는 한, 한 끼 식사로서 밥과 찬거리 하나 정도는 필요하기 때문이다.

〈사진 7〉은 텃밭용 공간으로, 부엌과 주방으로부터 비교적 가까운 거리에 위치한다. 이들 텃밭의 면적은 대략 25~40평이다. 용암류 암반이 주를 이루는 곶자왈 내에서는 이 정도의 면적도 결코 작은 공간이라 할 수 없다. 이 정도의 면적이라면, 한철 채소로 20여 명분은 충분히 감당할 수 있는 규모이다.

〈사진 7-Ⓐ〉의 텃밭 1은 경지의 가장자리에 3~4단의 돌담을 둘러 주변 지구와는 구별되는 상황이고, 〈사진 7-Ⓑ〉의 텃밭 2는 경지의 가장자리에 일부 돌담을 쌓기도 했지만, 경작과정에서 나오는 크고 작은 돌들을 돌담 옆으로 모아 두거나 혹은 일정 지점에 작은 머들처럼 쌓아놓은 지점도 있어서 서로 대비된다. 현재 이들 텃밭으로 추정되는 공간에는 종가시나무 등 교목류가 몇 그루씩 자생하고 있지만, 과거에 채소류를 재배했을 것으로 보이는 지면부에는 고사리 등 양치류 식물만이 듬성듬성 자라고 있어서 채소 재배 등의 경작지로 활용했던 모습이 역력하게 잘 남아 있다.

〈**사진 7**〉 텃밭(2개소)

막사시설

막사시설은 말 그대로 군인들이 주거공간으로 사용했던 시설을 말한다. 따라서 군 막사는 일차적으로 군인들이 밤에 취침을 할 수 있을 정도의 공간이 확보되어야 하고, 동시에 소대급, 중대급, 연대급 등에 따라 여러 장소에 넓은 공간을 확보해야 하는 특성을 보인다.

화순곶자왈의 탐방로에 있는 막사시설은 장방형을 띠고 있으며, 대략 18~22평 정도의 규모로 보아 일본군 15~20명 정도가 취침할 수 있는 정도의 소대급 막사로 추정된다(사진 8-Ⓐ). 막사시설은 장방형의 돌담을 축으로 출입구는 서쪽과 남쪽의 2개소가 있었던 것으로 추정된다. 막사의 긴 쪽은 881cm, 짧은 쪽은 395cm, 출입구의 너비는 약 45~60cm 정도이다(사진 8-Ⓑ). 막사의 가장자리는 벽담으로 쌓아 올려져 있는데, 돌담의 너비는 약 45cm, 높이는 구간에 따라 다르지만 약 75~90cm이다.

막사 내부에 특별한 시설은 없다. 단지 내부 공간이 장축을 따라 간이용 침대나 침대용 깔판을 좌우로 배치할 수 있는 너비를 가지고 있어서 20여 명을 전후한 인원이 충분히 취침할 수 있을 정도이고, 동시에 주방과 부엌으로부터 10여m 정도의 거리에 있어서 이 막사시설

〈사진 8〉 막사시설(Ⓐ)과 막사시설 장축의 돌담(Ⓑ)

을 비롯한 주방과 부엌, 깔때기형 참호(3개소), 텃밭 등은 서로가 매우 밀접한 관계를 맺고 있음을 쉽게 감지할 수 있다. 막사시설은 주방과 부엌이 위치한 지점보다는 다소 높은 지점에 위치해 있지만, 막사시설 자체는 비교적 평탄한 지형을 골라 설치한 점이 주목된다.

직방형 진지

직방형 진지는 막사시설로부터 약 50~60m 떨어진 지점에 위치해 있다(사진 9). 직방형 진지가 설치된 지점은 지형 전체가 다소 오르막의 경사를 이루는 지구이기도 하지만, 주변 지형과는 무관하게 탐방로의 한쪽에 높게 나타나는 부분을 파고드는 형태로 설치되어 있다. 따라서 좌우로 길게 설치된 진지의 한쪽 끝은 경사진 사면을 파고들면서 장축 방향은 석축시설로 길게 이어지는 형태이다. 이 직방형 진지의 규모는 너비 약 60~70cm, 깊이 약 80cm, 길이는 약 350cm 정

〈사진 9〉 직방형 진지

도로 내부의 양쪽 가장자리에는 2~3단의 석축시설이 설치되어 있다. 조사 시점에서는 잡초가 무성하여 내부를 분명하게 확인하기가 어려운 상태였다.

그런데 이 직방형 진지는 실제로 사용했는지가 다소 의문이다. 그 이유는 현장에서 진지의 형태나 규모를 살펴볼 때 특수 장비나 특수 무기를 보관하기 위한 장소로 설치한 것으로 보이기도 하고, 또 한편으로는 특수한 용도로 사용하기 위해 설치 도중에 중단한 듯한 분위기도 느낄 수 있기 때문이다. 따라서 이 직방형 진지의 구체적인 사용 목적이나 실태는 차후에 밝혀야 할 과제로 남겨둔다.

선흘곶자왈의 집단적 인문자원의 성격

선흘곶자왈에 분포하는 인문자원은 지금까지 조사된 내용에 의하면 숯 제조와 관련된 숯가마(터)와 숯막, 경작과 관련된 산전(머들 포함)과 강못, 물텅(통), 주거와 관련된 용암동굴 주거지, 마을 제사와 관련된 포제단, 동물사냥과 관련된 노루텅(통) 등 비교적 다양한 형태로 구성된다. 이들 유적은 선흘1리 주민들의 경제활동과 관련하여 형성된 자원이라는 점에서 화순곶자왈에 분포하는 군사용 목적의 인문자원과는 성격을 달리한다. 이들 자원 중 숯가마(돌숯가마 또는 곰숯가마)와 노루텅 등 일부 자원은 그 형성 시기가 조선시대 말기까지 거슬러 올라가기 때문에 보전과 관리적 측면에서도 매우 중요한 자원이라는 점이 크게 부각된다. 이하에서는 선흘곶자왈에서도 특히 특정 지구 내에 집단으로 분포하는 인문자원만을 대상으로 하여 자원의 종류와 분포 실태, 형태와 특징, 규모와 용도(목적), 사용 시기 등에 대해 검토하고자 한다.

집단적 인문자원의 분포 실태와 특징

〈그림 5〉를 보면, 선흘곶자왈 내의 집단적 인문자원이 분포하는 특정 지구의 위치를 확인할 수 있다. 선흘곶자왈 내 집단적 인문자원의 분포지구는 기존의 연구에서는 '단위생활지구'라는 용어로 사용하기도 했고(강창화·정광중, 2014: 159-167), 또는 '생활유적 밀집지구'나 '생활문화자원 밀집지구'라는 용어를 사용하기도 했다(정광중, 2014: 15). 집단적 인문자원의 분포지구는 선흘곶자왈 내에서도 산 12번지(임야)의 남서쪽에 위치한다. 2012~13년 조사 시점에서 볼 때, 이곳에는 〈그림 6〉 및 〈표 3〉과 같이 돌숯가마 1기를 비롯하여 1회용 숯가마 12기, 숯막 1기, 경작지(산전, 최소 6개소), 머들 약 41개(이 중, 머들+돌담은 8개), 노루텅 3기, 구덩이(흙을 채취한 장소) 1개소 등이 집중적으로 밀집되어 있다(정광중, 2014: 15).

이처럼 선흘곶자왈 내 집단적 인문자원의 분포지구는 약 7,500m² (≒2,269평)의 작은 규모이지만, 오래전에 사용했던 주인공이나 시대를

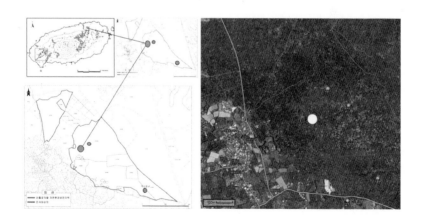

〈**그림 5**〉 선흘곶자왈 내 집단적 인문자원의 분포지구 위치
출처: 강창화·정광중(2014: 155)의 자료 및 Naver 위성사진.

달리하는 자원들이 밀집됨으로써, 제주 곶자왈 내의 새로운 지역자원으로 주목받고 있다. 집단적 인문자원이 분포하는 지구는 파호이호이용암류가 흘러들어 쌓인 다음에 식생 피복과 약간의 부식토가 퇴적된 상태여서 지형적으로는 비교적 평탄하고 다른 지구에 비하여 상대적으로 토양 형성이 양호한 편이다. 따라서 선흘1리의 옛 선조들이나 현존하는 고령의 주민들에게는 아쉬운 대로 농사를 짓고 숯을 구우며, 야생노루를 사냥할 수 있는 터전을 이룰 수 있었다.

〈그림 6〉에서 여러 자원의 분포 특성을 보면, 가장 많이 분포하는 자원은 머들(31개)과 머들 및 경계 돌담인 것을 확인할 수 있다. 머들이나 머들 및 경계 돌담은 농사를 짓기 위한 수단으로 밭(산전)을 정리하는 과정에서 처리한 돌멩이들이다. 이들은 선흘곶자왈을 형성하는 주요 원인인 파호이호이용암류가 오랜 세월에 걸쳐 침식·풍화된 결과물인 셈이다. 따라서 특정 지구 내에 머들이 많이 분포한다는 사실은 역으로 선흘1리 주민들의 경작활동을 위한 노력이 뒤따랐음을 보여준다.

〈표 3〉 선흘곶자왈 내 집단적 인문자원의 분포 현황(2013년 7월 현재)

인문자원의 종류	수량	입지 특성
① 돌숯가마(곰숯가마)	1	출입구(아궁이)는 일부 파손
② 1회용 숯가마(흙숯가마)	12	원형의 가장자리에 돌담으로 존재
③ 숯막(움막)	1	방형의 숯막으로 비교적 규모가 큼
④ 경작지(산전)	6	머들과 경계 돌담으로 크게 3구획
⑤ 머들* 또는 머들+경작지 경계 돌담	41	경작지(산전) 내의 여러 곳에 분포
⑥ 노루텅(통)	3	경작지의 가장자리에 입지
⑦ 구덩이	1	머들 20 근처에 위치

*머들은 경작지나 임야 등에서 불필요한 돌을 한곳에 모아 쌓아 올린 돌무더기를 말함.
출처: 강창화·정광중(2014: 160)의 자료(표 2)를 수정 보완.

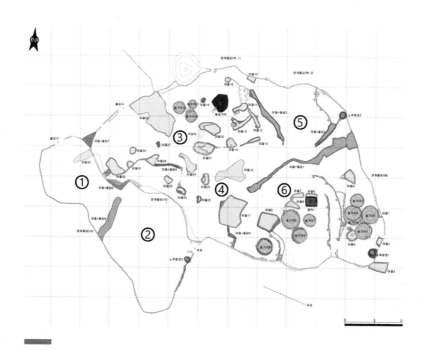

〈그림 6〉 선흘곶자왈 내 집단적 인문자원(생활문화자원)의 분포 현황
출처: 강창화·정광중(2014: 160)의 자료(그림 4)를 부분 수정.

그리고 머들 및 경계 돌담은 인접하는 경지의 소유주(경작자)가 다르거나 혹은 동일한 경작지라 할지라도 경지의 효율성을 위하여 적절한 너비로 칸을 구획한 흔적이라고도 볼 수 있다. 〈그림 6〉에서 파악해 볼 때 경지는 적어도 6개소(그림 상 ①~⑥번 지구) 이상으로, 경지의 전체적인 면적을 고려해 볼 때는 1~6명의 소유주가 필요 때문에 구분해서 활용했을 가능성도 예상된다.

〈표 4〉에는 선흘곶자왈 내 집단적 인문자원의 분포지구에 입지한 자원의 종류, 사용 시기와 용도 등이 정리되어 있다. 이 자료에서 보듯이 두 가지 형태의 숯가마처럼 시기상 돌숯가마에서 1회용 숯가마로 변화돼 가는 자원이 있는 반면, 중첩된 시기를 거치면서 재활용하

는 자원, 즉 숯막과 경작지 등도 있다. 나아가 노루텅과 같이 한 시기에 사용하고 나서, 그 이후의 세대로는 이어지지 않는 자원도 존재하는 것으로 파악된다.

돌숯가마는 조선시대 후기까지 사용한 고정식 백탄용 숯가마로서 조사 시점에서는 식물(주로 종가시나무)의 뿌리에 의해 천장과 아궁이 부분이 많이 파손된 상태로 존재한다[3]. 1회용 숯가마는 주로 해방 이후부터 1960년대 중반까지 사용한 이동식 흑탄용 숯가마로서, 원형의 가장자리에 돌담만이 남아 있는 형태로 존재한다. 특히 1회용 숯가마는 집단적 인문자원의 분포지구 안에서도 북쪽 지구와 동쪽 지구에 3~5기씩 한 장소에 몰려서 분포하는 특징을 보인다.

숯막은 같은 지구에서는 비교적 규모가 큰 방형(方形) 1기만이 자리 잡고 있다. 그나마 원형이 잘 남아 있어 곶자왈 내의 숯막을 연구하는 데 기본이 될 수 있는 자원이라 할 수 있다. 노루텅은 집단적 인문자원이 분포하는 지구의 가장자리에 3기가 분포하는데 이런 상황은 노루텅의 필요성을 짐작케 한다. 즉, 선흘1리 주민들이 노루텅을 설치한 일차적 목적은 농사를 짓는 경작지 안으로 야생노루가 침입하여 농작물을 망치지 않도록 하기 위한 것으로, 말하자면 사전 방어망인 셈이다.

구덩이는 1개소가 북쪽에 위치한 1회용 숯가마(3기) 부근(머들 20 근처)에서 확인되며, 아마도 1회용 숯가마나 돌숯가마를 축조하는 과정

---

3) 돌숯가마는 선흘곶자왈 내에 2기가 존재하고 있는데, 다른 1기는 인문자원이 집단으로 분포하는 지구(즉, 생활문화자원 밀집지구)에서 북동쪽으로 약 150m 떨어진 지점에 위치하고 있다. 이 돌숯가마는 아직도 원형이 잘 남아 있어서, 앞으로 지방문화재로 지정하는 등 보전 방안이 시급히 요구된다.

<表 4> 선흘곶자왈 내 집단적 인문자원의 사용 시기와 용도 및 특징

인문자원의 종류	사용 시기	용도	특징
① 돌숯가마(곰숯가마)	조선시대 말~ 일제강점기 이전	백탄 생산	천장과 아궁이가 부분적으로 파괴, 후에는 움막으로도 사용
② 1회용 숯가마	해방 이후~ 1960년대 중반	검탄 생산	집단적 인문자원의 분포지구에 만 12기가 분포
③ 숯막(움막)	조선시대 말~ 1960년대 중반	일시적 휴식처 혹은 거주지	방형 숯막 내부에 화덕 설치
④ 경작지(산전)	1894년(갑오년) 이후 ~1950년대 말	보리, 조, 피, 산뒤 등 재배	경작지는 최소 6개소 이상
⑤ 머들, 머들+경작지용 경계 돌담	1894년(갑오년) 이후 ~1950년대 말	경지의 효율적 이용	머들은 33개, 머들과 경계용 돌담으로 연결된 형태는 8개소
⑥ 노루텅(통)	조선시대 말~ 일제강점기 이전	야생노루의 포획	집단적 인문자원의 분포지구 에만 3기
⑦ 구덩이	?	숯가마 축조(?)	-

출처: 강창화·정광중(2014: 161)의 자료(표 3)를 일부 수정 보완.

에서 흙을 채취했던 장소로 추정된다. 이 구덩이는 주변의 평지보다
는 다소 깊게 파 내려간 형태로 남아 있는데 그 외 특이한 특징은 찾
아볼 수 없는 상황이다. 따라서 아래에서 다루는 개별 인문자원의 입
지 특성과 규모 및 용도 등에서는 생략하고자 한다.

개별 인문자원의 입지 특성과 규모 및 용도

돌숯가마

본 연구지역의 돌숯가마는 7,500m²(≒2,269평)의 작은 면적 안에서
도 정북 방향에 위치하며, 해발고도로 볼 때는 약 100m 지점이다. 이

<사진 10> 돌숯가마의 외형과 내부 벽체 모습

돌숯가마의 평면구조는 원형인데 아궁이(출입구 겸용)와 천장(상부)의 일부가 파손된 상태이고, 직경이 약 400cm, 높이가 약 140cm로서 현무암을 2~3단 높이인 40~60cm까지 쌓은 후에 벽체를 급격히 좁혀가면서 아치형의 천장 구조를 취하도록 하였다(사진 10-Ⓐ). 후면에는 배연구가 설치되어 있으며, 천장부에도 배연구가 있었을 것으로 추정되나 파손되어 정확히 가늠하기는 어렵다. 더불어 숯가마 벽체의 두께는 하단부가 45~65cm로 두껍지만, 천장부는 25~30cm로 다소 얇은 편이다(강창화·정광중, 2014: 162).

이 돌숯가마는 선흘곶자왈 내에 존재하는 또 다른 돌숯가마 1기와 비교해 볼 때, 숯 생산을 그다지 많이 행하지 않은 것으로 판단된다. 그 이유는 숯가마 내부에서 확인할 수 있다. 조사 시점에서는 내부 벽체의 보강제인 점토가 소성(燒成)된 상태로 남아 있어서 재차 숯을 굽기 위해서는 점토를 보강해야 하는 상황이지만, 보강하지 않은 상태로 잔존하고 있기 때문이다(사진 10-Ⓑ).

1회용 숯가마

1회용 숯가마는 12기가 입지하고 있는데 크게 세 지구에 몰려서 분포하는 경향을 보인다. 동남쪽 지구부터 살펴보면 5기가 몰려 있고, 남쪽 지구로 이웃해서 4기, 그리고 북쪽 지구에 3기가 분포되어 있다(그림 6). 이처럼 1회용 숯가마는 한 장소 내에 쏠림현상을 보이는 것이 큰 특징이라 할 수 있는데, 이것은 1회용 숯가마를 축조할 장소 선정이 그만큼 중요하기 때문으로, 숯가마 축조에는 부드러운 흙과 돌이 어느 정도 있어야 한다는 것이다. 그리고 한번 숯가마를 축조했던 장소 부근에는 상대적으로 흙과 돌이 많이 남아 있어서 큰 이점으로도 작용한다. 따라서 1회용 숯가마가 한 장소 주변부로 몰려 있는 경우에는 다른 사람이 한번 사용했던 장소를 재차 사용한 사례이거나

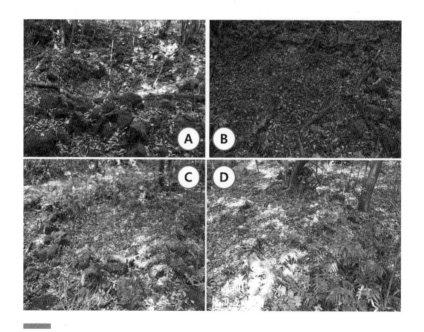

〈사진 11〉 1회용 숯가마(대형 Ⓐ, 중형 Ⓑ와 Ⓒ, 소형 Ⓓ) 출처: 강창화 외(2013: 29-31).

아니면 같은 시기에 동료끼리 짝을 지어 숯가마를 축조했을 가능성도 있다. 후자의 경우에는 필요에 따라 서로가 도움을 주고받는 형식으로 숯을 생산하기 위한 선택일 수도 있다.

〈그림 6〉에서도 확인할 수 있듯이, 1회용 숯가마의 규모도 매우 다양하다. 12기의 1회용 숯가마 중에서 대형(외부 직경이 5m 이상인 숯가마)에 속하는 것이 1호, 6호, 9호(사진 11-Ⓐ)이고, 중형(외부 직경이 4~5m에 속하는 숯가마)에 속하는 것이 2호, 3호, 5호, 7호, 8호, 10호 및 12호(사진 11-Ⓑ와 Ⓒ)이며, 소형(외부 직경이 4m 미만인 숯가마)은 4호와 11호이다(사진 11-Ⓓ). 이들 중 가장 큰 것은 9호(〈그림 6〉에서는 다소 작게 표현되어 있음)로, 외부 직경 중 장축이 7m 30cm에 이르고 있다(사진 11-Ⓐ). 특히 〈사진 11-Ⓐ〉의 대형 1회용 숯가마는 지면을 1m 이상 파서 들어간 후에 숯가마를 축조했던 흔적을 보이고 있어서, 숯을 상당히 오래 제조했던 숙련자에 의해 사용된 것으로 추정된다.

한편 1회용 숯가마의 규모를 보면 대형 숯가마(사진 11-Ⓐ)가 외부 직경 730cm(장축)×650cm(단축) 수혈 깊이 100cm 이상이고, 중형 숯가마(사진 11-Ⓑ와 Ⓒ)는 외부 직경 440cm×340cm 수혈 깊이 40cm 이상을 보인다. 소형 숯가마(사진 11-Ⓓ)는 외부 직경 320cm×320cm 수혈 깊이가 10cm 이상으로 파악된다(강창화 외, 2013: 28-31).

숯막(움막)

숯막 또는 움막은 곶자왈에서 숯을 굽는 사람이나 농사를 짓는 사람들이 일정 기간에 걸쳐 휴식을 취하거나 때에 따라 잠을 자기도 하는 공간이다. 선흘곶자왈에서의 숯막은 조선시대 말부터 1960년대 중반까지 사용한 것으로 드러난다(표 4). 선흘곶자왈에서 숯막의 흔적은 발길 닿는 곳마다 많이 발견되지만, 집단적 인문자원이 분포하는 지

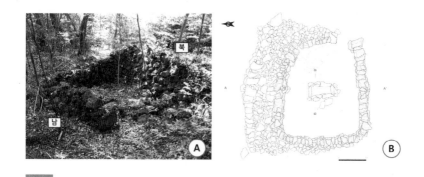

<사진 12> 방형 숯막의 외부 형태(Ⓐ)와 단면도(Ⓑ) 출처: 강창화·정광중(2014: 166).

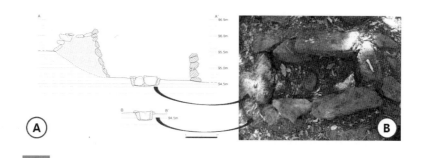

<그림 7> 방형 숯막의 측면도(Ⓐ)와 내부 화덕시설(Ⓑ) 출처: 강창화·정광중(2014: 166).

구에는 단 1기만 존재한다. 그러나 이 숯막은 선흘곶자왈 내의 다른 지구에 입지한 숯막에 비교하면 다소 대형이고 방형(方形)을 띠고 있으며(사진 12-Ⓐ와 Ⓑ), 또 내부에 화덕시설이 존재하여 매우 독특한 모습을 보여준다(그림 7-Ⓐ와 Ⓑ).

이 숯막은 연구지역 내에서도 동쪽에 치우쳐 입지해 있는데, 주변에는 숯가마 4기(그림 6의 6~9호까지)와 머들이 분포한다. 숯막의 외부 형태는 직방형으로 돌담을 두른 후 내부 중앙에는 현무암 판석을 사각 형태로 지면에 심어 화덕시설을 만들었다. 특히 한 가지 주목되는 점은 직방형의 가장자리를 돌담으로 두르고 있지만, 북쪽 방향의 돌담은 뒤에 이어지는 머들에 의지하여 축조하고 있다는 사실이다. 더불어 이 숯막은 북고남저(北高南低)의 지형을 교묘하게 활용한 것이 특징이기도 하다.

숯막의 규모를 보면 장축(남북)이 420cm 단축(동서)이 410cm이고, 내부는 330cm×300cm의 공간을 보인다. 화덕시설은 70×30cm이고, 북쪽에 위치한 머들의 높이는 약 150~160cm 너비는 100~120cm 사이로 파악된다(강창화 외, 2013: 38, 사진 12).

경작지(산전)

선흘곶자왈 내 집단적 인문자원이 분포하는 지구에는 대략 6개소 정도의 경작지가 확인된다(그림 6 참조). 여기서 '6개소 정도'라는 표현에는 경작지를 정확하게 구분하여 몇 개인지를 판단하기가 어렵다는 의미가 내포되어 있다. 다시 말해, 제주도의 숙전(熟田)처럼 하나의 경작지가 온전하게 돌담으로 둘러져 있지 않기 때문에 그 경계가 분명하지 않다는 것이다. 단지 사방이 트인 공간에 머들 겸 경계 돌담이 군데군데 쌓여 있어서 이들을 기준으로 연구자가 정한 것에 지나지 않는다. 결과적으로 생각할 때, 여기의 경작지가 한 농가에 의해 경영되었는지, 아니면 2~6인에 의해 경영되었는지는 확인할 길이 없다. 동시에 이들 경작지의 사용 시기가 1894년(갑오년) 이후부터 1950년대 말까지로 추정되기 때문에, 2세대에 걸치는 세월 속에서 지속해서 농사활동이 행해졌는지도 현실적으로 판단하기가 어려운 상황이다.

6개로 구분된 경작지는 개별적으로 규모나 면적을 산출하기도 매우 어려운 상황이다. 그 이유는 경작지 상태가 단순히 일정한 공간만을 차지하고 있는 것이 아니라 시기를 달리하는 여러 자원이 곳곳에

〈사진 13〉 경작지(그림 6 상의 ①, ②, ⑤번 경작지) 출처: 강창화 외(2013: 49).

입지해 있고, 또 일부 가장자리에는 암반이 차지하고 있으며 머들 겸 경계 돌담도 불규칙적으로 입지하고 있는 관계로 실측하기가 매우 곤란하기 때문이다. 현장에서 직감적으로 살펴볼 때 소형의 경작지는 대략 70~100여 평, 대형은 300~400여 평 정도로 추정된다. 그렇지만 경작지를 경영하는 입장에서는 경작지의 전체 면적보다는 실제로 농지로 활용할 수 있는 실 면적이 매우 중요할 것으로 판단된다. 따라서 여기서 제시하는 경작지 면적의 대소는 실제의 경작과정에서도 큰 차이를 보일 것으로 추정된다.

〈그림 6〉에 표시된 경작지 ①~⑥의 경계는 주변부에 위치하는 머들 겸 경계 돌담을 기준으로 개략적으로 구분한 것이다. 상식적으로 생각할 때 경작지의 규모는 ③번 경작지가 가장 클 것으로 예상되나, 머들이 곳곳에 있는 관계로 실제의 경작면적이나 경작과정에서의 효율성은 매우 떨어질 것으로 추정된다. 이에 비하면 오히려 ①번, ②번, ⑤번 경작지가 전체 면적은 작지만 머들이 없어 경지의 효율성이 높을 것으로 예상된다(사진 13).

머들, 머들+경작지용 경계 돌담

선흘곶자왈 내 집단적 인문자원의 분포지구에 입지한 머들(독립적인 돌무더기)은 총 33개이고, 머들 겸 경작지용 경계 돌담은 8개이다. 후자인 머들 겸 경계 돌담은 머들을 연결하여 경작지를 구분할 수 있을 정도로 길게 쌓아 올린 돌무더기이다. 머들 겸 경계 돌담은 원래 지면에 암반이 크게 노출되어 있거나 경작할 수 없는 지점을 선정하여 만드는 게 일반적이다. 〈그림 6〉에서 확인할 수 있듯이 머들 겸 경계 돌담은 돌을 쌓아 올린 너비는 제각기 다르지만, 적어도 3~4m를 넘으며 너비보다는 길이를 더해가는 특징을 보인다.

한편 독립적으로 존재하는 머들은 길이보다는 너비를 더한 형태를 띠며, 결과적으로 머들 겸 경계 돌담과 같이 특정 지점이라기보다는 여러 지점에 무차별적으로 형성되어 있다. 그러나 여러 개의 머들을 자세히 살펴보면 그 크기는 각양각색이다. 더욱이 한 장소 내에 여러 개의 머들이 입지해 있는 상황은 머들의 형태와 크기를 서로 대비시킬 수 있는 조건이 되고 있다.

독립적으로 존재하는 머들의 형태와 규모를 몇 개의 사례를 통해

〈사진 14〉 머들(① 직사각형, ② 부정형, ③ 원탑형, ④ 다면체형, ⑤·⑥ 머들 겸 경계 돌담)
출처: 강창화 외(2013: 50-53).

살펴보면(그림 6 참조), 2번 머들은 직사각형으로서 장축 길이 320cm 단축 길이 250cm 평균 높이가 90cm이고(사진 14-①), 15번 머들은 부정형으로서 장축 길이 680cm 단축 길이 60~100cm 평균 높이가 160cm이다(사진 14-②). 그리고 19번 머들은 원탑형 머들로서 장축 길이 180cm 단축 길이 160cm 평균 높이는 80cm이고(사진 14-③), 28번 머들은 다면체형 머들로서 장축 길이 360cm 단축 길이 200~240cm 평균 높이는 150cm를 보인다(강창화 외, 2013: 59-51, 사진 14-④).

머들 겸 경계 돌담은 동쪽에 위치한 가장 긴 것이 20m 전후를 보이고, 북쪽에 위치해 있는 것은 약 12m 전후(사진 14-⑤), 남쪽에 위치한 것은 8m 전후의 길이를 지니고 있다. 머들 겸 경계 돌담의 경우는 6번과 7번 머들+경계 돌담과 같이 경작지와 경작지 사이를 연결하면서 삼각형을 이루는 것도 확인된다(사진 14-⑥).

노루텅

집단적 인문자원의 분포지구에 현존하는 노루텅은 3기이다. 2016년 9월 현재까지 제주의 여러 곶자왈 중에서도 노루텅은 오로지 선흘곶자왈에서만 확인된다. 지금까지 확인·조사된 노루텅은 총 7기인데, 이들 중 2기는 상대적으로 파괴 정도가 심한 상태로 잔존한다. 앞에

〈표 5〉 선흘곶자왈 내 집단적 인문자원 분포지구에 위치하는 노루텅의 규모

구분	전체 규모(cm) (장축×단축×깊이)	함정 내부(cm) (장축×단축×깊이)	함정 바닥(cm) (장축×단축)
노루텅 1	270×190×170(?)	180×120	140×100
노루텅 2	200×180×170(?)	150×120(?)	120×100(?)
노루텅 3	320×210×200	230×130×180	135×90

출처: 강창화 외(2013: 46-47).

서 제시한 〈그림 6〉에서 살펴보면, 노루텅은 경작지 가장자리 주요 지점에 설치되어 있음을 알 수 있다.

3기의 노루텅에 대한 규모는 〈표 5〉와 같다. 즉, ①번 노루텅(사진 15-①)은 동쪽의 다소 경사진 곳에 위치하며 형태는 장방형, 장축 방향은 동서(E-W) 방향으로 돌을 6~7단을 쌓아 올린 상태이나, 원래는 이보다 더 높았을 것으로 추정된다. 2번 노루텅(사진 15-②)은 동북쪽에 위치하며, 형태는 타원형으로 장축은 N30°E 방향이다(강창화 외, 2013: 46).

〈그림 15-②〉에서 확인되는 것처럼, 일부의 노루텅은 현존 상태가 매우 불량한 것도 있으며 내부에는 나뭇잎과 종가시나무가 자생하는 상태로 남아 있다. 3번 노루텅(사진 15-③)은 3기 중에서도 가장 보존상태가 양호하고, 또 선흘곶자왈에 분포하는 7기의 노루텅 중에서는 가

〈사진 15〉 노루텅 3기(①~③)와 단면도(④)(개별 위치는 그림 6 참조)
출처: 강창화 외(2013: 43-46 및 168).

장 전형적이라 할 수 있다(사진 15-④의 단면도 참조). 3번 노루텅은 남쪽의 경작지 가장자리에 설치되어 있는데, 20여m의 돌담으로 이어진 한 지점에 경사지를 이용하여 타원형으로 축조되었고, 현무암으로 낮은 쪽은 6단, 높은 쪽은 9단을 쌓아 올린 형태이다(정광중, 2014: 9). 앞으로 3번 노루텅은 제주 곶자왈 내의 중요한 인문자원으로 부각시켜 나가는 작업이 필요할 것으로 판단된다.

화순곶자왈과 선흘곶자왈 내 집단적 인문자원의 형성 배경 비교

지금까지 화순곶자왈과 선흘곶자왈의 특정 지구 내에 위치하는 집단적 인문자원의 분포 실태와 성격과 특징 등에 대하여 고찰하였다. 여기서는 화순과 선흘곶자왈에 분포하는 인문자원들이 형성된 궁극적인 배경이 무엇인지, 그리고 인문자원을 탄생시킨 주인공은 누구인지에 중점을 두면서 육하원칙을 비교의 기준으로 검토해보고자 한다.

첫째로, 화순곶자왈과 선흘곶자왈의 집단적 인문자원은 '누구'에 의해 형성되었느냐는 관점이다. 일단 화순곶자왈의 집단적 인문자원을 탄생시킨 주인공들은 일본군들이고, 선흘곶자왈의 그것은 선흘1리 주민들이다. 화순곶자왈 내 집단적 인문자원이 일본군에 의해 만들어졌다고 하는 사실은 시대적인 배경을 읽을 수 있는 대목으로, 당시 지역 주민들의 자의적 의도와는 전혀 무관하게 타의에 의해 곶자왈이 활용되었다는 점이 부각된다. 이 점은 선흘곶자왈을 활용한 주인공들이 마을 자원인 '선흘곶'이라는 주어진 환경을 활용했다는 점에서 대비된다고 말할 수 있다.

둘째로, 집단적 인문자원이 '언제' 형성되었는지에 대한 관점이다. 이 점은 일단 주민들이 자의적인 의도로 활용해 왔는지, 아니면 타의적인 의도에 의해 활용되었는지를 비교해 보면 의문을 풀 수 있는 실마리와 연결된다. 다시 말해 자의적 의도에 의해 활용해 온 선흘곶자왈의 경우는 집단적 인문자원의 형성 시기를 논하는 것이 무의미할 정도로, 선흘1리 주민들이 오랜 세월에 걸쳐 이용해 왔다는 배경이 깔려 있다. 거기에는 분명히 선흘곶자왈이 '마을 숲'이라는 개념이 강하게 작용하고 있었음은 두말할 여지가 없다.

이 글에서 다룬 집단적 인문자원의 형성 시기는 크게 두 시점으로 나눌 수 있다. 하나는 조선시대 말부터 일제강점기 이전까지로 현재 선흘1리에 거주하는 주민들의 선세대가 활용한 자원이다. 이 시기에 형성된 자원은 돌숯가마를 시작으로 노루텅과 숯막(움막)이 해당된다. 다른 하나는 일제강점기(1910~45년)가 중심 시기이면서 거슬러 올라가서는 갑오년(1894년)까지, 늦게는 1960년대 중반까지 이어지는 시기이다. 경작지인 산전과 머들, 머들+경계 돌담 등은 갑오년 무렵까지 거슬러 올라가며, 1회용 숯가마는 주로 해방 이후부터 1960년대 중반에 걸쳐 형성된 것이라 할 수 있다. 숯막(움막)은 조선시대 말부터 1960년대까지 시기가 중첩되면서 다시 여러 번에 걸쳐 이용된 자원 특성을 보인다.

화순곶자왈의 집단적 인문자원은 모두 군사용 목적의 시설로서, 일본군이 태평양전쟁 말기인 1945년 2~4월경에 연합군과의 마지막 일전을 대비하여 구축한 것으로 추정된다. 이들 군사용 목적의 시설을 구축하는 데 화순곶자왈 주변에 거주하는 주민들을 강제노역에 동원했는지는 현재로선 단정하기가 어려운 실정이다.

셋째로, 2개 지역 곶자왈 내의 집단적 인문자원이 '어디에' 형성되었는지에 대한 관점이다. 화순곶자왈과 선흘곶자왈은 제주도 전체를 놓고 보면, 서부지역과 동부지역으로 나뉘지만, 행정구역으로 보면 화순곶자왈은 안덕면 화순리와 상창리, 선흘곶자왈은 조천읍 선흘리와 구좌읍 동복리가 부분적으로 포함되어 있다. 더불어 화순곶자왈이나 선흘곶자왈 내에서도 집단적 인문자원이 분포하는 지구(즉, 하나의 곶자왈 내에서도 다양한 인문자원 혹은 유사한 인문자원이 밀집된 특정 지구)는 더 있을 것으로 예상된다.

이 글에서 다룬 집단적 인문자원은 이미 조사된 지구를 중심으로 선정한 것이기 때문에, 비교 대상으로 선정한 2개 지구 자체가 특별한 의미를 갖는 것은 아니다. 그렇다손 치더라도 하나의 곶자왈 내에 유별나게 다양한 자원이나 혹은 유사한 자원들이 밀집되어 있다는 사실은 그만큼 사용하는 주인공들이 활용 상 편리하거나 나름대로 큰 이점이 있었다는 배경을 이해할 필요가 있는 것이다. 결과론적 입장에서 생각하면, 화순곶자왈의 경우에는 바다와 가깝고 조망이 좋으며 동시에 자신들의 은거지를 쉽게 숨길 수 있다는 조건이 중요하였고, 선흘곶자왈의 경우에는 단일 수종인 종가시나무가 우거져서 숯을 생산하는 데 유리하거나 아니면 파호이호이용암류가 넓게 흐른 곶자왈 내에서도 비교적 평탄한 지구인 동시에 상대적으로 토양이 많이 형성된 조건 등이 특정 지구 내에 인문자원이 밀집하는 배경이나 조건이 될 것이다.

넷째로, 집단적 인문자원의 형성과 관련하여 '무엇을'에 해당하는 관점의 해석으로, 인문자원의 구체적인 종류에 관한 내용이다. 우선 화순곶자왈의 인문자원은 일본군들의 일시적인 주거에 필요한 진지(무기고 등), 참호, 부엌, 주방 및 막사시설, 텃밭 등으로, 연합군과의 일전을 준비하던 일본군 시설에 해당된다. 화순곶자왈 내부에는 이들 시설 외에도 곳곳에 군사용 목적의 시설들이 잔존하고 있음을 직접 확인할 수 있었기 때문에 앞으로 더 정밀한 조사가 필요하다고 하겠다.

선흘곶자왈의 인문자원은 주로 숯 생산이나 농업활동과 관련된 자원이다. 전자에는 돌숯가마와 1회용 숯가마 및 숯막(움막)이 해당되고, 후자에는 경작지(산전), 머들 및 머들+경계 돌담, 노루텅 등이 해당되며, 숯막(움막)은 전자와 후자 모두에 활용되는 공통자원이라 할 수 있다. 이들 중에서도 특히 노루텅은 일차적으로는 농작물을 보호하기 위한 수단인데, 필요에 따라 노루의 피와 고기를 얻기 위한 부차적인 목적도 가진 자원으로서 매우 특이하다고 말할 수 있다. 아무튼 이들 자원은 선흘1리 주민들의 생업과 관련된 자원이라는 점에서 볼 때 화순곶자왈에 분포하는 군사용 목적의 자원과는 성격을 달리한다고 지적할 수 있을 것이다.

다섯째로, 집단적 인문자원이 '어떻게' 형성되었는가와 관련된 관점이다. 이는 두 가지 관점에서 접근할 수 있을 것이다. 하나는 '어떤 과정'을 거쳐 만들어지게 되었는가에 대한 관점이고, 다른 하나는 '어떤 수단과 방법'으로 만들어졌는지에 대한 관점이다. 그러나 이 두 가지 관점은 2개 곶자왈에 분포하는 집단적 인문자원의 실체와 이를 탄생시킨 주인공들에 대해 이미 앞에서 정리한 상태이기 때문에 저절로 의문이 풀린 것이나 다름없다. 말하자면, '어떤 과정'을 통해서 만들어졌는지는 2개 곶자왈에 분포하는 집단적 인문자원의 형성 배경이나 그것들을 만든 주체가 누구이냐는 관점과도 관련되기 때문이다.

단지 2개 곶자왈의 인문자원에 대한 비교의 관점에서 본다면, 화순곶자왈의 인문자원은 일제강점기 말기에 그것도 아주 짧은 기간 내에 만들어져 일시적으로 사용되다 폐기된 특징을 보이지만, 선흘곶자왈의 인문자원은 마을 주민들이 오랜 세월에 걸쳐 꾸준히 이용해 온 역사가 있다. 따라서 화순곶자왈의 인문자원은 일본군 병사들에 의해 단기간 내에 집단으로 축조한 특징을 보이는 데 반해, 선흘곶자왈의 그것은 마을 주민들에 의해 세대에서 세대로 이어지면서 필요한 목적에 따라 시간차를 두고 형성된 특징을 지닌다.

'어떤 수단과 방법'을 바탕으로 만들어졌는가에 대한 관점에서는 개별적인 인문자원의 형성과정에서 특별한 기술을 필요로 했는가 또는 어떤 도구들을 사용하였는가에 대한 해석으로 이어질 수 있다. 이러한 관점에서 주목받는 자원은 선흘곶자왈의 돌숯가마와 노루텅이다. 돌숯가마와 노루텅은 축조과정에서 전문가적 기술은 물론 경험적 지혜가 동반되어야만 제대로 축조할 수 있다. 나머지 2개 곶자왈의 인문자원들은 평탄지를 찾아야 하는 장소 선정 문제, 돌을 필요한 장소로 운반하거나 제거하는 문제 등 비교적 사소한 문제이다. 이외의 도구 문제는 당시의 시대적인 정황을 전제해 볼 때, 땅을 파내는 괭이(또는 곡괭이)와 삽, 나무를 베어내기 위한 낫과 톱, 큰 돌을 빼내거나 일으키기 위한 지렛대 정도가 전부라 할 수 있다.

여섯째로는 집단적 인문자원 형성과 관련하여 '왜'라는 질문과 관련된다. 여기서 '왜'라는 질문을 좀 더 확대하여 해석한다면, 집단적 인문자원이 동일한 곶자왈 내에서도 왜 하필이면 현재의 지구에 만들 수밖에 없었는가, 아니면 2개 곶자왈의 인문자원이 왜 만들어지게 되었는가와 연관성을 지닌다. 이 확산된 의문에서 후자의 관점은 이미 앞에서 정리하였기 때문에, 전자의 관점에 초점을 맞추어 정리하면 다음과 같다.

현재의 지구에 인문자원이 만들어지게 된 이유는 2개 곶자왈의 속성과 관련하여 장소 선정 문제와 직결된다. 2개 곶자왈의 인문자원은 서로가 필요한 목적이 따로 존재했음은 말할 필요도 없다. 필요한 목적을 달성하기 위해서는 넓은 곶자왈 내부에서도 특정 지구가 필요했을 것이다. 일본군의 입장에서는 자신들이 일시적으로 거주할 수 있으면서도 연합군에게 노출되지 않는 장소, 또 무기와 탄약 등을 쉽게 은닉할 수 있는 특정 지구가 필요했을 것이고, 선흘곶자왈에서는 숯 생산이나 농경을 위한 평탄지나 토양 형성의 여부 그리고 주변에 숯 재료(특히 참나무과)가 많은 곳을 중요한 지구로 선정할 필요가 있었다.

특히 2개 곶자왈 내의 장소 선정 과정에서 볼 때 화순곶자왈에서는 바다와의 거리, 수목의 밀도, 주도로로부터의 접근성 등이 중요한 요소로 작용할 수도 있고, 반대로 선흘곶자왈의 경우는 넓은 면적의 평지, 토양층의 두께, 숯 재료로서 참나무과의 밀도, 흙과 돌의 분포 정도, 마을과의 거리 등이 중요한 요소로 작용했을 것으로 판단된다. 특히 화순곶자왈의 일제 군사용 목적의 시설 입지와 관련해서는 연합군이 상륙할 만한 지점을 중시하면서 진지를 구축하고 병사들을 배치하고 있었기 때문에, 일본군의 입장에서는 주변 부대와의 연락체계 또는 통신체계가 중요했을 것이다.

마무리하기

이 글에서는 제주도의 동·서부지역에 분포하는 화순곶자왈과 선흘곶자왈을 사례로 집단적 인문자원의 성격과 형성 배경을 중심과제로 설정한 후 서로 대비해 검토하였다. 연구 결과에 대한 핵심적인 내용만을 간추려 정리함으로써 맺음말로 삼고자 한다.

2개 곶자왈, 즉 화순곶자왈과 선흘곶자왈 내에는 일제강점기를 중심 시기로 하여 이르게는 조선시대 말기 늦게는 1960년 중반에 걸쳐 형성된 인문자원이 집중적으로 분포하는 특정 지구가 존재한다. 이 특정 지구에 존재하는 집단적 인문자원은 각기 당시의 시대상 또는 사회상을 반영하는 대표적인 자원으로 부각된다. 화순곶자왈의 인문자원은 일제강점기 일본군이 연합군과의 마지막 일전을 위하여 구축한 군인 거주의 시설로서 진지와 참호, 막사, 텃밭, 취사시설 등이며, 선흘곶자왈의 인문자원은 선흘1리 주민들이 어려운 가정경제를 극복하기 위한 생업과 관련된 시설로서 숯 생산을 위한 돌숯가마, 1회용 숯가마, 숯막과 농경활동에 필요한 경작지(산전), 머들, 머들+경계 돌담, 노루텅, 움막 등이 포함된다.

2개 곶자왈에 분포하는 집단적 인문자원은 사용 목적과 인원에 따라 대비되는 특성을 보인다. 즉, 화순곶자왈의 인문자원은 한번에 여러 명이 사용할 수 있는 단체(25명 전후)를 위한 시설이고, 이와 달리 선흘곶자왈은 개인이나 단독가구 혹은 2~3명이나 2~3가구 정도가 시대를 달리하면서 개별적인 목적을 추구하기 위하여 축조한 시설로서 대비된다. 더욱이 화순곶자왈은 마을 주민들에 의한 자의적 이용이 아니라 타의적 이용 혹은 강제적 이용이라는 측면이 존재하지만, 선흘곶자왈은 마을 주민들의 마을 숲 이용이라는 전제하에 자의적 이용이라는 점에서 대비된다. 결과적으로 화순곶자왈의 인문자원은 특정 집단이 단기간 내에 설치하고 일정 기간만 사용하다 폐기한 특성을 보이지만, 선흘곶자왈의 인문자원은 마을 주민들이 오랜 시기에 걸쳐 축조함과 동시에 세대에서 세대를 이으며 사용해 오다가 중단한 특성을 보인다.

한편, 2개 곶자왈에 분포하는 개별 인문자원의 규모는 전체적으로 평가할 때 큰 규모의 것들이라고는 말할 수 없다. 화순곶자왈의 경우는 군인용 막사시설(25명 전후 수용), 그리고 선흘곶자왈의 경우는 경작지(산전) 정도(약 300~400평)가 다소 큰 규모의 자원이라 할 수 있으며, 나머지 자원들은 원래의 사용 목적이 전제되어 비교적 작은 규모의 자원들이라 평가할 수 있다.

2개 곶자왈 내 집단적 인문자원의 형성과 관련된 측면에서는 각기 곶자왈의 생태적 특성과 함께 지형적 특성을 고려함은 물론, 개인이나 특정 집단의 목적을 달성하는 데 필요한 입지적 조건 등과도 연관성을 갖는다고 볼 수 있다. 따라서 화순곶자왈에서는 바다와의 거리, 수목의 밀집도(은신·은닉을 위한), 주도로로부터의 접근성, 주변 부대와의 연락 또는 통신체계 등이 중요한 조건으로 작용하였고, 선흘곶자왈에서는 넓은 면적의 평탄지, 토양층의 두께, 숯 재료(특히 참나무과) 수종의 소밀, 흙과 돌의 분포 상태, 마을(집)과의 거리 등이 중요한 요소로 작용했을 것으로 판단된다.

제3부

곶자왈의
경관과 학습

곶자왈의
경관 특성과 가치 탐색

들어가기

제주 곶자왈의 분포와 성격을 비롯한 지질적 특성과 식물상, 그리고 곶지왈 내 인문자원의 유형별 분포 등에 대해서는 그동안 지질학과 식물학, 지리학 분야에서 개별적인 연구 성과가 꾸준히 이어지고 있다(전용문 외, 2012; 김대신 외, 2008; 강창화·정광중, 2014)[1]. 이러한 일련의 연구는 특히 2000년대로 돌입한 이후, 곶자왈의 존재적 가치가 부각되면서 비교적 짧은 기간 내에 이루어낸 성과라는 점에서 매우 주목할 만하다.

그러나 하나의 공간적 단위로 설정하고 평가해야 하는 곶자왈의 경관에 대해서는 아직 다양한 분야에서 논의되지 않고 있다. 그럼에도 불구하고, 곶자왈 보전을 위한 새로운 경관등급 설정과 경관적 가치평가 방법을 제시하고 있는 김태일의 연구(2012)는 매우 주목된다. 현시점에서 생각할 때, 곶자왈의 경관을 키워드로 논의하지 못했던

배경이나 이유는 약 15년이라는 기간 동안 제주 곶자왈에 대한 조사
와 연구를 진행해 왔지만, 주로 개별적인 학문 분야에서 곶자왈의 특
성과 성격 규명에 초점을 맞추어 진행해왔기 때문에 곶자왈을 구성하
는 다양한 경관 요소에 대한 전체적인 이해와 분석이 늦어질 수밖에
없었다는 사실과 깊게 연관된다. 따라서 앞서 지적한 여러 학문 분야
에서의 연구 결과가 축적된 현시점에서는 제주 곶자왈의 경관 특성에
대한 논의가 어느 정도 가능해졌다고 말할 수 있다.

이상과 같은 곶자왈의 연구 성과를 발판 삼아, 이 글에서는 곶자
왈을 구성하는 주요 경관 요소를 바탕으로 제주 곶자왈의 경관 특성
을 세부적으로 논의한 후, 곶자왈의 가치 규명에 초점을 맞춤으로써
앞으로 제주 곶자왈의 경관 보전과 활용에 대한 시사점을 예견하는
자료 확보에 중점을 두고자 한다.

이 연구는 그동안 지질학, 식물학 및 지리학 분야에서 수행된 연
구 논문의 분석과 장기간에 걸친 현지조사 결과를 반영하여 진행하였
다. 제주 곶자왈에 대한 필자의 연구 결과는 그동안 몇몇 학술지와 보

---

1) 이 외에도 주요 학문 분야별로 곶자왈 연구 성과를 제시하면 다음과 같다. 지질학 분야:
    ① 박준범·강봉래·고기원·김기표, 2014, 〈제주도 곶자왈지대의 지질 특성〉, 《지질학회지》
    50(3), 431-440. ② 안웅산·손영관·강순석·전용문·최형순, 2015, 〈제주도 곶자왈 형성의
    주요 원인〉, 《지질학회지》 51(1), 1-19. 식물학 분야: ① 이경미·신정훈·정헌모·김해란·김
    정호·신동훈·유영한, 2012, 〈멸종위기 식물 제주고사리삼의 입지와 식생구조의 특징에 대
    한 연구〉, 《한국습지학회지》 14(1), 35-45. ② Eun-Young Yim·Myoung-Ok Moon·Byung-
    Yun Sun & Kozue Nakanishi, 2013, "Floristics of bryophytes in Dongback-dongsan at
    Seonheul Gotjawal", *Korean Journal of Plant Taxonomy* 43(3) 274-284. 지리학 분야: ① 정
    광중, 2012, 〈제주의 숲, 곶자왈의 인식과 이용에 대한 연구〉, 《한국사진지리학회지》
    22(2), 11-28. ② 부혜진·강창화·정광중, 2016, 〈제주도 중산간 곶자왈 지대의 마을공동목
    장 운영과 방목활동을 통한 생활상 연구〉, 《한국지역지리학회지》 22(2), 353-368.

고서를 통해 발표했으며(정광중, 2012; 정광중 외, 2012; 정광중 외, 2013; 강창화·정광중, 2014; 정광중, 2015b; 부혜진·정광중·강창화, 2016), 그와 관련된 현지조사는 2011년 4월 이후부터 2016년 11월까지 지속적으로 행해왔음을 밝힌다.

제주 곶자왈의 형성과
분포 범위

곶자왈의 형성과 특징

　　제주 곶자왈은 기본적으로 화산활동의 결과물이라 할 수 있다. 다시 말하면 곶자왈 자체는 화산활동의 결과, 성질이 다른 두 용암류 즉 파호이호이용암류(pahoehoe lava flow)와 아아용암류(aa lava flow)가 주된 기반을 형성하고 있기 때문이다. 물론 두 종류의 용암류가 흐르기 이전의 요지(凹地)나 흐른 이후의 함몰지 등에는 일부나마 토양과 더불어 유기질 퇴적물이 쌓여있는 곳도 존재한다.

　　최근 지질학 분야의 연구결과에 따르면, 제주 곶자왈은 1만 년 이내의 아주 젊은 용암류에 의해 형성된 사실이 밝혀졌다(안웅산 외, 2015; 안웅산·최형순, 2016). 그러나 곶자왈 내부를 들여다보면, 곶자왈의 형성과 변화과정은 제주지역에 분포하는 곶자왈 모두가 똑같은 상황이 아니다. 이런 상황을 전제하여, 전용문 외(2015)는 곶자왈의 분포 범위를 설정함에 있어서 생태학적 요소를 시작으로 지질학적 요소와 역사·문화적 요소를 포함하는 새로운 개념 설정을 제안한 바 있다. 이러한 사실은 곶자왈이 1차적으로 형성된 이후 풍화와 함께 식물이 번식하는 과정에서 제주도민들의 이용을 통한 많은 변형이 초래되었음을 방증하는 것이기도 하다.

곳자왈 형성의 1차적인 요인은 성질이 다른 두 종류의 용암류에 의한 것이 분명하지만, 용암류가 흐른 이후부터는 동일한 장소에 선태류를 비롯한 양치류, 관목림과 교목림 등이 유입되면서 점차 숲의 구조를 이루게 된다. 그렇기 때문에 곳자왈의 개념 정의[2]를 바탕으로 하면, 곳자왈 형성의 마지막 단계는 식물의 유입과 더불어 숲의 구조를 형성하는 데 있다. 물론 곳자왈이 온전한 숲 생태계를 형성하기까지는 많은 시간이 필요하지만, 주변 지역의 기온과 강수량 등 기후조건을 바탕으로 평지나 함몰지, 습지 등 곳자왈 내부의 지형적 조건 그리고 유입되는 식물 자체의 생육 특성 등에 따라 매우 다양하게 나타날 수밖에 없다. 따라서 제주에 분포하는 여러 곳자왈에서는 식생구조의 유사점과 상이점이 동시에 존재한다. 그것은 곳자왈의 환경에 적응력이 뛰어난 식물과 그렇지 못한 식물의 입식 상황이 극명한 차이를 보이기 때문이다.

〈그림 1〉에서 보는 것처럼, 곳자왈을 형성하는 지질구조는 최초에 제주도(섬)를 만드는 데 기여했던 오래된 용암류와 그 위에 고토양층과 스코리아층의 분포로 확인되며, 이들 상부에는 다시 곳자왈을 형

---

[2] 곳자왈의 개념 정의에 대해서는 최근에 다양한 논의가 이루어지고 있으나, 여기서는 일단 제주특별자치도 곳자왈 보전 조례(2014년 4월 제정, 2016년 7월 시행) 상의 정의인 "제주도 화산활동 중 분출한 용암류가 만들어낸 불규칙한 암괴지대로 숲과 덤불 등 다양한 식생을 이루는 곳"에 초점을 맞추어 논의를 전개하고자 한다. 보다 심층적인 곳자왈의 개념 정의에 대해서는 14쪽 '각주 1'에 제시한 내용을 참고하기 바란다.

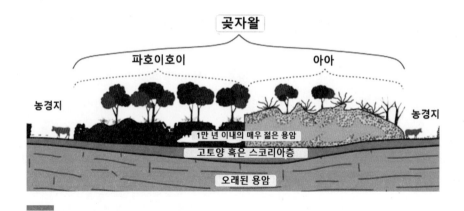

<그림 1> 제주 곶자왈의 형성(또는 잔존) 모식도 출처: 안웅산 외(2015: 13).

성하는 데 기여한 오름들[3]로부터 신선한 용암류가 퇴적되면서 형성 또는 잔존하게 되었다는 것이다. 결과적으로 곶자왈을 형성하거나 잔존하는 용암류는 해당 곶자왈의 하부에 깔린 고토양의 탄소연대 측정 결과 대부분 약 1만 년 이내였으며, 따라서 오늘날 곶자왈의 상부에는 토양층이 형성될 만한 시간적인 여유가 없었기 때문에 궁극적으로는 토양층도 매우 희박하다는 지적이다(안웅산 외, 2015: 13).

이처럼 제주 곶자왈은 비교적 신선한 용암류 위에 형성된 지형적 특징을 보이고 있기 때문에, 곶자왈 상부인 지표에 토양층이 매우 빈약함은 물론 용암류의 노두가 그대로 노출된 장소가 많아서 제주도민들은 오랫동안 농경지로는 적합하지 않은 것으로 인식하고 있었다. 이

---

3) 곶자왈을 형성하는 데 기여한 오름은 〈표 1〉의 용암류 기원지에 명시된 10개가 중심이지만, 연구과정에서 다소 다른 의견을 제시하는 연구자도 있다. 더 구체적인 내용과 배경에 대해서는 다음의 논문을 참고하기 바란다(송시태, 2000; 전용문 외, 2015).

러한 상황이 전제되어 한동안 곶자왈은 제주도민들의 신탄 채취나 숯 제조 등 특수한 목적으로만 사용하는 장소로 알려져 왔다.

곶자왈의 분포 면적과 범위

오늘날 제주에서도 곶자왈은 주로 동서지역에 분포하는 것으로 파악되며, 극히 일부가 남부지역에 분포하는 것으로 알려진다(그림 2). 이러한 분포 상황을 고려해 볼 때, 곶자왈이 기본적으로 화산활동과 관련하여 시기적으로 늦은 용암류의 분출이 지역적으로 한정된 것인지, 아니면 원래는 남북지역에도 곶자왈이 형성되어 있었지만 제주도민들의 생활공간과 경지 확장 등에 의한 인위적인 파괴가 동반되면서

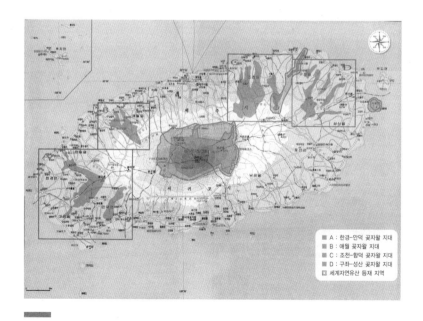

〈그림 2〉 제주 곶자왈의 분포 실태 출처: 제주특별자치도교육청(2008, 별도 부록, 원도: 송시태, 2000).

사라진 것인지는 분명하지 않다. 이 점은 앞으로 좀 더 시간을 두고 지형학적 혹은 지질학적 연구 결과를 지켜봐야 할 사안이다.

〈그림 2〉에서 확인할 수 있는 바와 같이 제주의 곶자왈은 크게 4개 지역, 즉 한경-안덕곶자왈, 애월곶자왈, 조천-함덕곶자왈 및 구좌-성산곶자왈로 대별되며, 이 중 한경-안덕곶자왈과 애월곶자왈은 서부지역에 그리고 조천-함덕곶자왈과 구좌-성산곶자왈은 동부지역에 위치한다. 기존 연구에서는 이들 4개 지역 곶자왈의 면적이 약 110km²로, 2개 시역(市域)으로 구분할 때는 제주시가 52km², 서귀포시가 58km²를 차지하는 것으로 알려지고 있었다. 그러나 2012년 새로운 조사 결과에 따른 곶자왈 면적은 92.56km²로 기존의 면적보다 다소 적게 수정되었는데, 그 이유는 행정기관과 연구자들 사이에서 사용하는 곶자왈의 개념 정의가 불명확하기 때문에 발생한 것으로 이해된다. 따라서 현시점에서는 곶자왈의 개념에 대한 보다 명확한 정의가 합의되어야 하는 배경이 요구되고 있다.

2012년에 조사·발표된 곶자왈 별 면적을 활용하여 정리하면 〈표 1〉과 같다. 먼저 이 자료에 의거하여 검토해 보면, 애월곶자왈을 제외한 3개의 곶자왈은 재차 곶자왈을 형성한 용암류의 기원지에 따라서 더 작은 단위로 구분되는데, 한경-안덕곶자왈은 도너리오름곶자왈과 병악곶자왈로, 조천-함덕곶자왈은 돔베오름곶자왈 민오름곶자왈 거문오름곶자왈로, 그리고 구좌-성산곶자왈은 동거문이오름곶자왈 다랑쉬오름곶자왈 용눈이오름곶자왈 백약이오름곶자왈로 세분되며, 애월곶자왈의 경우에는 노꼬메오름곶자왈로만 구성되는 것으로 해석되고 있다(김효철·송시태·김대신, 2015: 58).

곶자왈의 면적은 4대 곶자왈 중 가장 넓은 면적을 차지하는 한경-안덕곶자왈(49.11km²)을 시작으로 조천-함덕곶자왈(23.10km²), 구좌-성

곳자왈 구분과 용암류 기원지		중심 마을	면적(km²)
4대 곳자왈	용암류 기원지(10개 오름)		
한경-안덕곳자왈	도너리오름	금악리·월령리	38.57
	병악오름	상창리·화순리	10.54
애월곳자왈	노꼬메오름	소길리·납읍리	4.92
조천-함덕곳자왈	민오름	대흘리·조천리	5.43
	돔베오름	와산리·함덕리	11.83
	거문오름	선흘리·김녕리	5.84
구좌-성산곳자왈	동거문이오름	송당리·한동리	4.62
	다랑쉬오름	세화리	2.45
	용눈이오름	종달리	4.77
	백악이오름	수산리	3.59
합계	-	-	92.56

출처: 제주녹색환경지원센터(2014: 24) 및 김효철·송시태·김대신(2015: 174-264)의 자료 등에 의해 재구성.

산곳자왈(15.43km²) 및 애월곳자왈(10.54km²) 순으로 확인된다. 나아가 10개로 세분된 곳자왈 중에서는 도너리오름곳자왈이 38.57km²로 가장 넓은 면적을 차지하며, 이어서 돔베오름곳자왈(11.83km²), 병악오름곳자왈(10.54km²), 거문오름곳자왈(5.84km²), 민오름곳자왈(5.43km²) 순으로 이어진다. 그러나 이들 곳자왈 별 면적도 앞에서 지적한 바와 같이, 현시점에서는 행정기관과 연구자 등의 용처에 따라서 곳자왈의 개념 정의가 다양하게 이루어지고 있는 상황인 만큼 앞으로도 보다 상세한 곳자왈의 면적은 다소 유동적일 수밖에 없는 것이 현실이다.

여기서 한 가지 유념할 사실이 있다. 최근 지역 주민들이 사용하는 곳자왈 명칭은 연구자들이 사용하는 분류체계와는 달리, 자신들이 거주하는 마을이나 그 주변부에 위치하는 곶자왈에 해당 마을의 이름을 붙여 사용하는 경우가 아주 빈번하다는 것이다. 가령 지역 주민들은 조천-함덕곶자왈에 속하는 일부 곶자왈로서 선흘곶자왈, 대흘곶자왈, 함덕곶자왈 등과 같이 자신들의 마을 이름을 앞에 붙여 사용하고 있기 때문에, 연구자들이 분류한 곶자왈 명칭과는 다르다는 사실을 이해할 필요가 있다. 결과적으로, 지역 주민들이 사용하는 곶자왈은 자신들이 거주하는 마을과 그 주변부를 포함하는 비교적 작은 공간적 범위의 곶자왈로 이해할 필요가 있다[4].

곶자왈 내 경관 요소의 구성과 특징

지형경관 요소의 구성과 특징

곶자왈에 들어서면 일단 거대한 숲을 이루는 식물군락에 놀라게 되지만, 이어서 바로 식물군락이 뿌리를 내리고 있는 지표면을 관찰하는 순간, 어떻게 이런 돌무더기 지형에 큰 숲이 형성될 수 있을까 하는 의문에 빠지기 쉽다. 이처럼 곶자왈을 구성하는 주요 요소가 다양한 지형과 식생이라는 사실을 쉽게 관찰할 수 있다.

곶자왈의 지형경관은 대개 〈표 2〉와 같이 두 종류의 용암류에 의

---

4) 이 글에서도 구체적인 사례를 지적하거나 논의하는 과정에서는 마을 이름을 앞에 붙인 곶자왈 명칭을 사용하고자 한다. 그 이유는 하나의 특징적인 사례가 연구자들이 사용하는 넓은 곶자왈의 전부를 대변하는 것과 같은 오해의 소지를 낳을 수 있기 때문이다.

용암류 종류	표면 특성	점성	온도	유동성	주요 지형경관 요소
파호이호이 (Pahoehoe)	매끈하고 조직이 치밀함	낮음	높음	큼	암괴류, 밧줄구조, 함몰지, 용암동굴(궤), 투물러스, 습지
아아 (Aa)	거칠고 조직이 엉성함	높음	낮음	낮음	암괴류, 클링커 층, 용암구, 요철지형

출처: 김효철·송시태·김대신(2015: 34-55) 등에 의해 필자 작성.

해 형성된 이후 2차 풍화를 거치면서 점진적으로 변화한다고 볼 수 있다. 여기서 두 종류의 용암류는 곶자왈에 따라 어느 한 가지 용암류가 탁월하게 분포하기도 하고(사진 1) 경우에 따라서는 특정 곶자왈에 두 종류의 용암류가 동시에 분포하는 상황을 보이기도 한다. 나아가 곶자왈 내의 일정 지구에서는 파호이호이용암류에서 아아용암류로 전이되는 중간 성격의 용암류가 분포하기도 한다[5]. 일반적으로 파호이호이용암류는 점성이 낮기 때문에 지표면을 따라 빠르게 흐르며 비교적 넓고 평평한 지형을 만드는 성질을 가지고 있지만, 아아용암류는 점성이 높기 때문에 흐르는 속도가 느리고 멀리 흘러가지 못한 채 울퉁불퉁한 굴곡 지형을 만들거나 매우 거칠게 쪼개지며 굳는 성질을 갖는다(김효철·송시태·김대신, 2015: 36).

　이처럼 파호이호이용암류와 아아용암류는 곶자왈을 형성하는 과정에서 상대적으로 서로 다양한 미지형을 만들게 되고, 결과적으로 이들은 곶자왈 내의 소중한 경관 요소로 자리 잡는다. 다시 말해 점성이 낮고 온도가 높은 파호이호이용암류는 비교적 멀리 흘러가면서 밧

---

5) 파호이호이용암류에서 아아용암류로 전이되는 중간 성격의 용암류(즉 전이용암류)는 지질학이나 지형학을 전공으로 하는 전문가가 아니면, 사실상 구분해 내기가 쉽지 않다.

〈사진 1〉 수산곶자왈 내 파호이호이용암류   **〈사진 2〉** 선흘곶자왈 내 투물러스(tumulus)

줄구조나 함몰지는 물론이고 용암동굴, 투물러스(압력돔, tumulus) 및 크고 작은 습지 등을 형성한다(사진 2). 아아용암류는 상대적으로 점성이 높고 온도가 낮기 때문에 먼 거리까지 흘러가지 못하여 일정 지구 내에 크고 작은 암편들이 섞이면서 암괴류와 클링커(clinker) 층[6]과 함께 용암구(熔岩球)와 요철지형 등을 곳곳에 만들어낸다. 물론 이러한 미지형의 형성은 당시 흐르는 용암류의 조성성분(현무암질암, 조면현무암, 조면안산암)을 비롯한 온도와 두께 또는 원지형의 영향 등에 의해 크게 좌우된다고 볼 수 있다(박준범 외, 2014: 434-437).

〈사진 1〉은 수산곶자왈 내부에서 관찰되는 파호이호이용암류이다. 이처럼 파호이호이용암류는 넓게 펼쳐지는 곶자왈의 기본 지형을 형성하는 역할을 하면서, 2차적으로는 다양한 미지형의 경관 요소를 형성하는 배경으로도 작용한다. 앞서 지적한 바와 같이, 파호이호이용암류는 근본적으로 점성이 낮기 때문에 큰 기복을 초래하는 미지형은 형성하지 않을 것처럼 생각되지만, 현실적으로는 곶자왈의 특징

---

6) 클링커는 온도가 높은 용암이 흘러가면서 잘게 부서져 용융상태로 굳은 생성물을 말하며, 보통은 적색이나 적갈색을 띠는 경우가 많다.

을 보여주는 기본적인 지형경관 요소를 만들어낸다. 더불어 파호이호이용암류의 표면에는 흘러가는 용암 내외부의 온도 차에 의해서 한쪽 방향으로 주름이 지는 밧줄구조(ropy structure)가 자주 형성되기도 한다.

〈사진 2〉는 선흘곶자왈에서 흔히 관찰되는 투물러스이다. 투물러스는 주로 파호이호이용암류가 흐르는 가운데 일정 지점에서 장애물을 만나거나 용암의 공급량이 갑자기 많아지면서 내부에 가스가 차게 되면 특정 지점에 이르러서 용암이 빵 모양처럼 부풀어 오르며 형성되는 미지형이다. 외형이 돔(dome) 형태를 띠며 좌우 면이 경사를 이루는 투물러스는 상부와 경사면에는 용암 가스가 외부로 빠지면서 형성되는 크고 작은 절리나 균열이 발달되고, 이들 절리나 균열은 형성 이후에 2차 풍화의 근간이 된다. 이와 함께 식생이 뿌리를 내릴 수 있는 좋은 장소가 되기도 한다.

투물러스는 제주도 해안지역에서 흔하게 관찰할 수 있는 용암류의 미지형 중 하나지만, 여러 곶자왈 내부에서도 쉽게 확인되는 지형경관 요소이다. 따라서 투물러스는 선흘곶자왈뿐만 아니라 상도, 하도, 화순, 청수곶자왈 등 어느 곶자왈에서든 쉽게 관찰할 수 있는데, 특히 선흘곶자왈에서는 탐방로를 따라가면서도 여러 지점에서 확인할 수 지형경관 요소로 자리 잡고 있다. 〈사진 2〉의 투물러스 규모는 높이 약 2m, 장축(좌우)의 길이가 약 7m이다. 이 투물러스는 형성된 이후에 전체적으로 풍화가 진전되면서 본체에서 분리된 암괴들이 지면으로 이동 중에 있음을 확인할 수 있으며, 암괴와 암괴 사이에는 이미 오래전에 종가시나무와 동백나무들이 뿌리를 내린 모습도 확인할 수 있다.

한편 아아용암류가 발달하는 곶자왈에서는 요철지형이나 용암구

<s진 3> 저지곶자왈 내 요철지형

등이 형성되기 쉬운데, 〈사진 3〉과 〈사진 4〉를 일례로 주목할 수 있다. 요철지형은 점성이 높은 아아용암류가 흘러가면서 원지형의 영향을 받아 울퉁불퉁한 형태로 형성되는데, 크고 작은 규모의 요철지형은 곶자왈 내부에서도 주변 지구와는 확연히 분위기가 다른 경관적 이미지를 연출하는 요소로 작용한다. 곶자왈 내의 요철지형은 그것이 위치하는 장소에 따라 규모가 천차만별이지만, 〈그림 3〉은 요형(凹形)과 철형(凸形) 부분의 높이가 1~2.5m의 높이로 약 40m 정도 이어지는 형태로 존재한다. 물론 중간중간에는 풍화로 인하여 독립된 암석들이 지면으로 흘러내리면서 주변의 다른 암석들과 혼재되는 상황을 보이고 있다. 저지곶자왈 내에서는 대소의 요철지형을 곳곳에서 관찰할 수 있으며, 요형과 철형 부분의 높이가 6~7m 이상인 대형인 것도 곳곳에서 확인할 수 있다.

〈사진 4〉 화순곶자왈 내 용암구

〈사진 4〉는 화순곶자왈의 일각에 존재하는 용암구이다. 용암구는 보통 용암이 흐르는 과정에서 크고 작은 용암이 떨어져 구르며 공처럼 형성된 생성물을 가리킨다(김효철 외, 2001: 49). 조사 시점에서 이 용암구는 반 정도가 파괴된 상태이고 또 일부는 지면에 묻혀 있기 때문에 원래의 규모를 정확하게 측정하기는 어렵다. 다만, 현재 지표에 드러난 상태에서 측정한 결과는 장축(상하)이 약 1.7m, 단축(좌우)이 약 1.2m이다. 아울러 전체적으로는 구형(球形)을 띠고 있지만, 전면부가 일부 파손된 상태로 절반 정도는 지중에 묻혀 있다. 용암구의 내부를 살펴보면, 형성과정에서 부착된 다양한 크기의 용암 파편을 관찰할 수 있다. 이러한 용암구는 화순곶자왈을 비롯하여 저지 또는 신평곶자왈 등 서부지역의 곶자왈에서 심심찮게 발견된다. 특히 곶자왈을 활용하여 골프장이나 관광시설을 조성하는 과정에서 용암구들이 무더기로 쏟아져 나오기도 하는데, 이들 용암구는 고가로 판매하기도 하고 또 해당 사업체의 홍보를 위한 전시물로 장식하는 경우도 종종 볼 수 있다[7].

이상과 같이 몇 가지 지형경관 요소를 근간으로 곶자왈의 지형경

---

7)   제주돌문화공원(조천읍 교래리)과 노리매공원(대정읍 구억리) 등에는 다양한 크기의 용암구를 전시하여 방문객들에게 선보이고 있는데, 이들 용암구는 대체로 도내의 여러 곶자왈이나 그 주변 지역에서 채집한 것들이 많다.

관 특성을 검토하였는데, 곶자왈 내의 지형경관 요소로 기능하는 것들은 비단 이들뿐만이 아니다. 〈표 2〉에 열거한 지형요소들 이외에도 곶자왈 내부에서는 다양한 크기의 암괴와 암석의 혼재로 인한 악지(惡地)를 포함하여 일정 두께를 지닌 현무암 노두, 용암협곡, 용암원정구, 대·소형 화산탄과 용암수형, 송이류 등[8]이 분포하는 패턴을 보이는 가운데, 다양한 식물과 어우러져 경우에 따라서는 원시림을 방불케 하는 경관을 창출한다. 결과적으로 곶자왈의 근간을 떠받치는 이들 지형경관 요소는 한라산국립공원이나 평지에 형성된 숲과는 전혀 다른 이미지와 분위기의 숲 경관을 제공하는 기본적 경관 요소로 작용하고 있음을 이해할 필요가 있다.

식생경관 요소의
구성과 특징

제주의 여러 곶자왈에 분포하는 산림자원은 약 900여 종으로 알려져 있으며, 이는 제주도 전체 산림자원(약 2,000여 종)의 45%를 차지하는 것으로 확인된다(국립산림과학원 난대·아열대산림연구소, 2013; 녹색환경연구원, 2014; 김대신, 2016). 곶자왈 식생경관의 구성은 크게 상층부, 중층부 및 하층부로 구분할 수 있으며, 이러한 구분은 여러 곶자왈의 공통점을 토대로 검토할 때 교목류, 관목류, 초본류(양치류 및 기타 화초류)의 구성으로도 대치할 수 있다. 이러한 식물 구성의 차이는 결과적으로

---

[8] 여기에 명기한 지형경관 요소들은 각기 파호이호이용암류나 아아용암류로 구분하여 출현 여부를 따지기가 어렵기 때문에, 〈표 2〉에는 삽입하지 않았다.

곳자왈 내 여러 장소에 따라서 식물의 밀집도와 수종 구성이 다르다는 것을 의미하며, 따라서 전체적으로는 지역별 곳자왈에 따른 식생 경관 특징도 다르게 나타날 수 있는 전제가 된다.

〈그림 3〉은 곳자왈을 구성하는 식물 분포와 식물 구성 모식도를 나타낸 것이다. 이에 따르면, 곳자왈의 식생 경관적 관점에서는 크게 두 가지 사실을 읽어낼 수 있다. 첫째는 곳자왈의 지형적 특성에 따른 장소에 따라 식물 분포나 구성이 달라질 수 있다는 것이다. 둘째는 곳자왈 내의 식물은 장소에 따라 교목류, 관목류 그리고 양치류와 기타 화초류 등이 자생 혹은 점유하는 공간이 서로 다른 양상을 보일 수 있다는 점이다. 결과적으로 〈그림 3〉에서는 지형적으로 다소 높은 장소에는 교목류인 느티나무, 팽나무, 참식나무 및 고로쇠나무 등이 자생하고, 경사가 낮거나 상대적으로 교목류의 밀집도가 낮은 장소에는

〈**그림 3**〉 곳자왈 내 식물 분포 및 식물 구성 모식도 출처: 김대신(2016: 35).

관목류인 식나무를 비롯하여 보리수나무, 왕초피나무, 빌레나무, 꾸지뽕나무 등이 점유하는 것으로 이해할 수 있다. 그리고 가장 낮은 저지대나 관목류 주변에는 다양한 양치류(큰톱네고사리, 십자고사리, 비늘고사리 등)를 비롯한 초본류가 점거하는데, 여기에는 홍노도라지, 섬사철란, 새우란, 백서향 등 화초류도 같이 차지하는 형국을 보인다. 특히 음지식물인 양치류는 교목류와 관목류의 하층부는 말할 것도 없고, 요철지형과 같은 주변부에서는 가장 낮은 장소에도 서식 밀도가 높게 나타나는 특징을 보인다(김대신·김봉찬·송시태, 2008). 결국 이러한 식물 분포와 식물 구성은 곶자왈에 난대림과 온대림을 형성하면서 주변 지역보다 상대적으로 종 다양성이 높은 숲을 형성하는 데 크게 일조하고 있는 것이라 할 수 있다(제주국제자유도시개발센터·곶자왈공유화재단·제주특별자치도, 2016).

곶자왈 내의 식물 분포나 구성적 차이는 궁극적으로 제주도 동서 지역에 위치하는 곶자왈의 성격을 구분하는 배경적 요소가 되기도 한다. 더불어 탐방객들에게는 탐방 목적을 달성하기 위한 하나의 지표로도 작용한다. 말하자면, 계절에 따라 늘 푸른 숲을 만끽하기 위하여 상록활엽수가 우거진 곶자왈을 선택할 것인지, 아니면 낙엽이나 단풍을 보기 위하여 낙엽활엽수가 우세한 곶자왈을 선택할 것인지를 가늠하는 바로미터가 된다는 것이다. 그러나 아직 제주에 분포하는 모든 곶자왈의 식물과 식생조사가 완료된 것이 아니기 때문에, 앞으로 곶자왈에 따라서 방문객들의 선호도는 한층 더 다양하게 나타날 수도 있다.

기존에 조사된 내용에 따르면, 크게 4대 곶자왈 별로 주요 식물 종수와 특산식물 및 희귀식물의 실태는 어느 정도 파악된 것으로 확인된다(곶자왈공유화재단, 2012; 제주국제자유도시개발센터·곶자왈공유화재단·제주특별자치도, 2016). 이들의 일부를 정리한 것이 〈표 3〉이다. 먼저 4대 곶자

곶자왈 구분	주요 분포지역	식물 종수	주요 특산식물 및 희귀식물
한경-안덕곶자왈	한경면·한림읍·안덕면·대정읍 일부 지역	약 410여 종	개가시나무, 빌레나무, 왜구실사리, 차꼬리고사리, 약난초 등
애월곶자왈	애월읍 소길리, 상가리, 납읍리 일대	약 450여 종	떡윤노리나무, 벌깨냉이, 개족도리풀, 참개별꽃, 새끼노루귀 등
조천-함덕곶자왈	조천읍 선흘리, 교래리, 함덕리 등 일부 지역	약 510여 종	개가시나무, 솔비나무, 으름난초, 대흥란, 순채, 제주고사리삼, 제주조릿대, 제주상사화, 좀민들레 등
구좌-성산곶자왈	구좌읍·성산읍 일부 지역	약 320여 종	떡윤노리나무, 왕초피나무, 벌깨냉이, 가시딸기, 참개별꽃 등

출처: 곶자왈공유화재단(2012), 제주국제자유도시개발센터·곶자왈공유화재단·제주특별자치도 (2016) 등에 의해 필자 재구성.

왈 별 식물 종수를 살펴보면 한경-안덕곶자왈에는 약 410여 종, 애월 곶자왈에는 약 450여 종, 조천-함덕곶자왈에는 약 510여 종 그리고 구 좌-성산곶자왈에는 약 320여 종의 식물 종수가 분포하는 것으로 파악 된다. 이들 곶자왈 별 식물 종수의 차이는 제주도 내에서도 동서지역 의 강수량과 온도 차이는 물론이고 토양층의 분포 정도와 개별 식물 의 자생 환경 등에 따라 달라지는 것으로 이해할 수 있다. 물론 여기 서 확인되는 자료에서는 곶자왈 별로 우점하는 식물이 동일한 경우도 있고, 식물 종수에서도 공통분모가 많은 것이 사실이다. 따라서 4대 곶자왈에 분포하는 주요 식물 구성이 모든 관점에서 다른 것은 아니 라는 사실에 유념할 필요가 있다.

이어서 4대 곶자왈 별로 주요 식물 분포와 특산식물 및 희귀식물 을 살펴보면, 한경-안덕곶자왈에는 상록활엽수인 가시나무류(종가시나 무, 붉가시나무, 개가시나무 등)와 녹나무, 낙엽활엽수인 예덕나무와 팽나무,

때죽나무 등이 혼효림을 이루는 가운데(사진 5) 개가시나무, 빌레나무, 왜구실사리, 차꼬리고사리, 약난초 등의 특산식물 혹은 희귀식물이 자생하는 것으로 파악된다(곶자왈공유화재단, 2012). 애월곶자왈에는 단풍나무, 팽나무, 고로쇠나무 및 비자나무 등이 우점하는 가운데(사진 6) 떡윤노리나무, 벌깨냉이, 개족도리풀, 참개별꽃, 새끼노루귀 등의 주요 특산식물이 자생하는 것으로 알려지고 있다(제주국제자유도시개발센터·곶자왈공유화재단·제주특별자치도, 2016).

조천-함덕곶자왈에는 종가시나무를 비롯하여 동백나무, 식나무, 아그배나무 등이 우세하며(사진 7), 특산식물인 제주고사리삼, 제주상사화, 제주조릿대, 개족도리풀, 벌깨냉이 등과 희귀식물인 으름난초,

〈사진 5〉 한경-안덕곶자왈의 식생경관

〈사진 6〉 애월곶자왈의 식생경관

〈사진 7〉 조천-함덕곶자왈의 식생경관

〈사진 8〉 구좌-성산곶자왈의 식생경관

대흥란, 순채, 개가시나무 등도 자생하는 것으로 확인된다(제민일보곶자왈특별취재반, 2004). 그리고 구좌-성산곶자왈에는 비자나무, 때죽나무, 참식나무, 생달나무 등의 분포비율이 상대적으로 높으며(사진 8), 떡윤노리나무, 왕초피나무, 벌깨냉이, 가시딸기, 참개별꽃 등이 특산식물로 자리 잡고 있다(제민일보곶자왈특별취재반, 2004).

　이상과 같은 곶자왈 별 식물 분포와 특산식물 및 희귀식물의 자생 여부는 그동안 제주도 내 식물학 연구자들의 숨은 노력에 의해 규명된 것으로서 그 결과 곶자왈의 생태적 가치는 물론이고 식생경관의 특징을 다각도로 확인할 수 있는 초석이 마련되었다. 곶자왈의 식생경관 특성은 제주도 내의 한라산국립공원이나 중산간지역에 분포하는 일반적인 숲의 특성과는 차별성과 독특성이 전제된 것이라 지적할 수 있다. 그 배경에는 특히 자연지리적인 특성, 즉 용암류에 기원하는 암괴류와 기반 암석의 분포, 희박한 토양층, 상대적으로 많은 강수량과 강한 보습성, 해발고도 등이 한데 어우러진 결과라 할 수 있을 것이다. 위에서 지적한 바와 같이, 곶자왈 내의 여러 가지 지형경관 요소의 불규칙적인 분포나 복잡한 지질적 구조는 다양한 식물들의 자생지 또는 서식지를 스스로 선택하게 하는 데 중요한 배경으로 작용했다고 말할 수 있다.

문화경관 요소의
구성과 특징

　현재 제주의 곶자왈 내부에는 과거 제주 선조들이 사용하던 다양한 생활형 자원이 잔존해 있다. 이처럼 제주도민들이 생활을 영위하

기 위한 과정에서 출현한 자원을 여기서는 문화경관 요소로 간주하고
자 한다. 더불어 곶자왈 별로 파악되는 문화경관 요소의 종류와 수는
상당수에 이르기 때문에, 여기서는 대표적인 것만을 사례로 들어 분
석하고자 한다.

1970년대 이전까지 제주도민들이 곶자왈을 배경으로 행한 경제활
동은 숯 생산을 비롯하여 옹기(類) 생산, 산전(山田)·수전(水田) 경영, 사
냥활동, 생활용구 제작, 신탄과 땔감 채취, 야생 열매·식용 및 약용식
물 채취 등과 함께 양봉업과 목축업에 이르기까지 매우 광범위하다(정
광중, 2012; 강창화·정광중, 2014; 정광중, 2014). 결과적으로 볼 때, 이러한 경
제활동은 당시부터 제주도민들의 자연 의존도나 숲을 배경으로 한 생
활공간의 확대를 잘 보여주는 단적인 증거라 말할 수 있다.

2011~17년 5월 시점까지 필자가 진행해온 곶자왈 내 인문자원 조
사결과를 토대로 하면, 곶자왈 내에는 위에서 지적한 제주도민들의
경제활동과 관련된 문화경관 요소와 특수한 목적으로 이용하던 문화
경관 요소들이 곳곳에 자리 잡고 있다. 물론 다양한 경제활동 중에는
생활용구 제작은 물론이고 신탄과 땔감 채취, 야생 열매·식용 및 약용
식물 채취 등과 관련된 문화경관 요소는 거의 존재하지 않는다. 이들
은 곶자왈 내에서 일시적 또는 장기적인 거주 그리고 일정한 범위에
걸친 공간 확보를 목적으로 하지 않는 경제활동이기 때문에, 특별한
시설이나 구조물이 필요하지 않다는 사실과 관련된다.

이처럼 곶자왈 내에서는 특별한 목적을 띠고 있으면서 일시적 혹
은 장기적으로 거주하거나 아니면 주기적이고 계절적인 공간 확보가
필요한 경우에 가시적인 경관 요소가 존재하게 되며, 그 반대의 경우
에는 결국 행위의 결과에 대한 어떠한 흔적도 없이 곶자왈을 이용했
던 제주도민들의 기억 속에서만 남아 있는 것이다. 궁극적으로 현재

제주도 내의 여러 곶자왈 내부에는 제반 경제활동과 관련된 혹은 일시적 피난처나 주거지, 그리고 일본군 군사시설 등과 관련된 다양한 종류의 문화경관 요소들이 잔존하고 있다.

앞서 지적한 바와 같이, 제주도민들의 곶자왈 이용에 대한 구체적인 실상은 주로 1970년대 이전까지 어려운 생활고를 이겨내기 위한 터전으로서 이용했다는 사실에서 찾을 수 있다. 한 가지 특기할 만한 사실은 곶자왈은 해방 이후에 전개된 4·3사건 당시 무장대나 토벌대를 피하기 위한 목적으로 임시 피난처나 일시적 주거지로도 활용되었는데(허영선, 2006: 90), 곶자왈 내부 곳곳에 위치하는 궤(바위굴)와 용암동굴(소형)이 주된 대상이었다는 점이다. 더불어 4·3사건이 발생하기 직전에는 일본군들에 의해 군주둔지(1945년 4월~8월까지 약 75,000여 명 주둔)로도 이용되었는데(제주역사문화진흥원, 2008), 일본군은 특히 나무가 우거진 지구를 선택하여 일부 경사지나 평탄지에 진지, 참호, 무기고, 취침용 막사, 취사시설 및 채소 재배용 텃밭 등을 조성하여 이용하기도 했다.

그렇다면 좀 더 구체적으로 곶자왈 내에 잔존하는 문화경관 자원을 검토해 보자[9]. 〈표 4〉는 곶자왈 내부에 잔존하는 구체적인 문화경관 요소의 사례와 함께 축조 또는 사용 시기를 개략적으로 정리한 것으로서, 논리 전개 상 다소 불요한 자원은 일부 생략하였음을 밝혀 둔다.

먼저 곶자왈 내에서 숯이나 옹기류 생산과 관련된 경관 요소로서

---

9) 이와 관련된 연구는 이미 일부 곶자왈에 대해 행해졌음을 밝히며, 여기서 상세히 다루지 못한 내용은 기존의 연구 성과를 참고하기 바란다(정광중, 2012; 2014; 2015b; 강창화·정광중, 2014; 정광중·강성기·최형순·김찬수, 2013; 부혜진·강창화·정광중, 2016).

이용 구분	구체적인 자원	축조 또는 사용 시기
숯 생산(가마 축조)	돌숯가마, 작업장, 숯막	19C~1945년 이전
옹기류 생산(가마 축조)	옹기가마	17C 후반~1960년대
목축업	초지, 경계 돌담(잣성, 마을 공동목장 간), 급수시설, 물통	15C 전반~19C 후반(잣성) 1930년 전후~1970년대(마을 공동목장)
산전(山田), 화전(火田), 수전(水田) 경영	경작지, 경계돌담, 머들, 물텅(통)	1894년 전후~1950년대
사냥활동	노루텅(통)	19C~1945년 이전
임시 피난처(4·3사건)	궤, 대·소형 용암동굴	선사시대, 1948년 3월 이후~1953년 1월 전후
일본군 군사시설	진지, 참호, 막사, 무기고, 취사시설, 텃밭과 경계돌담 등	1945년 4월 전후~동년 8월

주: 숯막은 1960년대까지도 또 다른 형태의 숯을 제조하면서 연장 사용한 경관 요소임.
출처: 강창화·정광중(2014), 정광중(2014) 및 현지조사(2016년 8월) 등에 의해 작성.

숯가마는 선흘, 교래, 저지, 청수, 구역, 신평곶자왈 등에서 그리고 다양한 옹기류를 생산하는 옹기가마는 산양과 무릉곶자왈 등에서 확인되고 있다[10](사진 9~10). 특히 숯 생산과 관련해서는 장기간 숯을 굽는 데 필요한 임시 주거지로서 숯막도 많은 수가 분포하고 있는데, 이들은 조선시대 말기부터 1960년대까지 1회용 숯 생산을 위한 임시 거주지로 유사한 목적 달성을 위하여 연장선상에서 사용된 특징을 보인다(사진 11). 그리고 제주도민들이 가정에서 사용하던 각종 옹기류(허벅, 항

---

10) 이와 관련하여 〈표 4〉에 제시된 문화경관 요소들 중 사례 곶자왈에서 직접 확인하지 못한 경우도 더러 있다. 그러나 주민들과의 인터뷰에서는 분명히 사례 곶자왈 속에서 관련되는 경제활동이 이루어졌으며, 그 흔적의 일부는 아직도 남아있다는 제보를 접하였다.

〈사진 9〉 구억곶자왈 숯가마   〈사진 10〉 산양곶자왈 옹기가마

〈사진 11〉 교래곶자왈 숯막

아리, 간장병, 술병 등)를 생산하던 옹기가마는 엄청난 땔감을 필요로 하기 때문에 곶자왈 내부나 또는 그 주변부에 축조했던 것이며, 축조 이후부터 사용한 시기는 17C 후반경까지 올라간다(김정선, 2010: 387).

목축업과 관련된 경관 요소는 조선시대에 국영목장의 경계로 축조한 잣성(잣담)을 비롯하여 일제강점기부터 사용하기 시작한 마을목장 간 경계돌담, 우마들이 물을 마시던 급수시설 또는 자연 우물 등이 존재하며(사진 12), 동시에 곶자왈의 일부 공간은 마을공동목장의 부지

〈사진 12〉 무릉곶자왈 급수시설

〈사진 13〉 선흘곶자왈 강못   〈사진 14〉 선흘곶자왈 노루텅

로 아직도 잔존하고 있다(부혜진·강창화·정광중, 2016). 이들 경관 요소는 교래, 저지, 청수, 상창, 화순, 상도, 수산곶자왈 등에서 확인할 수 있으며, 제주도민들이 자발적으로 사용했던 기간은 주로 1930년을 전후하여 1970년대까지로 설정할 수 있다.

산전(화전) 혹은 수전과 관련된 경관 요소는 곶자왈 내의 평지와 습지를 이용하여 보리, 조, 피, 벼를 재배했던 농경지 관련 자원으로서 주로 경지를 에워싸던 경계돌담이 주를 이루며, 일부는 벼농사에 필요한 여분의 물을 확보하기 위한 시설로 물텅(통)이 남아 있다. 이들의 가시적인 형태는 원형과 타원형 돌담시설이 주를 이루며, 최근까지의 조사에 따르면 선흘곶자왈을 비롯하여 저지, 청수, 무릉, 세화, 수산곶자왈에 많이 분포하는 것으로 파악된다. 더불어 제주도민들에 의해 주로 사용되었던 시기는 1894년(갑오개혁)을 전후한 시기부터 1950년대가 주를 이룬다. 특히 '강못'이라 부르는 벼농사 관련 경관자원은 여러 곶자왈 중에서도 선흘곶자왈 내에서만 확인되는 독특한 사례로 매우 주목된다(강창화·정광중, 2014, 사진 13).

사냥활동과 관련된 경관 요소로는 야생노루를 포획하는 석축함정인 노루텅(통)을 들 수 있는데, 현시점에서는 선흘곶자왈 내에서만 확인되고 있는 중요한 자원으로 부각되고 있다(사진 14). 노루텅은 이미 보고한 바와 같이, 2014년까지 총 7기가 존재하는 것으로 파악되었으며(강창화·정광중, 2014), 그 이후에도 추가적으로 확인된 것은 없다.

4·3사건으로 인한 임시 피난처 혹은 임시 주거용과 관련된 궤와 용암동굴(소형)은 자연적인 요인에 의해 형성된 것들로, 이미 오래전에 선사인들의 주거지로도 사용된 사실이 확인되었다(강창화 외, 2012). 이들 궤와 용암동굴은 4·3사건과 같은 근대의 사회적 격변기에도 일시적인 피난처나 거주지로 활용되었음은 물론이지만, 곶자왈 내의 제반 경제활동을 행하는 과정에서도 부분적으로 활용되었기 때문에 문화 경관 요소로서도 충분한 의미와 가치가 있는 것으로 판단된다. 제주의 여러 곶자왈에서는 궤나 용암동굴을 아주 쉽게 확인할 수 있는데, 특히 4·3사건과 관련하여 많이 이용되었던 궤와 용암동굴은 선흘, 교래, 저지, 무릉, 신평곶자왈 등에서 확인할 수 있다(사진 15).

일본군 군사시설과 관련된 경관 요소는 최근까지의 조사에서는 선

흙과 화순곶자왈에서만 한정적으로 확인되고 있으나(사진 16~17), 향후 확대 조사에 따라서는 더 많은 곶자왈이 추가될 소지도 있다. 이들 군 사시설은 일정 공간을 활용하여 방형 또는 원통형으로 구축한 후에 돌담으로 내부를 정교하게 구축한 구조물이 주를 이루며, 이들은 연 합군과의 일전을 위하여 1945년 4월 이후부터 같은 해 8월경까지 아 주 짧은 기간 내에 축조되어 사용된 특징을 보인다.

〈사진 15〉 저지곶자왈 용암동굴

〈사진 16〉 화순곶자왈 방형 진지   〈사진 17〉 화순곶자왈 취사시설

곶자왈의 가치 탐색

생태적 가치

곶자왈의 가치는 무엇보다도 생태적 가치에 방점을 찍을 수밖에 없다. 곶자왈은 그동안 여러 연구(양수남, 2003; 김효철, 2006; 정광중 2015a)에서도 지적된 바와 같이, 제주도민들 사이에서도 가치가 평가절하되어 '농사에 부적절한 땅', '쓸모없는 땅'으로 전락돼온 것이 사실이다. 그러나 2000년 이후 곶자왈 연구가 본격화되기 시작하면서, 곶자왈의 가치 평가는 전적으로 달라지기 시작했다. 곶자왈은 제주도 내 어느 곳에나 존재하는 단순한 숲이 아니라 다양한 수종과 희귀식물 또는 특산식물 등이 한데 어우러진 중요한 숲임이 밝혀졌고, 더욱이 동서 타원형의 형태를 이루는 제주도의 허리 부분에 해당되는 중산간 지역에 위치하는 숲임을 감안할 때 곶자왈이 지니는 생태적 가치는 지금까지 알려진 것보다 훨씬 더 뛰어난 측면을 반영한다.

이처럼 곶자왈의 생태적 가치에 주목해야만 하는 배경에는 곶자왈이 식물 종 다양성을 배경으로 한 소중한 산림자원으로서, 제주 섬의 자연환경에 적응한 다양한 동식물의 서식지로서, 제주도민들의 소중한 식수인 지하수 함양의 수원지로서, 나아가 최근 전 세계적으로 문제시되는 이산화탄소의 저감 장소로서, 그야말로 곶자왈은 그 누구도 부정할 수 없는 생태계의 보고라는 사실이 내재되어 있다.

이러한 사실을 단적으로 입증하는 자료를 살펴보자. 예를 들어 곶자왈의 이산화탄소 흡수 능력은 연간 약 16만 6,200t으로, 이것은 중형 자동차(2,000CC 이상) 약 4만 1,550대가 연간 2만km 이상 주행할 때 내뿜는 양과 맞먹는다(국립산림과학원 난대아열대산림연구소, 2013: 16). 더불어 청수곶자왈 시험림을 표본으로 한 곶자왈의 최대 지하수 함유량은 총 강수량의 48~60% 정도로 파악되었는데, 이 수치도 제주도 지하수 평균 함양량이 총 강수량 대비 약 46%라는 사실과 비교할 때, 곶자왈 의 지하수 함양기능이 매우 뛰어나다는 점을 확인할 수 있는 것이다(국 립산림과학원 난대아열대산림연구소, 2013).

더불어 곶자왈은 다양한 동식물의 서식지로서도 크게 주목받고 있 다. 지금까지 연구·조사된 바에 의하면 곶자왈 내에는 제주고사리삼 을 비롯하여 개가시나무, 솔잎란, 대흥란, 백운란, 차걸이란, 으름난 초 및 순채 등 총 8종에 이르는 환경부 지정 멸종위기 식물이 자생하 고 있다. 또한 곶자왈에 서식하는 대표적인 포유류로서 노루, 오소리, 제주족제비, 제주등줄쥐, 작은땃쥐 및 집박쥐 등 6종이 주목받고 있 다(김효철·송시태·김대신, 2015: 109). 나아가 오장근·김완병·이영돈(2013: 16- 46)은 곶자왈에서 확인된 조류가 1급 야생생물인 매를 시작으로 붉은 해오라기, 벌매, 독수리, 소쩍새, 팔색조 등 84종에 이른다고 지적하 고 있다.

1970년대까지만 해도 곶자왈은 오랫동안 제주도민들의 생활에 필요한 자연자원을 공급하는 생명선(life line)이었다. 그러나 도시생 활을 만끽하기 시작하면서 제주도민들은 약 30여 년 동안 곶자왈의 존재나 가치를 거의 잊은 채 물질문명에만 몰입된 생활을 영위하는 데 급급해 왔다. 그 사이에 과거 곶자왈을 개간하여 사용하던 목장 용지나 일부 농경지에조차도 다양한 수종들이 뿌리를 내리면서 곶 자왈의 공간적인 범위는 한층 더 광범위해졌다. 이것은 쓸모없거나 버려진 땅이라 인식되던 지구를 개간하면서 부분적으로 사라졌던 곶 자왈의 일부 지구가 인위적인 간섭이 끝나자마자 다시 곶자왈로 환 원된 것이다.

그렇지만 더욱 확장된 곶자왈의 존속 기간도 그리 오래가지는 못하였다. 2000년대로 들어서면서부터 생태적 가치를 전혀 모르거나 알아도 개발 우선의 입장을 취하는 일부 기업과 행정기관의 무지가 곶자왈 파괴로 이어졌다. 제주도 내의 환경단체와 연구자들은 곶자왈의 중요성을 수시로 지적하였고, 그로 인하여 제주도민사회는 변화의 물결이 나타나기 시작했다. 곶자왈의 생태적 가치가 재차 부각되기 시작한 것이다. 이로 볼 때 2000년 이후부터 현시점까지는 개발에 따른 파괴와 생태적 가치의 부활이라는 이중적 잣대로 곶자왈은 신음 국면이 지속되는 상황이라 말할 수 있다.

이러한 상황 속에서도, 곶자왈의 생태적 가치의 존귀성은 시간이 흐를수록 점점 높아지고 있으며, 따라서 제주특별자치도에서도 그에 대응하고자 하는 일련의 긍정적인 작업들, 즉 곶자왈의 개념 정립에 따른 곶자왈의 지역별 분포와 정확한 면적 산출, 그 결과에 따른 핵심보전지역과 개발제한지역의 상향 조정 및 변경 등의 작업들이 구체적으로 시도되고 있다. 결과적으로 보면, 지금까지 제주도 내의 환경단체와 연구자들이 주장해온 곶자왈의 생태적 가치가 한 단계 업그레이드됨으로써 제주도민들의 인식이나 제도상의 위상도 크게 변화할 수 있는 계기가 마련되고 있는 것이다.

유산적 가치

곶자왈 경관의 유산적 가치는 앞으로도 지속적인 연구 성과에 토대를 두면서 탐구해 가야 할 과제이기도 하다. 그만큼 곶자왈 경관의 유산적 가치는 시간적 변화에 의해 평가되는 에센스도 변화할 수 있음을 전제한다. 세계유산으로서의 지정을 고려한다면, 유네스코 세계유산위원회가 권고하는 탁월한 보편적 가치(OUV: Outstanding Universal Value), 진정성(Authenticity)과 완전성(Integrity) 등이 학술적인 논리로서 입증되어야 하지만, 이 글에서는 곶자왈을 세계유산으로 등재하기 위한 목적에서 유산적 가치를 찾는 것이 아니라 일반적으로 말하는 제주에 존재하는 지역자산으로서, 또 후세대에게 물려주어야 할 의미 있고 가치 있는 공공자산으로서 곶자왈의 유산적 가치를 확인해 보고자 하는 것이다. 이러한 작업은 궁극적으로 일정한 시간이 흐른 뒤에 곶자왈을 세계유산으로 등재하기 위한 초석이 될 수도 있을 것으로 판단된다.

그런 의미에서 곶자왈의 유산적 가치를 도출하기 위한 방편으로, 〈표 5〉와 같이 곶자왈 자체의 SWOT 분석 결과를 토대로 논의할 수 있다. 이 자료에 의거하자면, 곶자왈의 유산적 가치는 강점과 기회 요인을 최대로 살리고, 나아가 약점과 위협 요인을 극소화하는 관점에서 부각시켜 나갈 수 있다. 따라서 곶자왈의 유산적 가치는 강점 요인의 8가지와 기회 요인의 8가지가 중요한 배경으로 작용할 것으로 판단된다. 그것들 중에서도 특히 곶자왈이 '독특한 지형·지질적 특성에 의해 형성'되었고, '특이한 식생구조에 따른 생태적·경관적 가치가 높으며', 제주도 내의 '다른 지역의 숲과는 차별화되는 경관을 창출'(이상, 강점 요인)한다는 사실과 함께 2011년 12월 '곶자왈도립공원의 탄생'을 시작으로 2014년 3월에는 선흘곶자왈이 '유네스코 세계지질공원의 대표명소로 추가 지정된 점', 때를 같이하여 '제주특별자치도 곶자왈 보전 및 관리 조례안이 제정된 점'(이상, 기회 요인) 등은 곶자왈의 유산적 가치도 어느 정도 입증되었음을 의미하는 것이라 말할 수 있다.

단지 곶자왈의 약점과 위협 요인으로 등장하는 '곶자왈 개념 미정립에 따른 지역적 분포 및 정확한 면적 산출의 어려움', '사유지가 많

〈표 5〉 곶자왈에 대한 SWOT 분석(2017년 5월 시점)

강점(Strength)	약점(Weakness)
- 곶자왈이란 용어의 특이성 - 독특한 지형·지질적 특성에 의해 형성 - 특이한 식생구조에 따른 생태적·경관적 가치가 높음 - 다른 지역의 숲과는 차별화되는 경관 창출 - 지하수 함양에 중요한 기능 - 공기 정화기능에 뛰어난 역할 - 기후온난화 연구를 위한 대표적 장소 - 자연체험, 힐링 및 치유, 환경교육, 생태 관광 자원 등으로 활용가치가 높음	- 곶자왈 개념 미정립에 따른 지역적 분포 및 정확한 면적 산출이 어려움 - 사유지가 많아 소유권 변동이 심하고, 곶자왈 공유화 또는 공공자산 의식이 약함 - 보전·관리·이용에 관한 법적·제도적 대책 미흡 - 곶자왈(지형·지질·식생·생활문화자원 등) 설명 안내판 미흡 - 교육·학습 프로그램의 미흡 - 홍보 부족으로 국내외적 인지도가 낮음
기회(Opportunity)	위협(Threat)
- UNESCO 자연과학 분야 3관왕으로 제주의 자연 환경적 가치가 재조명 - 곶자왈공유화재단의 설립(2007년 7월) 운영 - 곶자왈도립공원의 탄생(2011년 12월) - 2012년 WCC 총회에서 의제로 채택 - 전국적인 녹색관광·생태관광 붐에 부합 - 세계 환경수도 조성을 위한 제주특별자치도의 의지가 강함 - UNESCO 세계지질공원 대표명소로 확대 지정 (2014년 3월) - 제주특별자치도 곶자왈 보전 및 관리 조례안 제정 (2014년 4월) 완료	- 곶자왈 저평가에 따른 개발 압력이 강함 - 사유 재산권 제한에 따른 갈등문제의 존재 - 지역주민들의 소득 창출 연계 미흡 - 녹색관광, 생태관광 활성화에 편승한 무분별한 탐방로 개설 가능성 잠재 - 탐방객 증가에 따른 경관자원의 훼손 가능성 잠재 - 일부 곶자왈의 탐방객 안전성 미흡 - 최근 육지부와 중국 자본의 유입 등으로 곶자왈 지가 상승, 보전을 위한 곶자왈 매입 곤란

출처: 제주녹색환경지원센터(2014)와 정광중(2015a)의 자료를 토대로 수정 및 보완.

아 소유권 변동이 심한 점', 그리고 아직까지도 '보전·관리·이용 등에 관한 법적·제도적 대책이 미흡한 점'(이상, 약점 요인)과 함께 현시점에서도 '곶자왈 저평가에 따른 개발 압력이 강한 점', '사유 재산권 제한에 따른 갈등문제가 존재하는 점', 나아가 '최근에는 육지부와 중국 자본의 유입에 따른 지가 상승으로 보전을 위한 곶자왈 매입이 곤란한 점'(이상, 위협 요인) 등은 곶자왈의 유산적 가치를 한층 저하시키는 배경으로 작용할 것으로 판단된다.

곶자왈 경관은 기본적으로 곶자왈 내부에 존재하는 지형적 요소와 식물적 요소 그리고 매우 희박하지만 토양적 요소 등이 결합됨으로써 완성된다. 이러한 곶자왈 경관이 탄생된 이후에는 내·외부적인 요인들에 의하여 다시 변화할 수밖에 없는 구조를 띠게 된다. 궁극적으로 곶자왈의 유산적 가치는 현시점에서 평가하는 유산적 가치와 시간적 변화에 따른 인위적인 행위, 즉 곶자왈의 파괴나 개발지 등으로 용도 전환이 행해진 시점에서 평가하는 유산적 가치가 달라질 수밖에 없다. 따라서 곶자왈의 유산적 가치에 대한 평가과정은 제주도민뿐만 아니라 대한민국 국민 모두가 인정하고 납득할 수 있는 상황을 전제로, 보다 긍정적이고 진전된 사고전환이 필요하다고 말할 수 있다.

관광적·교육적 가치

곶자왈이 관광적 가치와 교육적 가치를 지니고 있다는 배경은 지금까지의 논의 속에서도 충분히 유추해 볼 수 있다. 곶자왈은 근본적으로 자연이 만들어낸 산물이고, 자연의 산물을 지속적으로 이용해온 주체는 제주도민들이다. 결과적으로, 앞에서 논의한 지형경관 요소나 식생경관 요소는 곶자왈의 자연경관 요소로서 1차적 경관 요소라 할 수 있으며, 곶자왈 내부를 이용하면서 제주도민들이 남긴 다양한 생활형 자원은 문화경관 요소로서 2차적 경관 요소라는 점에서 서로 대비된다.

이러한 경관 요소들의 형성과정과 존재적 특성은 결과적으로 관광적·교육적 가치의 근간을 이룬다고 말할 수 있다. 현시점에서 볼 때, 제주의 여러 곶자왈에는 탐방객들을 위한 탐방로가 많이 개설되어 있다. 시기적으로 가장 먼저 개설된 선흘곶자왈을 시작으로 교래(교래자 연휴양림), 저지, 청수, 산양, 무릉, 화순 및 보성·신평·구억곶자왈(곶자 왈도립공원) 등 곶자왈을 끼고 있는 마을에서는 탐방로 개설에 열을 올 리고 있다[11]. 사실 탐방로 개설 자체도 곶자왈 파괴라는 비판이 뒤따 르고 있는 것이 현실이지만(정광중, 2015a), 곶자왈은 탐방객들의 관광, 힐링, 치유, 자연체험의 대상으로는 물론이고 환경교육이나 생태교육 의 장으로서 새로운 기능을 담당하고 있는 것도 엄연한 사실이다.

곶자왈을 찾는 사람들의 관광활동이나 교육활동은 현시점에서 볼 때 양자가 매우 유사하다는 사실을 확인할 수 있다. 일차적으로는 곶 자왈의 관광활동이나 교육활동의 대상이 집단적이고, 곶자왈을 안내 하는 해설사(숲 해설사, 생태 해설사, 곶자왈 해설사)의 동반에 의해 행해진다 는 점이다. 그리고 관광활동과 교육활동의 중심내용은 곶자왈을 구 성하는 경관 요소의 형성과정과 배경, 특징과 분포, 지역 주민과의 연 관성 등이 주를 이룬다. 물론 곶자왈 탐방 이후에 행해지는 체험형 관 광활동이나 교육활동은 양자가 다를 수밖에 없기 때문에 여기서는 논 외로 한다. 궁극적으로 해설사의 안내를 통한 곶자왈 탐방은 관광활 동이나 교육활동이 거의 동일한 형태로 행해지고 있음을 간파할 수 있다.

최근 곶자왈 경관을 대상으로 한 관광활동과 교육활동이 가장 활 발하게 진행되고 있는 곳은 선흘곶자왈이다(표 6). 선흘곶자왈은 아동

---

11) 본격적인 곶자왈 탐방로의 개설은 1999~2000년에 걸쳐 선흘곶자왈에 처음 조성되기 시 작하였는데 그 이후 교래, 저지, 청수곶자왈 등이 가세하였고, 2007년 이후부터는 올렛길 걷기 열풍이 불면서 마을에 따라 올렛길과 연결하는 탐방로는 물론이고 올렛길과는 별도 로 마을 활성화 차원에서 탐방로를 개설하는 곶자왈도 많아졌다.

과 청소년, 성인 남녀를 아우르는 생태관광 및 환경(생태)교육 프로그램을 선정하여 많은 탐방객들을 끌어들이고 있으며, 이미 전국적으로도 관광명소나 곶자왈 탐방명소로 널리 알려진 곳이다. 〈표 6〉에 제시된 프로그램의 사례를 보면, 선흘곶자왈을 배경으로 행해지는 관광활동과 교육활동은 구분하기 어려울 정도로 유사성이 강한 측면을 보인다. 단지 곶자왈 탐방로를 중심으로 행해지는 관광활동이나 교육활동 유형, 즉 환경교육, 생태놀이, 자연체험, 자연치유, 역사문화 프

〈표 6〉 선흘곶자왈을 배경으로 행해지는 관광활동과 교육활동 프로그램

프로그램명	세부 주제	대상
환경교육 프로그램	○ 쨍하고 해들 곳 ○ 동백동산 생명에 한눈팔기	초등생 및 그 가족
생태놀이 프로그램	○ 그림 숲 ○ 뚱뚱애벌레 날씬애벌레	유치원생, 초등생
자연체험 프로그램	○ 신비의 산림습지, 동백동산 습지생태관광 ○ 동백동산으로 한눈팔기 ○ 동백동산을 봄, 귤꽃 엔딩	아동, 성인
자연치유 프로그램	○ 눈 내리고 동백꽃 피다	성인
역사문화 프로그램	○ 자연과 역사가 공존하는 여행 '쨍하고 해들 곳'	아동, 성인
문화예술 프로그램	○ 숲과 음악이 만나는 여행 '바람 따라 선율 따라'	성인
자전거캠핑 프로그램	○ 다 같이 돌자 동네한바퀴	초등생, 중학생
음식체험 프로그램	○ 가시나무도토리 칼국수 체험 ○ 찹쌀쿠키 체험 ○ 빙떡 체험	아동, 성인
마을체험 프로그램	○ 천연염색 ○ 감귤 따기 ○ 나물 캐기	아동, 성인

주: 동백동산은 선흘곶자왈 내에서도 동백나무 수종이 탁월한 지구로서 탐방로가 개설된 지구임.
출처: 고제량 외(2016)의 자료를 재구성.

로그램과 곶자왈 탐방이 끝난 이후나 곶자왈 탐방과는 무관하게 마을 내의 특정 장소에서 행해지는 활동유형, 즉 문화예술, 자전거캠핑, 음식체험, 마을체험 프로그램으로 구분되는 특징을 보인다.

　이상 선흘곶자왈의 프로그램을 사례로 검토해 볼 때, 곶자왈 자체가 되었든 곶자왈 경관이 중심이 되었든 간에 곶자왈을 끼고 행하는 관광활동이나 교육활동은 2010년 이전까지만 해도 전혀 인식할 수 없었고, 따라서 실제로 행할 수도 없었던 새로운 경험과 가치를 발굴하는 작업의 소산이라 할 수 있다. 이와 같은 선흘곶자왈의 모델은 이후에 교래곶자왈을 대상으로 하는 곶자왈공유화재단의 관광활동과 교육활동 그리고 보성·신평·구억곶자왈(곶자왈도립공원)을 배경 삼아 행하는 신평곶자왈체험학교의 관광활동과 교육활동에도 적잖은 영향을 끼쳤다. 물론 이 배경에는 곶자왈의 신비를 풀어내려는 지역 연구자들의 끊임없는 노력이 숨어 있다. 그렇기 때문에 곶자왈의 관광적·교육적 가치는 앞으로도 곶자왈 연구자들의 연구 결과에 따라 한층 더 수준 높은 경험과 지식이 동반된 상황 속에서 부각될 가능성이 높다.

마무리하기

　이 글은 제주 곶자왈의 경관 보존과 활용에 대한 자료 확보를 목적으로, 제주의 동서지역에 주로 분포하는 곶자왈의 경관 특성을 논의하고 그에 대응하여 곶자왈이 지니는 가치가 무엇인지를 탐색하는 데 있다. 연구 결과의 핵심내용은 다음과 같이 요약하여 정리할 수 있다.

　첫째로, 제주 곶자왈은 화산활동의 결과 탄생한 자연자원으로 제주의 동서지역에 주로 분포하며, 1만 년을 전후한 시기에 분출한 파호이호이용암류와 아아용암류에 의해 형성된 특징을 보인다. 따라서 곶자왈 내부에는 현시점에서도 풍화작용이 덜 진전된 지형경관 요소들이 산재하고 있으며, 이들은 다양한 식생경관 요소와 어우러지면서 곶자왈의 신비함과 상징성을 부여하는 데 독특한 기능을 담당하고 있다.

둘째로, 제주 곶자왈의 경관 특성은 지형경관 요소, 식생경관 요소 및 문화경관 요소로 구분하여 논의하였다. 이들은 제주 곶자왈의 경관을 구성하는 3대 핵심 요소로서 주목할 수 있으며, 지형경관 요소와 식생경관 요소가 자연에 의한 1차적 경관 요소라면, 문화경관 요소는 제주도민에 의한 2차적 경관 요소라는 점에서 서로 대비할 수 있다.

셋째로, 제주 곶자왈의 지형적 기반을 형성하는 지형경관 요소는 암괴류를 기본으로 하여 투물러스, 밧줄구조, 함몰지, 용암동굴, 습지, 용임구, 요철지형, 용암협곡 등 매우 다양하다. 이러한 지형경관 요소는 그것 자체의 존재로서도 의미와 가치가 있을 뿐만 아니라 다양한 식물들의 생육환경을 제공하는 중요한 기반이 되고 있다는 점에서 매우 중요한 지형경관 자원이라 할 만하다.

넷째로, 제주 곶자왈에서 가시적 경관 구성의 핵심은 식생경관 요소라 할 수 있는데, 곶자왈 별로 동일한 수종의 교목류, 관목류, 양치류 및 초본류로 구성되기도 하지만 제주 동서지역의 해발고도는 물론 강수량과 온도, 토양층의 유무, 개별 식물의 생육환경 차이에 의하여 곶자왈 별로 우점하는 식물군락이 다르게 나타나기도 한다. 더불어 곶자왈 별 자생하는 특산식물이나 희귀식물이 서로 다르기도 한데, 이들은 제주 곶자왈의 종 다양성의 가치를 높이고 더불어 곶자왈이 제주 생태계의 보고라는 배경을 제공하는 기제가 되고 있다.

다섯째로, 제주 곶자왈의 문화경관 요소는 유형과 종수에서 매우 다양하나, 기본적으로는 돌(현무암)을 매개체로 한 경제활동 관련 시설이라는 사실이 주목된다. 이들은 숯과 옹기를 생산하기 위한 가마, 목축업, 산전(화전)과 수전 경영, 사냥활동 등과 관련된 시설이나 구조물이다. 이와 더불어 문화경관 요소에는 4·3사건과 관련된 일시적 피난처와 주거지로 사용한 소형 용암동굴, 일제강점기 막바지에 일본군이 일시적으로 사용한 군사시설도 포함시킬 수 있다. 이들 문화경관 요소들 중 일본군 군사시설을 제외하면, 모두가 제주도민들에 의해 만들어졌거나 사용되었다는 점을 강조할 수 있다.

여섯째로, 제주 곶자왈의 경관 특성을 바탕에 두고 곶자왈의 가치는 생태적 가치, 유산적 가치 및 관광적·교육적 가치로 구분하여 논의하였다. 곶자왈의 생태적 가치는 제주 곶자왈이 식물 종 다양성을 배경으로 한 중요한 산림자원으로서, 다양한 동식물의 서식지로서, 제주도민의 소중한 수원지로서, 그리고 이산화탄소의 저감 장소로서의 기능이 탁월하다는 사실에서 인지할 수 있다.

곶자왈의 유산적 가치는 곶자왈이 독특한 지형·지질적 특성에 의해 형성되었다는 점, 특이한 식생구조로 생태적·환경적 가치가 높으며 제주의 다른 숲 지역과는 크게 차별화된다는 점, 나아가 곶자왈 내부에는 제주도민들에 의해 창출된 다양한 문화경관 자원들이 존재한다는 점 등에서 찾을 수 있다.

곶자왈의 관광적·교육적 가치는 탐방객들의 관광활동과 교육활동을 위한 새로운 장소로서 곶자왈이 적극적으로 활용되고 있다는 사실에서 확인할 수 있다. 제주 곶자왈은 탐방객들의 관광, 힐링, 치유, 자연체험 활동과 더불어 생태교육이나 환경교육을 위한 최적의 장소로도 부각된다는 점에서 관광적·교육적 가치는 한층 더 높아지고 있다.

끝으로, 제주 곶자왈의 경관 특성과 가치 평가는 여러 연구자들의 자발적인 연구 동참에 의해 한층 더 새로운 시각의 평가가 가능해질 것으로 판단된다. 따라서 앞으로 제주 곶자왈 연구에 대한 지리학자들의 참여가 적극 요망되며, 특히 아직도 여러 곶자왈 속에 묻혀 있는 개별 문화자원의 실체를 철저히 확인하고 동시에 문화경관 요소들의 성격 규명이나 지리학적 의미와 가치를 부여하는 작업은 인문지리학자들의 몫이라 할 수 있다.

곶자왈 내 돌문화 경관 요소의
잔존 양상과 활용 방안

들어가며

곶자왈은 이제 제주도의 중요한 자연자산이자, 제주도를 대표하는 상징적인 존재이다. 이러한 사실은 이미 전국적으로 널리 알려져 있어서 제주도를 찾는 관광객이나 올레꾼들이 제주도의 여러 곶자왈 중 특정 곶자왈을 탐방하는 것도 당연시되고 있다. 그런데 보통 육지부의 관광객이나 올레꾼들이 곶자왈을 탐방하는 방식은 기본적으로 개설된 탐방로의 순로(順路)를 따라가는 탐방 형태라 할 수 있다. 따라서 관광객이나 올레꾼들은 주로 곶자왈의 자연을 만끽하며 여유를 즐기는 방식의 탐방이 주를 이루기 때문에 그들은 탐방로 주변에 어떠한 인공물이나 유적이 있어도 큰 관심을 두지 않는 게 현실이다.

곶자왈 탐방로에는 작은 안내판으로 곶자왈 자연의 하부 요소나 생활문화의 흔적을 알리고 있지만, 동행하는 해설사의 부연 설명이 뒤따르지 않으면 아무런 생각 없이 지나치기가 일쑤이다. 제주도민들조차도 곶자왈의 자연은 즐기지만, 그 내부를 구성하는 자연 요소나 문화 요소에는 관심을 두지 않는 경우가 많다.

곶자왈의 가시적인 형태는 곶자왈의 내부와 외부에서 보는 관점에 따라 달라질 수 있다. 먼저 외부에서 보는 곶자왈의 가시적인 형태는 다양한 수종으로 뒤덮인 거대한 녹색 덩어리의 숲으로 확인되지만, 내부에서 보는 곶자왈의 가시적인 형태는 크고 작은 나무와 덤불, 그리고 크고 작은 암석 덩어리가 뒤섞여 있는 조화롭지 못한 공간으로 나타난다. 이처럼 곶자왈을 외부와 내부에서 보는 시각적인 형태가 다르듯이, 여러 지역에 분포하는 곶자왈을 개별적으로 살펴보면 그 속성은 한층 더 다양하게 나타난다.

동서 방향의 장축을 지니는 제주도는 한라산의 존재와 해양성 기후로 인하여 지역마다 기온과 강수량이 다르고 풍속과 풍향이 시시각각으로 달라진다. 더불어 곶자왈 내부는 곳곳에 숨골과 크고 작은 습지들이 자리 잡고 있는 데다가 수목의 밀도도 큰 차이를 보이기 때문에, 곶자왈마다 기온과 습도 등이 달라지는 것은 당연하다 할 수 있다.

결과적으로, 곶자왈 내부의 미기후적 조건 차이는 곶자왈을 이용하는 동식물은 물론이고 주변 지역 주민들의 경제활동에도 큰 차이를 가져오기 때문에, 곶자왈의 이용 양상은 저마다 달라질 수밖에 없다. 특히 지역 주민들의 곶자왈 이용 실태는 주로 동서지역에 분포하는 곶자왈 별로 다를 수 있다. 물론 곶자왈 내부에 보이는 미기후적 조건에 의해서만 이용 양상이 결정되는 것도 아니다. 일차적으로는 거주 지역의 생활환경과 토지 생산성 등 다양한 차별적인 요인들이 내재하여 있음은 논의할 여지가 없다.

이 글의 목적은 곶자왈을 이용하던 시기, 즉 조선시대부터 1960년대까지 곶자왈을 이용한 주체(마을 주민과 일본군)에 의해 형성된 돌문화 경관 요소를 찾아내고 그에 대한 속성과 특성을 분석하여 활용 방안을 찾아보는 데 있다. 여기서 말하는 돌문화 경관 요소란 화산활동에 의해 형성된 용암류나 암석(현무암, 조면암, 조면현무암 등)을 활용하여 경제활동이나 군사 활동을 위한 목적으로 사용했던 요소들로서, 현시점에서 곶자왈 내부에는 목장시설인 잣성을 비롯하여 일본군 진지 관련 시설인 막사(幕舍)와 참호(塹壕)용 돌담, 화덕과 주방용 돌담, 기타 용도의 돌담, 농사 관련 시설인 경작지 경계용 돌담, 머들, 숯과 옹기 제조 시설인 숯가마(돌숯가마, 1회용 숯가마 터)와 옹기가마 그리고 야생노루 포획용 시설인 노루텅(석축함정) 등이 잔존해 있다.

이들 돌문화 경관 요소에 대해서는 지금까지 곶자왈의 이용과 특성을 다룬 개별논문을 통해서 그것들의 분포 상황, 사용 목적, 사용 시기(또는 형성 시기), 규모와 구조적 특징 등을 중심으로 규명작업을 진행해 왔다(정광중, 2012; 정광중·강성기·최형순·김찬수, 2013; 강창화·정광중, 2014; 정광중, 2014; 정광중, 2015a; 정광중, 2015b; 부혜진·강창화·정광중, 2016). 따라서 이 글에서는 이들 논문에서 상세하게 다루지 못한 돌문화 경관 요소를 발굴하여 개별 요소들이 지니는 속성과 더불어 활용 방안에 주안점을 두고 검토해 보고자 한다.

아울러 이 글의 분석에서는 제주에 분포하는 모든 곶자왈을 대상으로 조사하지 못하였기 때문에, 일단 어느 정도 조사를 완료했거나 일부지만 진전도가 있는 화순곶자왈, 구억곶자왈, 애월곶자왈, 산양곶자왈, 저지곶자왈, 무릉곶자왈, 교래곶자왈 및 선흘곶자왈을 중심으로 정리하고자 한다. 또한 선택한 개별 곶자왈의 돌문화 경관 요소는 서로 중복되지 않도록 1개씩을 추출하는 방식으로 접근하였다. 이들 곶자왈에 대해서는 2013년 이후부터 2018년까지 꾸준히 조사를 진행해 왔으며, 나아가 개별 곶자왈에서도 탐방로를 중심으로 확연하게 돌문화 경관 요소로 간주할 수 있는 대상만을 선택하여 정리하였음을 밝힌다.

개별 곶자왈로 본 돌문화 경관 요소의 잔존 양상과 속성

화순곶자왈의 돌담시설: 참호(塹壕)용 돌담

화순곶자왈에서 주목할 만한 돌문화 경관 요소는 일제 군사시설과 관련된 것으로 참호, 막사, 화덕 및 주방용 돌담, 기타 시설(탄약고 내지는 기타 용도가 불분명한 구조용 돌담) 등이 있는데, 여기서는 개인용 참호와 다인용 참호에 주목하고자 한다. 이들 요소는 형태와 규모 및 구조적 측면에서 서로 대비되기 때문이다.

〈사진 1〉과 〈사진 2〉는 화순곶자왈 내에 잔존하는 개인용 참호와 다인용 참호를 나타낸 것으로, 두 요소의 공통점은 참호라는 개념이 말해주듯이 지하로 땅을 파고 들어간 내부에 돌담을 둘렀다는 것이

〈**사진 1**〉 개인용 참호와 근거리를 유지하는 참호 2기

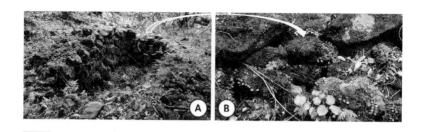

〈**사진 2**〉 다인용 참호와 적군 감시창(監視窓)

다. 〈사진 1〉의 개인용 참호는 깊이 약 1m 정도의 깔때기 형태이고, 〈사진 2〉의 다인용 참호는 깊이 약 1.3~1.5m의 직육면체 형태를 취한다.

〈사진 1-Ⓐ〉은 지하로 파 들어간 가장자리에 장축 약 30~40cm 크기의 현무암을 두르고, 주변의 흙이 무너져 내리는 것을 방지함과 동시에 참호라는 작은 공간 안에서도 보초들의 움직임이 자유로울 수 있도록 고안되었다. 가장자리에 쌓은 돌담은 전체적으로 깔때기 형태를 취하고 있으며, 아래쪽에는 크기가 큰 돌들을 활용하고 위쪽으로는 상대적으로 작은 돌들을 활용하여 축조하였다.

깔때기 형태의 참호는 다소 규모를 크게 하면 2인 1조로 구성된 보초들이 양방향으로 경계근무를 설 수도 있다. 그러나 그 경우에는 참호 내부의 공간이 다소 넓어야 하므로, 최상부 원(圓)의 직경도 커지면서 참호 축조에도 더 많은 돌과 시간이 필요하게 된다. 이러한 배경을 전제해 볼 때, 〈사진 1〉은 참호의 크기나 인근에 있는 또 다른 깔때기형 참호와의 거리를 고려하면 1인용 참호임을 알 수 있다(사진 1-Ⓑ).

〈사진 2-Ⓐ〉의 다인용 참호는 길쭉한 직육면체 형을 취하는데, 단축이 약 1.2m, 장축이 2.5m로서 한 번에 적어도 2~4명이 서로 다른

방향으로 경계근무가 가능한 규모이다. 다인용인 만큼 규모가 크기 때문에 가장자리를 두르는 돌도 많이 확보해야만 한다. 가장자리에 두른 돌들은 곶자왈 내부에 널려 있는 것으로서 각(角)이 제거되지 않은 약 30~60cm(장축) 정도의 것을 주로 활용하고 있다. 따라서 벽체를 이루는 가장자리는 돌을 쌓은 지점에 따라 어느 한쪽이 튀어나오거나 반대로 들어가기도 하였으며, 돌과 돌이 완전히 맞물리지 못하여 다소 큰 공극이 생기기도 하였다. 이것은 일단 자연석을 활용하여 참호의 벽체를 축조하였지만, 각을 제거하지 않은 불규칙한 돌을 상하나 좌우로 맞추어볼 시간적 여유도 없이, 또한 크고 작은 돌들의 각진 부분을 서로 어느 방향과 맞물리게 할 것인지를 시도해 보지 않은 채 쌓았기 때문이다. 결과적으로 판단해보면, 이 다인용 참호는 주변의 돌들을 모아놓고 몇 명의 군인들이 다소 급하게 축조했을 것임을 짐작하게 한다.

〈사진 2-Ⓑ〉는 다인용 참호의 한쪽에 만들어진 적군 감시창(監視窓)으로, 크기는 좌우 약 30cm 상하 약 20cm 정도이다. 이로 볼 때, 조사 시점에서는 상부가 완전히 개방된 상태였지만, 원래는 가로와 세로 방향으로 통나무를 얹어 나뭇가지 등으로 위장 보호막을 설치했었음을 짐작할 수 있다. 말하자면, 〈사진 2-Ⓐ〉의 다인용 참호는 지하로 약 1.3~1.5m를 파고 들어간 후 상부를 통나무와 나뭇가지 등으로 위장하여 보초들이 몸을 숨기는 방식의 참호인 셈이다.

따라서 〈사진 1〉이 개인용 참호로서 초병이 몸을 완전히 노출시킨 채 경계근무를 하는 참호라 한다면, 〈사진 2〉는 다인용 참호로서 초병이 몸을 완전히 숨긴 상태에서 경계근무를 하는 참호로 대비된다. 2016년 4월 현지조사 시에 개인용 참호는 4개소를 확인하였는데, 개별 참호 간 거리는 약 3~5m였다. 다인용 참호는 3개소를 확인하였으며, 개별 참호 간 거리는 7~15m 정도로 개인용 참호보다는 다소 거리를 두고 축조한 것으로 파악되었다. 앞으로 이들 참호의 숫자는 분명히 증가할 가능성이 크다고 보며, 후일 더 정교한 조사가 필요할 것으로 판단된다.

구억곶자왈의 돌담시설: 일제 군사시설용 돌담(추정)

구억곶자왈에는 다소 특이하게 잔존하는 돌담시설이 확인된다. 조사 시점은 물론이고 현재까지도 축조자(또는 집단)와 축성 시기 그리고 정확한 용도 등에 대해서는 파악하지 못하였다. 그러나 일단 여기에 소개하여 존재를 알림으로써, 차후에 정확한 정보를 확보하기 위한 토대를 마련하고자 한다. 아래에 제시한 〈사진 3〉이 바로 사례의 돌담이다.

〈사진 3-Ⓐ, Ⓑ〉는 동일한 돌담시설로 각도를 달리하여 촬영한 것이다. 먼저 이 돌담시설의 형태와 구조를 보면, 출입구 부분을 제외한 본 구조물의 형태는 밑변이 거의 정사각 형태를 취한다. 지면에서 지하로 약 1~1.1m 정도를 파 내려간 상태로 축조하였으며, 한쪽 밑변의 길이는 약 1.8~2.0m이다. 가장자리를 두른 돌담은 5~6단 정도를

〈**사진 3**〉 특이한 돌담시설(Ⓐ: 통로 정면 방향, Ⓑ: 측면 방향)

이루는데, 1개의 돌담은 장축이 약 15~20cm 안팎의 것을 활용하고 있다. 벽체의 돌들은 일부 구간에서 좌우로 긴 판석을 활용한 흔적도 보이지만, 대부분은 다각형의 자연석을 그대로를 활용한 것으로 파악된다. 상대적으로 크기가 작은 자연석을 활용한 배경은 벽체에 가급적 작은 공간이 생기지 않도록 촘촘하게 쌓기 위한 목적 때문으로 추정된다. 내부 공간은 성인 남자 3명 정도가 충분히 누울 수 있을 정도의 면적이다.

한쪽 방향으로는 출입구 또는 특별한 목적을 지닌 통로를 만들어 놓고 있는데, 한쪽 벽체의 양쪽 일부를 조금 축소한 상태에서 너비 약 70cm 정도로 길게 만들었다. 통로 일부가 허물어져 있지만, 전체적으로는 매우 양호한 상태로 잔존해 있는 돌담시설이다. 이 돌담시설로부터 약 30m 떨어진 지점에 같은 유형의 돌담시설이 남아 있지만, 한쪽 벽체와 통로 일부만 남은 채 대부분 파손되어 있다. 따라서 동일한 유형의 돌담시설이 가까운 지점에 위치하는 것으로 보아, 주변부에는 동일 유형의 돌담시설이나 아니면 성격을 달리하는 별도의 돌담시설이 자리 잡고 있을 가능성도 있다.

그런데 앞서 지적한 바와 같이 이 돌담시설을 누가, 언제, 무엇 때문에 만들었는지가 풀리지 않는 의문점이다. 외형적으로 보기에는 숯가마의 하부 구조처럼 보이지만, 아직 제주도 내에서는 하단부가 사각 형태인 숯가마는 보고된 바가 없어서 다소 거리감이 있는 것으로 판단된다.

다른 한편에서 생각하면, 화순곶자왈에서 확인되는 일제 군사시설의 한 종류가 아닐까 하는 점이다. 앞서 논의한 다인용 참호들과 비교할 때 몸을 완전히 숨긴 채 엎드린 자세이거나 또는 앉아있는 자세로 매복(埋伏)하는 용도의 참호일 수도 있다. 단지 화순곶자왈에서 확인되는 다인용 참호보다는 내부의 높이가 훨씬 낮아서 참호가 아닌 또 다른 목적을 지닌 군사시설일 수도 있다. 앞으로 반드시 풀어야 할 과제임이 틀림없다.

애월곶자왈의 돌담시설: 4·3사건 관련 초소용 돌담

애월곶자왈에 잔존하는 유적이나 돌문화 경관 요소의 잔존 상황은 향후 본격적으로 파악해야 하는 상황이지만, 일단 명료하게 드러나는 돌문화 경관 요소로서 〈사진 4〉와 같이 4·3사건과 관련된 초소용 돌담을 소개해 두고자 한다. 이 초소 돌담은 표면이 거친 조면현무암을 활용하여 축조하였다. 4·3사건 당시 납읍리 쪽에서 올라온 주민들이 축조한 것으로 추정되며, 산에서 숨어 지내는 무장대의 동향을 파악하고자 하는 목적이 있었기 때문이다[1].

이 초소 돌담의 형태는 아랫변이 직사각형을 취하면서도 상부로 올라가며 다소 좁아지도록 하고 또 다른 한쪽 변도 좌우 길이가 좁게 하여 축조하였다. 그리고 좁아지는 한쪽 변의 끝 지점에는 출입구를 설치하였다(사진 4-Ⓐ). 돌담시설의 규격을 보면 높이가 약 1.4~1.5m, 단축 길이가 1.3~1.4m, 장축 길이가 2.1~2.3m, 출입구의 너비는 하단부가 약 60cm, 상단부가 80cm 전후이다. 더불어 보초 돌담 자체는 하단부에 약 50~70cm 정도의 돌담이 쌓인 위에 축조되었기 때문에, 지면을 기준으로 측정한다면 돌담의 높이는 한층 더 높아진다. 만약에 의도적으로 하단부에 돌담으로 1~2단을 쌓았거나 기존에 존재하

---

[1]   2016년 10월 2일 현장을 안내해준 당시 납읍리(애월읍) 노인회장의 증언에 의한다.

〈사진 4〉 초소용 돌담(Ⓐ: 외부 형태, Ⓑ: 내부 모습)

던 돌담 위에 초소용 돌담을 축조했다고 한다면, 초소 돌담으로부터 좀 더 먼 거리에서 무장대원들의 거동을 살피기 위한 목적이 있었을 것으로 추정된다.

초소 돌담의 축조는 기본적으로 외담과 겹담을 혼용하여 쌓았다. 특히 출입구 쪽은 판석 형태의 넓고 큰 돌을 활용하여 외담으로 축조하였다. 그리고 벽체를 이루는 부분만큼은 크기와는 관계없이 무작위로 자연석을 쌓아 올렸는데, 구멍이 생기는 공간에는 작은 돌로 마감질을 시도하였다(사진 4-Ⓑ). 특히 외부 벽체의 구간에 작은 돌로 꼼꼼하게 마감질한 흔적으로 볼 때, 초소 내부로 바람이 들어오는 것을 막기 위한 장치로 추정된다.

현재 이 초소 돌담이 위치하는 주변부는 1970년대에 삼나무가 많이 식재된 곳이며, 바로 남쪽으로는 곶자왈이 이어진다. 따라서 정황적으로 보면 가까운 곳에 동종 유형의 초소용 시설이 존재할 가능성도 있다. 동시에 인근 여러 곳에는 경작지가 개설되어 있는데 경작지 개설 과정에서 초소용 시설을 허물어버리고 경계용 밭담으로 활용했을 가능성도 존재한다. 아무튼 애월곶자왈 내 돌문화 경관 요소의 잔존 실태는 지속적인 정밀조사가 필요한 상황으로서, 곶자왈의 깊숙한 내부까지 조사하려면 자연팀과 인문(문화)팀으로 구성된 공동조사가 효율적일 것으로 판단된다.

산양곶자왈의 돌담시설: 옹기가마

산양곶자왈에서도 가장 주목할 수 있는 돌문화 경관 요소는 옹기 가마다. 현재 옹기가마가 위치하는 지점은 산양곶자왈 내에서도 초 입부에 해당하며 산양리 자연마을의 하나인 월광동과는 다소 거리를 두고 있는 지구이다. 곶자왈을 바로 끼고 남아 있는 이 옹기가마는 조선시대 후기(대략 17C 후반) 때 축조하여 대략 1960년까지 활용돼 온 것 이다(김정선, 2010: 387). 이 옹기가마는 마을 주민 중에서도 선조대(先祖代)로부터 가마 축조의 기술을 터득한 장인들에 의해 축조된 것으로 파악된다.

〈사진 5〉를 보면 옹기가마는 돌문화 경관 요소와는 전혀 관련이 없는 것처럼 보일 수 있으나, 자세히 살펴보면 옹기가마의 주요 몸체 가 모두 돌이다. 기본적으로 옹기가마의 몸체는 크고 작은 현무암을 이용하여 축조한 후에 내부는 찰흙(또는 진흙)으로 여러 겹을 바르고, 또 외부는 돌과 돌 사이의 틈새를 진흙으로 마감질하고 나서 다시 보통 흙으로 두껍게 마감질한 상태가 된다. 보통 옹기가마는 내부에 적재한 옹기류의 완전한 소성(燒成)까지는 약 800~1300℃까지 온도를 높여야 하기 때문에, 열을 오랜 시간 흡수·저장해야 하는 상황에서는 당시로서도 돌 재료 이외에 특별한 것이 있을 수 없었다.

〈사진 5-Ⓑ〉는 길게 후면부로 이어지는 옹기가마의 내부를 나타낸 것으로 다양한 옹기류(항아리, 허벅, 물병 등)를 재우는 공간이기도 하다. 벽체는 현무암 표면을 진흙으로 여러 겹 바른 상태이기 때문에 돌

〈사진 5〉 옹기가마 전경(Ⓐ: 전면부, Ⓑ와 Ⓒ: 내부 모습, Ⓓ: 후면 배연구)

자체는 겉으로 드러나지 않는다. 이런 점에서는 〈사진 5-Ⓓ〉의 불길이 나누어지는 구간도 마찬가지다. 옹기가마 내부도 몇 번의 옹기류를 생산하고 나면, 오랜 시간 동안 열 전달로 진흙 자체도 벽돌과 같이 단단함을 유지하게 된다.

〈사진 5-Ⓒ〉는 옹기가마의 후면부인 배연구를 나타낸 것인데, 여기서는 현무암을 활용한 흔적을 더욱 분명하게 확인할 수 있다. 옹기가마의 후면부는 주로 불을 지피는 과정에서 연기를 배출하는 동시에 옹기를 제조하고 난 이후에 열을 분산시키는 기능도 한다. 따라서 보다 작은 돌을 활용하여 하단부에 틈새를 유지하도록 하면서도 후면부 벽체를 지탱할 수 있도록 축조하였다.

한편 이 옹기가마는 수로 노란색을 띠는 옹기류를 생산하기 때문에 일명 '노랑굴'이라고도 하며, 특히 인근에 '조롱물'이라는 봉천수가 자리 잡고 있어서 마을 주민들에게는 '조롱물 노랑굴'로도 통용된다. 이 옹기가마의 전체 길이는 약 1,265cm, 너비 150cm, 높이 약 200cm를 보이며(안내판 내용에 의함), 전체적으로 볼 때 아궁이가 나 있는 전면부와 측면부는 비교적 큰 돌 재료를 사용했고 천장과 후면부는 상대적으로 작은 크기의 돌 재료를 사용하여 축조했음을 확인할 수 있다. 이 옹기가마는 아궁이와 연소실, 중간과 후면 천장부 및 출구(옹기류를 재고 꺼내기 위한) 등이 부분적으로 파괴되어 지방문화재로 등재되지는 않았지만, 곶자왈을 끼고 잔존하는 유적으로는 매우 유의미한 대상이라 할 수 있다. 그 이유는 옹기류를 생산하기 위해서는 많은 양의 땔감이 필요한데, 곶자왈처럼 다양한 수종이 풍부하게 자생하는 연료 구입처는 그리 흔치 않기 때문이다(정광중, 2015a: 20).

저지곶자왈의 돌담시설: 마을공동목장용 경계 돌담

저지곶자왈에서도 돌문화 경관 요소는 여러 곳에 산재하여 분포하지만, 여기서는 과거 목축활동과 관련된 마을공동목장용 경계 돌담에 주목해 보고자 한다. 〈사진 6〉은 저지곶자왈 내의 한 지구를 가로지르는 마을공동목장용 경계 돌담이다. 이 돌담을 경계로 저지리와 용수리의 마을공동목장이 구분되는데, 〈사진 6-Ⓐ〉에서는 좌측이 그리고 〈사진 6-Ⓑ〉에서는 우측이 저지리 소속의 마을공동목장이다.

그렇지만 저지리는 물론이고 용수리 공동목장은 이미 1970년대에 중단되는 운명을 맞게 되었는데, 마을 내 여러 농가가 동참하던 전통적인 목축 양식이 종식되면서 마을목장 간 경계 돌담도 사실상 의미가 없게 되었다. 거슬러 올라가 보면, 1930년대인 일제강점기 때 마을 단위로 불하받은 마을공동목장은 저지리와 용수리를 포함한 제주도 내 거의 모든 마을의 방목활동을 위한 대단위 공간으로서 매우 중요한 위치를 차지하고 있었다. 당시 마을공동목장은 가구마다 소를 키우는 과정에서 협업이나 정보 교환을 위하여 없어서는 안 될 중요한 기능을 담당하고 있었다. 1970년대까지만 해도 특히 개별 농가의 소는 농업활동과 운송·이동에 중요한 수단이었고 더불어 농가 소득을 담보하는 재산적 가치의 상징이었기 때문에(부혜진·강창화·정광중, 2016), 마을공동목장 간 경계 돌담은 나름대로 의미 있는 기능을 담당할 수 있었다.

사실상 마을 단위의 공동목장은 불하받을 당시의 마을이 처한 여러 조건(특히 재정 부담)에 의해 마을 당 불하된 면적이나 위치 등이 모두 다르다. 따라서 나중에 공동목장의 효율적인 이용을 위하여 축조해야만 하는 경계 돌담의 길이도 다르고 노동력 투하 정도도 다를 수밖에 없다.

〈사진 6-Ⓐ, Ⓑ〉는 서로의 위치만 다를 뿐 하나로 이어지는 저지리 용수리 마을공동목장용 경계 돌담으로서, 이것은 저지리와 용수리 주민들이 직접 축조한 것이다. 목장 돌담을 축조하는 배경은 기본

〈**사진 6**〉 두 마을 목장용 경계 돌담

적으로 각 마을의 농가가 사육하는 소나 말들이 서로 뒤섞이지 않도록 하기 위한 것이다. 더불어 공동목장 부지 내에 크고 작은 하천이나 계곡이 형성되어 있을 때는 가축들의 사고(추락사 또는 분실)를 막기 위한 별도의 방지용 돌담을 쌓아야만 하는 번거로움도 있다.

현재도 마을공동목장용 경계 돌담이나 사고 방지용 돌담은 개별 목장지 내에 자리 잡고 있는데, 1980년대로 들어오면서 이들은 여러 지구에서 훼손되는 사례들이 증가하고 있다. 〈사진 6〉에서도 확인되듯이 저지리-용수리 마을공동목장용 경계 돌담은 비교적 온전하게 잔존하고 있지만, 일부 구간에서는 다소 훼손된 구간도 나타난다. 이 목장 돌담은 외담과 겹담(접담) 구간이 섞이면서 길게 이어지는데, 상대적으로 외담 축조 구간이 훨씬 더 길다. 겹담으로 축조한 구간은 특별히 목적이 있는 구간, 예를 들면 목장지 내에서도 큰 바위나 함몰지 등 장애물이 존재하거나 아니면 단차(段差)가 커서 소나 말들이 다칠 우려가 있는 구간을 중심으로 축조하였다.

〈사진 6-Ⓐ, Ⓑ〉의 사례 구간에서는 외담이 주를 이루지만, 일부는 겹담 구간도 존재한다. 목장 돌담은 주변에 산재하는 현무암을 무작위로 쌓은 상황을 보이면서도, 어떤 구간에서는 직경 1m가 넘는 크기의 돌 한 개만으로 잇는 구간도 확인된다(사진 6-Ⓐ). 결과적으로 이러한 돌담구조는 어차피 큰 돌(암석)을 목장지 내에 놔두더라도 소나 말들이 다칠 위험이 있어서, 목장 돌담으로 활용하는 것이 현명하다는 계산이 깔려 있기 때문으로 추정된다.

무릉곶자왈의 돌담시설: 개간 농경지 밭담

무릉곶자왈에서 주목할 수 있는 돌담시설은 곶자왈을 개간하여 만든 밭담이다. 무릉곶자왈이 이어지는 남쪽 끝자락에는 속칭 '불칸터'라 부르는 작은 마을 터가 자리 잡고 있는데[2], 이 지구 내에 위치한 밭 1필지가 탐방객들의 이목을 끌게 한다. 물론 현재는 밭으로 활용하면서 다양한 농작물을 재배하는 것으로 판단되나, 조사 시점에서는 공지(空地)로 남아 있는 상황이다.

먼저 〈사진 7〉은 속칭 불칸터 지구 내에 위치한 사례 농경지로서, 대략적인 면적은 약 700~800여 평에 이른다. 이 농경지의 전체적인 형태는 동서로 다소 긴 타원형을 취하며, 농경지 내에는 잔자갈들이 곳곳에 흩어져 있다. 더불어 〈사진 7-Ⓑ〉에서 확인되듯이, 종가시나무 그루터기가 보이고 또한 농약 처리 등을 거친 나무 한 그루가 말라 죽어가는 상황을 볼 때, 이 농경지의 개간 시기도 그리 오래되지 않았음을 짐작하게 한다. 이러한 사실은 조사 시점에서 농경지를 휘감는 주변부가 수목이 울창한 곶자왈을 이루고 있다는 점에서도 충분히 이해할 수 있다.

한편, 이 농경지의 밭담을 보면 개간 당시 엄청난 양의 돌이 출토되었음을 이해하게 한다. 이 농경지의 밭담은 낮은 곳이 약 120~130cm (특히 출입구 주변)이고, 또 높은 곳은 180~190cm(수목이 울창한 주변 지구) 정도이다. 밭담을 축조한 형태를 보면, 출입구와 일부 구간은 외담이

---

2) 이 불칸터 마을 유적은 서귀포시 대정읍 무릉2리 인향동(무릉2리의 자연마을 중 하나)에 속해 있으며, 2014년 4월 당시 마을 유적과 그 주변 지역에 대한 다양한 정보는 양○팔 옹(인향동 거주, 당시 97세)으로부터 청취하였다.

〈**사진 7**〉 불칸터 지구 내 개간한 밭과 밭담(Ⓐ: 경작지와 머들, Ⓑ: 그루터기(종가시나무), Ⓒ: 밭담과 밭담 사이의 특수 구조물, Ⓓ: 머들 겸 다용도 구조물)

고, 나머지 대부분은 겹담이다. 특히 놀라운 점은 겹담의 너비가 1m를 초과하는 구간도 매우 길게 이어진다는 사실이다. 1m를 넘는 겹담 위는 농가 주인이 필요시에 얼마든지 걸어 다닐 수 있는 정도의 너비이다.

실제로 〈사진 7-Ⓐ, Ⓑ〉에서도 상황을 유추해 볼 수 있듯이, 농경지의 밭담을 이웃해서는 곧바로 곶자왈 지구로 이어지기 때문에, 다양한 수목들의 가지가 늘어지면서 농경지 안으로 침입하거나 아니면 칡이나 하눌타리 등과 같은 넝쿨 식물들이 수목들의 가지를 타거나 밭담에 의지하여 농경지 안으로 들어온다. 따라서 농가 주인은 정기적으로 농경지 안으로 침입하는 수목을 가지치기하거나 혹은 넝쿨 식물들을 제거하지 않으면 농사에 큰 방해를 받기 일쑤이다. 궁극적으로 너비를 넓게 축조한 밭담은 농가 주인의 작업을 쉽게 하기 위한 도로가 되기도 한다. 어차피 농경지를 개간하는 과정에서는 엄청난 양의 돌이 출토될 수밖에 없다. 이런 돌들을 효율적으로 처리하면서 나중에는 생산성을 높이는 데도 활용하고 있다는 사실은 곶자왈 지구에서 농경지를 개간한 농가 주인의 혜안이 작용한 것이라 할 수 있다.

축조된 밭담을 하나씩 살펴보면, 돌 자체가 곶자왈에서 산출되는 것임을 쉽게 파악할 수 있다. 돌 하나하나가 모서리의 각(角)이 깎이지 않고, 날카로운 상태 그대로이기 때문이다. 돌의 크기나 모양새는 제각각이지만, 작은 것은 장축이 약 20~35cm 큰 것은 약 50~60cm이다. 그리고 일부 하단부에 쌓은 돌의 크기는 1m를 전후한 것도 쉽게 확인할 수 있다. 그만큼 곶자왈에는 다양한 크기의 돌들이 자리 잡고 있었음을 추정하게 한다.

밭담을 한 바퀴 돌면서 특징을 파악하는 과정에서는 또 한 가지 색다른 특징을 발견할 수 있었다. 바로 〈사진 7-ⓒ〉과 〈사진 7-ⓓ〉에서 확인되는 특수 구조물 내지 다용도 구조물이다. 이들 구조물은 일반적인 농경지에서는 전혀 예상할 수 없는 구조물들이다. 〈사진 7-ⓒ〉의 구조물은 아무래도 특별한 용도를 전제하여 만든 것으로 추정된다. 가령 구하기 힘든 특별한 농기구를 임시적으로 보관한다든지, 아니면 점심 바구니나 식수용 물통 등을 올려놓는 용도일 수도 있다. 그러나 안타깝게도 이에 대해서는 농가 주인과 직접 인터뷰를 하지 못해 확인할 길이 없다.

이 특수한 구조물은 이미 겹담으로 쌓은 밭담의 일부 구간을 허물어내고 지면으로부터 약 80~90cm 높이까지만 크기가 작은 잔돌로 쌓은 후, 나머지 높이는 원래의 밭담 높이를 그대로 유지하도록 하고 있다. 또한 상부의 면(面)은 평평한 삼각형을 취하게 하고 있다. 그리고 한 가지 분명한 것은 덧붙여 축조한 구조물은 농경지를 경작하는 과정에서 나온 작은 돌이란 사실이다. 이 점은 기본 축대를 이루고 있는 좌우의 원래 밭담과 비교할 때 크기나 색깔로도 분명하게 구분되고 있다. 밭담을 축조한 이후에 새롭게 축조한 것으로 보이는 특수한 구조물은 형태나 크기 및 높이 등으로 볼 때 농가 주인이 어떤 용도로든 쉽게 활용할 수 있도록 만든 구조임이 틀림없다.

〈사진 7-ⓓ〉도 일반 농경지에서는 쉽게 찾아볼 수 없는 구조물 중 하나라 할 수 있다. 이 구조물은 경작하는 과정에서 불필요하게 출토되는 돌들을 처리하는 '머들'로만 보기에는 많은 의문점이 생긴다. 이 구조물이 단순히 머들이라면, 밭 한가운데에 남아 있는 다른 머들 2기와도 연관성을 찾지 못하는 상황이 된다[3]. 〈사진 7-ⓓ〉의 구조물은 밭담 한구석에 붙여 경작과정에서 나온 돌들로 축조했다는 점은 일반적인 머들과 차이가 없다. 그런데 지면에서 낮은 구간(전면)은 약 40~50cm, 그리고 높은 쪽(양쪽 측면)은 약 70~80cm 정도로 좌우가 긴 타원형을 이루도록 세심하게 축조한 흔적이 엿보인다.

더욱이 상부의 면은 밭담 근처에서부터 덧붙여 구조물의 끝부분까지 비스듬하게 축조하여 경사각을 취하도록 구안하고 있다. 따라서 농가 주인은 무엇인가 특별한 용도를 정해놓고 이를 축조한 것으로 판단된다. 이 구조물은 〈사진 7-ⓒ〉와는 달리 면적도 꽤 넓다는 점에서, 가령 설익은 참깨나 콩 등의 농작물을 일시적으로 건조한다든지 아니면 혼작을 했을 때 먼저 수확한 농작물을 임시로 보관하면서,

---

[3] 농경지 안에는 2기의 작은 머들이 만들어져 있는데, 이들 중 1기는 〈사진 7-ⓐ〉에서도 확인된다. 다른 1기는 〈사진〉의 머들과는 반대 방향에 만들어져 있으며 상대적으로 다소 크고 높다.

나중에 거두어들이는 다른 농작물과 구별하기 위한 용도로 축조했을 가능성도 없지 않다.

이 구조물은 불필요한 돌들을 한 지점에 제대로 모아놓은 점에서는 일차적으로 머들의 기능도 겸하고 있다고 볼 수 있다. 그러나 농가 주인이 의도적으로 정한 높이까지만 돌을 쌓았다는 점에서는 더 특별한 목적을 전제로 축조했다는 배경도 드러난다. 아무튼 일반적인 머들과는 다른 것이 분명해 보이며, 따라서 농가 주인의 특별한 지혜가 작동된 것만큼은 확실하다고 말할 수 있다.

교래곶자왈의 돌담시설: 숯막, 숯가마 터(또는 보관용 창고)[4] 및 변소 돌담

교래곶자왈의 일부 지구에서는 산전(山田)을 비롯하여 숯가마 터, 숯막, 창고용(보관용) 시설, 변소(추정) 등 생활문화자원이 집단으로 분포하는 특징을 보인다. 이들 자원은 관점을 달리해보면, 또 다른 차원의 제주도 돌문화 경관 요소로 평가할 수 있다. 여기서는 교래곶자왈의 특정 지구에 산재되어 분포하는 돌문화 경관 요소 중에서 비교적 한 장소 내에 몰려 있는 숯가마 터(1회용) 또는 보관용 창고시설, 숯막 및 변소(추정)를 집중적으로 조명해 보고자 한다.

〈사진 8〉은 교래곶자왈을 형성하는 자연휴양림 탐방로 근처의 일정 구역 내에 전개되는 돌문화 경관 요소들로서 숯막, 숯가마 터(또는

---

4) 주변 지구가 산전으로서의 활용이 먼저라고 한다면, 이 숯가마 터는 이전 시기에 수확한 농산물을 임시로 보관하는 시설로 이용했을 가능성이 있다. 그러나 현시점에서는 정확한 근거를 찾기가 어렵기 때문에, 일단 두 가지 용도를 전제로 서술하고자 한다.

보관용 시설) 및 변소가 축조된 상황을 나타낸 것이다. 사진 오른쪽이 숯막이고 왼쪽이 숯가마, 터 또는 보관용 시설이다. 앞쪽의 작은 돌담시설은 변소로 추정된다. 이들 돌문화 경관 요소들이 입지한 지구는 일시적으로 농사를 지었던 산전 터이기도 하다. 다시 말하면, 이 지구는 산전을 일구어 농사를 지었던 장소인 동시에 숯을 제조했던 장소인 셈이다. 그러나 정확하게 산전이 앞선 행위인지, 아니면 숯 굽기가 더 앞선 행위인지는 확인할 방법이 없다.

그러나 상식적으로 생각해 볼 때, 숯 굽기를 먼저 실행한 이후에 산전을 일구는 상황이 되었다면 이들 요소들을 그대로 둘 이유가 없으므로 일단 농경지로 사용하다가 버려진 지구에서 숯 굽기가 행해졌을 것으로 추정된다. 현장에서 확인해 보면, 이들 돌문화 경관 요소가

〈**사진 8**〉 숯가마 터, 숯막, 변소 및 산전(Ⓐ: 전체 전경, Ⓑ: 확대한 1회용 숯가마 터(또는 보관용 창고), Ⓒ: 확대한 숯막, Ⓓ: 확대한 변소(추정)

분포하는 주변 지구에는 일단 산전으로 사용한 흔적이 고스란히 남아 있고[5], 동시에 넓은 산전 안에 숯가마 터, 숯막, 보관용 시설, 변소 등의 돌담시설이 입지해 있는 형국이다. 특히 이들 돌담시설이 숯을 굽기 위한 관련 시설임은 숯가마 터와 숯막이 아주 가까운 거리 내에 입지하고 있다는 관계성에서 충분히 입증될 수 있다. 따라서 시기적으로 산전 경영을 나중에 행하였다고 가정한다면, 결과적으로 숯가마 터나 숯막, 보관용 시설, 변소 등에 활용한 돌담시설들은 이미 제거되어 존재하지 않았을 것이다. 요약하여 정리하자면, 먼저 산전에서 농사를 짓다가 폐기된 지구에서 동일 인물(또는 집단)이나 다른 인물(집단)이 숯 굽기를 했을 가능성이 크다는 것이다.

〈사진 8-Ⓑ~Ⓓ〉는 〈사진 8-Ⓐ〉에 나타난 숯가마 터(보관용 시설), 숯막 및 변소를 다시 확대하여 나타낸 자료이다. 〈사진 8-Ⓑ〉의 숯가마 터(보관용 시설)는 대개 1번 숯을 구워내면 폐기하는 형태의 숯가마로서, 말하자면 최종 단계에서 숯가마 자체를 헐어내면서 숯을 꺼내기 때문에 온전한 형태의 숯가마는 남아 있지 않은 것이다. 〈사진 8-Ⓑ〉의 모습은 숯가마의 외부 형태를 구성했던 돌들이 약 1~3단 정도가 잔존하는 것으로서, 사진 전면이 불을 피우던 아궁이가 위치했던 지점으로 추정되며 이 아궁이를 기점으로 원형으로 돌아가며 숯가마가 축조되었던 사실을 유추해 볼 수 있다. 돌들이 원형으로 잔존하는 이유는 숯 재료가 온전한 숯이 되기 위해서는 원형으로 숯가마를 축조해야만 화기(火氣)를 골고루 받을 수 있기 때문이며, 따라서 숯가마의

---

5) 산전이라는 증거는 길게 이어진 밭담 경계시설과 함께 평지를 이루는 곳곳에 크고 작은 머들이 분포하는 것으로 충분히 이해할 수 있다.

허리 부분까지 쌓아 올렸던 돌들은 숯을 꺼낼 때 불필요하므로 주변부로 걷어냄으로써 하단부만 원형으로 남게 된 것이다.

그러나 앞에서도 지적한 바와 같이, 이 숯가마 터는 주변 지구를 산전으로 경영하던 시기에는 아마도 수확한 농산물을 임시 보관하는 창고용 시설로 사용했을 가능성도 있다. 한 가지 의문점은 산전 경영 시의 보관용 시설과 숯 제조 시의 1회용 숯가마 사이의 선후 관계라 할 수 있다. 이 점은 앞으로 풀어야 할 숙제이기는 하나, 일단 필자는 보관용 시설로서의 활용이 먼저이고, 숯가마 터로서의 활용이 나중이라고 생각한다.

〈사진 8-ⓒ〉는 숯막으로, 상당히 정교하게 쌓아 올려 장기간에 걸쳐 사용한 것 중 하나로 판단된다. 일반적으로 숯막은 숯을 제조하는 기간(중심기간: 12-2월)에 주로 사용하는 것이기 때문에, 대개 외담으로 축조하고 1~1.3m 내외의 높이로 나뭇가지와 띠 등으로 상부를 덮는 것이 보편적이다. 그러나 〈사진 8-ⓒ〉에 제시된 숯막은 겹담의 형태로 비교적 규모가 크고 더욱이 내부에는 직방형의 화덕시설까지 갖추고 있다(정광중, 2016: 106).

이러한 형식을 갖춘 숯막은 선흘곶자왈에서도 2~3기 발견되고 있으나(정광중·강성기·최형순·김찬수, 2013), 두 곶자왈에서 확인되는 상당한 수의 숯막 중에서도 좀처럼 보기 드문 사례라 할 수 있다. 교래곶자왈의 이 숯막은 겹담으로 축조한 사례이기도 하지만, 전면의 출입구를 제외한 나머지 구간을 비교적 크기가 작은 돌로 촘촘하게 쌓음으로써 가능한 한 틈새를 없애려는 고민을 많이 한 것으로 파악된다.

숯막의 전체적인 외형은 좌우로 긴 타원형을 이루면서 돌은 대략 어른의 복부나 가슴 부분까지 쌓아 올렸던 것으로 추정된다. 조사 시점에서는 출입구 양쪽 부분이 약 50~70cm 전후, 그리고 후면부는 약

1~1.2m까지 잔존하는 것으로 드러난다. 물론 숯막의 상부가 약 1~2단 정도가 무너져 내린 것을 고려한다면, 원래 숯막의 높이는 한층 더 높게 축조되었을 것으로 예상된다.

이처럼 정교하게 축조한 숯막은 단 한 번 사용하기 위한 것이라기보다는 여러 차례에 걸쳐 사용하고자 하는 의도로 축조한 것으로 판단된다. 따라서 이 숯막은 단지 한 해에만 사용하지 않고 여러 해에 걸쳐 사용한 것이라 할 수 있고, 숯막을 이용하는 사람도 한 사람이 아닌 적어도 2명 이상의 여러 사람이 이용하고자 축조했을 가능성이 크다.

〈사진 8-①〉는 일단 추정이기는 하지만, 숯을 굽는 사람들이 변소로 사용하기 위해 축조한 소형 돌담시설로 추정된다. 숯 굽기는 1~2일에 걸쳐 끝나는 작업도 아니고, 또 여러 사람이 같이 숯 굽기를 하는 경우에는 배변공간이나 휴식처가 필요한 것이 사실이다. 더욱이 대량의 숯을 굽기 위해서는 일정한 양의 숯 재료(종가시나무 등 참나무)를 구하는 일이 무엇보다도 필요하고, 나무를 운반하고 다듬는 작업, 숯 재료를 쌓고 숯가마를 축조하는 작업 등에 많은 인력이 필요하다. 그리고 여러 날에 걸쳐 숯을 대량으로 굽고자 한다면, 위생 문제를 고려하지 않을 수 없다. 앞서 서술한 숯막도 여러 해에 걸쳐 장기간 사용을 전제하여 축조한 것이라면, 위생적인 문제와 편리성을 고려하여 주변에 임시 변소를 설치했을 것이라는 배경도 쉽게 이해할 수 있다.

〈사진 8-①〉의 변소는 지면에서 약 40~50cm 높이로 돌을 원형으로 쌓으면서 가운데는 공간이 생기도록 하였다. 돌은 상대적으로 작은 돌과 보통 크기(장축 약 20~30cm)의 것을 사용하였으며, 지면에서 2~3단 높이까지만 쌓아 올렸다. 따라서 돌담의 전체적인 외형은 작은 항아리(단지)와 같은 모습이다. 결국 가운데에 생긴 공간에는 대소

변이 모이도록 구안했을 것으로 판단된다(정광중, 2016: 110). 궁극적으로 이 돌담시설은 주변에 숯가마 터 여러 기와 매우 정교한 숯막이 잔존하는 것으로 보아, 필자는 당시 정기적으로 숯을 굽는 사람들이 변소로 활용했을 것으로 추정된다.

선흘곶자왈의 돌담시설: 집터 돌담

선흘곶자왈 내에서도 유달리 동백동산 지구에는 다양한 인문자원이 분포한다는 사실이 이미 여러 연구를 통해서 밝혀졌다(정광중, 2012; 정광중, 2014; 정광중, 2018; 정광중·강성기·최형순·김찬수, 2013). 이들 대부분은 잔존 형태로 볼 때, 돌을 기본으로 활용한 돌문화 경관 요소로 분류할 수 있다. 여기서는 동백동산 탐방로 구간 중에서도 가장 가까운 장소에서 접근할 수 있는 돌문화 경관 요소를 조명해 보고자 한다. 그것은 다름 아닌 임시 거주지가 자리 잡고 있던 '집터'이다.

〈사진 9〉는 선흘곶자왈 내에서도 유일무이한 집터의 전경을 장축 방향으로 촬영한 것이다. 이 집터는 선흘곶자왈 내에서 숯 제조나 산전 경영 등 선흘1리 주민들의 경제활동 특징을 알려주는 또 하나의 소중한 유적이기도 하다. 최근까지 잔존하는 상황을 살펴보면, 직사각 형태로 돌담을 쌓아 올리고 내부는 간이 형식으로나마 2~3칸 구조를 취하도록 설계했던 것으로 추정된다. 4각 형태의 집터 안으로 들어서면 어렴풋하게나마 그런 흔적을 확인할 수 있다.

집의 외벽을 구성하는 직사각형의 돌담구조는 외담으로 잔존하는 상태로는 약 1m 전후한 높이이지만(정광중, 2018: 269), 원래는 적어도 1.5m 이상의 높이를 가지고 있었을 것이다(사진 9-ⓐ와 ⓑ). 그 배경은 아무리 일시적으로 거주하며 물건을 파는 허름한 집이라 할지라도, 사람들이 고개를 숙이고 출입할 수 있는 구조를 취해야 하기 때문이다. 돌담의 잔존 상태는 남동쪽의 출입구 주변 구간과 남서쪽의 벽체 일부 구간이 허물어진 상태이나 동, 서, 북쪽 벽체의 돌담은 비교적 상태가 온전하다(사진 9-Ⓑ). 다만, 집터 자체의 상부 돌담은 구간에 따라 1~3단 정도가 무너져 내린 것으로 판단된다.

이 집터의 축조 시기는 불분명하나 마지막까지 사용한 시기는 대략 1960년대 초로 전해진다. 이 집터의 면적은 약 14.84m²(4.5평)이며, 당시까지 주로 곶자왈 내부에서 숯을 굽거나 산전을 경영하던 사람들에게 필요한 물건(성냥, 담배, 호미, 낫 등)들을 판매하던 간이 숙소 겸 상점이다. 내부 구조를 보면, 2칸 또는 3칸으로 구분한 후에 서쪽 한 칸은 집주인이 잠자리용 공간으로 사용하고 나머지 1~2칸은 구매자들에게 필요한 생필품이나 농기구를 적재하는 공간으로 사용하였다.

〈사진 9-Ⓒ〉는 집터의 서쪽 한 칸 정도의 공간을 확대하여 촬영한

〈사진 9〉 탐방로 부근의 집터(Ⓐ: 장축 방향, Ⓑ: 단축 방향, Ⓒ: 내부의 잠자리 공간(서쪽), Ⓓ: 온돌 시설(서쪽 방향 집터 외부))

것인데, 이 한 칸은 집주인의 취침 공간(침실)으로 이해할 수 있다. 그것을 알 수 있는 근거는 내부의 다른 공간에 비하여 한 단(段) 높게 돌을 쌓았다는 점이다. 그런데 이 취침 공간 밖에는 〈사진 9-⑩〉와 같은 온돌시설을 장치해 두고 있다. 이 온돌시설은 취침 공간으로 열이 전달되도록 지하로 전도(傳導) 공간을 장착한 것으로 판단된다. 물론 열이 전달되는 공간은 실제로 확인하지 못하였지만, 취침 공간을 만드는 과정에서 지면을 파고 여러 군데 돌을 세워 길을 만듦으로써 열이 쉽게 전달되도록 설치한 구조로 추정된다.

다시 말하면 일단 밖에서 장작불을 지피거나 아니면 불이 붙은 숯 등을 〈사진 9-⑩〉의 구멍 속에 넣고 돌로 상부를 덮으면, 뜨거운 열이 바로 벽체 너머의 취침 공간으로 전달되는 구조이다. 제주도에서도 선흘1리와 같이 중산간에 위치하는 마을의 경우 매년 12월부터 이듬해 3~4월까지는 추위가 지속되기 때문에 추위를 이기기 위한 나름대로의 난방시설이 필요했을 것으로 여겨진다.

돌문화 경관 요소의 활용 방안

학교교육 및 사회교육 현장학습 대상으로 활용

위에서 서술한 곶자왈 내 돌문화 경관 요소들은 필자가 조사한 곶자왈 중에서도 대표할 만한 것이거나 혹은 상징적인 것으로서, 모든 탐방객이 접근하기에 양호한 것만을 의도적으로 1개씩 추출하여 정리한 것이다. 따라서 이들 돌문화 경관 요소는 기본적으로 학교교육이나 사회교육의 학습자원으로 활용하기에 아주 적당한 것이라 할 수 있다. 더불어 개별 곶자왈에는 이들 돌문화 경관 요소만이 잔존해 있는 것이 아니라, 주변부에 성격이 다른 요소들이 산재해 있으므로 이들 요소와의 연계학습도 얼마든지 가능하다.

곶자왈은 기본적으로 지형과 지질 및 풍부한 식생과 다양한 생물종으로 인한 자연적 색채가 특별히 강한 공간이다. 이처럼 특별한 자연 공간 안에 주변 지역 마을 주민들의 경제활동에 의한 생활문화자원이나 혹은 제주도에서 발생한 역사적 사건과 관련된 인문자원이 산재해 있다는 사실은 결과적으로 제주도의 자연과 인문(문화)현상을 골고루 이해할 수 있는 배경을 제공한다. 따라서 이 글에서 추출한 다양한 돌문화 경관 요소(돌담시설)를 기저로 제주의 자연과 인문현상을 심층적으로 이해할 수 있는 계기가 될 수 있다.

이와 관련하여 최근 제주도 내의 일부 초등학교나 중학교에서는 몇 년 전부터 학교 주변에 위치한 곶자왈을 찾아 환경학습이나 자연체험학습과 같은 현장학습을 실행하고 있기는 하다. 그러나 지금까지의 곶자왈 내 학습은 주로 '자연'에 방점을 두는 형태가 주를 이루고 있어서, 자연을 이용했던 제주도민들의 의식은 물론 시대적 상황에 따른 경제활동의 결과물 말하자면 다양한 인문자원의 속성과 특성, 배경 등을 이해하는 것은 곶자왈이라는 자연 속에서 제주도의 또 다른 역사와 문화를 학습하는 발판이 될 수 있다.

일반인들의 사회교육적 차원에서도 마찬가지다. 최근 건강과 힐링(healing)이 화소(話素)가 되고 있는 것처럼 곶자왈을 탐방하는 기회가 점차 증가하고 있지만, 정작 곶자왈 내 인문자원의 존재에 대해서는 큰 관심을 보이지 않는 것이 현실이다. 과기에 제주 선조들이 지연을 어떻게 이용해 왔는지, 무엇 때문에 곶자왈 숲속에서도 밭을 개간하여 농사를 짓고 소나 말을 기르며 옹기와 숯을 만들었는지, 그리고 왜 4·3사건이나 태평양전쟁과 관련된 유적이 남게 되었는지 등에 관해 물음과 답변을 구하고자 하는 일련의 학습활동이 동반된다면, 분명히 곶자왈 탐방을 통한 건강과 힐링의 질은 한층 더 높아지고 구체화될 수 있을 것이다.

스토리텔링화 자료(가칭 '곶자왈 속 돌문화')로 활용

최근 제주도의 주요 관광지나 올렛길과 둘렛길 또는 개별 곶자왈 등을 대상으로 홍보용 책자와 지도 등의 출판이 활발하다. 그러나 정작 이들을 세부적으로 또는 심층적으로 소화할 수 있는 에너자이저(energizer)는 매우 불충분한 것으로 판단된다. 따라서 앞으로는 개별 곶자왈에 대한 보다 흥미롭고, 탐방의 활력제가 될 수 있는 스토리텔링화 자료가 필요하다고 생각된다.

현재 개별 곶자왈 속에 잔존하는 돌문화 경관 요소들은 이미 개설된 곶자왈 탐방로를 소개하거나 동서지역으로 크게 나뉘는 4대 곶자왈 또는 용암류에 따른 10개 곶자왈로 세분하여 개별 곶자왈의 특성을 홍보하는 자료로 활용할 수 있어야 한다. 그러한 상황으로 이어질 수 있다면, 개별 곶자왈에 대한 돌문화 경관 요소들을 더욱더 적극적으로 발굴하여 그것들이 지닌 속성과 특성 등을 밝혀내는 작업도 동반되어야 한다.

곶자왈 내에 분포하는 각기 다른 돌문화 경관 요소들은 하나하나가 나름대로 제주도민들이 쌓아온 역사와 문화의 향기를 간직한 이야기를 내포하고 있다. 그 이야기들은 제주도민의 삶을 지탱해온 이야기일 수도 있고, 어떤 특정 사건과 관련된 이야기일 수도 있다. 그리고 어느 개인에 근거한 이야기일 수도 있고, 또는 마을 주민 여러 명과 관련된 이야기일 수도 있으며, 특정 마을 전체와 관련되는 이야기일 수도 있다. 더불어 그 이야기들은 어떤 특정 시기에 한정된 이야기일 수도 있으며, 장기간에 걸쳐 지속돼온 이야기일 수도 있다. 그만큼 현재 곶자왈에 남아 있는 돌문화 경관 요소들은 모두가 곶자왈을 이용했던 당시 주인공들의 역사와 문화를 간직하고 있다는 것이다.

그러나 아직 곶자왈 속 돌문화와 관련된 이야기는 본격적으로 발굴되어 활용된 사례가 거의 없다. 물론 개별 곶자왈 단위로 스토리텔링을 구체화할 수 있는 연구가 미진한 배경이 첫 번째 이유라 할 수 있을 것이다. 이제 상황은 많이 바뀌었다. 최근 들어 곶자왈 연구가 많은 진전을 보이는 만큼, 앞으로 충분히 '곶자왈 속 돌문화'(가칭)라는 주제로도 스토리텔링화가 가능한 상황이 되었다고 판단한다.

최근 많은 사람이 곶자왈을 탐방하고 있지만, 그 안에 존재하는 인문자원, 즉 돌문화에 대한 역사와 문화 관련 이야기는 미처 상상하기도 힘들 것이라 여겨진다. 따라서 개별 곶자왈에 대한 새로운 관점과 이슈를 동반하는 기제로서, 돌문화 경관 요소를 바탕으로 한 스토리텔링화는 매우 유의미한 작업이기도 하다. 이런 시각에서 볼 때, 이 연구에 제시한 여러 곶자왈 내 돌문화 경관 요소에 대한 분석 내용은 스토리텔링화를 위한 하나의 디딤돌로서 주목할 수 있다.

다큐멘터리 제작 소재로 활용

제주도는 대한민국 내에서도 세계유산(world heritage) 중 자연유산을 지닌 지역 중 하나이다. 그러나 아직 문화유산은 보유하고 있지 못하다. 앞으로 반드시 대한민국은 물론이고 제주특별자치도의 입장에서도 문화유산 한 가지는 탄생시켜야 할 것으로 판단된다. 이런 전제를 두고 논의하자면, 앞으로 '제주(도)의 돌문화'는 매우 중요한 주제로 등장할 수 있다.

제주특별자치도로서는 아직 세계문화 중 문화유산을 등재하고자 하는 본격적인 작업이 없는 상황이다. 그러나 어느 시점에서 제주도의 세계(문화)유산 등재에 대한 분위기가 확산되고 제주도민들의 의견이 모인다면, 세계유산 등재를 위한 주제 찾기가 본격화될 것으로 여겨진다. 이러한 관점에서 생각한다면, 이미 몇 년 전부터 도내의 일부 학계(제주학회 등)는 물론이고 전문가들 사이에서 논의돼온 '제주(도)의 돌문화'가 중심주제로 등장할 가능성이 있다는 것이다.

사실 현시점에서 볼 때, '제주(도)의 돌문화'와 관련된 주제의 자료는 제주도 내 연구자들 사이에서도 많이 축적돼 온 것이 사실이다. 다만, 이들 자료 중에서도 어떤 성격의 자료를 어떤 방식으로 묶어서 세계적인 제주도(濟州島)의 유산으로 부각할 것인가 하는 문제가 남아 있다. 이처럼 지금까지 다양한 돌문화 경관 요소나 돌문화 경관 자체에 대한 논의와 더불어 자료 축적은 진행됐으나, 곶자왈 내부의 그것과 관련된 자료 축적은 아주 미미하다. 시간상으로 볼 때도 많이 부족한 상황이다.

따라서 앞으로 곶자왈 내부에 잔존해 있는 돌문화 경관 요소에 대한 자료 축적을 한층 더 튼실하게 진행해 나갈 필요가 있는 것이다. 그런 의미에서 지역방송이나 매스컴을 통해서 부각하는 방법은 상당히 매력적이고 파급효과가 클 것으로 생각한다. 궁극적으로 곶자왈 속의 돌문화 경관 요소나 돌문화 경관에 대한 다큐멘터리를 제작하여 보급한다면, 짧은 기간 내에도 제주도민은 물론이고 전 국민의 호감과 관심을 모을 수 있을 것이다. 앞에서 스토리텔링화 자료로서의 활용에서도 언급한 것처럼, 곶자왈 속 돌문화 경관 요소는 다양한 역사와 문화적 층서를 지니고 있다고 말할 수 있다.

결과적으로 정리하면, 개별 곶자왈의 돌문화 경관 요소는 다큐멘터리 소재로도 충분히 활용할 수 있어야 한다는 것이다. 곶자왈의 돌문화 경관 요소가 개별 연구자들의 연구 성과뿐만 아니라 다큐멘터리 소재로도 활용되어 가장 먼저 제주도민들로부터 이해와 관심을 끌어내는 일은 무엇보다도 중요하다. 아울러 곶자왈의 돌문화 경관 요소를 다큐멘터리 소재로 활용하는 과정은 '제주(도)의 돌문화'가 세계(문화)유산으로 등재하는 날을 크게 앞당기는 계기가 될 수도 있다.

곶자왈 전시관 건립의 소재로 활용

곶자왈에는 다종다양한 인문자원 또는 생활문화자원이 분포한다. 그러나 이들을 발굴하고 의미와 가치를 부여하는 작업은 아직도 멀고 멀었다. 기본적으로 제주도 내 4대 곶자왈, 세부적으로 보면 서로 다른 용암류에 의해 형성된 10개 곶자왈 별로 인문자원 조사가 치밀하게 진행되어야 하는데, 여러모로 한계에 부딪혀 있다. 곶자왈 내의 인문자원을 조사하고자 하는 연구자 수가 좀처럼 늘어나고 있지 않은 현실 때문에, 아직도 인문자원의 조사 범위와 종수는 줄지 않고 있다.

향후, 적어도 용암류 기원지에 따른 10개 곶자왈에 대한 전반적인 조사가 완료되고, 그 결과로서 인문자원의 존재가 어느 정도 파악된다면 곶자왈 전시관 건립이 절대적으로 필요하다. 곶자왈 전시관의 건립은 앞으로 곶자왈의 보전은 물론이고 과거 선조들이 곶자왈을 이용했던 역사와 문화의 단면을 적나라하게 기록하며 후세대에 전승하기 위한 최소한의 대응이라 할 수 있다. 따라서 어느 시점에 이르면,

곳자왈 전시관의 건립은 필요한 대응 조처로 받아들여야 한다. 전시관이라고 하는 특정 공간 안에서 곳자왈 생태계의 우수성과 특이성은 물론, 다양한 인문자원의 특성과 존재 양상을 조화롭게 이해하기 위한 작업은 결과적으로 현세대와 후세대의 미래를 열어나가기 위한 좋은 방향타가 될 것이다.

제주의 곳자왈에서는 1970년대까지만 해도 다양한 이용 행위가 이루어졌다. 더욱이 제주도민들이 곳자왈을 대상으로 활동한 공간적인 범위는 의외로 넓고 또한 험한 지역을 이룬다. 그런 넓고 험한 지역에 과거 제주 선조들이 일궈놓은 경제활동의 산물이자 인문자원들이 산재해 있는 것이다. 이들 인문자원의 기능과 속성을 통하여 제주도민들의 지난한 삶의 역사와 문화를 모두가 이해할 수 있다고 한다면, 그 어느 지역이 되었든 간에 곳자왈 전시관은 건립되어야 한다는 타당성의 논리가 작용할 수밖에 없다.

결국, 여기에서 다룬 여러 곳자왈 내의 돌문화 경관 요소는 아직도 조사·발굴하지 못한 인문자원들의 후속조사를 위한 기제가 될 뿐만 아니라, 전시관 건립에 따른 새로운 시각의 주제를 제시하는 마중물 역할을 할 것으로 여겨진다. 한 사람만으로는 끝없는 광활한 사막을 결코 횡단할 수 없으나, 여러 사람이 함께 모이면 얼마든지 횡단할 수 있다는 확신을 가질 수 있다. 마찬가지로 한 연구자의 능력만으로는 결코 해결할 수 없는 사안들이 지역의 여러 연구자가 함께 경주할 때, 제주 곳자왈이 지니는 많은 수수께끼는 쉽게 풀릴 수 있고, 풀린 수수께끼는 제주의 또 다른 역사와 문화로 자리 잡을 수 있다. 나아가 연구자들이 공들여 풀어놓은 많은 수수께끼를 사장하지 않는 방안은 전시관 건립을 통해서 해결할 수 있다.

마무리하기

이 글은 제주 곶자왈 내에 잔존하는 돌문화 경관 요소를 발굴하여 그것의 의미와 속성을 살피고 활용 방안을 검토하는 데 있다. 아직 제주 곶자왈의 인문자원에 대한 전체적인 조사가 완료되지 않은 시점에서 다소 서두른 감이 없지 않으나, 차후에 한층 더 다양하고 소중한 돌문화 경관 요소들의 발굴을 염두에 두고 새로운 시각을 제공하는 차원에서 실행하게 되었다. 아울러 이 글은 2013년 이후부터 이미 조사를 마쳤거나 혹은 어느 정도 조사가 진전된 곶자왈을 대상으로 분석하였기 때문에 지역적으로는 한계가 있는 것이 사실이며, 8개 곶자왈에서 선택한 돌문화 경관 요소의 상징성과 대표성에 대한 논란도 충분히 예상된다. 이들 문제에 대한 구체적인 논의는 차후에 좀 더 시간을 두고 해결할 기회를 얻고자 한다.

이 글에서 다룬 논의의 핵심을 요약·정리하면 다음과 같다. 핵심 논의의 첫 번째는 필자가 개별적으로 또는 공동으로 본격적인 조사를 통해, 아니면 약식 조사를 통해 확인된 돌문화 경관 요소들을 정선·발굴하고 그것들의 잔존 양상과 속성을 밝히는 것으로서, 사례로 다룬 곶자왈과 관련 돌문화 경관 요소는 크게 8개 곶자왈 8개 요소이다. 그것들을 나열해 보면 ① 화순곶자왈의 참호용 돌담, ② 구억곶자왈의 일제 군사시설용 돌담(추정), ③ 애월곶자왈의 4·3사건 관련 초소용 돌담, ④ 산양곶자왈의 옹기가마, ⑤ 저지곶자왈의 마을공동목장용 경계 돌담, ⑥ 무릉곶자왈의 개간 농경지 밭담, ⑦ 교래곶자왈의 숯막, 숯가마 터(또는 창고용 시설) 및 변소 돌담, ⑧ 선흘곶자왈의 집터 돌담 등과 같다.

이들 개별 돌문화 경관 요소는 곶자왈 인근 마을 주민 혹은 일본군이 특정한 목적에 따라 축조한 것들인데, 마을 주민들의 경제활동을 위한 목적으로 축조한 돌담시설로는 ④ 옹기가마(산양곶자왈), ⑤ 마을공동목장용 경계 돌담(저지곶자왈), ⑥ 개간 농경지 밭담(무릉곶자왈), ⑦ 숯막·숯가마 터 및 변소 돌담(교래곶자왈), ⑧ 집터 돌담(선흘곶자왈)을 들 수 있고, 마을 주민들의 안전을 위해 축조한 돌담시설로는 ③ 4·3사건 관련 초소 돌담(애월곶자왈), 그리고 일본군에 의한 군용 목적의 돌담시설로서 ① 참호 돌담(화순곶자왈), ② 일제 군사시설용 돌담(추정)(구억곶자왈)으로 구분해 볼 수 있다.

개별 곶자왈 내 돌문화 경관 요소의 잔존 양상은 사람들의 곶자왈 이용 정도(밀도)에 따라, 곶자왈을 구성하는 수종에 따라 또는 마을이나 바다와의 거리를 고려한 곶자왈의 위치에 따라 다른 것으로 판단된다. 이러한 사실은 아직도 조사하지 못한 개별 곶자왈의 인문자원의 특성을 유추하는 데 중요한 단서가 될 수 있을 것으로 판단된다.

이어서 두 번째로는, 여러 곶자왈에 분포하는 돌문화 경관 요소의 활용 방안을 크게 4가지로 설정·제시하였다. 첫째는 학교교육 및 사회교육 현장학습 대상으로의 활용, 둘째는 스토리텔링화 자료(가칭 '곶자왈 속 돌문화')로 활용, 셋째는 다큐멘터리 제작 소재로 활용 그리고 넷째로는 곶자왈 전시관 건립의 소재로 활용이다.

여기서 솔직히 말하면, 곶자왈 내 돌문화 경관 요소만을 배경으로 구체적인 활용 방안을 세우기는 매우 곤란한 점이 많다. 설령 아주 훌륭한 활용 방안이라고 할지라도, 실제로는 누가(또는 어떤 집단이), 언제 그리고 어떤 목적으로 활용할 것인지가 불분명하다면, 말 그대로 뜬구름을 잡는 허무맹랑한 구호에 불과할 수도 있다. 그렇기 때문에 여기에 제시한 4가지 활용 방안 중 '곶자왈 전시관 건립 소재로 활용'을 제외한 나머지는 누구나 제안할 수 있는 수준의 활용 방안이다. 더불어 앞의 3가지 활용 방안은 최근에 자연환경(생태계)의 활용이나 관광지 또는 문화유산(유적) 등의 홍보와 활용 등에서도 실제로 많이 행해지는 방안이기 때문에 별 무리 없이 실행할 수 있다는 장점이 있다.

곳자왈 전시관 건립 소재로의 활용과 관련해서는 이미 교래곳자왈 내 방문자 센터가 자리 잡고 있긴 하지만 주로 곳자왈의 자연과 생태를 중심 소재로 치중하는 상황이어서, 앞으로는 한층 더 곳자왈의 자연과 인문(역사와 문화)이 복합적으로 어우러진 전용 전시관이 탄생하기를 의식했기 때문에 제안한 것이다. 끝으로 한 가지만 추가하자면, 제주 곳자왈 내 인문자원의 속성은 결코 '돌(현무암)'을 의식하지 않고는 설명할 수가 없다는 것이다. 따라서 곳자왈 전시관은 반드시 야외 전시장이 동반되는 상황에서 조성하는 것이 바람직하다.

선흘곶자왈 탐방로 주변의
학습자원과 학교교육에서의 활용

들어가기

　선흘곶자왈은 제주도 내 여러 곶자왈 중에서도 가장 상징적이고 의미 있는 공간으로서, 이미 난대성 상록활엽수림이 전형적으로 전개되는 숲 지역으로 전국적인 명성을 얻고 있다. 물론 이 배경에는 1999년 7월(제17회)에 방영된 KBS 1TV 환경스페셜을 비롯한 방송과 신문 등의 보도가 매우 중요한 역할을 하였다[1]. 이러한 상황 속에서 선흘곶자왈은 약 15년이란 시간을 뒤로하며, 그간 도내외의 많은 탐방객들을 끌어들였다. 이와 같은 일련의 흐름을 고려한다면, 선흘곶자왈 자체는 궁극적으로 도내외의 많은 탐방객들에게 산책과 힐링, 생태관광과 생태학습 등 제반 분야에서 탐방 목적을 해소하는 데 지역자원으로서의 존재 가치를 널리 인정받은 곳이라 말할 수 있다.

　선흘곶자왈은 제주도 내 여러 곶자왈 중에서도 가장 빠르게 탐방로의 개설이 이루어졌다. 그만큼 선흘곶자왈은 대한민국 국민이라면 누구나가 한 번쯤 방문했거나 아니면 방문하고 싶어 하는 매력과 장소성을 갖춘 곳으로 평가받고 있다. 그럼에도 불구하고, 오랜 시간을 거치면서 행해진 선흘곶자왈의 탐방형태는 개인별 또는 단체별로 탐방로의 순로를 따라 산책하는 정도의 단순 탐방이 주를 이루고 있다. 간혹 제주도 내 일부 초·중학생들의 생태학습과 환경학습을 위한 장소로서 또는 육지부의 일부 탐방객들에 의한 테마 여행의 경유지로서 활용되는 사례도 있지만, 현시점에서 그것 자체가 매우 활발하게 진행되고 있다고 평가하기에는 다소 무리가 있다. 이 배경에는 계층별 탐방객의 목적이나 탐방객의 요구 수준에 부응할 수 있는 걸맞은 교육 프로그램이 존재하지 않거나, 설령 존재한다고 하더라도 현실적으로 실행하기 어려운 장벽이 가로놓여 있기 때문인 것으로 이해할 수

---

1)   KBS 제1TV의 환경스페셜은 1999년 5월 5일 제1회(1999 봄, 깨어남)를 시작으로 방영되었으며, 2013년 4월 3일 제539회(15년의 기록, 환경스페셜 생명을 말하다)로 종영되었다. 1999년 9월 15일에 방영된 제17회에서는 '한반도 최후의 상록수림, 제주 선흘곶'이란 제목으로 방영되었는데, 이를 통해 대한민국에서도 가장 넓은 면적의 상록수림이 선흘곶자왈에 존재한다는 사실이 전국적으로 알려지게 되었고, 동시에 제주 곶자왈에 무한한 관심과 애정을 갖는 계기가 되었다고 판단된다. 이에 힘입어 2004년 3월 17일(제176회)에는 '겨울에도 푸른 숲 제주 곶자왈' 그리고 2005년 11월 9일(제238회)에는 '원시의 숲 교래곶자왈은 사라지는가'가 방영되면서, 환경스페셜 프로그램은 많은 국민들에게 제주 곶자왈의 중요성과 보전의 필요성을 깨닫게 하는 데 큰 역할을 담당했다. 또한 2002년 11월~2004년 2월에 걸쳐서는 지방 신문사인 제민일보가 곶자왈특별취재반을 조직하면서 제주도내 곶자왈을 특집 기획기사로 폭넓게 다루었으며, 따라서 제주도민들에게는 곶자왈의 존재는 물론이고 희귀성과 중요성을 인식하게 하는 계기를 마련하였다. 나아가 제민일보 곶자왈특별취재반은 그동안의 기획기사를 바탕으로 2004년 10월에 《제주의 허파 곶자왈》이란 단행본을 출간하였다. 이러한 일련의 과정을 거치면서 2000년대 중반 이후부터는 제주도 내 곶자왈의 개발 금지와 보전 필요성을 주장하는 분위기가 거세게 이어지게 되었다.

있다.

　이상과 같은 상황을 고려하여, 이 글에서는 선흘곶자왈 내 동백동산 탐방로를 배경으로 현실적으로 실행 가능한 교육 프로그램을 작성할 수 있는 근간을 마련하고자 주요 학습자원을 추출함과 동시에 자원의 특성 분석을 통해 학교교육 프로그램의 활용도를 높일 수 있는 방향성을 제시하는 데 역점을 두고자 한다. 더불어 이 글에서 학교교육 프로그램에 활용할 수 있는 대상 학습자원들은 기본적으로 동백동산 탐방로 2개 코스를 기준점으로 하여 좌우 약 20m 이내에 분포하는 것만을 선택하였으며, 선별된 여러 종류의 자원들은 세 가지 유형으로 나누어 정리하고 특성을 분석하였다.

　아울러 여기에서 추출한 동백동산 탐방로 주변의 학습자원 조사는 2017년 5~9월 사이에 주로 진행하였으며, 조사카드를 이용하여 개별 자원에 대한 위치, 규모(길이, 높이, 너비 등), 형성 시기 및 조성 시기, 활용 기간, 형태와 특징 등을 기입함과 동시에, 문화자원에 대한 조성시기와 활용 시기 등은 2012~14년 조사 시에 선흘1리 주민들로부터 청취 조사한 내용을 활용하였다[2].

---

2)　당시의 연구조사에 의하여 아래와 같은 연구논문을 정리하였다. ① 정광중·강성기·최형순·김찬수, 2013, 〈제주 선흘 곶자왈에서의 숯 생산활동에 관한 연구〉, 《한국사진지리학회지》 23(4), 37-55. ② 강창화·정광중, 2014, 〈제주 선흘곶자왈 내 역사문화유적의 분포 실태와 특성〉, 《한국사진지리학회지》 24(1), 153-173. ③ 정광중, 2014, 〈제주 선흘곶자왈 내 역사문화자원의 유형과 평가〉, 《한국사진지리학회지》 24(2), 1-20.

학습자원의 발굴과
필요성

이 글에서 사용하는 학습자원이라는 용어는 특별히 일반화된 용어라고 할 수는 없다. 학습자원이란 용어와 많은 연관성을 지니는 교육학이나 사회과교육학 등에서도 특별히 개념 정의된 것은 없다. 필자가 굳이 학습자원이란 용어를 차용하는 배경은, 학교교육에서는 지역사회에 존재하는 다양한 자연요소와 인문(문화)요소들을 학습대상으로 발굴하여 활용해 보자는 취지가 담겨 있기 때문이다.

그렇기 때문에 여기에서 말하는 학습자원이란 특정 학교 주변, 좀 더 넓게는 제주도라고 하는 비교적 공간적인 범위가 작은 지역에 존재하는 자연요소, 즉 한라산, 오름, 바다, 감귤, 곶자왈 등이나 인문요소인 초가, 해녀, 돌담, 문화재(유적), 박물관 등을 가리키는 것으로, 궁극적으로는 이들을 적극적으로 발굴·활용함으로써 학생들에게 신선한 흥미와 학습의욕을 충족시킬 수 있는 학습대상을 의미한다. 물론 위에서 예시한 자연요소나 인문요소들은 그것들의 하부를 구성하는 하위요소로 재차 세분하여 자원화할 수도 있어야 한다는 입장이다.

지역에 존재하는 학습자원은 극히 일부를 제외하면, 초·중·고교 교과서에서 특정 주제나 학습대상으로 다루어지는 일이 거의 없기 때문에, 교사의 입장이든 관할 교육청의 입장에서든 적극적으로 발굴하여 학교 현장으로 보급하는 작업이 필요하다. 더불어 지역사회에서 공부하는 학생들에게는 지역의 학습자원을 활용하여 현장에서 직접 체험하면서 다양한 지식과 정보를 접하게 함으로써 보다 생동감 넘치고 보람된 학습활동을 할 수 있도록 하고자 하는 것이다.

이와 같은 상황을 전제해 볼 때, 최근 제주지역 내 학습자원을 활용하여 긍정적인 학습효과를 이끌어내는 논고들이 등장하는 것도 일단 필자와 생각이 같은 취지로 판단된다. 먼저 고성우·홍승호(2010)는 곶자왈을 대상으로 한 체험학습이 초등학생들의 환경감수성 변화에 매우 유의미한 것으로 해석하고 있으며, 고석호 외(2012)는 제주의 오름을 대상으로 한 초등학생들의 체험학습 필요성을 강조하면서 학생들 스스로가 능동적인 문제해결 능력의 향상을 통해 환경소양의 신장에 매우 중요한 배경이 되고 있음을 지적하였다. 그리고 이 연구와 동일한 학습자원인 오름을 활용하여 초등학생들의 인지적·정의적 영역의 차이를 부각시킨 연구도 보인다(김유철·홍승호, 2011).

이들과는 관점이 다소 다르지만, 현승엽(2008)은 제주의 해안지형을 야외학습 장소로 활용함으로써 초등학생들의 체험학습 효과를 한층 높이고 동시에 애향심도 고취시킬 수 있다고 주장한다. 또 고홍자(2004)는 지역 박물관을 활용한 학습방안 연구에서 초등학생에게는 교과서 상의 학습단원과 지역박물관의 자료나 전시물 및 학습방법을 제대로 연계한다면, 사회과의 학습능력 향상은 물론이고 전통문화에 대한 이해도를 한층 높일 수 있다는 결과를 내놓고 있다. 나아가 조선시대 제주도의 거상인 김만덕을 활용한 인물학습 활동 구성과 관련된 연구(고수선, 2014)에서는 양성평등 사회를 살아가는 학생들에게 다양한 사고와 균형적인 시각을 함양하는 데 크게 도움이 된다는 결과를 이끌어내고 있어 매우 흥미롭다.

이상과 같은 연구들은 개별적으로 추구하는 연구목적이나 분석방법은 다르지만, 학습대상을 주로 초등학생으로 한정하고 있다는 사실과 제주도라고 하는 지역의 학습자원을 다루고 있다는 배경만큼은 공통점으로 드러난다. 궁극적으로 이런 사실에 의거하자면, 공간적인 범위가 작은 지역의 학습자원을 활용한 학습형태는 초등학생들에게 가장 효율적이고, 동시에 학습활동 중에서는 체험적 요소가 많이 동반되어야만 학생들의 관심도와 흥미도가 높아지며 또한 긍정적이고 유의미한 효과를 유도해낼 수 있다는 점에 주목할 필요가 있다.

이 글은 최종 도달점이 학습자원을 활용하여 프로그램을 작성한다거나 혹은 학습자원의 활용결과에 따른 학습의 유의미성을 제시하는 것이 아니기 때문에, 앞서 논의한 연구들과는 차별된다. 다시 말해 이 글은 어디까지나 초·중등 학생들을 위한 자원 활용 프로그램의 작성 과정에서 학습자원의 특성을 분석하고 학습내용의 조직과 구성을 위한 방향성을 타진하는 데 주안점을 두고자 하는 것으로서, 결국 이런 작업들이 선행되어야만 해당 학습자원의 교육적 효용성은 물론이고 교육 프로그램을 통한 학습효과의 정당성을 확보할 수 있다는 사례를 선보이기 위함이다.

동백동산의 지리적 특성과 탐방로의 구성 특징

동백동산의 지리적 특성

선흘곶자왈은 제주시 조천읍 선흘1리에 위치하며 동백동산은 선흘곶자왈의 북쪽에 위치하는 일부 지구이다. 동백동산은 선흘곶자왈 내에서도 유달리 동백나무가 많이 자생하는 지구로 주민들이 일상 속에서 흔히 부르던 명칭이다. 애당초 선흘곶자왈의 일부 지구에 어떤 연유로 동백나무가 유입되었는지는 아직 밝혀진 바가 없다. 다시 말해 오래전에 일부 선흘1리 주민들에 의해 이식된 이후 개체수가 확산 된 것인지, 아니면 단순히 조류나 바람의 영향으로 인해 동백나무가 자생하게 된 것인지는 차후에 밝혀져야 할 문제라 할 수 있다.

현재 선흘곶자왈 내 동백동산에는 약 10만여 그루 정도가 자생하는 것으로 보고되고 있다(이성권·동백동산 주민모니터링단, 2016: 72). 1960년대 중후반까지만 해도 동백동산에 자생하는 동백나무는 선흘1리 주민들의 일상 속 생활용구의 목재로서 또는 숯감으로써 긴요하게 활용되었다. 더불어 동백나무 열매는 기름을 얻기 위한 소중한 원료로써 여성들의 머릿기름이나 호롱불을 켜는 데에도 소중한 자원이었다. 현재 동백동산에는 동백나무를 비롯하여 종가시나무, 구실잣밤나무, 녹나무, 황칠나무, 후박나무, 화살나무 등 110여 종이 자생하면서 전체적으로는 선흘곶자왈 상록활엽수림지대의 골격을 이루고 있다.

이처럼 동백동산을 포함한 선흘곶자왈은 조선시대로부터 일제강점기까지는 물론이고 해방 이후부터 1960년대까지도 부분적으로는 마을 주민들의 신탄 채취를 비롯하여 방목과 산전, 숯 생산 등 다양한 용도로 활용되는 가운데, 전체적으로는 숲 형태를 고스란히 보전하며 유지돼온 것으로 알려지고 있다.

다시 말해, 선흘1리 주민들은 마을 숲의 큰 화재나 넓은 면적의 나무 벌채 및 개간 등을 막기 위하여 삼림계(식산계)를 조직하여 관리하기도 했던 것이다(정광중 외, 2012: 121). 이러한 상황은 일제강점기 초기(1911년 시행)의 삼림령과 해방 이후인 1960년대 중반에 발효된 산림법 등에 의하여 대대적인 벌목 단속 및 산불방지 등을 시행할 수 있었던 것도 크게 한몫한 것이 사실이다. 따라서 오늘날 동백동산을 포함한 선흘곶자왈에 전국적으로도 지명도가 높은 온전한 난대성 상록활엽수림지대가 존재하게 된 것이라 할 수 있으며, 결과적으로 동백동산은 1971년에 지방문화재인 기념물 제10호로, 그리고 선흘곶 자왈은 2014년에 세계지질공원 대표명소로 지정되는 행운을 얻게 된 것이다.

탐방로의 구성 특징

동백동산 탐방로는 남쪽에 위치한 동백동산 습지센터를 기준으로 동→서 방향으로 또는 서→동 방향으로 일주할 수 있도록 조성되어 있다. 그 의도는 습지센터 부지 내에 주차장이 있기 때문에 탐방 완료 후의 편의를 도모하기 위해서이다. 그러나 이 글에서는 학생들의 학 습을 위한 편의를 고려하여 〈그림 1〉과 같이 2개의 코스로 구분하여 활용하고자 한다.

〈**그림 1**〉 선흘곶자왈 내 동백동산 탐방로 코스

먼저 탐방로 1코스는 습지센터→정수장→동백동산 서쪽 출입구까지로서 약 1.5km 구간이다[3]. 단순 탐방의 경우에는 시간적으로 40~50분 정도가 소요되지만, 중간중간에 학습자원을 마주하여 학습하는 시간을 고려한다면 80~90분 정도는 할애해야만 한다. 1코스에서는 〈표 1〉에서 확인할 수 있듯이 용암노두, 용암동굴, 물통(인공습지), 집터, 강못, 노루텅 등 6개를 제외한 나머지 학습자원을 대상으로 학습할 수 있다.

탐방로 2코스는 습지센터→상돌언덕→먼물깍(습지)→서쪽 출입구를 탐방하는 코스로 약 3.5km 구간이며, 현시점에서 탐방객들이 주로 이용하는 탐방구간이다. 거리적으로는 다소 긴 구간이라 할 수 있는데, 학습대상이나 학습장소는 얼마든지 자유롭게 취사선택하여 조율할 수 있어야 한다. 2코스의 단순 탐방에는 약 90~100분 정도가 소요되지만, 취사선택한 학습대상의 학습시간을 포함한다면 적어도 120~140분 정도의 시간을 염두에 두고 학습계획을 마련하는 것이 현실적이라 할 수 있다. 2코스에서는 〈표 1〉에 제시된 학습자원 중에서 지형·지질자원인 새끼줄 구조 용암을 제외하면, 나머지 모든 자원을 활용할 수 있다.

---

[3] 1코스에 해당하는 동백동산 습지센터에서 정수장을 거쳐 동백동산 서쪽 출입구까지의 탐방로(1.5km구간)는 2015년 5월 이후 습지센터가 개관 운영되면서 새롭게 선보인 탐방구간이다.

동백동산 탐방로 주변 학습자원의
실태와 특성

동백동산 탐방로 주변 학습자원의 실태

앞에서 소개한 바와 같이, 동백동산 탐방로는 현재 남쪽 출입구에 위치하는 탐방객 안내센터(동백동산 습지센터)를 기점으로 서쪽 방향 출입구(함덕초등학교 선흘분교 방향)까지 1.5km 구간(1코스)과 탐방객 안내센터에서 서쪽 출입구까지 약 3.5km의 구간(2코스)을 공개하고 있지만, 현실적으로 2개 코스를 한 번에 완주하는 탐방객들은 그리 많지 않다. 그 이유는 탐방로 전체 구간 길이가 총 5km로서 만만치 않다는 사실과 2개 코스의 탐방로 개설 시점도 달라서 1코스의 경우는 탐방객들에게 아직 익숙지 않다는 사실[4], 그리고 보편적인 관점에서 생각할 때 힐링을 겸하며 탐방하기에는 2코스가 상대적으로 무난하다는 사실 등이 내재되어 있기 때문이다. 이 글에서 동백동산을 2개 코스로 구분하여 학교교육의 효율성을 확보하려고 하는 이유도 바로 그것 때문이다.

2개 코스의 탐방로를 기준선(基準線)으로 설정하고, 탐방로 좌우 20m 이내에 분포하는 주요 학습자원만을 정리하여 〈표 1〉에 제시하였다. 일단 〈표 1〉에 정리한 여러 학습자원은 세 가지 유형별로 학습의 주요 내용과 초·중·고교 수준에 따른 학습 난이도를 조절하여 다양한 교육 프로그램을 작성하는 데 활용해도 무방할 것으로 판단된다.

현재 동백동산 1·2코스 탐방로 주변에서는 대략 22종 100여 개 이

---

4)　각주 3)의 내용을 참고할 수 있다.

〈표 1〉 선흘곶자왈 동백동산 탐방로 상의 주요 학습자원 현황(2018년 4월 현재)

자원 구분		학습의 주요 내용	학습 난이도	출현 코스	사례 수
지형·지질 자원(A)	A-1. 투물러스	구조 및 풍화 과정	상	1·2코스	10여 개소
	A-2. 자연습지	습지 형태, 규모	하	1·2코스	6~7개소
	A-3. 새끼줄구조	파호이호이용암류 특징	중	1코스	1~2개소
	A-4. 용암노두	파호이호이용암류 특징	중	2코스	1개소
	A-5. 함몰지	함몰지 구조, 규모 및 특징	중	1·2코스	2개소
	A-6. 궤(바위굴)	궤의 형태, 규모	하	1·2코스	5~6개소
	A-7. 용암동굴	동굴의 위치, 형태 및 규모	하	2코스	2개소
식생 자원 (B)	B-1. 동백나무	열매 크기, 잎과 줄기구조	하	1·2코스	다수
	B-2. 구실잣밤나무	열매 크기, 잎과 뿌리구조	중	1·2코스	다수
	B-3. 종가시나무	열매 크기와 줄기구조	중	1·2코스	다수
	B-4. 황칠나무	잎과 줄기구조	상	1·2코스	2개소 이상
	B-5. 제주고사리삼	잎의 크기, 줄기구조	상	1·2코스	2개소
	B-6. 겨울딸기	열매 특징, 잎의 크기, 줄기구조	중	1·2코스	2개소
	B-7. 양치식물	잎의 특징, 가지구조, 포자 특징	하	1·2코스	다수
문화 자원 (C)	C-1. 물통(인공습지)	크기, 형태, 돌담구조	중	2코스	5개소
	C-2. 집터	칸 구조, 온돌시설, 돌담구조	하	2코스	1개소
	C-3. 일반 경작지	머들 크기, 경계 돌담 구조 및 특징	하	1·2코스	10개소 이상
	C-4. 강못	식물 유입 상태, 수분상태, 돌담구조	상	2코스	5개소 이상
	C-5. 숯 가마터	돌담구조, 크기, 가마터 내 식물 유입 상태	중	1·2코스	20기 이상
	C-6. 숯막(움막)	규모, 형태, 돌담구조	중	1·2코스	15기 이상
	C-7. 노루텅	규모, 형태, 돌담구조	상	2코스	2기
	C-8. 포제단	구조와 형태, 제단 및 제장 규모, 주변 식물의 분포 상태	중	2코스	1개소

주: 학습 난이도는 초·중·고교의 학교 급별로 다소 다르게 결정할 수 있음에 유의할 것.
출처: 현지조사에 의해 작성.

상의 자원이 분포하는 것으로 파악된다[5]. 그러나 〈표 1〉에서는 동일한 종류의 많은 자원을 한번에 망라할 수 없는 관계로, 대표되는 종수(種數)로만 정리하였다. 더불어 〈표 1〉에서 구체적인 사례 수도 2018년 4월 현재 시점에서 조사 완료된 것을 기준으로 삼은 것이기 때문에, 동일한 자원이 더 추가될 가능성도 없지 않음에 유의해야 할 것이다. 궁극적으로 동백동산 2개 코스의 탐방로 상에서 파악되는 다양한 학습자원은 자원별 의미와 가치, 특성, 학습주제에 따른 학습내용과 난이도 등을 충분히 검토한 후에 다양한 형태의 교육 프로그램이나 체험활동에 활용할 수 있을 것으로 판단된다.

동백동산 2개 코스 탐방로 상에서 파악된 학습자원의 유형과 종수는 일단 지형·지질자원(A) 7종, 식생자원(B) 7종, 문화자원(C) 8종으로 대별할 수 있으며, 이들은 학교교육에서 활용하는 데 충분한 가치가 있는 것으로 판단하였다. 이들 중에서도 특히 식생자원은 수종으로 보면 그 수가 엄청나지만, 현실적으로 2개의 탐방로를 따라 학습할 수 있는 측면을 고려하여 동백동산의 대표적인 식물과 특별한 식물만을 압축하여 수록한 것임을 이해할 필요가 있다.

이어서 세 가지 유형의 학습자원을 구체적으로 살펴보면, 먼저 지형·지질자원에는 투물러스(tumulus)를 비롯하여 자연습지, 새끼줄구조, 용암노두, 함몰지, 궤(바위굴) 및 용암동굴이 포함되며, 식생자원에는 동백나무, 구실잣밤나무, 종가시나무, 황칠나무, 제주고사리삼, 겨울딸기 그리고 다양한 종류의 양치식물이 포함된다. 문화자원에는 물

---

5) 선흘곶자왈 동백동산 탐방로를 기준으로 학습에 필요하다고 판단되는 자원만을 필자가 임의대로 추출한 것으로서, 특히 식생자원에 한해서는 필요에 의해 선택한 것만을 수록한 수치임에 유념해야 한다.

통(인공습지), 집터(계절적 주거지), 일반 경작지(밭), 강못(논), 숯 가마터(1회용), 숯막(움막), 노루텅(통) 및 포제단이 포함된다.

　이들 학습자원을 활용한 지리학습과 생태체험학습, 환경학습과 문화학습 등 다양한 범주의 체험활동과 교육활동이 이루어질 수 있기 때문에, 이들에 대한 기본적인 특성을 검토·분석하는 작업이 필요하다.

동백동산 탐방로 주변의 학습자원 특성 분석

　위에서 분류한 동백동산 탐방로 상의 주변 학습자원은 우선적으로 자연자원과 문화자원(인문자원)이란 측면에서 성격을 구분할 수 있다. 이때 지형·지질자원과 식생자원은 자연자원이고, 선흘1리 주민들에 의해 탄생된 인공자원은 문화자원이다. 두 유형의 자원 중에서 먼저 탄생한 것은 말할 필요도 없이 지형·지질자원과 식생자원으로 구분되는 자연자원이다. 이들 자원을 활용해서 문화자원이 부차적으로 탄생된 것이다. 어느 지역에서든 주변에 존재하는 자연자원은 주변에 거주하는 사람들에 의해 이용될 수밖에 없다. 이러한 사실은 불변의 법칙과도 같다.

　따라서 학교교육 프로그램을 기획하는 단계에서는 두 유형의 학습자원을 적절하게 그룹화(grouping)하거나 통합하여 활용하는 지혜가 필요하다. 자연과 인간과의 관계를 이해하는 것은 체험활동이나 교육활동에 있어서 가장 원초적이면서도 중요한 행위이기 때문이다.

지형·지질자원의 특성

　〈표 1〉에서 분류한 지형·지질자원은 기본적으로 점성이 낮은 파

호이호이용암류(최근에는 일명 '빌레용암'이라고도 함)가 흐르면서 형성된 지형과 구조들이다. 따라서 기본적으로 파호이호이용암류의 고유 속성을 제대로 이해하는 것이 중요하다. 선흘곶자왈과 동백동산을 형성한 파호이호이용암류는 거문오름에서 분출한 용암류(약 30만 년 전~약 10만 년 전)로서 분화구 주변에 거대한 협곡을 만들며 알밤오름과 북오름 사이를 지나 선흘곶자왈까지 이르게 된 것이다(김효철·송시태·김대신, 2015: 248).

이처럼 파호이호이용암류는 점도가 낮고 온도가 높은 상태에서 주로 주변 저지대로 흐르는 특성을 가지고 있기 때문에, 그 과정에서 투물러스는 물론 용암노두, 새끼줄구조 및 용암동굴을 형성하게 되는 것이다. 파호이호이용암류가 흐른 후에는 자연적인 풍화에 의하여 함몰지나 궤가 생기기도 하고, 또 함몰지를 비롯한 요형(凹型) 장소에는 자연습지가 형성되기도 한다. 이들 자원은 한마디로 점도가 낮은 파호이호이용암류가 만들어낸 작품으로, 개별 자원의 스케일은 존재하는 장소와 주변의 원지형(原地形)의 형상에 따라 천차만별이라 할 수 있다. 이하에서는 개별 학습자원의 특성을 검토하고 분석한다.

투물러스(A-1)는 용암이 지표로 흘러나와 지속적으로 흐르는 과정에서 용암 내부에 가스가 차고 압력이 높아지면서 일정 지점에 이르러 용암이 빵 모양처럼 부풀어 오르며 굳어진 미지형(微地形)이다. 투물러스의 표면에는 용암이 들어 올려지면서 곳곳이 거북등처럼 깨지고 틈이 벌어져 있는 것을 확인할 수 있다. 용암이 완전히 굳은 이후에는 표면부에 생긴 절리(joint)를 따라 풍화가 진전되기 때문에, 상대적으로 시기가 오래된 투물러스는 상층부나 측면부가 거의 붕괴되는 수준까지 이르기도 한다. 그러나 투물러스에 나타나는 크고 작은 절리는 식물들이 뿌리를 내리는 좋은 조건이 되기도 한다(김효철·송시태·

〈사진 1〉 투물러스

김대신, 2015: 46). 실제로 동백동산 탐방로 상에서 확인되는 투물러스의 절리 사이사이에는 크고 작은 식물들이 보금자리를 틀고 있는 것이 확인된다(사진 1). 동백동산 탐방로에서는 10여 개 정도의 투물러스를 만날 수 있는데, 현재 가장 규모가 큰 것은 속칭 '상돌언덕'이라 부르는 곳으로 투물러스 중심부의 높이가 10여m 정도를 보인다. 1코스 탐방로에서는 전형적인 것을 찾아보기는 다소 힘들고 해체되는 과정의 소형 투물러스를 확인할 수 있다.

자연습지(A-2)는 자연적으로 형성된 습지를 가리킨다. 단순히 습지라고만 하면, 선흘1리 주민들이 인위적으로 만들어 사용하던 물통(즉, 인공습지)이 곳곳에 존재하기 때문에, 두 자원을 서로 구분하기 위함이다. 일단 선흘곶자왈 동백동산 주변부의 습지는 〈표 2〉와 같은 분류가 가능하다. 〈표 2〉의 습지 형태를 참고하면, 이 글에서 말하는 자연습지는 2번과 4번에 제시된 습지를 가리키며, 이 두 가지 습지도 선흘

〈표 2〉 선흘곶자왈 동백동산 주변부에서 확인할 수 있는 습지 형태

연번	습지 구분	속성	용도
1	선흘1리 주민들이 필요에 의해서 인위적으로 만든 습지(물통)	영속적 습지	음용수, 제사용, 우마용 음용수, 빨래, 목욕 등
2	지형적·지질적 조건에 의해 자연적으로 형성된 습지	영속적 습지	음용수, 우마용 음용수, 빨래, 목욕 등
3	최초 단계에서는 지형적·지질적 조건에 의해 습지가 형성되었지만, 주민들이 후에 새롭게 정리·보수하여 만든 습지(물통)	영속적 습지	음용수, 우마용 음용수, 빨래, 목욕 등
4	강우 시에 일시적으로 습지가 형성되었다가 시간의 경과에 따라 짧게는 1~3일, 길게는 1~2개월 후에 사라지는 습지	일시적 습지	우마용 음용수, 농업적 활용 등

주: 습지별 용도는 주로 1970년대 이전 상황을 말함.
출처: 현지조사에 의해 작성.

1리 주민들에게는 아주 소중하게 활용되었음을 이해할 필요가 있다. 이들도 인위적·인공적인 물통인 1번, 3번과 더불어 주민들의 음용수나 가축용 음용수, 빨래, 목욕, 농작업 등 다양한 용도로 사용되었으며 동백동산 탐방로에서는 적어도 6~7개의 크고 작은 자연습지를 확인할 수 있으나, 1코스에서만큼은 항상 물이 고여 있는 자연습지를 발견하기가 쉽지 않다(사진 2).

〈사진 2〉 자연습지(소형)

<사진 3> 새끼줄구조(ropy structure)

새끼줄구조(ropy structure)(A-3)는 용암류 표면부에 생기는 주름(새끼)과 같은 형태의 구조를 말한다. 점성이 낮은 파호이호이용암류가 흘러가는 과정에서 공기와 접한 상부의 용암이 내부에서 흘러가는 용암에 의해 밀리게 되어 밧줄 모양과 같이 형성된 미지형이다(김효철·송시태·김대신, 2015: 51). 1코스 탐방로에서는 다소 규모가 작은 새끼줄구조를 1~2개 지점에서 확인할 수 있으며, 2코스 주변에서는 직접 관찰하기가 어렵다(사진 3).

용암노두(lava outcrop)(A-4)는 말 그대로 용암이 흘러가는 과정에서 지표로 드러난 지점을 말하는데, 여기서는 용암이 단순히 지표에 드러난 지점이라기보다 용암류의 두께를 확인할 수 있는 지점을 말한다. 선흘곶자왈 내에서는 이런 용암노두를 용암류의 함몰지점이나 궤(바위굴)가 존재하는 장소에서도 확인할 수 있다. 더불어 동백동산 탐방로에서 확인되는 용암노두는 선흘곶자왈이나 동백동산을 형성한 용암류의 진수(眞髓)를 파악할 수 있는 대상이기 때문에, 학생들이나 일반인들의 학습장소로 적격이라 할 수 있다. 2코스에서 확인되는 용암노두는 약 8m 길이에 두께 100~120cm로 용암이 덮여 있음을 확인할 수 있다(사진 4).

함몰지(A-5)는 일반적으로 용암이 지표 위를 흐르다가 채 굳지 않은 상태에서 원지형의 경사도 차이에 의해 만들어지기도 하고, 또는 일단 용암이 흐른 자리에서 용암 내부에 큰 공간(공극)의 발생으로 형성되기도 한다. 더불어 용암동굴이 형성된 이후에는 내외부의 충격이나 풍화로 인한 내부 붕괴로 형성되기도 한다. 선흘곶자왈 동백동산에도 대소형의 함몰지가 여러 장소에서 발견되고 있는데, 이들은 주로 용암이 흐른 뒤에 내외부의 충격이나 풍화로 인해 형성된 것으로 추정된다. 2코스에서 관찰되는 함몰지는 선흘곶자왈 내에서도 비교적 규모가 큰 함몰지로서(사진 5), 동백동산 탐방로에서 비교적 가까운 거리에 위치하고 있기 때문에 용암류의 두께는 물론 용암(암석)

〈사진 4〉 용암노두(lava outcrop)

의 조직이나 붕괴된 지점의 식물상 등을 살필 수 있는 좋은 학습자원이다.

궤(바위굴)(A-6)는 소규모의 바위굴을 의미하는 제주어로서 지형학이나 지질학의 학술용어는 아니다. 《제주어사전》(2009)에는 궤를 "위로 큰 바위나 절벽 따위로 가리어지고, 땅 속으로 깊숙하게 패어 들어간 굴"이라 정의하고 있다(제주특별자치도, 2009: 101). 지형학적인 관점에서 보면, 궤는 용암이 흐른 뒤에 연암층이 부분적으로 풍화되어 형성되는 경우가 많다. 특히 경사면을 따라 뒤덮인 용암이 나중에 붕괴되면서 형성될 가능성이 매우 높다. 궤의 특징은 한쪽 방향이 패어 있지만, 일반적인 동굴처럼 양 방향으로 뚫려 있지 않다는 점이다. 궤는 선사시대로부터 사람들의 주거지로 활용되거나 일시적으로는 바람과 비를 피하는 장소로 활용되어 왔다.

선흘곶자왈 내에 분포하는 다양한 형태의 궤는 4·3사건 당시 임시적으로 몸을 숨기거나 또는 숯을 굽고 농사를 짓는 과정에서도 임시방편적인 휴식처와 휴게 공간으로 활용하였다. 따라서 동백동산 탐방로 주변에서도 궤를 활용하여 숯막을 설치한 사례는 물론 궤를 배경으로 포제단을 설치한 사례도 확인되고 있다. 궤의 규모는 매우 다양하지만, 장소에 따라서는 성인 여러 명이 바위굴 안에서 일시적인

〈사진 5〉 함몰지

〈사진 6〉 용암동굴(도틀굴)

생활이 기능할 정도로 넓은 공간을 지닌 것들도 많다. 1코스와 2코스 탐방로 주변에서는 적어도 5~6개 정도의 작은 규모의 궤를 확인할 수 있다(사진 20 참조).

용암동굴(lava tube)(A-7)은 주로 파호이호이용암류가 흐르는 과정에서 외부의 공기와 접하는 상부의 용암이 먼저 굳어버리고, 그 내부를 흐르던 용암이 빠져나가 형성된다(박기화 외, 2013: 198). 선흘곶자왈에도 시기를 달리하는 파호이호이용암류가 많이 흐른 영향으로 인하여 용암동굴이 곳곳에 산재해 있다. 그 예로 도틀굴(반못굴), 목시물굴, 대섭이굴을 들 수 있는데, 이들은 모두 비지정문화재이지만 제주시에서 보존·관리하고 있다. 따라서 이들 용암동굴은 동굴 앞까지 통행로가 조성되어 있어 외부 관찰은 용이하나, 동굴 안으로의 진입은 행정기관(문화예술과)의 허락을 받아야만 한다. 2코스 탐방로에서는 도틀굴을 만날 수 있는데, 이 용암동굴도 4·3사건 당시 선흘리 주민들이 일시적으로 피신했던 장소로 알려지고 있다. 도틀굴 내부에는 용암선반, 용암주석, 용암종유, 동굴산호 등 2차 생성물이 형성되어 있는 것으로 알려진다(사진 6).

식생자원의 특성

현재 선흘곶자왈 내에 분포하는 식생자원의 일부는 곶자왈이 형성되기 전에 자생했던 식물일 수도 있고, 역으로 곶자왈이 형성된 이후에 이입된 식물일 수도 있다. 물론 그것들을 일목요연하게 분류할 수는 없다. 하지만 거문오름으로부터 용암류가 흘러나온 이후에 모든 식물들이 이입되어 오늘날과 같은 숲을 형성했다고 생각하는 것은 큰 착각이다. 거문오름이 분화활동을 하기 이전부터도 분명히 선흘곶자왈과 그 주변에는 다양한 종류의 식물들이 자생하고 있었음을 전제하지 않으면 안 된다.

〈표 1〉의 식생자원 중 동백나무(학명: *Camellia japonica* L.)(B-1)는 선흘곶자왈의 일부 지구인 동백동산의 터줏대감 격인 수종이다. 현재 동백동산에는 약 10만여 그루가 자생한다는 지적이 있다(이성권·동백동산 주민 모니터링단, 2016: 72). 그만큼 동백나무는 선흘곶자왈 동백동산의 얼굴이다. 동백나무는 차나무, 녹나무, 사철나무 등과 함께 조엽수림(照葉樹林, laurel forest)의 대표적인 수종으로 알려진다. 조엽수림에 속하는 나무들은 잎이 작고 두꺼우며 햇빛을 받으면 반짝거리는 특성을 지니고 있어 곶자왈 내의 숲을 한층 밝게 하는 신비로움을 지니고 있다. 동백나무는 1코스나 2코스 어디에서든 관찰이 가능하지만, 특히 2코스에서는 집단 자생지를 대상으로 학습할 수 있다.

구실잣밤나무(학명: *Castanopsis cuspidata* vat. sieboldii)(B-2)는 참나뭇과의 한 종류로 수고(樹高)가 15m까지 성장하는 교목이다. 동백동산에 흔하게 보이는 구실잣밤나무의 특징은 동서남북 방향으로 많은 줄기가 뻗어나가며, 또 뿌리가 매우 독특한 판근(板根) 형태를 띠며 자생하고 있다는 점이다. 아마도 토양층이 미약한 곶자왈 지대에서 더 많은 수분을 섭취하기 위한 나

〈**사진 7**〉 구실잣밤나무(판근)

름의 적응력을 발휘한 것으로 판단된다(사진 7). 구실잣밤나무는 1, 2 코스 어디에서든 확인할 수 있는 학습자원이다.

종가시나무(학명: *Quercus glauca* Thunb. ex Murray)(B-3)도 참나뭇과의 대표적 수종으로, 동백동산에서는 가장 흔하게 볼 수 있는 상록활엽 수 중 하나이다. 따라서 1·2코스 어디에서든 학습이 가능하다. 종가 시나무의 열매는 곶자왈 내에서 활동하는 크고 작은 동물들의 먹이나 사람들의 도토리묵 재료로 활용되며, 줄기는 한때 숯 재료로도 안성 맞춤이었다. 또한 줄기가 곧고 나뭇결이 강하기 때문에, 다양한 농기 구를 만들거나 집안의 생활도구 제작에도 자주 이용하던 수종이라 할 수 있다(사진 8).

황칠나무(학명: *Dendropanax trifidus*(Thunb.) Makino ex H.Hara)(B-4)는

〈사진 8〉 종가시나무

〈사진 9〉 황칠나무

두릅나뭇과의 상록교목으로 줄기
는 비교적 곧고 잎은 마치 사람의
손가락을 벌린 모양과 같이 세 가
닥 혹은 다섯 가닥으로 나오는 특
성을 지닌 수종이다(사진 9). 오래
전부터 황칠나무는 수액을 뽑아
도료(塗料)로 사용할 정도로 인기가
많은 나무이며, 조선시대 때 왕실
이나 양반가에서는 가구류의 도료로 치장하고자 하여 황칠의 수요가
매우 높았다. 최근에는 황칠나무에 '폴리아세틸렌'이라는 성분이 함
유되어 있어서 면역력 신장, 암세포 증진 억제, 신경 안정 효능 등을
지닌 만병통치약의 재료로 널리 애용되고 있기도 하다. 선흘곶자왈
동백동산에도 몇몇 장소에 황칠나무가 군락을 이루어 자생하고 있는
데, 일반인들의 벌채를 막기 위한 조처도 반드시 필요한 수종이다. 이
황칠나무는 특히 2코스에서 학습하는 데 편리하다.

제주고사리삼(학명: *Mankyua Chejuense* B.-Y. Sun et al.)(B-5)은 상록 다년
초로서 2001년에 세계적인 식물관련 학회에 등재되면서 주목받게 되
었다(Sun, B.-Y., M.-H. Kim, C.-H. Kim, and C.-W. Park, 2001: 1019-1024; 현화
자 외, 2010: 350). 제주도에서도 선흘곶자왈에서만 자생하는 희귀식물
이라는 점에서 정기적인 모니터링과 적극적인 감시활동이 필요한 식

물이다. 더불어 제주고사리삼의 자생지는 선흘곶자왈 내에서도 몇 군데 되지 않는 상황이어서, 현세대가 적극적인 보호를 통해 멸종 위기를 막아야 하는 제주만의 특산식물이자 멸종 위기 식물임을 이해할 필요가 있다(사진 10). 제주고사리삼에 대한 학습은 특히 2코스가 편리하지만, 식물 보호를 위해 습지센터에 근무하는 탐방 안내자의 도움을 받는 것이 절대적으로 필요하다.

겨울딸기(학명: *Rubus buergeri* Miq.)(B-6)는 장미과의 상록 덩굴성 식물로서, 열매가 주로 가을에서 겨울 사이에 빨갛게 익기 때문에 붙여진 이름이다. 다른 야생 산딸기와는 달리 한국 내에서도 제주도에만 주로 자생하는 식물이다. 그렇다고 해서 제주도 내에서도 아무 곳에서나 관찰할 수 있는 산딸기도 아니다. 특히 선흘곶자왈처럼 주변에 숲이 있거나 반음지에서 잘 자생하는 특성을 보이며, 보통은 줄기가 지면 위로 높게 자라지 않는 습성 때문에 탐방로 상에서도 유심히 관찰하지 않으면 놓치기 십상인 식물이다(사진 11). 겨울딸기는 2코스의 끝 지점인 서쪽 출입구 가까이에서 학습이 가능하다.

양치식물(Pteridophyta, 羊齒植物)(B-7)은 종류가 워낙 다양하기 때문에

〈사진 10〉 제주고사리삼   〈사진 11〉 겨울딸기

〈사진 12〉 다양한 양치식물

1코스나 2코스 탐방로 주변에 자생하는 모든 종류를 상세하게 설명할 수 없어 대표 식물명으로만 정리하였다. 선흘곶자왈 동백동산에는 가는쇠고사리를 시작으로 큰개관중, 검정개관중, 더불살이고사리, 큰족제비고사리, 홍지네고사리, 석위 등 50여 종의 양치식물이 자생하는 것으로 알려지고 있다(선흘1리생태관광협의체, 2015: 33; 제주환경운동연합, 2005: 16). 곶자왈공유화재단(2011)에 따르면, 곶자왈은 종 다양성을 파악하는 양치식물 계수가 4.30으로, 제주도 전체 양치식물 계수인 3.19보다도 높게 나타나는 특성을 보인다. 이것은 곶자왈 자체가 두꺼운 암괴층과 함몰지형 등 미지형이 산재하는 영향으로 인하여 상대적으로 높은 습도가 유지되기 때문인 것으로 해석되고 있다(곶자왈공유화재단, 2011: 37). 이처럼 선흘곶자왈 동백동산에서는 평소에 관찰할 수 없는 다양한 양치식물을 확인하면서 서로를 비교해 보는 즐거움을 느낄 수 있다(사진 12).

문화자원의 특성

이어서 문화자원의 특성을 분석하여 정리한다. 물통(C-1)은 1970년대로 들어서기 전, 즉 가정마다 수도가 보급되기 전에 선흘1리 주민들이 음용수로 사용하거나 소나 말의 마실 물을 확보하던 봉천수(奉天水)이다. 선흘1리는 중산간마을이라는 위치적인 불리성이 더해져, 수도가 상설화되기 이전까지는 물이 매우 귀했다. 더불어 가정마다 소나 말을 사육하고 있었기 때문에, 항상 식용수와 기타 여러 용도의 물이 부족하여 일상생활에서 많은 불편을 겪어야만 했다. 동백동산 탐방로에서 관찰할 수 있는 물통은 선흘1리 주민들의 생존을 위한 흔적의 산물로서, 물통 가장자리에는 주민들이 공들여 쌓아올린 높이 1m 안팎의 돌담시설을 확인할 수 있다. 일정 기간 동안만이라도 물을 잘 가두어 두려는 소박한 지혜를 엿볼 수 있다. 동백동산 탐방로에서는 자연습지 이외에 주민들의 노력에 의해 조성된 물통들(목시물,

〈사진 13〉 물통(새로판물 1: 식수용)

새로판물 1(식수용), 새로판물 2(우마용), 먼물깍 등)을 만날 수 있는데, 〈사진 13〉
은 2코스에서 확인되는 대형 물통으로서 '새로판물 1'이다.

집터(C-2)는 동백동산 탐방로에서도 오로지 2코스의 특정 장소에
만 자리 잡고 있다. 탐방객 안내센터에서 출발하여 2코스의 멀지 않
은 지점(산 26번지)에 탐방로 왼쪽으로 직사각형 돌담시설을 확인할 수
있는데, 이것이 1960년대 초까지 선흘곶자왈 내에서 숯을 굽거나 산
전을 일구던 사람들을 대상으로 다양한 일상용품을 판매하던 상점 겸
용 집터이다. 집터는 14.84m²(4.5평)의 규모로 적어도 다양한 물건을
쌓아두더라도 2명 정도는 기거할 수 있는 엄연한 살림집 터이다. 이
곳에서는 성냥, 담배, 호미, 낫 등을 판매했던 것으로 알려지고 있다.
집터 한쪽에는 1~2명이 잠을 잘 수 있는 침상용 돌담이 깔려 있고, 그
바깥쪽에는 화덕 또는 온돌시설로 보이는 구멍이 연결되어 있다. 현
재 집터에 잔존하는 사각 형태의 돌담은 외담으로 약 1m 전후의 높
이로 남아 있으며, 출입구가 남동쪽으로 나 있다(사진 14).

〈사진 14〉 집터

일반 경작지(C-3)는 곶자왈 내의 임야를 주로 밭으로 개간하여 사용하던 농지들로 곳곳에 터 잡고 있다. 더불어 1코스에는 과수원으로 경작하던 농지도 일부 포함되어 있다[6]. 선흘1리 주민들 중에서도 당시 소작농이거나 경지를 갖지 못하는 가구에서는 선흘곶자왈 내의 임야를 개간하여 보리, 조, 피, 산뒤 등을 재배함으로써 당시의 궁핍한 생활을 이겨내고자 했던 것이다(정광중, 2014: 15). 따라서 동백동산 탐방로 주변에도 밭을 개간하여 활용한 흔적을 쉽게 찾아볼 수 있는데, 경지 가장자리를 에워싼 경계용 돌담과 경지 곳곳에 머들(돌무더기)이 자리 잡은 것으로 미루어 짐작할 수 있다(사진 15). 특히 선흘곶자왈 내의 경작지는 갑오개혁(1894년) 이후부터 1950년대 말까지 농가 단위로 조성하여 사용했다(강창화·정광중, 2014: 169).

강못(C-4)은 벼(水稻)를 재배하던 장소로 현시점까지는 제주도 내에서도 선흘곶자왈 내에서만 확인되는 자원이다. 곶자왈과 같이 토양이 적고 물 침투가 탁월한 지역에서 논을 조성하여 벼를 재배한다는 사실은 상식적으로는 이해되지 않는다. 하지만 선흘곶자왈의 하부는 파호이호이용암류에 의해 일차적으로 피복된 상태이기 때문에, 장소에 따라서는 빗물이 가두어진 후에 상대적으로 오랫동안 보수(保水)가 가능한 장소들이 곳곳에 산재해 있다. 선흘1리 주민들은 경험적으로 그러한 장소들을 선택하여 가장자리에 돌담을 두르고, 개별 단위로 크고 작은 논을 조성하여 벼를 재배했던 것이다. 논의 규모는 약 10평 정도의 것에서부터 300여 평에 이르기까지 다양하지만, 전체적으로는 곶자왈의 지역 특성 상 매우 소규모였던 것으로 전해진다. 아울

---

6)   1코스에서 확인되는 경작지 중에서 과수원으로 경작하던 농경지는 2010~14년을 전후하여 국가가 매입한 후 숲으로 전환한 것이다.

러 강못은 1940~50년을 전후한 시기에 주로 쌀을 생산했으며(정광중, 2014: 15), 특히 2코스 탐방로 주변에서도 30~40평 또는 60~70평 규모의 강못을 확인할 수 있다(사진 16)[7].

숯 가마터(C-5)는 동백동산 2개 코스의 탐방로를 통틀어 가장 많이 분포하는 학습자원 중 하나이다. 특히 숯가마 중에서도 1회용 숯가마가 주류를 이룬다. 다시 말해 한번 숯을 제조하고 나면, 숯가마 자체는 해체시켜 버리기 때문에 숯을 제조했던 장소에는 숯가마의 몸체를 이루었던 원형의 돌들만이 남는 형국이다. 이들 1회용 숯가마는 잔존하는 돌들을 기준으로 볼 때 큰 것은 직경 5~7.5m 전후, 작은 것은 2~4m 전후, 중간 것은 4~5m 전후의 것으로 파악된다. 물론 현장에서 확인되는 직경 자체가 실제 숯가마의 크기를 나타내는 것은 아니다. 숯가마의 몸체를 이루었던 돌들은 숯가마를 해체하면서 옆으로 치워놓은 것들이기 때문에 원래의 숯가마 크기는 다소 작은 규모를 보일 수밖에 없다. 그렇다고는 하나 1·2코스 탐방로 주변에서는 적어도 20개소 이상의 1회용 숯가마 터를 확인할 수 있는데, 이것은 해방 이후부터 1960년대 말까지 적어도 20년 이상이나 선흘1리 주민들이 숯을 제조하며 생활경제를 이어가던 삶의 흔적이다(사진 17).

숯막(움막)(C-6)은 숯을 제조하는 기간 동안 임시적으로 기거하던 휴식처 또는 휴게 공간으로서, 1·2코스 탐방로 주변에서는 15기 이상을 확인할 수 있으나 학생들의 접근도를 고려하면 2코스 쪽이 다소 편리

---

7) 강못, 즉 벼를 재배했던 장소는 오랜 시간이 흘렀음에도 불구하고 습지의 가장자리가 분명하게 드러나면서 종가시나무나 구실잣밤나무 등 교목류가 자리 잡지 못하고 일부 관목류나 초본류가 자생하기 때문에, 주변 지구와는 상대적으로 도드라진 식생구조로 쉽게 확인할 수 있다.

하다. 그리고 숯막은 보통 원형과 방형(方形)으로 구분할 수 있는데, 숯막 안에는 간혹 화덕시설이 설치되어 있는 것도 있다. 숯막의 크기는 아주 다양한데, 대개는 한번에 1~2명 또는 2~3명 정도가 쉴 수 있는 너비를 가진 것들이 주류를 이룬다(사진 18).

숯은 숯 재료의 양과 재료(참나무 계통의 나무와 비 참나무 계통의 나무)에 따라서 굽는 시간도 달라진다. 그러나 숯 재료의 양이 아무리 적고 빨리 타들어가는 재료(소나무 등)라 하더라도 숯가마에 불을 붙인 이후에 단 몇 시간 만에 숯을 제조하기는 어렵다. 그렇기 때문에 숯가마에 불을 붙인 이후부터 온전한 숯이 될 때까지 1~2일 혹은 3~4일간 추이를 지켜보면서 대기하지 않으면 안 된다. 더불어 본격적인 상품용 숯을 만드는 과정에서는 혼자서 많은 숯을 구워내기가 어려워서 2~4명의 동료들과 함께 작업을 행해야 하기 때문에, 교대로 휴식하거나 수면

〈사진 15〉 일반 경작지

〈사진 16〉 강못(벼 재배지)

〈사진 17〉 숯 가마터(1회용)

〈사진 18〉 숯막(움막)

하는 공간이 절대적으로 필요하다. 필요에 따라서는 숯막 안에서 숙식을 해야 하는 경우도 다반사이다. 특히 숯을 제조하는 시기는 보통 11월 이후부터 다음 해 5월 정도까지이지만, 그 중심기간은 12~2월이기 때문에 매서운 바람과 추위가 동반되는 시기이기도 하다(정광중·강성기·최형순·김찬수, 2013: 45). 그러므로 양질의 숯을 대량으로 생산하기 위해서는 반드시 숯막이 필요할 수밖에 없다.

노루텅(통)(C-7)은 선흘1리 주민들이 야생노루를 잡기 위한 석축시설로서, 주변의 현무암을 이용하여 호리병 형태로 축조한 노루 덫이다. 노루텅을 설치하는 장소는 크게 두 가지로 구분할 수 있는데, 하나는 개간한 경작지 주변에 설치하는 경우이고, 다른 하나는 노루가 자주 통행하는 주변에 설치하는 경우이다. 전자는 경작지에 재배하는 농작물의 훼손을 막음과 동시에 야생노루의 피와 고기를 얻기 위한 두 가지 목적을 가지고 있고, 후자인 경우에는 순수하게 야생노루의 피와 고기만을 얻기 위한 것이다. 노루텅은 조선시대 말경부터 일제강점기 돌입 이전(1910년)까지로 거슬러 올라가기 때문에, 현시점에서는 100년이 넘는 문화자원이자 학습자원이다. 특히 노루텅은 지형 경사면을 이용하여 축조하는데, 노루의 식성을 이용하여

〈사진 19〉 노루텅

〈사진 20〉 포제단

송악의 잎과 줄기로 상부를 위장한 후 노루가 송악을 뜯어 먹는 과정
에서 경사면 위쪽에서 아래쪽으로 떨어지도록 고안된 것이다. 노루
텅의 면적은 조금씩 다르기는 하나 평균적으로는 약 0.3~0.4평 정도
이다(강창화·정광중, 2014: 167). 2코스 탐방로에는 2기의 노루텅이 잔존하
고 있는데, 현재 돌담이 남아 있는 것을 기준으로 볼 때 하나는 깊이
91cm, 너비 150cm(장축)×100cm(단축)이고, 다른 하나는 깊이 130cm,
너비 128cm(장축)×125cm(단축)이다. 이들 모두는 상부와 측면 모두 일
부 돌담이 허물어져 있는 상태라서 원래는 잔존하는 형태보다 한층
더 길쭉한 형태로 축조되었을 것으로 판단된다(사진 19).

포제단(酺祭壇)(C-8)은 유교식 마을제사를 지내는 시설로서 2코스
탐방로의 서쪽 출입구에서 비교적 가까운 곳에 위치해 있다. 이 포제

단은 주로 웃선흘 주민들이 매년 정월 첫 번째 정일(丁日)이나 해일(亥日)에 마을 제(祭)를 지내는 장소이다[8]. 포제단은 마을 중심부로부터 가까운 거리를 유지하고 있는데, 이는 포제를 위한 사전 준비와 주민들의 참석 등을 위한 조처이기도 하다. 현재 포제단이 위치한 장소 주변에는 종가시나무 등이 번성하여 숲 속 한가운데에 자리 잡은 듯한 분위기를 연출한다. 포제단은 파호이호이용암류가 흐른 이후 붕괴되어 형성된 궤에 의지하여 조성되어 있다(사진 20). 궤를 뒤로하여, 그 앞에는 2개의 방형 재단(90cm×135cm, 90cm×120cm)이 좌우로 설치되어 있다. 재단 뒤로는 넓은 제장(祭場)이 이어지는데 바닥에 특별한 시설은 없고, 제일(祭日)에는 두꺼운 비닐 등을 깔고 앉아서 여러 사람들(남성)이 제를 지켜보거나 같이 참여한다.

학교교육에서 학습자원 활용을 위한 방향성

앞에서 검토·분석한 바와 같이, 선흘곶자왈 동백동산 탐방로 1코스와 2코스 주변에 분포하는 세 가지 유형의 자원은 우선 초·중등 과정의 학교교육에서 다양한 교육 프로그램을 소화하기 위한 기본 학습자원으로 활용할 수 있다. 초·중등 학교교육에서는 사회교과나 과학교과의 교육 프로그램으로 쉽게 연결할 수 있지만, 학교 급별에 따라

---

8) 선흘1리는 크게 웃선흘과 알선흘로 구분되는데, 4·3사건 이전에는 웃선흘은 남성 중심의 포제를 지내고 알선흘은 여성 중심의 당제(堂祭)를 지내고 있었다고 한다(선흘1리 생태관광협의회, 2015, 《동백동산 해설 매뉴얼》, 민물각, 75.)

서는 실과교과나 미술교과의 교육 프로그램 속에서도 충분히 연계시켜 나갈 수 있을 것으로 판단된다. 다시 말하면 동백동산 탐방로 1·2코스 주변에 산재하는 학습자원들은 제주의 자연을 구성하는 요소와 제주도민들(특히 선흘1리 주민들)의 생활공간을 구성하던 요소이자 실체라는 배경을 전제할 때 사회, 과학, 실과, 미술 등의 교과에서 제주자연의 구성 요소, 자연(숲)의 혜택과 이용, 자연환경의 보전, 지역개발과 환경파괴, 그리고 주민들의 생활공간, 과거 제주도민들의 생활상, 중산간마을(지역)의 문화특성 등을 주요 학습주제나 학습소재로 다루는 교육 프로그램에서 충분히 활용할 수 있다는 것이다.

이들 사회, 과학, 실과 및 미술교과와 관련하여 동백동산 탐방로 주변의 자원을 활용하기 위해서는 교과 특성에 따라 접근방식이나 사전에 설정한 학습주제에 따라 달라지겠지만, 공통적으로는 관련 교육 프로그램을 기획·작성하는 과정에서 몇 가지 학습방향을 정하여 실행하는 것이 바람직할 것으로 판단된다. 여기서는 학교교육의 다양한 프로그램 속에서 동백동산 탐방로 1·2코스 주변의 학습자원들을 효율적으로 조직하고 구성하는 데 필요한 방향성을 크게 다섯 가지 관점에서 탐색하여 정리하고자 한다.

학습내용의 조직을 위한 위계성의 관점

동백동산 탐방로 1·2코스 주변에서 세 가지 유형의 학습자원과 학교교육을 연계시키는 교육 프로그램에서는 첫째로, 다음의 〈그림 2〉와 같이 먼저 제주의 곶자왈이라는 대전제 하에 학습내용의 조직과 구성에 대한 위계성을 고려하면서 도입하는 것이 바람직하다고 판단된다. 이와 관련하여 학생들은 동백동산 탐방로에 들어서면 현재 자신이 발을 디디고 있는 장소가 구체적으로 어딘지도 모르고, 단순히 주변에 위치한 투물러스나 동백나무 또는 물통 등 학습자원만을 찾는 데 관심을 가질 수 있다. 이런 상황이라면 주어진 학습주제를 통해 학습자원에 대한 탐구학습은 했을지 모르나 그것들이 왜, 이곳에, 어떤 이유로 또는 무슨 필요에 의해서, 어떤 기능과 역할을 했는지 탐색하는 과정, 더 나아가 해당 자원의 보전의 필요성 등에 대해서는 소홀해질 수도 있다는 것이다.

따라서 학생들에게는 제주의 여러 곶자왈 중에서도 왜 하필이면 선흘곶자왈을 선택하게 되었는지, 또 넓고 넓은 선흘곶자왈 내에서도 사람들이 많이 찾는 동백동산에서 학습하는 이유와 배경이 무엇인지, 그리고 동백동산에는 무슨 이유로 탐방객들의 흥미와 관심을 끄는 다양한 자원들이 존재하는지를 이해할 수 있는 배경이 필요하다. 아울

제주의 곶자왈
↓
선흘곶자왈(선흘곶)
↓
동백동산

지형 · 지질자원(A)	식생자원(B)	문화자원(C)
↓	↓	↓
A-1. 투물러스 A-2. 자연습지 A-3. 새끼줄구조 A-4. 용암노두 A-5. 함몰지 A-6. 궤(바위굴) A-7. 용암동굴	B-1. 동백나무 B-2. 구실잣밤나무 B-3. 종가시나무 B-4. 황칠나무 B-5. 제주고사리삼 B-6. 겨울딸기 B-7. 양치식물	C-1. 물통 C-2. 집터 C-3. 일반 경작지 C-4. 강못 C-5. 숯 가마터 C-6. 숯막(움막) C-7. 노루텅 C-8. 포제단

〈그림 2〉 선흘곶자왈 동백동산 주변의 자원 학습을 위한 내용조직의 위계성
출처: 현지조사에 의해 작성.

러 여러 자원을 토대로 학습내용을 조직하는 과정에서는 결과적으로 자원 개념의 위계성이나 공간적인 범위 설정 문제와도 관련되기 때문에, 학습자원의 성격과 특성을 쉽게 파악하는 데도 효용성을 지닐 수 있다.

세 가지 유형별 학습자원 활용의 관점

두 번째로는, 가능하다면 교육 프로그램 속에서는 선흘곶자왈 또는 동백동산을 구성하는 자연요소와 문화(인문)요소를 서로 구분하여 학습할 것인지, 같이 묶어서 학습할 것인지를 사전에 정해놓을 필요가 있다는 사실이다. 이 점은 일반 탐방객들이 곶자왈을 탐방하며 이해하는 방법상의 문제이기도 하다. 그런데 현실적으로 곶자왈을 탐방하는 데는 대개가 '자연'에만 치중하는 경향이 매우 높게 나타난다. 물론 이 점은 탐방객들의 탐방 목적과도 관련되는 것이어서, 굳이 "이런 방법이 좋다."라고 제언하기가 쉽지 않으나, 많은 탐방객들의 탐방 목적이 산책을 겸한 힐링이나 휴식 또는 자연과의 대화를 즐기는 상황이기 때문이라 생각된다.

그러나 학생들이 구태여 선흘곶자왈이나 동백동산을 학습 탐방지구로 선택하는 이유는 나름대로 사전에 학습목표와 학습주제를 정해놓은 경우가 대부분이기에 그에 따라 진행하면 별 문제는 없다. 만약 그렇지 않은 경우에는 곶자왈의 자연요소와 문화요소를 별개 단위로 설정한 학습과정, 아니면 자연요소와 문화요소를 부분 또는 전체 통합으로 설정한 학습과정이 결과적으로는 일정 시간 내의 학습효과를 높일 수도 있다는 것이다. 강조해서 말하면, 이 글에서 동백동산 주변의 학습자원을 일정한 범위(총 22개) 내에서 설정한 이유와 배경도, 자연요소와 문화요소라는 성격이 다른 학습자원의 활용도와 활용방법 상의 문제를 염두에 두고 있다는 점이다.

그렇기에 학생들이 동백동산을 탐방하는 과정에서는, 자연요소라면 적어도 지형·지질자원 7개와 식생자원 7개 정도를 충분히 학습자원으로 활용할 수 있어야 하고, 또 문화자원이라면 물통(인공습지)을 비롯한 8개를 학습자원으로 활용할 수 있기를 기대하는 것이다. 동시에 정해진 시간이나 학습 욕구에 따라서는 자연요소와 문화요소를 개별 단위로 혹은 부분 통합과 전체 통합을 토대로 학습효과를 높일 수 있기를 바라는 취지라 할 수 있다.

학습자원과 마을주민 간 관계성의 관점

세 번째로는 이 글에서 설정한 지형·지질자원 7개, 식생자원 7개 그리고 문화자원 8개는 동백동산 탐방로 주변 지구에서는 누구든지 확인하고 활용할 수 있는 학습자원인 것이 분명하지만, 이들의 존재 배경은 과거 선흘1리 주민들의 생활상과 불가분의 관계를 맺고 있음을 전제한 학습주제나 학습내용으로 구성할 수 있어야 한다는 사실이다. 궁극적으로 이러한 사실은 '자연과 인간과의 관계'를 파악하는 차원에서 생각하면, 선흘곶자왈(동백동산)과 선흘1리 주민과의 관계성을 명확히 인식한 상태에서 학생들에게는 자연자원의 활용과 보전 그리고 지속 가능한 개발과 이용에 대한 이해도를 높이는 상황이 될 것이라 판단된다(선흘1리생태관광협의체, 2016: 61-64).

학교교육에서는 교과 특성과 관련지어 "자연은 누구에게나 공평하며, 후세대들도 충분히 활용할 수 있어야 한다."는 명제 하에 다양한 학습주제를 설정하여 학습한다. 그렇지만 학생들의 입장에서는 어느 지역의 자연이든 모두가 소중한 보물이라는 생각을 갖기란 그리 쉽지 않다. 하물며 우리 주변에서는 자신들의 거주 지역에 존재하는 자연에 대하여 철저히 이해하고, 심각하게 고민하고, 또 적극적으로 보전하고자 하는 태도를 보이는 사람들을 쉽게 만나기도 어렵다. 바로 이러한 사고와 태도를 적극적으로 함양하기 위하여 학교교육에서는 '자연의 올바른 이해와 적극적 보전'이라는 대주제를 사회나 과학 교과를 비롯한 몇몇 교과에서도 다루고 있는 것이다.

학생들의 실천 장으로서 학습논점 지향의 관점

네 번째로, 위의 내용을 바탕으로 '자연에 대한 올바른 이해와 적극적 보전'이란 대주제와 연관해서는 지역사회의 자연을 적극적으로 활용하는 학습방향을 프로그램 속에 장착할 필요가 있다는 것이다. 이점은 학생들의 실천 장(實踐 場)이 자신이 거주하는 작은 지역에서부터 비롯되어야 한다는 사실이 내재되어 있기 때문이다. 이러한 관점에서 볼 때, 여러 곶자왈 중에서도 선흘곶자왈이나 동백동산은 제주에 거주하는 학생들이 제주 자연을 이해하고 또 후대로 이어질 수 있도록 적극적인 사고와 활동능력을 함양하는 경험의 실천 장으로서 안성맞춤이라 할 수 있다.

이 글에서도 선흘곶자왈 동백동산 탐방로 주변의 자원을 모티브로 다양한 교육 프로그램에 도입하고자 한 것은 바로 '제주의 자연 이해와 적극적 보전'이란 함축적인 학습주제를 예견하고 있기 때문이다. 그러나 자연은 항상 지역 주민들의 활용이란 전제가 뒤따른다는 사실을 간과해서는 안 된다. 선흘곶자왈과 동백동산은 선흘1리 주민들이 오랜 세월 이용하면서 보존해온 역사를 가지고 있다. 강조하자면, 선흘곶자왈과 동백동산은 선흘1리 주민들에 의해서 음용수와 땔감 구하기, 숯 굽기, 야생동물의 포획, 밭농사와 벼농사 활동 등 다양한 이용과정을 걸치면서 현재에 이른 것임을 적극적으로 이해할 필요가 있다는 것이다.

선흘곶자왈과 동백동산의 이용 역사를 배경 삼아 정리하자면, 아무리 빼어나고 수려한 자연도 인간생활의 공간적 범위 안에 포함되어 있는 한, 어떠한 형태로든 '개발'과 '이용'이라는 굴레에서 벗어나기란 어렵다는 것이다. 결국 여기서 한 가지 깨달아야 하는 사실은 무차별적이고 과도한 자연의 개발과 이용은 결과적으로 지역 주민들의 삶에 돌이킬 수 없을 정도로 큰 폐해로 돌아온다는 것이며, 이와는 반대로 자연의 친환경적인 이용은 아무리 많은 시간이 흘러도 후세대까지 지역 주민들의 삶에 큰 혜택으로 돌아온다는 점이다(고제량·정광중·도윤호, 2015: 79).

이러한 사실은 최근 선흘1리 주민들의 삶의 변화를 보면 쉽게 이해할 수 있다. 최근 몇 년 사이에 선흘1리 주민들은 선흘곶자왈과 동백동산의 존재로 인하여 엄청난 변화 속에 나날이 발전하고 있고, 아울러 마을 주민들의 유대관계도 매우 돈독해지고 있다. 이처럼 마을의 공간적 범위 안에 위치하는 선흘곶자왈과 동백동산이라는 자연요소의 존재가 마을 주민들의 결속과 발전의 디딤돌 역할을 하고 있음은 학교교육에서도 쉽게 학습할 수 없는 내용이자 주제라 할 수 있을 것이다.

코스별 선택과 활용의 관점

이 글에서 동백동산 탐방로를 2개 코스로 설정한 배경은 나름대로 학습효과를 전제하기 위한 조처이다. 따라서 동백동산 탐방로를 학습장소로 설정했을 때, 어떤 학습주제이든 시간활용과 학습 효율성과의 관계는 불가분의 관계이기 때문에, 기본적으로는 2개 코스를 염두에 두면서 학습의 필요성과 난이도를 전제로 학습자원의 위치와 접근도를 고려한 교육 프로그램을 구안하는 과정이 필요할 것이다.

이 글에서 설정한 2개 코스는 근본적으로 탐방로를 기준으로 교사와 학생이 함께 탐방하면서 학습을 진행할 것을 전제한 것이기는 하지만, 그렇다고 해서 반드시 설정된 코스대로만 따라가면서 학습할 필요는 없다. 강조해서 말하면 학습의 필요성과 난이도, 학습자원의 위치 및 접근도 등을 고려하여, 사전에 설정된 학습시간에 맞추어 1코스에서 2코스로 혹은 2코스에서 1코스로 이동할 수도 있다는 것이다. 이런 상황을 예측한다면, 교사가 동백동산 탐방로를 사전 답사하여 현장에서 생길 수 있는 여러 가지 문제를 최소화할 수 있어야 할 것이다.

마무리하기

이 글의 목적은 선흘곶자왈 동백동산 탐방로 주변에 산재하는 다양한 학습자원을 발굴하고, 실제로 학교교육의 프로그램에서 활용하기 위한 전제로서 학습내용의 조직과 구성에 대한 방향성을 탐색하는 데 있다. 이를 위하여 먼저 선흘곶자왈 동백동산 탐방로 1·2코스 주변에서 확인할 수 있는 세 가지 유형의 학습자원, 즉 지형·지질자원 7개, 식생자원 7개 및 문화자원 8개 등 총 22개 학습자원을 추출하고 이들의 특성을 구체적으로 검토·분석하였다. 본론에서 학습자원의 특성을 비교적 상세히 정리한 이유는 학교 급별로 학습의 주요 내용과 학습 난이도를 고려하여 다양한 교육 프로그램에서 활용할 수 있기를 희망하기 때문이다.

동백동산 탐방로 1·2코스를 중심으로 실질적인 학교교육의 프로그램을 기획·구안하는 데 필요하다고 판단되는 22개의 학습자원은 먼저 지형·지질자원으로서 투물러스를 시작으로 자연습지, 새끼줄구조, 용암노두, 함몰지, 궤(바위굴), 용암동굴을, 그리고 식생자원으로는 동백나무를 비롯하여 구실잣밤나무, 종가시나무, 황칠나무, 제주고사리삼, 겨울딸기, 양치식물(가는쇠고사리 등)을 추출하였다. 그리고 문화자원으로는 물통(인공습지)을 비롯하여 집터, 일반 경작지, 강못, 숯 가마터, 숯막(움막), 노루텅, 포제단 등을 발굴하여 그 특성을 정리하였다. 이들 학습자원은 선흘곶자왈 동백동산 탐방로를 탐방하는 과정에서 언제든지 만날 수 있는 것들로서, 동백동산 탐방로를 중심으로 한 교육 프로그램에서는 이들 학습자원을 적극적으로 활용할 수 있어야 한다는 전제를 염두에 두고 발굴한 것이다.

더불어 세 가지 유형의 학습자원들을 효율적으로 활용하기 위에서는 학습내용의 조직과 구성과정에서 몇 가지 방향성을 정한 후 교육 프로그램에 도입하는 것이 효율적이라는 배경 하에 크게 다섯 가지 관점으로 세분하여 정리하였다. 이들을 간단히 요약하면, 첫째, 학습내용의 조직을 위한 위계성의 관점, 둘째, 세 가지 유형별 학습자원 활용의 관점, 셋째, 학습자원과 마을주민 간 관계성의 관점, 넷째, 학생들의 실천 장으로서 학습논점 지향의 관점, 다섯째, 코스별 선택과 활용의 관점 등이다.

이 글은 제주지역에서도 가장 이른 시기에 탐방로가 조성된 선흘곶자왈 동백동산 탐방로를 사례로 학교교육 프로그램에서 학습자원의 발굴과 적극적 활용이라는 전제 하에 방향성을 탐색한 것이지만, 실제로 학교 급별로는 어떤 방식으로 주제를 설정하고, 또 학습내용과 학습활동은 어떤 방식으로 조직·구성할 것인지에 대한 방법론에 대해서는 구체적으로 논의하지 않았다. 따라서 앞으로 학교 급별로 학습주제의 설정과 배경, 학습자 중심의 활동방법 그리고 학습내용의 조직과 구성방법 등에 대해서는 별도의 논의가 뒤따라야만 한다. 나아가 제주도 내에 분포하는 다른 지역의 곶자왈이나 숲 탐방로를 중심으로 한 사례연구도 추가적으로 진행된다면, 제주의 자연을 배경으로 한 학생들의 학습활동도 한층 더 활발해질 수 있을 것으로 기대된다.

제4부

결론

곶자왈 존재의 의미

곶자왈
존재의 의미

곶자왈 존재의 의미와
보전 방향에 대한 시각

지금까지 제주지역의 개별 곶자왈에 대하여 곶자왈의 이해와 인식, 이용 실태의 변화상, 곶자왈 내 다양한 자원의 존재 양상과 사원 활용 방식의 차별성, 곶자왈의 경관 특성과 교육적 활용 등에 관한 내용을 설명하며 정리하였다. 이들 주요 내용과 관련하여 중요한 사실한 가지는 곶자왈을 적극적으로 활용해온 제주도민들의 사고와 역할이다. 매 주제에서 제주도민들의 생각과 역할을 매우 구체적으로 모두 살려내지는 못하였으나, 전체적인 관점에서는 곶자왈이라는 특수한 삼림자원을 제주도민들이 실생활에 필요한 만큼 활용하는 모습을 내실 있게 담아내고자 노력하였다.

1970년대 이전까지만 해도 곶자왈은 제주도민들에게는 없어서는 안 될 소중한 곳간이자, 필요한 자원을 쌓아둔 창고였음이 틀림없다.

따라서 무차별적으로 사용한다거나 아무런 관리도 없이 방치하는 일은 결코 없었다. 단지 1980년대로 들어서면서부터는 국내의 경제성장에 따른 도내의 가구별 생활경제가 호전됨에 따라 자연스럽게 자연에의 의존도가 낮아졌기 때문에 제주도민들이 곶자왈을 찾는 기회가 한층 적어졌을 뿐이다. 이 배경에는 우마 사육을 중심으로 한 목축업이 사양길로 접어들었고, 숯과 땔감 등과 관련된 연료 확보가 불필요해졌으며, 농가주택의 재료는 물론이고 농기구와 생활 용구 등의 확보가 예전보다 훨씬 손쉽게 이루어졌다는 시대변화의 물결이 더없이 높아졌다는 사실이 존재한다.

오늘날 곶자왈은 제주도민들이 소중하게 여기던 자원들이 고스란히 잠자는 공간으로 탈바꿈했다. 그만큼 곶자왈은 자연의 숨결이 커지면서 생태적 환경이 최고조로 향상된 공간으로 자리 잡게 되었고, 제주도민은 물론이고 제주를 찾는 수많은 탐방객은 곶자왈 숲길을 걸으면서 평소에는 느끼지 못하는 희열과 감동으로 환호성을 지르는 상황으로 바뀌었다. 말하자면 한 세대의 시간이 흐르면서 곶자왈의 쓰임새가 완전히 바뀐 것이다. 그러나 오늘날 곶자왈을 탐방하는 도내외의 많은 사람은 울퉁불퉁한 용암 바위 위에 여러 종의 거대한 나무들과 이름 모르는 꽃들만이 피어있는 녹색공간으로 이해하면서, 제주에 이처럼 신비한 공간이 있었는지에 대한 의문을 품는다. 곶자왈은 예전에도 존재했고, 지금도 존재한다. 단지 곶자왈 내 자원에 대한 제주도민들의 쓰임새가 달라졌고, 동시에 곶자왈이 지니는 역할과 기능에 대한 인지도가 달라졌을 뿐이다.

곶자왈은 현세대의 기준에서 단순히 경제적인 가치로만 따져야 할 자연자원이 아니다. 다시 말해, 곶자왈이 제주도의 자연환경을 구성하는 핵심적인 요소로 자리 잡고 있다는 사실이 밝혀진 이상, 어느 한 측면만을 고려한 가치의 환산방식이 고착돼서는 곤란하다는 것이다. 곳자왈은 세계적으로도 희귀한 형태의 자연자원이자, 제주 섬의 원경 관적(原景觀的) 요소이다. 제주도라고 하는 작은 섬 지역을 벗어나면, 곳자왈이라는 특이한 자연경관은 대한민국 그 어느 땅에도 존재하지 않는다. 곳자왈은 제주도의 중산간지역에 위치하는 수많은 오름으로 부터 용암류가 흘러나오면서 특이한 구조의 지형을 만들었고, 그 주 변부에는 크고 작은 암석이 겹겹이 깔리고 쌓이면서 인공미가 가미되 지 않은 자연 정원과 같은 모습을 띠게 된 것이다. 곳자왈은 분명 불 모의 땅임에도 불구하고, 거기에는 오랜 세월 동안 다양한 종류의 초 목들이 적응하면서 부분적으로는 제주를 대표하는 수종의 숲이 만들 어지기도 하고 또 부분적으로는 잡목과 가시덤불만으로 구성된 식물 세계가 만들어지기도 했다.

곳자왈 내에서도 습지가 형성돼 있는 곳은 희귀한 동식물이 군락 을 이루고 있으며 서식하거나 자생하는 경우가 많다. 이러한 상황은 결과적으로 곳자왈이 동식물에도 더없이 소중한 생존공간임을 보여 준다. 따라서 곳자왈이 생태계의 보고라고 하는 배경은 한층 더 확 실해지는 것이다. 그렇기에 앞으로도 곳자왈에 대한 다 학문적인 측 면의 종합적인 학술조사가 꾸준하게 이루어져야만 하는 이유이다.

곳자왈은 모든 제주도민에게 자연의 혜택을 끊임없이 제공해 왔 다. 제주도의 공기를 맑게 하고, 제주도의 생명수인 지하수를 정화하 며 함양하는 역할만큼 중요한 기능이 어디 또 있겠는가. 환경적인 측 면에서 볼 때는 곳자왈의 엄청난 자연의 가치를 느끼지 못하는 상황 속에서도 제주도민들은 무한대의 이익을 챙겨온 것이나 다름없다. 다 시 말하면, 곳자왈은 제주도민들이 인식하지 못하는 사이에도 장기적 이고 지속해서 자연의 선물을 전달해온 제주환경의 중요한 요체이며 자연자원이다. 오늘날 제주도민들이 정작 이해해야 할 사안이 있다면, 그것은 우리 자신도 모르는 사이에 자연적인 순환 기능을 통해 생활상에 큰 이로움을 주어 왔다는 사실을 인식하고 인정하는 일이다.

이상과 같은 곶자왈이 1990년대로 접어들면서 마구잡이식으로 파헤쳐지기 시작했다. 제주도 내의 여러 환경단체와 시민단체가 발 벗고 나서며 제지하곤 했지만, 쓰나미 같은 개발의 파고를 멈추게 하는 데는 역부족이었다. 곶자왈을 소유하는 개인은 물론이고 공공기관인 제주특별자치도조차도 아무런 거리낌 없이 곶자왈을 개발 대상에 포함하여 이용해왔다. 곶자왈이 개발 대상지로 편입되어 망가지는 비율이 높아질수록, 제주의 현세대는 물론이고 후세대들도 곶자왈이 주는 선물은 기대할 수 없는 지경에 이른다. 그러므로 우리는 더 늦기 전에 곶자왈에 부담되지 않는 범위 안에서 효율적으로 이용해온 제주 선조들의 지혜를 본받아야 할 것이다. 곶자왈은 돈으로 환산할 수 없을 정도로 엄청난 자연의 혜택을 제공하고 있다는 사실과 함께 변함없는 자연 순환의 논리로, 언제나 제주도민들의 삶을 윤택하게 하는데 크게 일조해 왔다는 사실을 깨달아야 한다.

과거나 현재나 미래에도 곶자왈은 제주 섬의 자연을 구성하는 중요한 실체로 항시 존재하게 함으로써, 후세대들의 곶자왈 이용권을 박탈하지 않는 현세대의 성숙한 모습을 보여줘야 한다. 가치 있고 진정성 있는 곶자왈의 이용을 바탕으로 우리가 진정 원하는 인간다운 삶을 어떻게 구현해 나가는 것이 올바른 길인지를 진중하게 생각해 볼 때라 여겨진다.

곳자왈 내
생활문화자원에 대한 시각

곳자왈 내부에는 오랜 세월 제주도민들이 자연을 대상으로 활용했던 흔적이 곳곳에 남아있다. 그 흔적은 이 책 속에서 중심 키워드의 하나로 자주 사용한 생활문화자원이라 할 수 있다. 그런데 많은 시간이 흐르고 흐른 지금, 가시적으로 확인할 수 있는 생활문화자원은 그리 많지 않다. 다시 말해 일부는 변형되어 확인할 수 없거나 곳자왈의 개발과 함께 완전히 사라져버린 것도 적지 않다. 이 책에서는 그나마 최근까지도 남아있는 것들을 대상으로 하여 조사한 내용을 담고 있다.

곳자왈 내에 잔존하는 생활문화자원은 아래의 〈그림 1〉과 같은 개념도로 정리해볼 수 있을 것으로 판단된다. 여러 곳자왈 내부에는 크고 작은 동식물을 포함하여 용암 암반과 바위, 화산회토(토양) 등 무생물의 자연물로 가득하다. 여기서 제주도민들이 활용할 수 있는 한정적인 자원을 자연자원이라 규정할 때, 현실적으로 자연자원의 일부를 활용한 결과로서 남아있는 자원을 생활문화자원이라 정리할 수 있다. 물론 이때 생활문화자원이란 어떤 형태나 방식으로든 제주도민들의 가정경제나 농업활동 등에서 필요한 것을 얻기 위하여 자연자원의 일부를 활용했던 결과물이다.

최근까지 조사한 결과에 의하면, 곳자왈 내에 잔존해 있는 생활문화자원은 마을목장과 목장용 경계돌담을 시작으로 숯가마(돌숯가마)와 숯 가마터(1회용 숯가마), 숯막(움막), 창고시설(숯 보관 또는 농산물의 임시 저장), 변소 터(추정), 옹기가마, 경작지(산전)와 경계돌담, 머들, 강못(논)과 물텅(벼농사용), 노루텅, 제(사) 터, 궤와 용암동굴(임시 주둔지), 양봉 장소와 물텅(양봉용) 등이다. 이 외에 일제강점기 말기에 일본군이 사용했던 막사 터, 참호 터, 무기고 터(추정), 부엌과 주방 터, 텃밭 터 등도 남아 있다. 더불어 이들 생활문화자원 중에서도 여러 지역에 남아있던 일부 마을목장이나 숯가마 등은 이미 파괴되어 자취를 감추었거나 다른 용도로 전환된 곳도 적지 않다. 또한 제주도민들이 가장 빈번하게 사용했던 곶자왈의 여러 장소, 즉 생활용구 제작을 비롯하여 땔감 채취와 식용·약용식물 등을 채취하던 장소들은 실제 주인공들의 뇌리에서 거의 사라진 채 곶자왈의 덤불 속에 묻혀 있다.

한편 곶자왈 내부에 잔존하는 생활문화자원은 보존과 활용 문제가 뒤따른다. 여러 생활문화자원 중에서도 특히 숯가마(돌숯가마)는 현시점에서도 지방문화재로 지정·보전해야 할 당위성을 지닌다고 말할 수 있다. 선흘곶자왈의 숯가마(돌숯가마)는 100년 이상의 오랜 시간을 버티면서도 작은 흠집 하나 없이 아주 온전하다. 제주특별자치도에서 옹기가마는 지방문화재로 지정되어 있지만, 아직 숯가마는 지정된 사례도 없으므로 조속한 시일 내에 지방문화재로의 지정을 제안하고

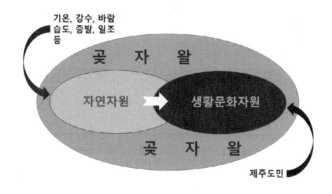

〈그림 1〉 곶자왈 내 자연자원과 생활문화자원의 관련성(개념도) 출처: 저자 원도.

자 한다. 야생노루를 포획하는 데 사용했던 노루텅도 중요한 생활문화자원 중 하나다. 노루텅은 현장에서 보전하는 것도 물론 중요하지만, 필자는 도립박물관(민속자연사박물관, 교육박물관 등) 내의 야외전시장에 복원하여 활용하는 방안을 추천하고자 한다. 야생노루를 잡기 위한 석축 함정인 노루텅도 현세대는 그 누구도 사용한 적이 없는 오래된 유산으로서 분명히 전승되어야 할 가치를 지닌다.

곶자왈의
인문지리학적 가치

곶자왈은 오랜 세월 제주도민들의 삶의 근거지였다. 외형적인 관점에서만 보면 곶자왈은 마치 오랜 시간 동안 그 누구의 간섭도 받지 않은 숲의 구조를 취하고 있지만, 그것이 자연적으로 형성된 이후부터는 선사시대는 물론이고 역사시대로 접어든 이후에도 제주도민들의 공동체 형성·발전과 더불어 거주공간의 확대에 따라 생활의 필수불가결한 공간으로 이용됐다. 말하자면, 곶자왈 자체는 제주도민들의 일상생활과 다수의 공동체를 존립할 수 있게 한 소중한 자원적 가치를 지닌 공간이었다.

그러므로 곶자왈에 대한 지리적 관심사는 그동안 제주도민들이 곶자왈을 어떻게 인지하며 활용해왔는지, 그 결과 현시점에서는 곶자왈 내부에 제주도민들의 삶과 관련된 흔적(자원 또는 유적)이 어느 정도로 각인되어 있는지, 그 흔적의 결과물의 특징과 형태는 어떠한지, 나아가 현재적 시점에서 그것들은 어떤 가치가 있고 효율적으로 활용할 수 있는지 등에 무게를 두어 접근하며 조사한다.

곶자왈을 조사하고 정리하는 과정에서는 다양한 방법들을 활용할 수 있겠지만, 가장 손쉽고 또 정밀하게 조사하는 방법은 지속해서 현장을 방문하고, 곶자왈을 이용했던 지역 주민들과의 인터뷰를 통해 당시 특정 장소에서의 활동상을 유추해보고, 실제로 남아있는 경제활동의 흔적들을 확인하고 측정하며, 또 실제 활동상과 관련하여 의문 나는 사항들을 꼼꼼히 점검하면서 제주도민들이 추구했던 전체적인 밑그림을 그려내는 것이다.

곶자왈 현장을 방문하고 당시의 실제 주인공들이 행했던 경제활동을 복원하는 작업은 그리 간단치만은 않다. 곶자왈 내부에서 행해졌던 경제활동은 적어도 40~50년 전에 이미 종결된 일이기 때문에, 처음부터 모든 경제활동에 관한 내용을 확인하며 정리한다고 하더라도 중간 단계에서 빠질 수밖에 없는 부분이 존재하기 때문이다. 또한 같은 경제활동이라 하더라도 지역별로 달리하는 곶자왈에서는 서로 대비할 수 있는 과정들이 반드시 생략되거나 껴들어 갈 수 있는 여지가 충분히 존재하기 때문에, 사전에 많은 지역주민으로부터 전체적인 활동상을 청취하는 것이 바람직하다.

인문지리학적 관점에서 접근하는 곶자왈에 대한 현지조사를 포함하는 정리과정은 많은 시간과 인내가 필요하다. 더불어 많은 지역 주민으로부터 당시의 정보를 가능한 한 세밀하게 획득하는 과정이 무엇보다도 중요하다고 말할 수 있다.

지금까지 필자를 비롯한 공동 연구자들이 수행해온 제주 곶자왈의 인문지리학적 조사와 정리는 동부지역의 선흘곶자왈과 서부지역의 저지·청수곶자왈, 산양곶자왈, 무릉곶자왈, 화순곶자왈이 중심 대상이었다. 넓은 곶자왈 면적(109.86km², 곶자왈공유화재단)에 비하면 연구 기간도 10여 년 정도로 너무나도 짧다. 따라서 아직도 이들 곶자왈에서 행해진 모든 경제활동의 진면목을 정리하기에는 매우 어려운 상황이다. 그만큼 곶자왈을 대상으로 한 인문지리학적 조사 범위나 구체적인 내용을 정리하는 작업은 오랜 시간과 여러 연구자의 공동 노력이 뒤따라야만 가능한 것이라 할 수 있다.

곶자왈의 인문지리학적 조사는 이제 시작 단계에 불과하다. 앞으로 많은 연구자가 개별적으로 선택한 학문 분야별로 현지조사와 정리를 해나가겠지만, 지금까지 필자와 공동 연구자들이 진행해온 조사내용의 결과를 정리해보면 대략 아래와 같다. 결과적으로 이것들은 지금까지의 곶자왈 이용 실태를 구체적으로 파악한 것으로서, 향후 지역 연구자들이 곶자왈 연구의 방향성을 가늠하는 데 참고가 될 수 있을 것으로 판단된다. 나아가 여기에 제시한 11가지 곶자왈의 이용 특성은 제주 곶자왈 내의 자원 활용도를 전제로 정리한 것으로 이해할 필요가 있다.

① 목축 장소로서의 곶자왈

② 숯 생산 장소로서의 곶자왈

③ 옹기 생산 장소로서의 곶자왈

④ 생활 용구 제작 장소로서의 곶자왈

⑤ 신탄(땔감) 채취, 야생 열매 및 약용식물 채취 장소로서의 곶자왈

⑥ 농경(산전, 수전) 장소로서의 곶자왈

⑦ 사냥 장소로서의 곶자왈

⑧ 양봉 장소로서의 곶자왈

⑨ 종교 활동 및 제의 장소로서의 곶자왈

⑩ 일시적 거주 또는 임시적 피난 장소로서의 곶자왈

⑪ 일제 군사시설 장소로서의 곶자왈

이상과 같은 인문지리학적 관점에서의 곶자왈 이용 실태는 앞에서 거론한 마을 단위의 곶자왈을 대상으로 한 것이지만, 실제로 개별 곶자왈을 단위로 하는 이용 실태도 조사가 완벽하게 종료된 것은 아니다. 말하자면 필요에 따라 곶자왈 별로 두드러진 경제활동만을 선택적으로 조사한 것이기 때문에, 현시점에서도 이상의 내용에 대한 부차적인 조사가 필요한 상황임은 두말할 여지가 없다.

　필자는 제주 곶자왈의 인문지리학적 가치를 아래와 같이 크게 네 가지로 요약할 수 있다고 생각한다. 첫째로, 곶자왈은 전 세계적으로도 희귀한 지형·지질자원이자, 독특한 생태계를 유지하며 제주의 자연을 구성하는 원경관적(原景觀的) 특성을 지닌 공동자산(共同資産)이었다는 사실이다. 다시 말해 제주도민들은 곶자왈을 오래전부터 인식하면서 활용해온 자산적 가치를 가지고 있었기에, 곶자왈을 '버려진 땅'으로 인식했다기보다는 마을 주민이라면 누구나가 이용할 수 있는 공동자산으로 이해하고 있었다. 따라서 곶자왈의 공동자산적 가치는, 앞으로도 현세대는 물론이고 후세대들이 두고두고 깊게 인식하면서 파괴적인 이용으로 치닫지 않도록 유념해야 할 보존적 대상임을 뒷받침하는 것이다. 결과적으로 공동자산으로서의 곶자왈은 쉽게 변형되거나 사라지지 않도록 해야 한다는 사실에 주목할 필요가 있다는 것이다.

　현실적으로, 공동자산으로서의 곶자왈은 1970년대 이전까지 대다수 제주도민이 사용하던 단순한 이용에서부터 1990년대 이후 파괴적인 이용으로 치닫는 현실을 고려할 때, 실질적인 가치 하락과 기능 저하가 매우 염려되고 있는 게 사실이다. 한 가지 분명한 사실은, 만약 제주 곶자왈이 여기저기서 파괴되고 망가지는 일이 계속된다면 그것은 제주도민의 공동체 기반을 이루는 생활역사와 문화도 함께 망가지고 파괴된다는 것이다.

둘째로, 곶자왈에 잔존하는 생활문화자원(돌숯가마, 1회용 숯가마 터, 숯막, 산전, 노루텅, 머들, 동굴유적지, 목축 장소[방목지], 일제 군사시설 등)은 제주도민들의 역사와 문화를 이해하는 데 매우 중요한 교육 자원적 가치를 띠고 있다는 사실이다. 곶자왈 내부에는 제주도민들이 자연을 이용해온 방식과 양상이 고스란히 남아 있는 동시에, 어려운 생활상을 극복해가는 과정에서 탄생한 삶의 지혜도 더불어 잔존하고 있다.

그러므로 현재 시점의 곶자왈 이용 방식이 과거 시점에서 창조된 생활문화자원의 훼손과 파괴를 동반하는 방식이어서는 곤란하다. 말하자면 곶자왈 내부의 생활문화자원은 현세대와 후세대들의 생활문화체험과 생태체험 등 다양한 체험교육의 소재로 활용하면서, 그동안의 무차별적 이용에 대한 반면교사(反面敎師)의 자료로 활용할 수 있어야 한다.

셋째로, 곶자왈 내부에 잔존하는 제주도민들의 삶의 지혜는 기록되고 보전되어야 할 가치를 지닌다는 점이다. 앞에서도 언급한 바와 같이, 곶자왈에는 곶자왈 나름의 생태계 법칙이 존재하는 가운데 제주도민들은 그 자연의 법칙을 최대한 거스르지 않는 범위 내에서 다양한 경제활동을 실행해 왔으며, 그 결과 다양한 생활문화자원을 곳곳에 남겨놓은 것이다, 이들 생활문화자원의 탄생과정이나 곶자왈 생태계의 순 이용 법칙은 결과적으로 풍요로운 삶터를 유지해 나가기 위한 제주도민들의 소중한 지식이며 지혜의 소산임을 전제할 때 온전하게 기록하고 보전해야 할 가치가 있다.

고도의 물질문명의 생활방식이 자리 잡은 현시점에서, 과연 과거에 행해진 자연 이용 방식이나 그 결과물에 대한 기록이 중요한지에 대해 반문할지도 모른다. 그러나 인간의 역사가 반복되는 한 자연의

품을 떠나서 삶터를 꾸릴 수 없듯이, 자연의 이용 과정이나 이용 방식에 대한 과거의 기록은 절대적으로 필요하다. 그 이유는 과거의 이용 상황과 지혜를 가까운 미래에 다시 긴요하게 활용할 수 있다는 배경적 전제가 깔려 있기 때문이다. 궁극적으로 제주도민들에 의한 곶자왈의 이용 과정과 이용 방식, 그리고 그 결과물이라 할 수 있는 숲속의 다양한 생활문화자원에 대한 기록과 정리 작업은 현세대가 실천해야만 하는 당위성이 뒤따른다.

마지막 넷째로는, 앞으로 곶자왈은 제주 섬의 브랜드 가치를 높이고 대내외로 널리 알리는 데 필요한 핵심적인 자산이라는 것이다. 그동안 제주도는 '특별자치도'라는 행정적 지위를 갖추고 '국제자유도시'로서의 입지를 구축하면서, 전 세계를 향하여 유네스코 생물권 보전 지역(2002년), 세계자연유산(2007년) 및 세계지질공원(2010년)이라는 이름을 배경 삼아 존재적 가치를 높여왔다. 그러나 이 과정에서 곶자왈의 실체와 존재성에 대해서는 그다지 높게 평가되지 않았던 것이 사실이다.

따라서 앞으로는 곶자왈의 독특한 생태적 구조와 특성은 물론이고 그 내부에 잔존하는 생활문화자원 등을 십분 활용하여 제주 섬의 브랜드 가치를 높여나갈 수 있는, 말하자면 대표적인 핵심 자산으로 활용해야 할 당위성이 뒤따른다. 이러한 관점에서 평가하자면, 곶자왈은 제주 섬을 알리는 새로운 형태의 생태 브랜드로서, 머지않은 시기에 대한민국 국민 모두에게 중요한 관심사로 자리 잡게 될 매우 중요한 공공자산(公共資産)이라 할 수 있다.

참고문헌
찾아보기

참고문헌

논문, 기고·발표문

강만익, 2001, 〈朝鮮時代 濟州島 官設牧場의 景觀 硏究〉, 제주대학교 석사학위논문.

강만익, 2008, 〈1930년대 제주도 공동목장 설치과정 연구〉, 《탐라문화》 32, 75-136.

강만익, 2011, 〈일제시기 제주도 마을공동목장조합 연구〉, 제주대학교 박사학위논문.

강만익, 2013a, 〈근현대 한라산 상산방목의 목축민속과 소멸〉, 《탐라문화》 43, 137-195.

강만익, 2013b, 〈한라산지 목축경관의 실태와 활용방안〉, 《한국사진지리학회지》 23(3), 93-112.

강성기, 2016, 〈제주도 농업환경에 따른 밭담의 존재형태와 농가인식에 대한 연구〉, 제주대학교 박사학위논문.

강창화·정광중, 2014, 〈제주 선흘곶자왈 내 역사문화유적의 분포실태와 특성〉, 《한국 사진지리학회지》 24(1), 153-173.

강태권, 1998, 〈동광리-무등이왓, 삼밭구석, 조수궤〉, 《제주4·3 유적지 기행-잃어버린 마을을 찾아서》, 제주4·3 제50주년 학술·문화사업추진위원회 편, 학민사, 59-123.

고석형·김종식·김대신·고정군·현해남, 2012, 〈제주도 선흘 및 애월곶자왈지대의 토양 특성〉, 《한국토양비료학회 학술발표회 초록집》, 133-133.

고석호·이성희·문윤섭·김기대, 2012, 〈제주 오름 체험학습 프로그램이 초등학생의 환 경소양에 미치는 영향-초등학생 6학년을 대상으로〉, 《환경교육》 25(2), 135-148.

고성우·홍승호, 2010, 〈제주 곶자왈 숲 자연 놀이 체험 학습이 초등학생의 환경감수성 변화에 미치는 영향〉, 《환경교육》 23(3), 97-114.

고수선, 2014, 〈김만덕을 활용한 인물학습 활동 구성에 관한 실행연구〉, 제주대학교 석사학위논문.

고시홍, 1998, 〈생업민속-숯 굽는 이야기〉, 《제주학》 창간호, 131-135.

고홍자, 2004, 〈초등학교 사회과에서 지역 박물관을 활용한 학습방안 연구-제주교육
　　박물관을 중심으로〉, 제주교육대학교 석사학위논문.

김대신, 2016, 〈제주 곶자왈의 식물상〉, 《곶자왈의 연구방향 확대를 위한 심포지엄 자
　　료집》, 29-57.

김대신·김봉찬·송시태 2008, 〈제주도 곶자왈지대의 식물상〉, 《한국자연보호학회지》
　　2(2), 91-103.

김대신·정세호·김철수·신창훈·송관필, 2009, 〈애월곶자왈지대의 식생구조〉, 《한국자
　　원식물학회 학술심포지엄 자료집》, 84-84.

김대신·정세호·김철수·양승훈·송관필, 2009, 〈애월곶자왈지대의 자원식물상 연구〉,
　　《한국자원식물학회 학술심포지엄 자료집》, 83-83.

김동만, 1999, 〈4·3 유적, 유물의 현황과 그 보존대책〉, 《영상으로 보는 제주 역사 유적
　　-제주 역사 유적의 보존, 복원과 그 대책》, 제주4·3연구소, 66-70.

김문철·김중계·김승찬, 1983, 〈제주도내 부락공동목장에 있어서 개량목초의 계절별 영
　　양성분 및 식생 구성율 변화에 관한 연구〉, 《韓畜誌》 25(4), 375-381.

김범훈, 2014, 〈곶자왈의 지형·지질 및 생태 환경과 지속가능한 관광의 선순환 구조
　　논의〉, 《곶자왈의 실체와 보전에 관한 심포지엄 자료집: 곶자왈의 실체와 보전》,
　　47-59.

김유철·홍승호, 2011, 〈제주도 오름 체험 학습이 초등학생의 인지적·정의적 영역에 미
　　치는 영향〉, 《교원교육》 27(3), 23-47.

김정선, 2010, 〈제주도 옹기가마의 구조와 그 연원〉, 《탐라문화》 37, 353-393.

김준호, 1992, 〈제주도와 자연, 자원, 그리고 인간〉, 《제주도연구》 9, 49-63.

김지수, 2000, 〈4·3과 중산간마을의 거주공간 변모: 남제주군 안덕면 무등이왓을 사례
　　로〉, 《제주도연구》 18, 119-149.

김찬수, 2011, 〈곶자왈의 보전 및 활용을 위한 연구방향〉, 《곶자왈의 보전과 활용 심
　　포지엄 자료집: 곶자왈, 보전과 활용 어떻게 할 것인가》, 87-104.

김태일, 2012, 〈곶자왈의 경관 가치 분석에 관한 연구〉, 《2012 대한건축학회 지회연합
　　회 학술발표대회 논문집》 8(1), 27-30.

김형균, 1974, 〈제주도 부락공동목장의 실태조사〉, 《韓畜誌》 16(4), 374-379.

김효철, 2006, 〈자본과 개발의 식민지, 제주도〉, 《환경과 생명》 48, 182-192.

김효철, 2011, 〈제주의 허파 곶자왈〉, 《곶자왈 생태교육교사 강의보고서》, 곶자왈공유
　　화재단, 91-124.

문영희, 2014, 〈곶자왈의 보전적 활용방안〉, 《곶자왈의 실체와 보전에 관한 심포지엄

자료집: 곶자왈의 실체와 보전〉, 77-85.

박민일, 1988, 〈韓國 山林產業俗 硏究〉, 《강원문화연구》 8, 5-28.

박양춘·이철우·박순호, 1995, 〈우리나라 재래공업 산지의 사회적 분업-담양 죽제품과 여주 도자기 산지를 사례로〉, 《대한지리학회지》 30(3), 269-295.

박준범·강봉래·고기원·김기표, 2014, 〈제주도 곶자왈지대의 지질 특성〉, 《지질학회지》 50(3), 431-440.

박진우, 2014, 〈곶자왈의 지속가능성을 위한 법률적 기반 조성 방안〉, 《곶자왈의 실체 와 보전에 관한 심포지엄 자료집: 곶자왈의 실체와 보전〉, 63-74.

부혜진·강창화·정광중, 2016, 〈제주도 중산간 곶자왈 지대의 마을공동목장 운영과 방 목활동을 통한 생활상 연구〉, 《한국지역지리학회지》 22(2), 353-368.

송성대, 2000, 〈지리적 기초〉, 《북제주군지》(상), 북제주군, 93-101.

송시태, 2000, 〈제주도 암괴상 아아용암류의 분포 및 암질에 관한 연구〉, 부산대학교 박사학위논문.

송시태, 2003a, 〈제주도 곶자왈 지대의 용암: No. 2. 애월곶자왈지대〉, 《백록논총》 5(1), 253-263.

송시태, 2003b, 〈제주도 곶자왈지대의 용암: NO. 3. 도너리곶자왈용암〉, 《기초과학연 구》 16(1), 47-56.

송시태, 2003c, 〈제주도 곶자왈지대의 용암: NO. 4. 병악곶자왈용암〉, 《기초과학연구》 16(1), 57-64.

송시태, 2006, 〈곶자왈용암〉, 《한라산의 지형·지질》, 제주도·(사)한라산생태문화연구 소, 144-172.

송시태·고기원·윤선, 1996, 〈제주도 지하수의 함양과 오염에 영향을 미치는 숨골구조 와 곶자왈 지대에 관한 연구(Ⅰ)〉, 《대한지하수환경학회 1996년도 학술발표회 자 료집》, 68-69.

송시태·윤선, 2002, 〈제주도 곶자왈지대의 용암: NO. 1. 조천-함덕 곶자왈지대〉, 《지질 학회지》 38(3), 377-389.

송지호·한봉호·이경재·곽정인·김홍순, 2014, 〈식물상 및 식생관리: 제주도 교래곶자왈 낙엽활엽수림 식생구조 특성 연구〉, 《한국환경생태학회 학술발표 논문집》 2014(1), 29-30.

신정훈, 2012, 〈제주고사리삼(고사리삼과) 서식지의 환경특성-개체군동태와 환경처 리에 따른 상부와 지하부의 생태학적 반응〉, 공주대학교 석사학위논문.

안웅산, 2016, 〈곶자왈, 1만년 이내의 젊은 용암지대에 형성된 자연숲〉, 《곶자왈》 겨 울호, 40-45.

안웅산·손영관·강순석·전용문·최형순, 2015, 〈제주도 곶자왈 형성의 주요 원인〉, 《지질학회지》 51(1), 1-19.

안웅산·최형순, 2016, 〈매우 젊은 곶자왈 용암류의 연대: 곶자왈 형성의 주요 원인〉, 《지질학회지》 52(4), 433-441.

양수남, 2003, 〈제주도의 난개발 실태와 녹색의 대안〉, 《환경과 생명》 38, 204-216.

오창명, 2010, 〈지명유래: 곳곳에 사연 깃든 땅이름〉, 《선흘1리》, 제주특별자치도·(사)제주역사문화진흥원, 27-41.

오창명, 2016, 〈제주 '곶·곶자왈'의 어원과 의미〉, 《곶자왈》 여름호, 24-29.

유리화·정미애·이료정·최형순, 2014, 〈제주 선흘곶자왈 이용객의 휴양이용 특성분석〉, 《한국산림휴양복지학회 학술발표회 자료집》, 75-76.

윤순진, 2006, 〈제주도 마을 공동목장의 해체과정과 사회·생태적 함의〉, 《농촌사회》 16(2), 45-88.

이경미·신정훈·정헌모·김해란·김정호·신동훈·유영한, 2012, 〈멸종위기 식물 제주고사리삼의 입지와 식생구조의 특징에 대한 연구〉, 《한국습지학회지》 14(1), 35-45.

이청일, 1991, 〈한국 전통수공업의 지리학적 연구-식물성 섬유제품을 중심으로〉, 동국대학교 박사학위논문.

장용창·이찬원, 2009, 〈제주도 곶자왈 숲, 국제적으로 중요한 습지〉, 《한국습지학회지》 11(1), 93-104.

전영준, 2013, 〈13~14세기 원의 목축문화 유입과 제주사회의 변화〉, 《제주학회 2013 제39차 전국학술대회 자료집》, 93-112.

전용문·김대신·기진석·고정군, 2015, 〈제주도 곶자왈 지대의 지질학적 분류체계 제안과 의미〉, 《지질학회지》 51(2), 235-241.

전용문·안웅산·류춘길·강순석·송시태, 2012, 〈제주도 곶자왈 지역에 대한 지질학적 고찰: 예비연구 결과〉, 《지질학회지》 48(5), 425-434.

정광중, 2004, 〈곶자왈과 제주인의 삶〉, 《제주교육대학교 논문집》 33, 41-65.

정광중, 2006, 〈제주여성들의 옥외 노동공간의 성격과 특성에 대한 연구〉, 《초등교육연구》 11, 67-123.

정광중, 2007, 〈제주여성의 노동공간〉, 제주여성사 자료총서 Ⅷ 《제주 여성의 삶과 공간》, 제주특별자치도 여성특별위원회, 85-167.

정광중, 2011a, 〈제주도 대정읍성(大靜邑城)의 지리적 환경 고찰〉, 《한국사진지리학회지》 21(2), 43-61.

정광중, 2011b, 〈제주도 농어촌 지역 마을자원의 발굴과 활용에 대한 시론적 연구-신엄마을을 사례로〉, 《한국사진지리학회지》 21(3), 153-170.

정광중, 2011c, 〈제주도 용담동-도두동 해안도로변 생활문화유적의 잔존실태〉, 《한국사진지리학회지》 21(4), 53-68.

정광중, 2012a, 〈자원: 에너지자원〉, 《한국지리지-제주특별자치도》, 국토교통부 국토지리정보원, 93-102.

정광중, 2012b, 〈제주의 숲, 곶자왈의 인식과 이용에 대한 연구〉, 《한국사진지리학회지》 22(2), 11-28.

정광중, 2013, 〈마라도의 지리적 환경과 지역환경 조성 방안〉, 《한국사진지리학회지》 23(2), 1-20.

정광중, 2014, 〈제주 선흘곶자왈 내 역사문화자원의 유형과 평가〉, 《한국사진지리학회지》 24(2), 1-20.

정광중, 2015a, 〈곶자왈의 과거, 현재 그리고 미래-곶자왈의 존재방식에 대한 물음과 제언〉, 《한국사진지리학회지》 25(3), 15-32.

정광중, 2015b, 〈저지-청수곶자왈과 그 주변지역에서의 숯 생산활동〉, 《문화역사지리》 27(1), 83-111.

정광중, 2015c, 〈제주의 용암 숲, 곶자왈〉, 《철도저널》 18(3), 24-28.

정광중, 2016, 〈곶자왈 생태학습장 내 인문자원의 특성과 활용방안 분석〉, 《곶자왈 생태학습장 자원조사 보고서》, 곶자왈공유화재단, 93-119.

정광중, 2017, 〈제주 곶자왈의 경관 특성과 가치 탐색〉, 《문화역사지리》 29(3), 58-77.

정광중, 2018, 〈선흘곶자왈 동백동산 탐방로 주변의 학습자원 발굴과 학교교육의 활용을 위한 방향성 탐색〉, 《탐라문화》 58, 249-285.

정광중·강성기·최형순·김찬수, 2013, 〈제주 선흘 곶자왈에서의 숯 생산활동에 관한 연구〉, 《한국사진지리학회지》 23(4), 37-55.

정창조, 1990, 〈북제주군 마을공동목장 운영실태와 축산진흥방안〉, 《북제주》 복간호, 63-67.

정헌모·김해란·조규태·이승혁·한영섭·유영한, 2014, 〈제주도 곶자왈 상록활엽수 종가시나무의 생물량 추정을 위한 상대생장식〉, 《한국습지학회지》 16(2), 245-250.

제주특별자치도·한국문화원연합회 제주특별자치도지회, 2012, 〈숯묻기〉, 《제주민속사전》, 202-205.

조승현, 2004, 〈광주·전남지역 재래공업의 지리학적 연구〉, 성신여자대학교 박사학위논문.

진관훈, 2006, 〈한라산의 화전농업과 화전민〉, 《한라산의 인문지리》, 제주도·한라산생태문화연구소, 189-214.

최현, 2013, 〈공동자원 개념과 제주의 공동목장 공동자원으로서의 특징〉, 《경제와사회》여름호(통권 제98호), 12-39.

한삼인, 2008, 〈공동목장조합의 법리 연구〉, 《토지법학》 24(2), 23-58.

현승엽, 2008, 〈제주도 해안지형에서의 초등학교 야외 학습에 관한 연구〉, 제주교육대학교 석사학위논문.

현화자·강창훈·송국만·문명옥·송관필·김문홍, 2010, 〈제주고사리삼 자생지의 환경 및 식물상〉, 《한국자원식물학회지》 23(4), 350-359.

현화자·송국만·최형순·김찬수, 2013, 〈곶자왈에 분포하는 개가시나무의 생육 특성〉, 《한국임학회·산림과학 공동학술발표논문집》 2013(0), 1035-1038.

현화자·송국만·최형순·김찬수, 2013, 〈선흘곶자왈 상록활엽수림 식생변화 연구〉, 《한국산림휴양복지학회 학술발표회 자료집》, 643-646.

Hong-Gu Kang, Chan-Soo Kim and Eun-Shik Kim, 2013, "Human Influence, Regeneration, and Conservation of the Gotjawal Forests in Jeju Island, Korea", *Journal of Marine and Island Culture* 2(2), 85-92.

Sun, B.-Y., M.-H. Kim, C.-H. Kim, and C.-W. Park, 2001, "Mankyua (Ophioglossaceae): a new fern genus from Cheju Island, Korea", *Taxon* 50(4), 1019-1024.

Yim, Eun-Young, Moon, Myung-Ok, Sun, Byung-Yun, Nakanishi, Kozue, 2013, "Floristics of bryophytes in Dongbaek-Dongsan at Seonheul Gotjawal", *Korean Journal of Plant Taxonomy* 43(4), 274-284.

단행본·보고서

강재윤, 2011, 《숲을 알면 건강하게 산다-숲 건강 활용 지침서》, 지성문화사.

강창화 외, 2012, 《곶자왈의 역사유적 현황조사》(보고서), (사)한라산생태문화연구소·국립산림과학원.

강창화 외, 2013, 《곶자왈의 보전 및 이용 기술 개발: 곶자왈의 역사유적분포·실측조사 및 역사문화자원 평가·활용 기술개발 연구》(보고서), (사)한라산생태문화연구소·국립산림과학원.

강창화 외, 2014, 《곶자왈의 역사유적 및 문화자원의 가치 평가와 활용 연구》(보고서), (사)한라산생태문화연구소·국립산림과학원.

강창화·정광중·최형순·현화자·김찬수, 2014, 《선흘곶자왈의 역사문화자원》, 국립산림과학원.

고광민, 2004, 《제주도의 생산기술과 민속》, 대원사.

고제량·김호선·문윤숙·이혜영, 2016, 《마을에서 시작하는 생태관광》, (사)한국생태
관광협회.

고제량·정광중·도윤호, 2015, 《습지보호지역, 지역을 바꾸다-동백동산습지 선흘1리를
중심으로》, 국립환경과학원 국립습지센터.

곶자왈공유화재단, 2011, 《곶자왈: 곶자왈생태체험 교육자료》, 곶자왈공유화재단.

곶자왈공유화재단, 2012, 《제주환경과 문화의 상징, 곶자왈》, 곶자왈공유화재단.

곶자왈공유화재단·제주특별자치도개발공사, 2018, 《교래곶자왈 지대의 화산지질학적
기초 연구》, 곶자왈공유화재단·제주특별자치도개발공사.

국립산림과학원 난대·아열대산림연구소, 2013, 《천연자원의 보고, 곶자왈》, 국립산림
과학원.

김경덕·오내원·김창호, 2013, 《농촌지역 공유자원의 운영실태와 개선방안 연구》(연구
보고 R700), 한국농촌경제연구원.

김효철·송시태·김대신, 2015, 《제주, 곶자왈》, 숲의틈.

박기화 외, 2013, 《제주도 지질여행》, 한국지질자원연구원·제주발전연구원.

박기화·안주성·기원서·박원배, 2006, 《제주도 지질여행》(증보판), 한국지질자원연구
원·제주도발전연구원.

북제주군, 1980, 《통계연보》, 북제주군.

북제주군, 1987, 《북제주군지》, 북제주군.

뿌리깊은나무, 1983, 《한국의 발견 제주도》, 뿌리깊은나무.

선흘1리생태관광협의체, 2015, 《동백동산 해설 매뉴얼》, 먼물깍.

송시태·김효철·김대신·류성필·좌승훈, 2007, 《제주의 곶자왈》, 제주특별자치도·국립
민속박물관.

오성찬, 1991, 《제주의 마을》(저지리), 도서출판 반석.

오장근·김완병·이영돈, 2013, 《곶자왈의 환경자원조사》(보고서), 제주특별자치도 한
라산연구소.

오창명, 1998, 《제주도 오름과 마을 이름》, 제주대학교 출판부.

오창명, 2004, 《제주도 마을 이름 연구》, 제주대학교 탐라문화연구소.

우당도서관 역(善生永助 著), 2002, 《조사자료 제29집 제주도생활실태조사》.

이성권·동백동산 주민 모니터링단, 2016, 《동백동산에서 나무와 마주하다》, 조천읍 람
사르습지도시 인증 지역관리위원회.

(재)제주고고학연구소, 2013, 《제주 금성리 분묘》(제주 금성리 436번지 하수관거 정
비사업 부지 내 유적 발굴조사 보고서), (재)제주고고학연구소.

(재)제주고고학연구소, 2013, 《제주 조천우회도로(신천~함덕) 유적》(제주 조천우회

　　도로(신천~함덕) 공사구간 내 문화재 발굴조사 보고서), (재)제주고고학연구소.

정광중 외, 2012,《곶자왈의 역사문화자원 현황조사》(보고서), (사)한라산생태문화연
　　구소·국립산림과학원.

제민일보곶자왈특별취재반, 2004,《제주의 허파 곶자왈》, 도서출판 아트21.

제주 4·3사건 진상 규명 및 희생자 명예회복위원회, 2003,《제주4·3진상 조사 보고서》,
　　도서출판 선인.

제주국제자유도시개발센터·곶자왈공유화재단·제주특별자치도, 2016,《제주곶자왈도
　　립공원》.

제주녹색환경지원센터, 2014,《곶자왈 보전관리를 위한 종합계획 수립》(최종보고서),
　　제주특별자치도.

제주도, 1962,《제주도통계연보》, 제주도.

제주도, 1963,《제주도통계연보》, 제주도.

제주도, 1967,《제주통계연보》, 제주도.

제주도, 1970,《제주통계연보》, 제주도.

제주도, 1980,《제주통계연보》, 제주도.

제주도, 1996,《제주 100년》(도 승격 50주년 기념 사진집), 제주도.

제주도, 1997,《제주의 오름》, 제주도.

제주도, 1997,《중산간지역 종합조사》, 제주도.

제주도, 2006,《제주도지》(제4권 산업·경제), 제주도.

제주도·제주4·3연구소, 2003a,《제주 4·3 유적Ⅰ》(제주시·북제주군), 도서출판 각.

제주도·제주4·3연구소, 2003b,《제주 4·3 유적Ⅱ》(서귀포시·남제주군), 도서출판 각.

제주역사문화진흥원, 2008,《일제 동굴진지 등록문화재 학술조사 보고서》[Ⅰ](제주시
　　편), 제주특별자치도·제주역사문화진흥원.

제주특별자치도, 2009,《제주어사전》(개정 증보판), 제주특별자치도.

제주특별자치도, 2013,《주민등록인구통계 보고서》, 제주특별자치도.

제주특별자치도교육청, 2008,《미래를 여는 제주특별자치도》, 제주특별자치도교육청.

제주환경운동연합, 2005,《생명의 숲, 선흘곶 이야기》(곶자왈 생태 가이드북), 제주환
　　경운동연합.

泉 靖一, 1971,《濟州島》, 東京大學出版部.

한국문화원연합회 제주특별자치도지회, 2007,《한경면 역사문화지》, 한국문화원연합
　　회 제주특별자치도지회.

허영선, 2006,《제주 4·3》, 민주화운동기념사업회.

화순리, 2001,《화순리지》, 화순리.

고문헌

淡水契, 1953,《增補耽羅誌》.

李衡詳, 1702,《耽羅巡歷圖》〈山場驅馬〉.

善生永助, 1929,《調查資料 第二十九輯 生活實態調查(其二) 濟州島》, 朝鮮總督府.

李源祚, 19C 중반,《耽羅誌草本》.

李衡祥, 1704,《南宦博物》.

기타

곳자왈공유화재단, 2015,〈교래곳자왈 생태학습장 지번도〉.

네이버 홈페이지(www.naver.net, 검색일: 2016. 4. 15.).

다음 위성사진(map.daum.net).

다음 홈페이지(http://www.daum.net).

(사)곳자왈사람들 홈페이지(http://gotjawal.com).

서귀포시청 홈페이지(http://www.seogwipo.go.kr, 검색일: 2014. 8. 18.).

(재)곳자왈공유화재단 홈페이지(http://www.jejutrust.net).

정광중,〈제주 숯가마를 아십니까?〉(제주일보 시론, 2010. 9. 16.).

찾아보기

정광중 鄭光中

동국대학교 지리교육과 학사
동경학예대학(東京學藝大學) 대학원 교육학 석사
일본대학(日本大學) 대학원 이학박사
현재, 제주대학교 교육대학 교수

제주대학교 부총장 겸 교육대학장(전)
제주일보 및 제주신보 논설위원(전)
제주특별자치도 문화재위원(현)
한국사진지리학회 회장(전)
(사)제주학회 회장(전)

《지리학을 빛낸 24인의 거장들》(한울아카데미, 2003, 공저)
《한라산의 인문지리》(도서출판 각, 2006, 공저)
《제주학과 만남》(제주학연구자모임, 2010, 공저)
《지역과 사회과교육》(제주대학교출판부, 2010, 공저)
《제주 돌문화경관 연구》(한그루, 2020, 공저)
《제주 콘서트》(한그루, 2021)
《한라산과 곶자왈》(제주특별자치도, 2021, 공저) 등

jeongkj@jejunu.ac.kr

제주의 용암 숲
곶자왈의 인문지리

2023년 11월 15일 초판 1쇄 발행
ISBN 979-11-6867-131-7 (93380)

지은이 정광중 **펴낸이** 김영훈 **편집장** 김지희 **디자인** 김영훈 **편집부** 이은아, 부건영, 강은미
펴낸곳 한그루 **출판등록** 제6510002510020080000003호 **주소** 제주특별자치도 제주시 복지로1길 21
전화 064-723-7580 **전송** 064-753-7580 **전자우편** onetreebook@daum.net **누리방** onetreebook.com

ⓒ 정광중, 2023

저작권법에 따라 보호를 받는 저작물입니다.
어떤 형태로든 저자 허락과 출판사 동의 없이 무단 전재와 복제를 금합니다.
잘못된 책은 구입하신 곳에서 교환해 드립니다.
이 책은 친환경용지를 사용해 만들었습니다.
이 책의 출판비 일부는 제주학연구센터의 지원을 받았습니다.

값 30,000원